# 학문의 길
행정학자들의 이야기

도서출판 윤성사 197

# 학문의 길
### 행정학자들의 이야기

| | |
|---|---|
| 제1판 제1쇄 | 2023년 4월 28일 |
| 엮 은 이 | 한국행정학회 생애연구성과 공유·확산 위원회 |
| | 고길곤 · 김근세 · 김상묵 · 김윤상 · 박흥식 |
| | 양재진 · 유재원 · 윤견수 · 임의영 · 정성호 |
| 펴 낸 이 | 정재훈 |
| 꾸 민 이 | (주)디자인뜰 |
| | |
| 펴 낸 곳 | 도서출판 윤성사 |
| 주 소 | 서울특별시 서대문구 서소문로27, 충정리시온 제지층 제비116호 |
| 전 화 | 편집부_02)313-3814 / 영업부_02)313-3813 / 팩스_02)313-3812 |
| 전 자 우 편 | yspublish@daum.net |
| 등 록 | 2017. 1. 23 |

ISBN 979-11-93058-00-8 (93350)
값 22,000원
ⓒ 한국행정학회 생애연구성과 공유·확산 위원회, 2023

저자와의 협의에 따라 인지를 생략합니다.

이 책의 전부 또는 일부 내용을 재사용하려면 반드시 사전에 저작권자와 도서출판 윤성사의 동의를 받아야 합니다.

잘못 만들어진 책은 구입하신 서점에서 교환 가능합니다.

# 학문의 길

행정학자들의 이야기

The Path of Scholarship
Stories of Public Administration Scholars

**한국행정학회 생애연구성과 공유 · 확산 위원회 엮음**

고길곤 · 김근세 · 김상묵 · 김윤상 · 박흥식
양재진 · 유재원 · 윤견수 · 임의영 · 정성호

도서출판 윤성사
YOONSEONGSA

# 머리말

학문의 길은 평탄하지 않다. 그 길은 질퍽거리기도 하고, 울퉁불퉁하기도 하며, 가파르기도 하고, 비좁기도 하다. 게다가 갈래도 많다. 그러다 보니 학문의 세계에 발을 들여놓은 사람들에게 하나의 길을 꾸준하게 걸어간다는 것이 여간 어려운 일이 아니다. 2022년 한국행정학회는 하나의 길을 꾸준하게 걸어왔거나 걷고자 하는 학자들의 연구 성과를 공유하고 확산하기 위한 작업을 시작하기로 했다. 이를 위해 학회는 '한국행정학회 생애연구성과 공유·확산 위원회'를 조직했다. 그리고 한국행정학회에서는 이 사업을 지속하기로 했다.

2022년도의 '한국행정학회 생애연구성과 공유·확산 위원회'는 강혜진 교수(경남대), 김두래 교수(고려대), 김정인 교수(수원대), 김지성 교수(한성대), 김태은 교수(교통대), 배수호 교수(성균관대), 이석환 교수(한양대), 최태현 교수(서울대), 한상일 교수(연세대) 등으로 구성됐으며, 위원장은 임의영 교수(강원대), 간사는 한승주 교수(명지대)가 맡았다. 위원회에서는 많은 학자가 추천됐으며, 지난해에는 그 가운데 열 명의 학자만을 대상으로 4, 6, 9, 12월 네 차례에 걸쳐 세미나를 진행했다. 학자들의 발표는 연구 주제를 선정하게 된 계기, 연구 활동과 발견들, 향후 계획과 제언 등을 중심으로 이뤄졌다.

개별 학자들의 발표 내용에 대한 소개는 본문으로 갈음하기로 하고, 세미나에서 공통적으로 경험한 몇 가지 주목할 만한 내용을 소개한다.

첫째, 학문을 하는 데는 답을 찾는 것보다는 질문을 잘 던지는 것이 더 중요하다는 말이 있다. 그런 점에서 보면 학자들은 이 말에 매우 충실한 것으로 보인다. 학자들은 스스로에게 '큰 질문(big question)'을, 그리고 그 질문과 관련된 '작은 질문'을 지속적으로 던지면서 답을 찾기 위해 집요하게 연구를 진행하고 있었다. 물론 '큰 질문'은 학자 개인에게 중요한 질문이고 좋은 질문을 말하는 것으로 상대적이라고 할 수 있다. 그럼에도 불구하고 그 질문들은 학계에서 반드시 다뤄져야 하는 것들이다. 학문적 자산이라고 하는 것이 이러한 질문들을 원료로 삼아 생산되는 것은 아닐까?

둘째, 학문은 공동 작업이다. 학자들은 하나같이 학문의 길을 열어 준 지도교수와 선후배 학자들에게 큰 영향을 받았다고 말한다. 또한 동료들의 논평이 큰 자극이 됐음을 고백한다. 이는 연구의 성과가 학자 개인의 성과이자 학계의 성과라는 것을 의미한다. 그래서 학자들은 비판의 중요성에 주목한다. 주례사 논평은 연구에 전혀 도움이 되지 않는다. 치열한 비판과 논쟁만이 학자들을 자극하고 더 나은 성과를 낳을 것이라고 본다. 공동 작업의 결과물로서 학문적 자산

| 행정학자들의 이야기 | **학문의 길**

이라고 하는 것이 비판을 기제로 해서 생산되는 것은 아닐까?

셋째, 인문사회과학 분야에서 학문 활동은 글쓰기를 매개로 이뤄진다. 그래서 그런지 학자들은 글쓰기에 대해 많은 고민을 하는 것으로 보인다. 학자들은 자신들의 연구에서 발견된 것들을 공유하는 데 어떤 글쓰기가 더 바람직한 것인가를 고민한 경험을 고백한다. 정형화된 논문 쓰기의 형식에 맞추다 보면 자신의 생각을 풍부하게 드러낼 수 있는 기회를 잃게 된다. 연구에서 발견한 것들을 공유하는 방식이 그것만 있는 것은 아닐 것이다. 출판계의 사정상 교과서가 아닌 연구서를 내는 것은 쉽지 않다. 대중적인 저술을 내는 것은 학계에서 그렇게 익숙한 풍토가 아니다. 글쓰기 문제는 학계에서 지속적으로 고민해야 할 문제가 아닐까 싶다. 세미나에서 학자들이 발표한 원고는 자유로움 그 자체였다. 몇 편의 논문보다 자유롭게 서술된 발표 원고에서 더 많은 영감을 얻을 수 있었던 이유는 무엇일까?

지난 1년간의 세미나에서 학자들 한 사람 한 사람의 발표는 모두 소중한 것이었다. 그 모습을 기록으로 남길 수 없다는 것이 아쉬울 따름이다. 그나마 학자들의 발표 원고들을 모아 책으로 기록을 남길 수 있게 돼 여간 다행한 일이 아닐 수 없다. 마치 고백록 같은 원고를 준비하고 발표한 학자들에게 감사를 드린다. 세미나에 사회자로 또는 토론자로 참여한 학자들에게도 감사를 드린다. 그리고 세미나를 구성하는 데 도움을 준 '한국행정학회 생애연구성과 공유·확산 위원회'의 위원들에게 감사를 드린다. 무엇보다도 한국행정학계의 생애연구성과를 공유하고 확산하는 데 강한 의지를 가지고 '한국행정학회 생애연구성과 공유·확산 위원회'의 출범에 결정적 기여를 한 원숙연 한국행정학회 회장에게 감사를 드린다. 마지막으로 '한국행정학회 생애연구성과 공유·확산 위원회'의 활동에 많은 관심과 성원을 아끼지 않은 한국행정학회 회원들에게 심심한 감사를 드린다.

'한국행정학회 생애연구성과 공유·확산 위원회'의 활동이 행정학계의 발전에 조금이나마 기여할 수 있기를 기원한다.

2023년 2월
한국행정학회 생애연구성과 공유·확산 위원회 위원장 **임의영**

# 추천의 말

『학문의 길— 행정학자들의 이야기』의 출간을 진심으로 축하드린다.

이 책은 2022년 한국행정학회의 '생애연구성과 공유·확산'을 위한 노력의 귀한 첫 번째 결실이다. 이 책은 '한국 행정학 연구의 과거, 현재, 그리고 미래'를 주제로 우리나라 행정학자들이 축적해 온 학문적 성과를 재조명하고 학문적 위상을 재확인하는 증거가 될 것을 확신한다.

언젠가부터 '한 우물을 파는 것'은 시대에 뒤떨어진 세상 물정에 둔한 일, 때로는 우매한 일처럼 여기는 세태가 느껴진다. 더욱이 '천착(穿鑿)'이 중요한 덕목과 미덕이 돼야 하는 학문세계에까지 그러한 세태를 어렵지 않게 만나게 된다. 좀 더 솔직해지자면, 세상 물정에 둔한 사람이어서인지, 그러한 세태가 너무 안타까웠다. 이 책은 그러한 안타까움을 해소할 수 있는 의미 있는 학문적 공간이다.

공자(孔子)의 말처럼 학문의 세계는 '학여불급(學如不及)'임을 믿는다. 학문을 하는 일은 계속 뒤쫓아가지만 늘 미치지 못하기에, 그저 우직하고 끈기 있게 천착할 수밖에 없지 않은가.

이 책에서 독자들은 행정학자들이 보여 주는 바로 그 학문적 우직함을 만나게 될 것이다. 이 책에서 열 명의 행정학자는 자신들의 짧지 않은 학문적 여정을 기꺼이 나눠 주고 있다. 학문적 여정에 들어서게 된 계기, 그 과정에서 맛본 좌절과 고민, 그리고 성취와 사명감에 이르끼까지. 이 책에서 독자들은 열 명의 행정학자 각자가 들어선 길은 (주제 면에서) 여러 갈래였지만, 결국 한 곳에서 만나게 됨을 확인하게 될 것이다. 그것은 바로 길게는 40년 이상 하나의 주제를 천

| 행정학자들의 이야기 | **학문의 길**

착해 온 저자들의 학문에 대한 진정성과 탐구 과정은 '구도(求道)의 길'과 크게 다르지 않음을.

모든 것이 빠르게 변하고 내일을 알 수 없는 불확실성의 세상이지만, 머뭇거리지 않고 한눈팔지 않으며 오롯이 자신의 학문적 여정을 우직하게 이어 나가고 있는 고길곤 교수, 김근세 교수, 김상묵 교수, 김윤상 교수, 박흥식 교수, 양재진 교수, 유재원 교수, 윤견수 교수, 임의영 교수, 정성호 교수께 경의를 표한다.

이 책이 세상에 나오기까지 귀한 헌신과 노력을 아끼지 않은 임의영 위원장을 포함한 '한국행정학회 생애연구성과 공유·확산 위원회' 위원께 독자의 한 사람으로서 감사를 드린다.

이제 첫 번째 결실을 맺었으니 두 번째, 세 번째 그렇게 이어질 또 다른 결실을 기다리는 마음이 봄바람처럼 설렌다.

2023년 2월
제57대 한국행정학회 회장 **원숙연**

# 목차

**머리말** _4

**추천의 말** _6

■ 무엇을 위한 행정학 방법론인가? :
문제 지향과 지식 성장을 위한 행정학 이론을 중심으로 | 고길곤 | ······ 15

   I. 들어가는 말 / 15
   II. 방법론의 개념과 연구 영역의 변화 / 17
   III. 인식론과 계량방법론 / 31
   IV. 과학의 시대를 위한 방법론에서 소통의 시대를 위한 방법론으로 / 36
   V. 인과이론을 위한 방법론의 동경과 좌절 / 40
   VI. 무엇을 위한 방법론이 돼야 하는가? / 45

■ 한국 정부조직 연구의 탐구 | 김근세 | ·························· 51

   I. 들어가는 말 / 51
   II. 왜 국가론의 관점에서 정부조직을 연구하게 됐는가? / 52
   III. 연구 성과와 과제 / 54
   IV. 한국 정부조직의 역사적 분석: 역사적 제도주의 접근 / 74
   V. 한국 정부조직의 정치적 접근: 파워엘리트 이론 / 76

■ 공공봉사동기 연구 | 김상묵 | · · · · · · · · · · · · · · · · · · · · · · · · · · · 82

　I. 들어가는 말 / 82
　II. 공공봉사동기 연구 / 85
　III. 연구 과정의 교훈 / 96
　IV. 연구 과제 / 98
　V. 나오는 말 / 101


■ 지공주의(地公主義): 제 평생의 연구 주제를 소개합니다 | 김윤상 | · · · · · · 108

　I. 나의 학문, 나의 인생 / 109
　II. 지공주의의 잠재력: 화합과 평화의 초석 / 118
　　부록 1. 한국 휩쓴 팬데믹 부동산 투기를 막을 백신 있다 / 130
　　부록 2. 탄생 100주년 존 롤스의 토지 정의 / 133


■ 내부고발 생애연구의 회고 | 박흥식 | · · · · · · · · · · · · · · · · · · · · · · · · · · 137

　I. 들어가는 말 / 137
　II. 내부고발 연구의 계기: 현실은 우연이고 필연이다 / 139
　III. 내부고발 연구 / 145
　IV. 성과 / 152
　V. 나오는 말 / 161

# 목차

■ 비교 복지국가 연구: 한국 사례를 토대로 한 '작은복지국가론'의 일반화
| 양재진 | ········································· 165

    I. 들어가는 말 / 165
    II. 복지국가이론의 유럽중심주의와 작은 복지국가 연구의 필요성 / 167
    III. 작은 복지국가 연구의 태동과 발전 / 170
    IV. 나오는 말 / 189


■ 한국 지방자치 이론의 구축을 향해서: 생애연구의 시작과 끝
| 유재원 | ········································· 195

    I. 들어가는 말: 좋은 질문을 찾아 나선 연구 여정 / 195
    II. 지방자치 제도 선택에 대한 정치적 분석: 지방자치는 정치적 과정이다 / 197
    III. 분권은 선인가?: 분권지상주의와 분권만능주의의 환상에서 깨어나라 / 200
    IV. 자치정부는 얼마나 자율적이며, 얼마나 지방 시민사회에 반응적인가?:
        법적 및 정치적으로 집권적인 중앙–지방 간 관계; 정치공동체가 아니라
        문화공동체로서 지방 시민사회 / 202
    V. 지방정치의 구조와 과정에 대한 이론화 작업과 단체장주의 / 205
    VI. 지방서비스 공급의 효율성을 저해하는 구조적인 제약은 무엇인가?:
        지역 간 경쟁이 약하고 재정의존도가 높은 지방정부 체제 / 210
    VII. 지방 거버넌스 연구와 계층제 건재론 / 214
    VIII. 생애연구로부터 도출된 한국 지방자치의 특색: 제약돼 있지만 한계 없는 도시 / 217

■ 한국 정부관료제 연구: '공직' 개념의 재발견 | 윤견수 | ············224

    I. 들어가는 말 / 224
    II. 왜 관료제 연구인가? / 225
    III. 관료제 연구의 분석 단위: 공직 / 229
    IV. 공직 체계의 분류와 관료제의 유형 / 232
    V. 공직의 정체성 변화: 관료제와 정치 / 237
    VI. 공직 수행의 원형: 개발연대 관료제 / 239
    VII. 앞으로의 관료제 연구: 고위공직제 / 248
    VIII. 나오는 말 / 250

■ 공공성: 행정학의 핵심이자 사회적 삶의 지표 | 임의영 | ············254

    I. 들어가는 말 / 254
    II. 만남 / 256
    III. 열매 / 261
    IV. 계획 / 275
    V. 나오는 말 / 276

■ 그리움의 행정학: 공자와 한국 행정 연구 | 정성호 | ············280

    I. 들어가는 말: 우연과 필연, 그리고 그리움 / 280
    II. 나의 그리움: 민주화, 공공화, 주체화 그리고 변화 / 282
    III. 나오는 말: 학문적 그리움 키우기/죽이기 / 296

# 학문의 길

행정학자들의 이야기

The Path of Scholarship
Stories of Public Administration

# 무엇을 위한 행정학 방법론인가? : 문제 지향과 지식 성장을 위한 행정학 이론을 중심으로*

## I. 들어가는 말

❖──── 저자는 한국행정학회 생애연구성과 공유·확산 포럼에 방법론 분야의 발표자로 선정됐다고 했을 때 매우 당황스러웠다. 다른 분야에 선정된 분들은 명확한 연구 주제를 바탕으로 해당 분야를 평생 연구해 오면서 큰 업적을 남기신 분들인 반면, 저자는 그렇지 못했으며 나아가 방법론은 행정학 분야의 주류 연구 주제가 아니기 때문이었다. 다만, 행정학과 정책학은 다학제적 성격을 바탕으로 처방적 특성을 가지고 있기 때문에 방법론과 밀접한 관계가 있고 방법론도 많은 연구

---

\* 이 글을 위해 소중한 의견을 제시해 준 이석환(한양대), 한승준(중앙대), 허성욱(경기대) 교수님과 서울대 행정대학원 김경동, 김진주 박사과정 학생에게도 감사드린다.

주제가 있다는 점에서 행정학자와 정책학자가 지속적으로 관심을 가져야 할 주제라고 생각한다. 사실 방법론의 세계는 행정이론이나 정책이론에 못지않게 철학적인 배경을 지니고 있음에도 단순히 기법(technique) 정도로 이해하는 경우가 많다. 학자마다 행정학을 다양한 철학적 관점에서 접근하듯, 방법론도 학자에 따라 접근하는 방식이 매우 다양할 수 있다.

돌이켜보면 저자는 복잡성 과학(science of complexity), 시스템 다이내믹스, 개체지향 시뮬레이션(agent-based simulation)을 비롯해, 선형계획법, 조건부가치법(홍민준·고길곤, 2022), 사회연결망 모형(고길곤, 2007b; 고길곤·김지윤, 2013), 다요소 효용이론(MAUT)과 계층화분석법(AHP) 등과 같은 의사결정이론(고길곤·이경전, 2001; 고길곤·하혜영, 2008), 효율성 분석 이론(efficiency analysis theory)(고길곤, 2017a), 기계학습 이론, 방향 순환 그래프(DAG) 이론과 같은 기법을 공부해 오면서 나름대로 다양한 철학이 숨어 있음을 느낄 수 있었다. 어떤 학자는 방법론적 보수주의에 입각해서 통계적 유의미성에 관심을 기울이며, 어떤 학자는 불확실성에 초점을 맞춰 신뢰구간을 중시한다. 또한 어떤 연구는 반사실(反事實)에 초점을 맞춰 인과 효과 크기에 관심을 기울인다. 또 일부는 방법론의 과학성과 정치성에 대해 관심을 기울이기도 한다. 연구자가 확정적(deterministic) 세계관을 갖는지, 확률론적(stochastic) 세계관을 갖는지에 따라서 다양한 방법론의 차이가 나타나기도 한다. 설명모형과 예측모형에 대한 논쟁도 최근에는 본격적으로 대두되고 있다. 이러한 방법론의 다양성은 방법론 세계가 하나의 답이 있는 획일적인 세계가 아님을 의미한다.

짧은 지면을 통해 방법론의 쟁점을 모두 논하는 것은 불가능하다. 이 글에서는 저자가 가장 고민을 해왔던 데이터나 방법(method) 지향이 아닌 문제 지향과 지식 성장을 위한 방법론(methodology)이 왜 중요한지를 논증하는 데 초점을 맞추고자 한다. 방법론의 목적이 권위 있는 이론 혹은 인과관계를 발견하는 것에 있는 것이 아니라 검증 가능성과 재현 가능성을 바탕으로 사회구성원과 제도, 환경의 상호 작용을 통해 발생하는 현상을 정확하게 소통하기 위한 수단에 있음을 주장하고자 한다.

저자는 한국 행정학의 문제지향성이 매우 중요한 특징이라고 생각한다. 사회구성원들이 상호 작용을 통해 문제를 정의하고 찾는 데 필요한 유용한 정보를 생산할 수 있도록 방법론이 역할을 수행해야 한다. 하지만 방법론의 사회적 기능은 사라진 채 단순히 도구적 측면만 부각되는 경우가 많아지고 있다. 그 결과 마치 최신 방법론이 진실을 말한다는 착각에 빠지는 경우도 많다. 행정학 분야에 적합한 방법론의 기준은 행정문제를 발견하고, 문제를 정의하며, 해결점을 찾아가는 방법론이어야 하는 점을 이 글을 통해 함께 고민해 보고자 한다.

## II. 방법론의 개념과 연구 영역의 변화

❖────── 행정학에서 방법론은 어떤 의미를 지닐까? 이 글을 읽고 있는 독자는 방법론이라고 하면 통계학이나 계량경제학 같은 것을 떠올릴 수 있다. 루빈과 바비(Rubin & Babbie, 2005: 5)는 과학을 "탐구 방법"이라고 간단히 정의하고 있다. 또한 인식론은 앎의 과학이고, 방법론은 인식론의 하위 분야로 "발견의 과학"이라고 정의하고 있다. 방법론과 과학의 불가분적 관계는 과학과 비과학의 구분의 1차적인 기준이 지식 획득의 과정과 절차에 있다는 점(남궁근, 2017: 11)을 고려하면 더욱 그러하다. 이처럼 과학과 방법론은 밀접하게 연결돼 있기 때문에 두 개념과 이들 간의 관계를 정의하기는 쉽지 않다. 바로 이 점에서 우리가 과학을 이야기하지만 여전히 과학의 개념에 대해 합의하지 못하는 것처럼 방법론도 마찬가지임을 겸손하게 인정할 필요가 있다.

방법(method)과 방법론(methodology)은 다른 개념이다. 방법론은 지식을 획득하고 형성하는 과정에 대한 논리적 활동을 의미하는 데 비해 방법은 이를 구현하려는 수단에 가깝다. 따라서 과학철학에서는 주로 방법론적 쟁점에 관심을 가지며, 흔히 이야기하는 경험주의, 실증주의, 후기 실증주의 같은 것들은 방법론의 영역에 가깝다고 할 수 있다. 또한 이 방법론은 당연히 인식론이나 존재론과 같은 철학적 관점과 밀접하게 연결돼 있다. 반면 회귀분석이나 기계학습, 시뮬레이션 등과 같은 것은 지식을 획득하기 위한 방법이라고 할 수 있다. 중요한 것은 어떤 방법을 선택할 것인지에 대한 판단은 방법론에 대한 철학적 검토와 함께 이뤄지는 것이 필요하다는 점이다. 예를 들어 자동화된 모형 선택(automated model selection)은 인공지능의 발전과 함께 많이 논의되고 있는데, 방법론 관점에서 귀납적 논리와 인간이 배제된 방법론이 정당화될 수 있는가라는 다양한 철학적 관점이 검토되지 않으면 방법은 타당해도 방법론적으로는 받아들이기 힘든 접근이 될 수 있다. 이 글에서는 본질적인 방법론적 쟁점은 지면 제약상 다루지는 않고자 한다.

방법론을 양적 방법론과 질적 방법론으로 간단히 구분할 수 있다. 하지만 이 구분의 실익이 무엇인지는 현실적으로 매우 모호하다. 전문가와의 대화나 철학적 인터뷰를 통해 추론하는 것을 질적 방법론으로 볼 것인지, 아니면 형이상학의 영역으로 볼지는 여전히 논쟁거리다. 양적 방법론이 아닌 것을 모두 질적 방법론으로 생각하는 오류는 차치하더라도 인터뷰, 텍스트, 각종 관찰 자료가 양적 자료로 변환되고 있는 최근 추세를 고려한다면 질적 방법론과 양적 방법론의 경계조차 모호하다. 예를 들어 언론 기사, 국회 회의록 등 다양한 원천(source)의 텍스트 자료를 이용해 미세먼지 정책과 관련된 질문을 체계적으로 도출하는 방법(고길곤 외, 2020), 고용 정책 등이 어떻게 프레임이 되는지를 언론이나 국회 회의록 등을 이용해 살펴보는 연구(김경동·이시영·고길곤, 2020) 등은 단순히 양적 방법론을 활용한 것이라고 보기 어렵다.

정책 질문의 중요성은 정책학에서 매번 강조했음에도 불구하고(노화준, 2006; Dery, 2000; Dunn, 2004) 좋은 질문을 찾아내고 이를 어떻게 분석으로 연결할지에 대한 체계적인 방법론은 많지 않았다. 고길곤 외(2020)의 연구는 언론 기사, 국회 회의록, 정부문서, 연구보고서 등이 우리 사회가 관심을 기울이는 주제를 다루는 중요한 텍스트라는 점에 착안해, 미세먼지 정책 사례에서 질문 도출 과정을 구조화하는 방법을 제시했다. 이것은 정책 질문의 도출을 질적인 과정으로 이해했던 것과 달리 질적인 텍스트를 양적인 단어 문서 행렬(term document matrix: TDM)로 변환시킨 후 알고리듬을 활용해 분석한 것이다. 이렇게 텍스트 분석을 이용해 찾아낸 환경정책과 관련된 좋은 질문은 다시 공공데이터 분석을 통해 그 질문의 의미와 해답을 찾아내려는 시도와 연결할 수 있다. 이렇게 질문과 데이터를 연결시키는 과정은 질문 맵과 데이터 맵을 결합시키는 새로운 방법론의 연구 영역으로 발전할 수 있다.[1] 이는 종래 양적 연구와 질적 연구의 방법론적 종합(methodological triangulation)이 주로 양적 방법과 질적 방법의 겸용에 머물렀던 것과 질적으로 차이가 있다. 질적인 분석과 양적인 분석으로 방법론을 단순화하는 것을 넘어서 새로운 분석 방법의 체계를 세워 나갈 필요가 있다. 자료 수집부터 분석 결과의 소통에 이르기까지 방법론의 연구문제는 광범위한 영역에서 다양하게 존재한다. 이하에서는 저자의 연구 관심 사항을 중심으로 방법론 연구의 주요 쟁점을 살펴보고자 한다.

## 1 설문조사 방법론과 가상 자료

행정학 분야에서 소홀하게 다뤄온 방법론 쟁점 중의 하나는 설문조사와 관련한 것이다. 고길곤 외(2014)의 연구에서는 1차 설문조사에서 상당수의 결측값이 발생했을 때 추가적으로 재조사를 하게 되는 상황을 분석했다. 추가적인 재조사와 1차 조사의 평균에 얼마나 차이가 나는지 분석한 결과 1차 조사와 재조사 간에 큰 차이가 없는 것으로 나타났다.[2] 또한 재조사 자료를 확보한 경우, 완전제거법을 사용한 경우, 그리고 다중대체법(multiple imputation)을 사용한 경우를 비교했을 때 결측 규모에 따라 기술통계량과 회귀계수 값의 변동이 발생하고 있음을 알 수 있었다. 문

---

1) 2020년부터 2022년 동안 저자는 한국환경연구소의 '환경 빅데이터 분석 및 서비스 개발' 연구 과제에 참여하면서 질문 맵을 도출하는 절차와 이를 데이터 맵과 연결시켜 분석 결과도 함께 제시하는 연구를 수행했다.
2) 분석 대상이 된 네 개의 설문 항목은 기초/광역/중앙정부의 신뢰도 항목과 행복 정도 항목이다.

항의 결측이 결과에 미치는 영향도 중요하다. 결측값에 대한 고길곤·탁현우(2016)의 후속 연구에서는 재조사법과 다중대체법을 혼합해 사용할 수 있는 가능성을 탐색했다. 실제 관측 자료와 시뮬레이션 자료를 이용해 분석한 결과 결측 메커니즘이나 변수 간 관계 등과 상관없이 결측률이 약 30% 이하인 경우 통계적 다중대체법이 통계적 편의(偏倚)를 유발하지 않는 것으로 나타났다. 다중대체법은 결측된 변수를 설명할 수 있는 보조변수를 다중대체모형에 포함하고, 재조사법을 이용해 결측률을 일정 수준 이하로 낮추면 분석 결과의 타당성을 높일 수 있다.

문항의 표현도 중요한 문제다. 고길곤 외(2015)의 연구에서는 설문 문항 역코딩이 응답 결과에 미치는 영향을 분석했다. 일반적으로 응답자의 주의를 환기하고 무비판적인 응답 순응을 완화하기 위해 긍정 문항(정코딩)뿐만 아니라 부정 문항(역코딩)을 의도적으로 함께 사용하는데 이는 응답 오차의 증가를 초래할 수 있다. 분석 결과에 따르면, 정코딩과 역코딩 문항의 응답 사이에는 체계적인 평균 차이가 존재하며, 이것은 부주의한 응답이나 문항 이해의 부족 등과 같은 합리적 인지 과정의 문제가 아닌 긍정문과 부정문에 대한 비대칭적인 인지 행태에 기인하는 것으로 나타났다. 또한 역코딩 항목이 응답값뿐만 아니라 이를 이용한 요인분석 결과에도 원래 의도된 요인 차원이 아닌 추가적인 차원이 형성되는 현상도 발견했다.

비표본 오차와 관련해서 설문조사 도구가 응답 결과에 미치는 영향도 중요한 문제다. 탁현우·고길곤·정다원(2019)의 연구는 종이 설문지 방식(PAPI)과 태블릿 PC 방식(TAPI)을 동시에 사용했을 경우 응답 결과에 차이가 있는지를 분석했고, 그 결과에 큰 차이가 없음을 실증적으로 보여 줬다. 이 결과는 새로운 인터넷 기술을 활용한 TAPI 방식이 전통적인 PAPI 방식보다 열등할 것이라는 기존의 생각과 달리 새로운 설문조사 도구의 적극적인 활용이 필요함을 시사했고, 방법론 연구에서도 새로운 설문조사 도구 개발과 활용이 필요함을 보여 줬다.

응답자의 태도도 중요하다. 고길곤·김대중(2016)은 설문조사에서 응답 시간이 실제 응답 결과에 영향을 미칠지 여부를 실증 분석했다. 일반적으로 응답 시간이 짧으면 응답의 신뢰성이 떨어지고, 응답 결과에도 체계적인 편의가 발생할 위험이 있다고 생각한다. 그러나, 실증분석 결과에 따르면, 일부 면접자는 지나치게 많은 수의 설문을 진행하는 경향이 나타났고, 면접자에 따라 응답 시간의 차이가 크게 나타나고 있음을 확인했지만, 응답 시간이 설문 응답 점수 및 신뢰성에 평균적으로는 유의미한 영향을 미치지 않는 것으로 나타났다. 다만 일부 문항에서는 응답 시간과 응답 점수가 큰 상관관계가 있는 것으로 나타났으며, 실제 자료 분석에서는 응답 시간 변수가 독립변수 및 종속변수 간의 관계에 따라 매개변수, 충돌변수, 도구변수 등으로 활용할 수 있음을 제시했다.

선거 여론조사에서의 자료 수집 문제도 중요한 연구 영역이다. 고길곤·김대중(2018)은 20대 총선의 지역구 국회의원 후보자 등록 이후 시행한 여론조사 642건을 대상으로 응답 오차를 다양하게 정의한 후 설문조사 방법, 응답률, 연령 대표율, 지역, 여론조사 시점 등이 응답 오차에 어떤 영향을 미치는지를 분석했다. 그 결과 응답률은 젊은층의 표본 반영 정도와 상관돼 있으며, 무선전화 등 특정 조사 방법을 확대하는 것만으로는 여론조사의 질을 개선하기 어렵다는 점, 40대 미만 젊은층의 표본 포함 정도는 모든 모형에서 일관되게 조사 오차에 유의미한 영향을 보이는 것으로 나타났으며, 이것은 현재의 사후 가중값 적용 방법만으로는 표본의 편의를 적절히 바로잡지 못함을 시사한다는 점을 제시했다.

설문조사는 아니지만 자료 처리에서 중요한 극단값의 문제도 다룰 필요가 있다. 고길곤·탁현우(2015)는 극단값의 문제가 일반적인 회귀분석에서만의 문제가 아님을 지적하고 다변량 변수의 극단값을 마할라노비스의 거리(Mahalanobis generalized distance)를 이용해 찾아내고, 이러한 극단값의 처리 여부에 따라 준거 의사결정 단위(reference decision making unit)와 개인의 효율성 점수와 순위가 변화할 수 있음을 제시하면서 자료포락분석(data envelopment analysis: DEA)에서도 극단값 처리가 중요함을 실증자료를 이용해서 보여 줬다.

이상의 연구는 주로 설문조사를 통한 자료 생성에 관심을 기울인 것이다. 하지만 최근에는 가상의 자료를 생성하는 방법론 연구의 필요성이 커지고 있다. 우리가 사용하는 대부분의 계량경제학의 자료분석은 대부분 지수족(exponential family)의 확률분포를 사용한다. 즉, 정규분포부터 디리클레 분포(Dirichlet distribution)에 이르기까지 확률분포의 형태가 알려져 있고 지수함수를 이용해서 모수적 확률분포를 나타낼 수 있다. 하지만 표본추출된 자료의 확률분포를 알기 어려운 경우가 많고, 이 경우에는 커널함수(kernel function)를 이용한 비모수적인 확률분포를 사용할 수 있다. 또한 변수 간의 관계도 상관계수 행렬을 이용하거나 다변량 정규분포 등을 이용해서 나타낼 수 있다. 하지만 이미 알려진 분포나 통계이론에 의존하지 않고 데이터가 생성되는 과정(data generation process: DGP)을 시뮬레이션을 통해 구현한 후 가상의 자료를 생성하는 방법을 생각해 볼 수 있다. 예를 들어 도구변수(instrumental variable)가 독립변수와 약한 상관관계를 갖는 경우 추정량의 불편성과 추정량에 문제가 생길 수 있다. 그렇다면 도구변수와 독립변수의 상관관계가 커질수록 편의의 크기는 비례적으로 감소하는지 여부에 연구자가 관심을 갖는다면 이런 상황을 시뮬레이션해서 결과를 살펴볼 수 있다(고길곤, 2017b). 이미 부트스트래핑(Bootstrapping) 기법은 반복적 표본추출 방식을 통해 추정량의 표준오차를 오차항의 분포 가정 없이 찾아낼 수 있도록 하고 있어 기계학습 분야에서도 널리 사용하고 있다. 앞으로 DGP는 직접 자료를 수집하지 않고도 통계분석을 수행할 수 있는 새로운 가능성을 보여 줄 것이다. 또한 DGP를 통해 개체 지향 시뮬레이션(agent-based simulation)과 같이 행동규칙과 상호 작용을 통해 개체의 행태가 생성해 내는 다양한 상태의 시뮬레이션 자료를 생성함으로써 연구에 활용할 수도 있다(Zagorecki et al., 2010).

## ❷ 자료 수집과 공유의 자동화

설문조사 자료는 응답자의 인식과 관련된 정보는 제공할 수 있지만, 실시간으로 일어나는 무수히 많은 행정 과정에 대한 정보를 수집하는데는 한계가 있다. 놀랍게도 현재 진행되고 있는 클라우드 기반의 데이터 전환은 자료 수집과 공유 과정을 획기적으로 바꿀 것이며, 방법론 연구는 이 분야에 대한 관심을 더 기울이게 될 것이다. 클라우드 환경에서는 나의 업무가 클라우드에서 실시간으로 기록되기 때문에 이 데이터를 가공해서 분석하는 것은 매우 빠른 시간 안에 이뤄질 수 있다. 예를 들어 건강보험심사평가원의 서버에 실시간으로 처방약에 대한 정보가 들어올 때 특정 지역의 감기약이나 해열제 판매가 급속히 증가하면 정부는 그 원인이 코로나 확산 때문인지 아니면 독감의 증가 때문인지를 신속하게 파악할 수 있다. 이러한 실시간 데이터는 정부에 의해서만 생산되는 것이 아니다. 통신, 금융, 교통 분야에서 수집되는 막대한 데이터는 민간에 의해 수집되고 활용되고 있다.

실시간으로 수집되는 대용량 자료는 이미지, 텍스트와 같은 다양한 비정형 데이터로 확장됐으며, 이동, 구매, 통신, 금융 거래 등과 같이 인간 행동을 직접 관찰하는 데이터까지로 점점 확대되고 있다. 이러한 데이터의 처리는 과거와 같이 인간이 개입하는 방식이 아니라 자동화된 처리 절차를 통해 이뤄진다. 응용 프로그래밍 인터페이스(API)와 같은 데이터 공유를 위한 새로운 기술 발전이 중요해지며, 비정형 데이터의 정형화 기술이 빠르게 진행될 수 있다. 혹자는 데이터의 양이 커지면 이것을 공유하는 것이 힘들어질 것이라고 주장한다. 하지만 데이터 전체를 공유하지 않고 모형 추정 결과를 공유해 새로운 자료에 이를 적용하는 모델 공유(model sharing)의 세상은 이미 우리 주변에 가까이 와 있다. 통계분석시스템(SAS)과 같은 통계 프로그램에서는 각종 선형모형 분석을 수행한 후 추정된 모형에 대한 정보를 따로 저장해 새로운 데이터를 입력하면 예측값을 제공하는 방식을 점점 일반화하고 있다. 이것은 대용량 자료를 분할해 분석한 후 최종 모형 추정 결과를 결합해서 결과를 얻어내는 모형 결합의 방법론의 시대가 다가오고 있음을 의미한다. 모형의 공유는 개인정보 침해 문제를 줄일 수 있다는 점에서 앞으로 많은 연구가 이뤄져야 할 분야다.

기술 발전은 자료 공유의 자동화 시대를 열고 있다. 2020년 코로나가 발생했을 때 미국의 존스홉킨스대학이나 영국 옥스퍼드대학에서 생산한 전 세계의 코로나 현황 자료는 그 좋은 예다. 이들은 온라인상에 존재하는 자료를 자동으로 수집하는 절차를 만들어 실시간으로 자료를 수집하고 가공했다. 저자도 이들의 자료뿐만 아니라 세계보건기구(WHO)의 자료까지도 실시간으로 수집해 통합 데이터셋을 만들어 외부에 공개했는데[3] 이 통합 데이터셋을 매일매일 업데이트할 수 있었던 것도 API 기술의 발전 때문에 가능했다. 이 기술의 발전으로 통계청, 한국은행, 열린재정, 지방재정 365, 공공데이터포털, 이나라지표 등 한국의 주요 공공데이터 웹사이트를 연결하는 방향으로 발전하고 있다. 이를 위해서는 데이터를 가져오는 기술뿐 아니라 데이터를 결합하는 기술이 필요하다. 파이선(Python)의 requests나 json 라이브러리를 사용하거나 SAS의 HTTP 프로시저는 이러한 데이터 결합을 용이하게 할 수 있다. 저자는 2018년 한국행정학회 방법론 특강에서 API 기술의 중요성을 소개한 이후[4] 우리나라의 공공데이터 웹사이트의 데이터를 통계 프로그램으로 가져오고 결합하는 다양한 방법론에 대한 연구를 지속적으로 수행하고 있다.[5] 그 결과 통계청의 e-지방지표의 전체 자료를 결합하는 모듈을 비롯해, 지방재정 365 데이터의 결합 모듈, 통계청 KOSIS, 한국은행 ECOS 자료 가져오기 모듈 등 다양한 모듈을 개발할 수 있었다. 이를 바탕으로 공공데이터 연구를 API 기반의 자료 가져오기와 결합 및 분석 사례 구축이라는 새로운 영역으로 확장해 나가고 있다.

　여기서 주목해야 할 것은 데이터 공유와 결합의 생태계 문제다. 데이터 공유와 결합을 수행할 수 있는 전문가를 충분히 교육하지 못하고, 이들의 학술 성과를 인정하지 않으며, 적절한 보상을 제공하지 않으면 데이터 공유와 결합은 제대로 이루어지지 못하고, 대규모 자본을 가진 민간기업에 의존하는 기형적인 형태를 갖게 될 것이다. 행정학 분야에서는 데이터 처리와 관련된 방법론을 가볍게 여기는 경향이 있지만 매우 잘못된 태도다. 존스홉킨스대학이 코로나 데이터 파일을 높게 평가하

---

3) 저자가 운영하는 서울대학교 아시아지역정보센터 사이트에 이 자료를 제공하고 있다.
https://aric.snu.ac.kr/data/covid-19-data

4) 저자가 운영하는 서울대학교 아시아지역정보센터 사이트에 이 자료를 제공하고 있다.
https://aric.snu.ac.kr/data/covid-19-data

5) 이 연구 결과는 저자와 연구실 학생들이 지속적으로 업데이트하고 있는 kolabpy라는 공개 파이선 라이브러리를 통해 확인할 수 있다.

면서, 대한민국 시·군·구 단위의 재정, 행정, 사회 지표를 통합한 자료의 중요성은 폄하하고 학술연구 가치가 없다고 생각하는 것은 매우 잘못된 태도다.

## 3 데이터 리터러시와 시각화

공공데이터 분석방법론의 중요성이 커짐에 따라 공공데이터 분석은 행정학자나 정책학자가 아닌 코딩 기술이나 통계 프로그램 활용 능력이 뛰어난 데이터 분석 전문가의 영역이라는 오해도 함께 커지고 있다. 하지만 행정학에서 다루는 공공데이터는 자료 자체가 가진 행정 혹은 정책적 맥락을 이해해야만 비로소 그 의미를 이해할 수 있는 경우가 많다. 예를 들어 저출산·고령화 관련 연구를 수행하기 위해 인구 통계를 분석한다고 가정해 보자. 우리나라 인구 통계는 행정안전부에서 연말 기준 주민등록인구통계, 통계청의 인구동향조사에서 사용하는 연초와 연말 주민등록인구의 평균값으로 계산한 연앙인구, 그리고 2015년부터 각종 행정자료를 사용한 등록 센서스 방식의 인구가 있다. 그런데 이 인구의 규모가 모두 동일한 것이 아니라 다음 [그림 1]과 같이 그 값이 상당히 차이가 난다. 2010년의 자료를 보면 행안부의 주민등록인구는 갑자기 46만 명 정도 증가한 것을 확인할 수 있다. 인구 통계를 제대로 이해하지 못한 채 단순히 데이터 분석을 한다면 이 갑작스러운 증가가 분석 결과에 영향을 줄 수 있다. 사실 2010년의 변화는 거주불명자가 주민등록인구에서 제외됐던 것이 인권위의 권고에 따라 주민등록인구에 포함됨에 따라 발생한 것이다. 그리고 이후 2017년부터는 5년의 경과 기간이 지나면 거주불명자의 주민등록을 말소하는 제도를 채택하면서 거주불명자로 인한 통계청과 행정안전부 인구 통계의 차이는 최근에 줄어들기 시작했던 것이다.

공공데이터는 그 측정 단계에서 다양한 가정이 사용되기 때문에 데이터의 맥락을 이해하는 것이 매우 중요하다. 이런 점에서 행정학 분야에서 데이터 분석을 분석 전문가에 맡기면 된다고 생각하는 것은 큰 오류다. 데이터를 단순히 분석하기

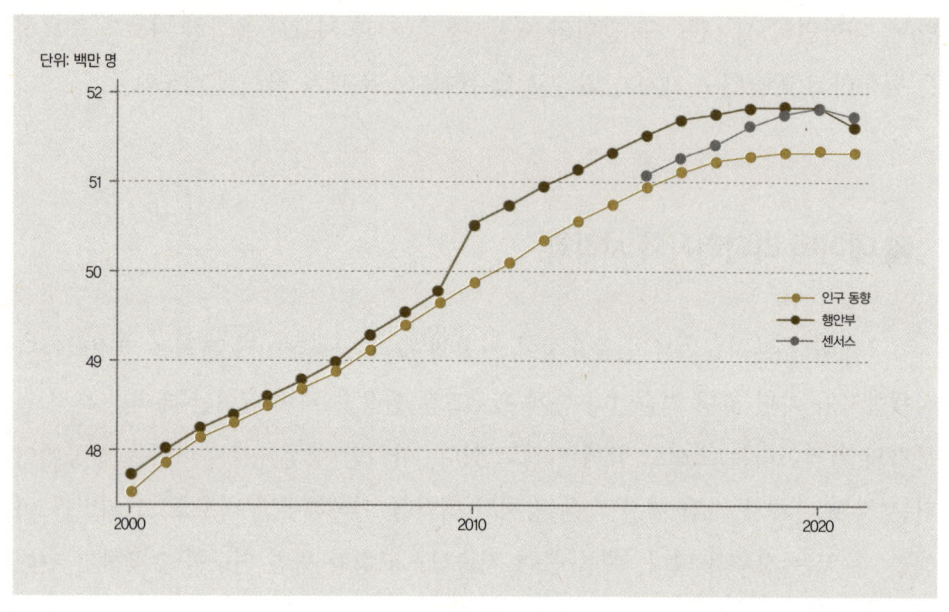

출처: 통계청 인구동향조사, 행안부 주민등록인구통계.

[그림 1] 우리나라 인구 추세 유형

전에 변수의 정의, 측정 방식, 역사적 맥락 등을 이해하는 것은 매우 중요하며, 이것은 데이터 문해력(literacy) 관점에서 많은 연구가 필요함을 시사한다. 아직도 미래 세대의 재정 부담을 분석하면서 관리재정수지가 아니라 사회보장성기금의 흑자를 반영한 통합재정수지를 가지고 분석하는 오류를 범하거나, 정부부채와 국가채무의 개념 구분을 제대로 하지 못해 국가의 재정 상태를 잘못 파악하는 오류가 빈번하게 일어나고 있다. 공공데이터 분석방법론이 발전하기 위해서는 분석에 사용하는 데이터의 의미를 정확히 이해하고 문제 상황에 맞는 자료를 사용할 수 있는 능력이 필요하다. 이러한 능력을 함양하는 것은 단순히 통계분석 능력이 아니라 행정에 대한 이해가 뒷받침돼야 가능하다.

데이터의 의미를 효과적으로 전달하기 위해서는 숫자로 가득한 통계표 제공 방식은 한계를 갖고 있다. 독자들은 행정학 논문을 읽을 때 제공되는 각종 표를 보며 숫자를 해석하는 데 어려움을 겪은 경험이 있을 것이다. 따라서 시각화를 통해 통계정보를 제공하는 것이 중요하다는 것이 오랫동안 주장돼 왔는데, 고길곤 외(2019)는 행정학과 정책학 연구에서 데이터 분석 결과를 시각화하는 노력에 큰 진전이 없었다는 결과를 제시했다. 고길곤(2019)은 『데이터 시각화와 자료분석』이라는 책을 통해 각종 기술통계분석, 상관분석, 회귀분석 결과를 다양한 시각화 기법을 통해 결과를 이해하기 쉽게 제공하는 방법론을 제시하고자 했다. 특히 통계 프로그램에서 기계적으로 제공하는 시각화 결과를 그대로 사용하기보다는 문제 상황에 맞게 분석 결과를 가공해 시각화한 결과를 제시함으로써 데이터 문해력을 높일 필요가 있음을 보여 줬다. 이것은 수학의 영역이 아니라 행정에 대한 전문성에 바탕을 둬야 가능한 행정학자의 영역에 가깝다.

## 4 데이터 분석 알고리듬의 변화

방법론의 또 다른 중요한 변화는 분석 알고리듬(algorithm)이 변화하고 있다는 것이다. 과거에 사용되는 대부분의 방법론은 분석 알고리듬이 간단했고, 어떤 통계 분석 소프트웨어를 사용하더라도 동일한 결과를 재현하는 것이 일반적이었다. 예를 들어 모형의 모수를 추정할 때 과거에는 확률분포 이론에 기반해 모수 추정을 하는 방식을 택했지만, 지금은 부트스트래핑 방식 등을 이용해 무작위 추출을 반복하고 있으며, 앞으로는 상관계수 행렬이나 데이터 생성 과정(data generation process)의 패턴을 유도하고 이를 통해 가상 자료를 시뮬레이션해 모수를 추정하는 형태가 일반화될 것이다. 그 결과 어떤 알고리듬을 사용했느냐는 어떤 데이터를 사용했느냐에 못지않게 중요한 문제가 될 것이다.

방법론에서 알고리듬의 역할이 중요해질수록 인간의 판단 역시 중요해지는 역설이 발생한다. 우리는 고급 방법론을 사용할수록 기계가 판단해서 최적 모델을 제시할 것으로 생각하지만, 복잡한 방법론일수록 연구자가 주관적으로 선택해야 하는 초모수(超母數, hyperparameter) 선택과 모형 유형 선택에 많은 가정이 부가될 수밖에 없다. 일부에서는 자동화 기계학습(automated machine learning: AutoML)이 이런 주관적 판단의 문제를 해결할 것으로 생각하지만 인간과 알고리듬의 판단을 어떻게 균형 있게 방법론에 반영할 것인가는 새로운 쟁점이 될 것이다(고길곤, 2021).

인간과 알고리듬 간의 관계 문제는 결국 서로 다른 세계관을 가진 방법론 간의 충돌을 필연적으로 초래하게 된다. 전혀 다른 알고리듬이나 분석기법이 사회 현상을 비슷한 예측력이나 설명력을 가지고 설명하게 된다면 결국 무엇을 선택할지는 방법론의 영역을 넘어 과학자 집단의 정치 영역으로 변질될 가능성이 높고, 방법론 영역에서의 새로운 과학사회학과 연구윤리의 쟁점이 도래할 것이다. 고길곤(2021)은 인공지능(AI) 기반의 공공데이터 활용을 통한 정책평가의 가능성을 논의하면서 새롭게 등장하는 AI 알고리듬을 정책평가에 활용을 할 때 양과 질의 상충 모순, 정체성 모순, 투명성 역설, 권력의 역설이 발생할 수 있음을 제시하며 지나친 낙관론을 경계하고 있다. 빅데이터가 체계적인 오류를 조금이라도 포함하고 있으면 양질의 확률표본으로 구성된 작은 데이터(small data)보다 더 좋다는 생각은 잘못됐음을 보여 줬다. 또한 빅데이터 분석에 의해 나타난 개인의 행태에 대한 설명은 실제 개인의 행태가 아닌 데이터의 알고리듬이 만들어 낸 가상의 행태이기 때문에 개인의 정체성이 알고리듬에 의해 결정되는 모순이 발생할 수 있음을 경고하고 있다. 또한 데이터를 공개해서 투명성을 높인다고 하더라도 복잡한 알고리듬이 초래하는 모호성은 더 증가하고 있는 모순이 발생하고 있다. 이런 현상은 권력의 불균형을 심화시키게 되는데 "원천 알고리듬을 디자인하는 사람, 데이터의 흐름을 통제할 수 있는 사람, AI를 구현할 수 있는 자본과 기술을 가진 사람으로의 권력 집중이 심화돼 결국 승자와 패자가 명확해질 위험이 크다"(고길곤, 2021: 331).

방법론 영역에서의 이런 변화는 매우 중요한 교훈을 제공한다. 첫째, 방법론이 객관적 진리를 제공해 주는 것은 아니라는 점이다. 방법론이 발전할수록 우리는 객관적 진리에 가까이 갈 것이라는 착각을 하지만, 방법론이 인간의 인식 과정, 즉 인상(impression)과 관념(idea)에 자유롭지 않기 때문에 여전히 불확실성은 높고 그

불확실성을 부정한 채 자신의 방법론이 최선이라는 생각은 방법론의 교조화를 초래할 위험이 크다. 회귀분석이 보편화되지 않았던 시점에서 회귀분석을 사용한 연구가 과학적이라고 평가받았던 시대가 있다. 하지만 지금은 좀 더 정교한 회귀분석 모형이 만들어지고 있으며, 과거의 회귀모형이 가진 한계들이 드러나고 있다. 미래에 도래할 새로운 방법론의 입장에서 현재의 모형은 여전히 불완전할 것이다. 또한 우리가 사용하는 회귀모형과 기계학습 모형의 결과는 서로 다르고 서로 다른 장점이 있을 수밖에 없다. 하지만 현실에서는 특정 모형을 쓰지 않은 논문을 폄하하는 경우를 흔히 발견한다. 예를 들어 도구변수(instrumental variable)를 사용한 모형의 사례를 들어보자. 다음 [그림 2]와 같이 독립변수와 종속변수 간의 관계에서 측정되지 않은 혼란변수 $u$가 있고, 이러한 혼란변수 $u$가 독립변수와 상관관계가 있어 $x$의 함수로 나타낼 수 있는 상황, 즉 $u(x)$인 경우에 내생성(endogeneity)이 발생한다. 이 내생성이 발생할 때 독립변수와는 상관관계를 가지면서, 혼란변수를 포함한 오차항과는 상관관계를 갖지 않는 조건을 만족하는 도구변수 $z$를 사용해 독립변수를 추정하고 이 추정된 $x^*$와 종속변수의 관계를 분석하는 것이 도구변수 모형의 기본 생각이다.

   도구변수 모형은 횡단면 분석뿐만 아니라 종단면 분석의 GMM(general moment method) 같은 방법에도 널리 사용됐고 특히 계량경제학 분야에서 유행하다가 행정학 분야에도 널리 사용되기 시작했다. 하지만 약한 도구변수(week instrument)를 사용하는 도구변수 모형은 불편성과 효율성에 문제를 갖고 있을 뿐 아니라, 도구변수와 독립변수의 상관관계가 커질수록 불편성과 효율성 개선이 비례적으로 일어나는 것도 아니다(고길곤, 2017b; Martens et al., 2006). 더군다나 다음 그림에서 확인할 수 있듯이 독립변수 $X$가 $Y$에 미치는 효과는 도구변수 $Z$에 의해 추정된 $X^*$가 $Y$에 미치는 영향으로 치환되기 때문에 도구변수에 의해 설명되지 않는 부분의 $X$의 효과가 $Y$에 미치는 영향은 설명할 수 없는 국지적(local) 해(解)를 제공할 뿐이다. 그리고 측정되지 않은 혼란변수인 $u$가 종속변수에 미치는 영향이 클수록 독립변수가 설명할 수 있는 정도도 여전히 제한적이다.

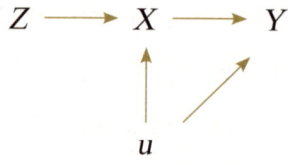

[그림 2] 도구변수 모형

    이것은 단지 도구변수만의 문제가 아니다. 새로운 방법론이 나올 때마다 해당 방법에 대한 제대로 된 이해 없이 기존 방법을 열등한 것으로 폄하하고 새로운 방법을 무비판적으로 사용하는 것이 유행하고 있다. 그 결과 새로운 방법을 통해 얻은 결과를 제대로 해석하지 못하는 경우가 많다.

    흔히 계량방법론을 이용한 논문은 사례연구 논문보다 쓰기 쉽다는 오해가 있다. 하지만 계량방법론을 정확하게 사용하는 것은 매우 어렵다. 질 높은 확률표본을 얻기 쉽지 않고, 개념을 정확히 조작해서 측정한 변수의 자료를 얻기는 어렵다. 또한, 정확한 모형식과 모수 추정 알고리듬의 선택을 할 수 있는 전문적 지식을 갖추기는 더욱 어렵다. 최근에 일반화되기 시작한 강건성 분석과 민감도 분석은 추정해야 하는 모형의 수를 급격히 증가시켰다. 추정 결과를 해석해 행정학적 혹은 정책학적 시사점을 찾는 것 역시 매우 도전적인 과제다. 정책도구 변수와 정책 결과 변수 간의 연관성이 있다고 해서 해당 정책도구가 정당화된다고 판단할 수는 없기 때문이다.

    방법론 분야를 연구해 오면서 저자가 끊임없이 확인할 수 있었던 것은 방법론이 끊임없이 발전해 오고 변한다는 점이다. 행정학 분야에 적합한 새로운 방법론을 찾는다는 것은 단순히 정교한 모형을 찾는 것만을 의미하는 것이 아니다. 설문조사와 같이 데이터를 생성하는 방법, 응용 프로그래밍 인터페이스(API) 등의 기술을 활용해 데이터를 자동으로 결합하는 방법, 시각화 방법, 새로운 알고리듬을 활용해 설명력과 예측력을 높이는 방법 등 다양한 방법론의 연구문제를 확장시켜 나가면서 행정학 연구의 설명력과 과학성을 높이는 노력이 필요한 것이다.

## III. 인식론과 계량방법론

❖──── 원래 방법론이라는 용어는 철학적인 용어이지만 현실에서는 매우 혼란스럽게 사용돼 왔다. 예를 들어 "실증주의는 20세기 사회과학 연구에서 방법론적 패러다임으로 군림해 왔다"(송근원, 2008: 43)라는 주장에서 실증주의는 하나의 방법론으로 간주되지만, "사회과학 또는 정책연구에서 실증주의와 합리주의는 실용적인 위치에 서 있는 정책학의 분석이론과 방법론에 지대한 영향을 미쳤다"(이성우, 2008: 16)는 주장에서는 실증주의를 인식론 혹은 과학철학의 일종으로 보고, 실증주의와 방법론은 구별되는 것으로 이해하고 있다. 방법론에 대한 행정학의 논쟁을 보면 주로 질적 방법론과 양적 방법론에 대한 논쟁에 초점을 두고 있을 뿐 방법론 자체가 갖는 철학적 의미는 상대적으로 덜 다뤄져 왔다. 일반적으로 하나의 철학적 사조는 인식론, 존재론, 인간관, 방법론의 기초를 갖춰야 하므로 방법론의 철학적 기초를 이해하는 것은 매우 중요하다. 그런데도 계량방법론에 대한 논의를 전개할 때 마치 계량방법론은 철학과 관련 없는 단순한 수단으로 간주되는 경향이 있다.

앎이란 무엇이고, 어떻게 알 수 있으며, 안다는 것의 확신 정도는 얼마나 되는지 등의 질문을 던지는 철학의 분야가 인식론(epistemology)이며, 인식론의 대상이 되는 질문은 시대에 따라 변화해 왔다.[6] 전통적으로 계량방법론은 현실 혹은 실체를 인식하기 위한 '수단'으로 간주돼 왔다. 계량방법론에서는 데이터는 경험적 사실이 축적된 결과라고 이해됐고, 이 데이터를 현실 세계에 대한 인상(impression)으로 치환한 후 수학에 기반을 둔 관념(idea)의 작용을 통해 데이터가 추상적인 존재로 전환되는 과정을 거쳐 일반화의 단계로 나아간다고 볼 수 있다. 즉, 계량방법론은 우

---

6) Steup, Matthias & Ram Neta, "Epistemology," *The Stanford Encyclopedia of Philosophy* (Fall 2020 Edition), Edward N. Zalta(ed.), URL = ⟨https://plato.stanford.edu/archives/fall2020/entries/epistemology/⟩.

리가 오감을 이용해 실체를 인식하거나, 혹은 이성을 사용해 실체를 인식하는 활동과 동떨어진 것이 아니라 그 자체가 하나의 귀납적 인식론 작용이라고 볼 수 있다. 예를 들어 한국의 소득불평등 수준에 대한 우리의 관념은 소득에 관련한 데이터를 수집해 가공된 지니계수(Gini's coefficient)와 같은 함수를 통해 형성된다. 소득불평등이란 매우 추상적인 관념이 지니계수라는 숫자로 전환되면서 소득불평등이 인식되는 것이다. 인식이 우리의 오감에 의존하는 것이 아니라 데이터에 의존한다는 점에서 차이가 있을 뿐 계량방법론은 현실을 인식하는 방법의 하나다.

그러나 인상과 관념은 상호 영향을 주면서 발전하는 것으로, 이론이나 프레임을 가지고 현실의 정보를 해석하는 것은 관념이 인상에 영향을 주는 활동의 한 예라고 할 수 있다. 놀랍게도 통계적 추론(statistical inference)은 이런 관념의 세계를 모형 혹은 모집단이라는 이름으로 그 방법론 안에 받아들이고 있다. 흔히 모수통계학(parametric statistics)의 이론적 기초는 왜 모집단이 연구자가 가정한 것처럼 생겼는지를 묻지 않는다. 모집단의 특성에 대한 연구자의 가정은 일단 옳다고 가정한 후 그 가정을 기각할 수 있는지 여부만 경험적 자료로 판단하는 것이다. 유사하게 왜 독립변수와 종속변수 간의 관계를 선형으로 가정하는지는 경험적 자료를 가지고 판단하는 것이 아니라 연구자가 그냥 가정하는 것이다. 이것은 빈도주의라고 부르는 전통 통계학의 추론 방식이다. 물론 최근에 다시 관심을 끌고 있는 베이지언(Bayesian) 통계학에서는 경험적 자료를 통해 모형을 계속 업데이트해 나가는 방식을 취하기도 하기 때문에 순수한 경험주의에 가깝다고 할 수 있다. 그러나 베이지언 통계학조차도 새로운 조건에 따라 지속적으로 업데이트를 하는 과정은 기존의 지식을 강화할 뿐 불규칙적인 현상을 파악하는 것을 어렵게 하는 모순 때문에 새로운 선험적 모형을 가지고 과정의 정보를 해석하는 과정이 필요하게 된다. 어떤 식으로든 통계적 방법론에서는 상당한 선험적 지식이 필요함에도, 우리는 선험적 지식을 통계모형에 어떻게 반영해야 할지에 대한 진지한 고민을 충분하게 하지 못하고 있다.

계량방법론에 대한 인식론적 오해가 가장 크게 나타나는 부분은 계량방법론이

가치중립적이며 순수하게 경험에 바탕을 둔 지식을 생산한다는 것이다. 예를 들어 통계적 추론은 데이터라는 경험적 사실(fact)을 바탕으로 참인 진실(truth)을 찾아낸다는 것이다. 즉, 모집단(population)에 대한 정보를 가진 표본을 무작위 추출(random sampling)하면 관찰된 경험적 표본을 이용해 모집단의 특성을 밝혀낼 수 있다는 점이다(고길곤, 2021). 얼핏 타당해 보이는 이 주장은 실제로는 많은 철학적 논쟁의 대상이다.

첫째, 모집단 혹은 모집단에서 변수 간의 관계에 대한 존재론적인 의미다. 통계학에서는 모집단과 모집단의 특성은 궁극적으로 추론하고자 하는 대상이다. 통계적 추론을 통해 추정하고자 하는 모집단의 특성을 모수(parameter)라고 부른다. 기존 통계학의 주류였던 빈도주의자(frequentist) 입장에서는 이 모수를 하나의 주어진 상수라고 본다. 예를 들어 표본을 이용해서 모평균 $u$를 추정한다고 할 때 빈도주의에서 모평균은 하나의 주어진 상수다. 이것은 모집단의 모수가 확률적으로 존재하는 것이 아니라 정태적인 존재라는 암묵적 가정이 바탕이 돼 있다. 반면 베이지언 입장에서는 모수를 상수가 아니라 확률변수(random variable)라고 가정한다. 모수라는 것이 하나의 주어진 값이 아니라 사후적 정보에 의해 사전에 가정한 모수 값을 끊임없이 수정해 결정된다고 보기 때문이다. 이 경우 모수의 존재론적 의미는 동태적이며 확률적인 존재다. 따라서 참인 진실은 유일하게 존재하는 것이 아니며, 새로운 정보에 의해 항상 변화할 수 있는 존재인 것이다.

둘째, 통계적 추론에서 경험을 넘어선 선험적 지식(a priori)을 전제하고 있다는 점이다. 흔히 통계적 방법론은 경험적 지식에 의해 모집단을 추론한다고 오해한다. 하지만 경험주의자인 흄(David Hume)이 주장하듯이 경험은 관념을 통해 개인에 의해 해석되는 과정을 거칠 수밖에 없고 관념은 개인의 인상(impression)에 의존할 수밖에 없다. 따라서 경험을 가지고 절대적인 인과이론을 구성하는 것은 한계가 존재한다. 통계적 추론은 경험을 통해 증명할 수 없는 선험적 지식을 전제한 후 주어진 데이터를 이용해 통계적 추론을 진행한다. 대표적인 것이 회귀분석이다. 모회귀방정식은 다음과 같다.

$$Y_i = \beta_0 + \beta_1 X_i + \epsilon_i$$

회귀분석을 자료 해석으로 이해한다면 수집된 데이터를 이용해 표본에 있는 독립변수 $X$와 종속변수 $Y$의 선형 관계를 가장 잘 나타내는 회귀계수 $\beta_0$, $\beta_1$을 찾아낼 수 있다. 즉, 회귀분석은 주어진 자료의 독립변수와 종속변수의 선형 관계를 가장 잘 나타내는 직선을 찾아내는 방법이라고 이해하는 것이다. 하지만 회귀분석의 목적은 표본을 가장 잘 설명하는 것이 목적이 아니라 모집단에서의 독립변수와 종속변수의 관계를 추정하는 것을 목적으로 한다. 따라서 위에서 제시된 회귀모형은 모집단에서 독립변수와 종속변수의 관계에 대한 가정이다. 이때 모집단은 위와 같은 회귀모형이 제시하는 선형의 관계가 경험적인 표본을 통해 증명되는 것이 아니다. 오히려 연구자는 이런 관계가 선험적으로 존재한다고 전제한 후 경험적 표본이 이런 선험적 모형을 기각할 수 있는지 여부를 판단하는 것이다.

고길곤(2021)은 예측과 설명에서의 존재론과 인식론을 논의하면서 최근에 등장하고 있는 AI 기반의 예측모형이 가진 철학적 한계를 다음과 같이 지적하고 있다.

실증주의 사회과학 방법론에서는 예측의 대상이 되는 정책의 실체가 존재한다고 본다. 이와 달리 해석주의나 구성주의적 관점에서는 정책의 실체는 형성되는 것일 뿐이다. 만일 반(反)실증주의적 관점을 취할 때 미래 예측은 객관적일 수도 없으며 정확성이 좋은 미래 예측의 기준이 될 수도 없다. 기계학습이나 시계열분석에서는 주관적 미래 혹은 해석되는 미래에 대한 관점을 견지하지 못한 채 예측된 미래 그 자체를 제시할 뿐이다. 또한 이런 예측방법론은 인식론의 중요한 시작점이 되는 이론에 기반한 예측이라는 전통적인 관점을 취하지도 않는다. 즉, 모형 구축이 선험적인 지식에 기반하지 않는다. 또한 투입변수와 산출변수의 관계는 유지하지만, 기계학습에서 이 두 변수의 관계는 단순히 예측 정확성을 높이기 위한 관계일 뿐 인과관계를 의미하는 것도 아니다. 그뿐만 아니라 설명과 예측의 구조적 동일성이라는 전통적인 사회과학 명제와 달리 설명 없는 예측의 특징을 보인다. 더욱 중요한 것은 데이터가 예측 결과를 결정한다는 점이다. 이것은 방법론이 연구 질문을 결정하는 실증주의적 오류보다 더 심각한 문제가 될 수 있다. 즉, 예측된 결과가 왜 나타났는지를 설명할 수 없으며, 단지 데이터에 의해 예측된 결과라고밖엔 말할 수 없다. 이는 전문가의 판단의 개입이 최소화되고 알고리듬에 의해 자동으로 예측하는 방법론 역시 가치 판단이 중심이 돼야 하는 정책학의 전통과는 상당한 간격이 있음을 반증한다. 이러한 인식론적 관점은 반(反)실증주의적 관점에서도 받아들이기 어려울 뿐 아니라 실증주의적 관점에서도 받아들이기 어려운 것이다(고길곤, 2021: 209).

행정학과 정책학은 가치 판단의 학문이다. 우리가 사용하는 방법론에도 다양한 가치가 이미 내재화돼 있으므로 방법론의 영역과 가치의 영역을 분리해서는 안 된다. 아쉬운 것은 우리가 사용하는 방법론 속에 숨어 있는 가치 충돌에 대한 논의가 아직 행정학 영역에서 제대로 논의되지 못하고 있다는 점이다. 예를 들어 예비타당성조사는 기본적으로 비용·편익분석 방법론에 기반을 두고 있지만 그 분석 결과의 해석은 정책분석가가 가진 이해관계에 상당한 영향을 받는다. 고길곤(2020)은 경제적 합리성 패러다임에 의해 예비타당성조사가 수행되는 것처럼 보이지만, 실제로는 정치적 합리성에 의해 제도가 운영되고 있음을 보여 주고 있으며, 이러한 정치적 합리성은 비용·편익분석을 기계적으로 적용해 사업 추진 여부를 판단한다는 기존의 주장을 반박하고 있다. 이와 유사하게 정책실험(policy experiment)에 대한 미국의 논의가 주로 정책 효과 크기 측정에 치우쳐 있는데 비해, 한국이나 중국은 시범사업의 의미가 더 크며 시범사업의 목적은 정책이 효과 크기를 측정하는 데 있지 않고 실제 정책집행 과정에서 발생할 수 있는 다양한 문제를 사전적으로 파악하며 정책학습 기회를 갖는 수단으로 활용하는 경우가 많다(Ko & Shin, 2017). 새로운 방법론이 등장할 때 이 방법론이 사회자원이나 가치 배분에 어떤 영향을 줄 것인지에 대해 고민하는 것도 방법론 연구의 중요한 연구 분야가 돼야 할 것이다.

## IV. 과학의 시대를 위한 방법론에서 소통의 시대를 위한 방법론으로

❖──── 무당의 시대가 있었다. 지식이 문자로 기록되지 못했던 시대에 무당은 고전을 통해 전해진 지식의 수호자였고 무당의 권위는 개인이 가진 지식 자체뿐만 아니라 무당의 사회적·문화적·정치적·경제적 지위에 의해 정당화됐다. 권위가 부여된 개인에게 지식이 속했던 무당의 시대는 자신만이 오직 진리를 안다고 주장하는 사이비 종교의 모습으로 21세기에도 살아남았다.

무당의 시대의 저 반대편에 과학의 시대가 있다. 이 과학의 시대는 설명가능성, 예측가능성, 재현가능성, 반증가능성 등을 원칙으로 제시하면서 사회적 계급과 같은 비과학적 권위로부터 과학을 자유롭게 했다. 과학의 시대 초기에는 무당의 시대보다 설명할 수 있는 것이 많지 않다. 천지가 어떻게 창조됐는지 과학은 설명할 수 없었고, 인간이 왜 합리적으로 행동하는지 혹은 비합리적으로 행동하는지를 설명할 수도 없었다. 특히 사회과학에서 과학은 공정, 공공, 평등, 자유 등과 같은 수많은 기본 개념을 제대로 측정할 수도, 설명할 수도 없었다. 그러나 과학은 그 자신이 틀릴 수밖에 없다는 전제하에서 반증가능성을 무기로 대담한 가설을 끊임없이 제기했고, 지식 성장에 기여하기 시작했다. 계량방법론은 무당의 시대에서 과학의 시대로 넘어갈 때 과학의 기본 원칙을 구현할 수 있도록 하는 데 큰 기여를 했다.

무당의 시대와 과학의 시대의 간격은 너무 크고, 행정학이나 정책학과 같은 학문 영역의 수많은 문제는 무당이나 과학이 설명할 수 없는 것들이다. 사이먼(Herbert A. Simon)을 중심으로 과학으로서의 행정학이 주류였던 미국조차 사회적 가치(social value)나 정치(politics)와 같이 과학의 영역에서 다루기 어려운 명제를 행정학의 중심으로 가져오려는 시도가 시대에 따라 반복됐다. 1968년 왈도(Dwight Waldo)가 주도했던 미노브룩(Minnowbrook) 회의는 가치지향성과 문제지향성을 일갈했고, 그 후 20년마다 회의가 개최되면서 다양한 행정학의 문제를 제기해 왔다. 비록 과학의 시대가 열렸지만, 여전히 과학이 할 수 있는 영역은 제한적이었고, 계량 방법론이 대답할 수 있는 비과학적 영역의 질문들도 제한적일 수밖에 없었다.

독일에서 사용하는 Wissenschaft라는 단어는 과학(science)과 유사하지만 과학보다는 포괄적으로 체계적인 앎 혹은 학문이라는 의미에 가깝다. 라드셸더스(Raadschelders, 2008)가 행정이론의 네 개의 정향을 이야기하면서 Wissenschaft를 기술, 지혜, 그리고 다양한 상대주의적 관점을 모두 포괄하는 개념으로 이해한다고 보면서 미국의 행정학이 전문화를 통한 과학을 추구한다면, 유럽은 유기적이고 시스템적 사고에 바탕을 둔 Wissenschaft를 추구한다고 주장했다. 반면 한국 행정이론은 시대에 따라 급격한 변화를 겪어 왔지만 행정 현실에 대한 통찰력, 행정 현실에 대한 경험과 사실, 서구 이론의 틀 안에서 한국 행정의 해석을 시도하면서 과학과 Wissenschaft의 영역을 함께 추구하며 정부와의 밀접한 상호 작용을 하면서 실천적 앎의 영역도 매우 중시했다. 그 결과 한국의 행정학이나 정책학의 지식 생산은 학술 목적뿐만 아니라 문제 해결을 위한 용역보고서나 정책보고서 같은 지식을 생산하고 있다. 일부에서는 연구보고서나 정책보고서가 학문적 지식이 아니라고 주장할 수도 있지만, 수많은 국책 연구기관에 근무하는 박사들과 연구보고서 작성에 참여한 학자의 연구결과물이 행정의 이해와 이론 발전에 큰 기여를 하고 있다는 점을 고려한다면 정책보고서나 연구보고서를 과소평가해서는 안 된다. 실제로 이들 연구는 충분한 선행 연구 검토와 과학적 방법론을 활용해서 진행되고 있는 것이 현실이다. 방법론은 과학이라는 학문적 영역에서 현실의 정책문제를 해결하기 위한 도구적 영역에서도 적극적으로 활용되기 시작한 것이다.

문제 지향의 방법론이 되기 위해서는 소통가능성이 매우 중요하다. 사회문제는 수직적 권력 관계에 따라 권력을 가진 자에 의해 정의되고 해결된다고 생각할 수도 있지만, 권력을 가진 정부가 풀 수 있는 문제보다는 풀 수 없는 문제가 훨씬 더 많다. 오히려 자연스러운 사회적 상호 작용을 통해 문제가 해결되는 경우가 더 많으며, 이때 사회적 상호 작용은 전문가의 지식(professional knowledge)보다는 일상의 지식(ordinary knowledge)에 의해 매개되거나 조절되는 경우가 많다. 따라서 방법론을 활용해 생성된 지식은 전문가 집단 간 혹은 일반 시민에게도 소통돼야 하며, 소통가능성이 없는 지식은 문제 해결에 큰 도움이 되지 않는다.

　소통가능성 문제는 학계 내부에서 심각하게 다룰 필요가 있다. 간단한 회귀분석 사례를 들어 보자. 이분산성을 조정하기 위한 강건 통계량(robust statistics)을 사용했다고 이야기하는 많은 연구에서 어떻게 강건 통계량을 계산했는지는 자세히 설명하지 않는 경우가 많다. 이분산성이 존재할 때 이분산성 조정 공분산 행렬(Heteroscedasticity-Corrected Covariance Matrices: HCCM)은 공분산 구조를 가정하는지에 따라 다양하게 정의될 수 있는데도 불구하고(Wooldridge, 2002: 152; Arellano, 1987) 마치 강건 통계량이면 이분산성이 조정된 것이라고 착각한다. 요인분석을 할 때도 공변량에서 공통분산과 특수분산을 어떤 식으로 반영해 요인분석을 했는지에 대한 언급이 없는 경우가 많다. 요인분석에서 사용하는 상관계수 행렬에서 대각 행렬의 원소를 1로 사용하는 주성분 분석 방식이 아니라 특수분산의 크기를 조정해 사용하는 방식도 있다. 요인계수를 추정하는 방식도 다변량 정규분포를 가정하는 최우추정법이나, 주성분분석 방식 등 매우 다양하며, 요인 회전의 방식도 매우 다양해서 이에 대한 충분한 설명을 제시할 필요가 있다. 구조방정식은 더욱 복잡한 모형 가정이 사용된다. 구조방정식 영역에 들어가면 복잡한 모형의 가정이 어떻게 반영됐는지에 따라 분석 결과가 매우 민감하게 반응하는 것을 알 수 있다. 이러한 가정이 제대로 설명되지 않으면 과학적 방법론의 핵심 요소인 재현가능성이 현저히 떨어진다.

　통계 패키지에 따라서 분석 결과가 상이하게 나타나는 경우도 많다. 패널분석에서 STATA의 xtreg 명령어를 사용해 고정 효과 모형을 추정해 보면 결정계수 값이 매우 작게 나오며, 이 값은 SAS의 PROC PANEL이나 Eview 프로그램에서 계산된 값과 다르게 나온다. 그 이유는 STATA에서는 그룹 내 변동에 대한 결정계수 값을 사용하기 때문인데, 문제가 되는 것은 그룹 내 변동 계산을 위해 사용한 그룹별 평균값에 의해 상실되는 자유도 값이 제대로 반영되지 않는 것이다. 일반적으로 고정 효과 모형에서 그룹(개인)을 가변수로 사용한 모형을 이용해서 추정하는 경우에는 그룹별 평균값을 구할 때 손실된 자유도를 바로 반영할 수 있기 때문에 STATA의 xtreg의 결정계수는 수정해서 사용해야 한다.

분석 결과의 소통과 관련돼 발생한 또 다른 문제는 정확한 용어 사용의 혼란이다. 예를 들어 표준편차(standard deviation)와 표준오차(standard error) 개념이 제대로 구분되지 못하고, 추정량(estimator)과 추정값(estimate) 개념도 제대로 구분되지 않아서 혼란을 초래하는 경우가 흔히 발생하고 있다. 패널회귀 분석에서 고정 효과를 나타내는 가변수 $\alpha_i$을 확률변수로 볼 것인지 아닌지에 대한 논쟁이 제기되고 있는데, 이 논쟁을 제대로 파악하지 못한 채 $\alpha_i$을 비확률변수라고 당연히 가정하기도 한다.

결국 자신이 동일한 방법론을 사용한다고 해도 어떤 가정, 어떤 통계 프로그램을 사용하는지, 어떤 용어를 사용하는지에 따라 결과가 달라질 수 있다는 사실은 정확한 소통을 점점 더 어렵게 하고 있다. 이런 이유 때문에 자신이 사용하는 방법론을 정확한 모형식으로 통해 나타내고 그 방법론에 숨어 있는 가정도 정확하게 나타내는 것이 더욱 중요해지고 있다. 하지만 논문 페이지에 제한이 있는 상황에서 자세한 모형식을 정확한 수식으로 나타내는 것은 쉽지 않다. 이런 이유 때문에 행정학계에서도 효율적 소통을 위해서는 분석에 사용한 자료와 프로그램 코드를 제공하는 것을 의무화해야 한다. 일부에서는 프로그램 코드는 지적재산이라고 주장하기도 하지만 논문을 통해 자신의 연구를 공유하듯이 프로그램 코드 공개도 자신의 연구 결과의 일부로서 공개하는 것이 바람직하다.[7]

소통은 연구자와 정책결정자 혹은 시민 간에서도 충분히 이뤄져야 한다. 통계학은 거짓말이라는 주장의 뒤편에는 통계에 대한 과신도 함께 자리 잡고 있다. 정부 관료는 객관적인 통계라는 이름하에서 자신의 책임을 회피하거나, 자신에게 유리한 통계를 취사선택하는 경우가 많다. 그 결과 세계경제포럼(WEF)이 매년 발표하

---

[7] 김주상·장현주(2022)는 https://github.com/kjsang/KPAR_conflict_of_interest에서 자료 수집과 분석 코드를 공개하고 있다.

는 성평등 지수에서 한국이 세계 100위권이라는 숫자를 매년 언론에서 반복해 보도하는 것도 제대로 된 숫자의 의미를 설명하기보다는 자신의 이해관계에 따라 숫자나 분석 결과를 사용하는 경우가 많기 때문이다. 한편, 방법론이 어려워질수록 시민은 분석 결과를 받아들이도록 강요받는다. 효율성분석(efficiency analysis)의 결과를 보면서 선형계획법의 가정이나, 그 값이 상대적 효율성 개념이라는 것, 그 효율성이 측정 가능한 투입과 산출변수에 의존한다는 점(고길곤, 2017a)을 아는 시민보다는 그저 발표된 효율성 점수를 믿는 사람이 더 많을 것이다. 숫자의 위압감이 커질수록 시민들은 자신의 의견을 이야기할 수 없게 되고 숫자가 정책을 결정하는 이상한 세상이 도래하게 된다.

방법론이 가진 소통의 어려움에도 불구하고 방법론은 무당의 시대나 형이상학의 시대에 비해 소통을 훨씬 명확하게 한다는 장점이 있다. 서로 화해할 수 없는 정치적 이념이 대립하는 극단적인 양극화의 세계에서조차, 현실에 대한 최소한의 공유할 수 있는 지식을 방법론이 생산하게 된다면 이 방법론이 문제 정의와 해결을 위한 사회적 상호 작용과 그 과정 속에서 나타나는 소통의 질을 높이는 데 기여할 수 있을 것이다.

## V. 인과이론을 위한 방법론의 동경과 좌절

❖────── 과학의 궁극적 목적이 인과 법칙의 발견이라고 생각하는 학자들이 많다. 이론에 대한 갈망도 사실 사회 현상 속에 존재하는 인과 법칙을 발견하고자 욕망이 자리 잡고 있다. 방법론 역시 인과이론을 발견하기 위한 과학적 연구 수행의 절차라고 본다면 방법론의 궁극적인 경지는 인과관계를 찾는 데 있다고 주장할 수 있다. 하지만 아침에 태양이 떠오르거나, 힘을 가하면 물체가 움직이는 것과 같은

규칙성을 가진 자연 현상을 사회 현상에서 찾는 것은 불가능하다. 인과이론에 대한 갈망은 혼란스러운 프랑스 사회를 바라보며 『실증철학강의』를 쓰던 콩트(Auguste Conte)의 사회물리학에 대한 갈망과 비슷한지 모른다. 콩트는 추상적인 이론적 원칙을 발견하는 것이 사회학의 목적이라고 생각했다. 그를 근대 사회과학의 창시자라고 부르는 이유도 관찰, 실험, 비교와 역사적 분석이라는 연구 방법을 이용해 자연과학처럼 사회의 법칙과 원리를 발견하는 사회과학이 가능하다고 믿었던 것이다. 콩트 생각의 저변에는 우리가 '규칙적인' 사회의 작동 원리를 안다면 사회의 혼란을 줄일 수 있을 것이라는 믿음이 자리 잡고 있었다.

그렇다면 행정학 방법론이 과연 인과관계를 발견하는 수준까지 발전한 것인가? 이 질문이 타당하기 위해서는 과연 행정학에서 인과관계라는 문제를 제대로 정의하고 있는지를 반문해야 한다. 이 반문에 너무 기분 나빠할 이유는 없다. 인과이론은 오랫동안 고민해 온 철학 분야조차 규칙성(regularity), 반사실적 의존성(counterfactual dependency), 확률적 인과론(probabilistic causation), 조작가능성(manipulatibility), 인과 메커니즘(causal mechanism), 효율적 인과(efficient cause) 등 수많은 이론을 제시하고 있으나(Salmon, 1979; 김준성, 2007), 아직도 인과관계에 대한 합의는 도출하지 못하고 있는 실정이다.

행정학 방법론 연구에서 인과관계에 대한 반문이 진지하게 이뤄지지 못한데는 인과관계의 세 가지 조건, 즉 원인의 선행성, 원인과 결과의 연관성, 그리고 제3의 변수로부터의 독립성 조건을 무비판적으로 받아들이고 있기 때문이다. 여기서는 원인의 선행성만 살펴보도록 하자. 인식이 행동에 선행한다고 할 수 있지만, 행동의 축적은 인식에 영향을 준다. 수요가 공급에 영향을 주지만 공급이 수요에 영향을 준다. 사회 현상은 다양한 주체와 변수의 상호 작용을 통해 만들어지는 결과이기 때문에 일방향적인 관계를 갖는 경우는 많지 않다. 이런 점에서 어떤 변수가 선행하는 변수인지 여부는 먼저 측정했는지의 문제가 아닌 경우가 많다.

선행성에서 이야기하는 선행의 간격도 모호하게 정의된다. 또한 원인과 결과는 직접 연결되지 않고 일정한 메커니즘을 통해 결과와 연결되는 경우도 흔하다. 지금까지 행정학 이론 중 어느 것도 선행성을 명확히 밝힌 것이 없으며, 실증적으로 반박되지 않은 선행성을 다룬 이론은 없다고 해도 과언이 아니다. 더욱 큰 문제는 원인의 선행성 조건은 분석 방법의 문제가 아니라 데이터 자체의 문제인 경우가 많다는 것이다. 즉, 원인변수와 결과변수가 다른 시점에서 자료를 수집해야 하지만 이것이 현실에서는 쉽지 않다. 무작위 실험은 선행성과 관련해서 다른 방법론에 비해 우월성을 갖고 있다는 주장이 가능하다. 즉, 실험실 환경하에서 어떤 조작이 먼저 일어나고 이후에 결과를 관찰할 수 있기 때문에 선행성이 만족되는 것처럼 생각할 수 있기 때문이다. 하지만 다른 조건을 일정하게 만들어서 원인과 결과를 측정한다는 것은 현실적인 의미가 크지 않다. 원인이 관찰된 시점과 결과가 관찰된 시점에서 개입되는 무수히 많은 혼란변수를 매 시점에서 통제하기는 쉽지 않기 때문이다. 그러나 무엇보다 본질적인 문제는 선행성을 논의할 때 선행의 정도를 무시하고 있다는 점이다. 재난지원금과 같은 경우 일정 기간 내에 지출을 해야 하는 상황에서는 그 효과가 바로 관찰될 수 있지만, 최저임금 인상 정책이 노동시장에 미치는 영향은 즉각적이지 않은 경우가 많다. 시간의 변화에 따라 원인의 역할이 달라지는 문제를 지적한 크바트(Kvart, 2004: 360-362)의 견해와 이를 소개한 김준성(2008: 132) 역시 이 점에 주목하면서 원인이 발생한 시점이 발생 이후 시점 간의 간격, 그리고 원인 사건 이후 결과 사건 간의 구간에서 발생하는 매개 사건의 영향을 결정론적 인과관계로는 설명하기 어려우며 통계적 유관성(statistical relevance)이라는 확률적 설명을 도입할 수밖에 없음을 인정한다.

인과관계에 대한 합의가 없는 상황에서 어떤 방법론을 적용한 결과가 인과관계를 확증(confirmation)하거나 검증(verification)했다고 주장하는 것은 그 근거가 취약하다. 바로 이러한 이유로 홀랜드(Holland, 1987)는 평균 효과(average effect)라는 개념을 도입해 인과 효과 크기를 측정하는 방법론을 설명하면서, 인과관계가 존재한다는 가정하에 전제된 인과 효과를 측정함을 명확히 전제했다. 문제는 왜 인과 효과를 측정하는가다. 정책분석이나 정책평가에서 반사실(counterfactual) 관점에서 인과 효과를 측정하는 방법론을 살펴보면 대부분은 인과 효과 측정 자체에 관심을 기울일 뿐이다. 하지만 측정된 인과 효과가 발생할 확률에 대해서는 설명하지 못한다. 인과 효과의 신뢰구간을 추정하면 특정 인과 효과 크기가 발생할 확률을 추정할 수 있다고 주장할 수 있지만 빈도주의(frequentist) 통계의 논리 구조상 이것은 모순이다. 실제로 인과 효과 측정은 인과 효과의 존재 유무에 대한 해석에 초점을 맞추는 경우가 대부분이며 점 추정값(point estimate)이 가진 실제적 의미는 제대로 해석하지 못하는 경우가 많기 때문이다. 이 점 추정값도 평균적인 인과 효과를 측정하는 수준에 머무르고 있다. 반면 현실의 정책은 평균보다는 극단에 위치한 가난한 자나 정부 개입이 필요한 사람에 대한 효과에 더 관심을 기울인다.

행정학 방법론 연구를 하면서 인과관계에 대해 방법론이 가지고 있는 본질적 한계를 어느 정도 수준에서 겸허하게 받아들여야 할지는 항상 고민이다. 일부에서는 회귀분석으로는 인과관계를 설명할 수 없다고 단언하는 연구자도 있다. 대표적인 예가 횡단면 자료를 사용한 연구는 상관관계 분석에 그칠 수밖에 없다고 주장하면서, 패널분석만이 인과관계를 밝힐 수 있다고 주장하는 것이다. 하지만 인과관계를 분석하려는 방법론은 패널모형 물론 구조방정식(structural equation modeling), 베이지언 네트워크(Bayesian network), DAG(directed acyclical graph) 등 다양하게 발전해 오고 있다. 그러나 이렇게 발전되고 있는 다양한 방법론조차 인과관계를 정확히 밝혀내는 데는 여전히 한계가 있다. 이러한 한계를 이유로 계량방법론 자체를 폄하해서는 안 된다. 계량방법론을 사용하지 않는다고 해서 더 좋은 인과관계 추론의 방법론이 있는 것은 아니기 때문이다.

『매개효과와 조절효과 분석』이라는 책에서 고길곤(2021)은 우리가 흔히 사용하는 매개 효과나 조절 효과 모형은 그러한 효과가 있다는 것을 탐색적으로 밝히는 과정이 아니라 선험적으로 왜 변수 간에 매개 효과 혹은 조절 효과의 관계가 있는지를 충분히 설명해야 한다는 점을 지적하고 있다. 이런 설명은 경험적 자료를 이용해서 설명하는 것이 아니라 설득력 있는 논리에 바탕을 두고 있다고 주장한다. 사회과학 연구에서 사용하는 매개효과모형(mediator model)의 사례를 들어 보자. 매개효과모형은 기본적으로 독립변수, 매개변수, 종속변수로 구성되며 이 밖에도 혼란변수(confounder)를 모형에 포함한다. 연구자는 독립변수 이외에도 매개변수를 왜 포함했는지를 설명해야 한다. 모형을 제시하는 단계에서는 매개효과모형이 데이터를 잘 설명하기 때문에 매개효과모형을 사용했다는 식의 귀납적 설명은 타당하지 않다. 매개효과모형은 독립변수가 종속변수에 미치는 직접 및 간접 효과가 존재할 것이라는 가정에 바탕을 두기 때문에 이 가정이 본질적으로 타당한지는 연구자가 사용하는 데이터에 의해 검정될 수 있는 것은 아니다. 예를 들어 개인의 태도가 행동 의도에 영향을 주고 이것이 행동을 전환된다는 고전적 행동이론(theory of behavior)을 생각해 보자. 통계모형은 이 이론에 바탕을 두고 행동 의도를 매개변수로 가정하는 것이다. 이처럼 귀무가설을 반영한 통계모형이 설정된 이후 이 모형이 타당한지 여부가 경험적 자료를 통해 검증되는 것이다. 따라서 물론 귀무가설을 경험적인 자료로 업데이트할 수 있다고 생각할 수 있지만, 일반적인 사회과학 연구에서는 이러한 사후 확률을 이용해 사전 확률을 업데이트하는 베이지언 통계의 동태적 과정을 반복하는 데이터를 사용할 수 없는 경우가 많다. 또 우리가 주목해야 할 것은 독립변수가 매개변수보다 시간적으로 선행해야 한다는 점이다. 매개효과모형을 정확히 사용하기 위해서는 독립변수가 먼저 측정되고 일정 시간이 경과된 후 매개변수가 측정된 후 종속변수가 측정되는 데이터 수집 절차가 필요하다. 현실적으로 이런 자료 수집이 어려우므로 횡단면 자료를 이용한 매개효과모형을 이용한 연구를 수행했을 경우 그 한계를 반드시 밝힐 필요가 있다.

　지식 축적을 통한 인과관계를 밝히는 것이 어려운 것은 상충하는 실증분석 결과가 지속적으로 제기됨에도 불구하고 그 원인을 밝히지 못하고 있을 뿐 아니라 어떤 변수가 꾸준히 통계적으로 유의미한 변수로 밝혀지고 있는지, 어떤 변수는 그렇지 못한지에 대한 분석이 제대로 이뤄지지 못하고 있기 때문이다. 예를 들어 2008~2012년도 한국행정연구원 부패실태조사 설문자료를 이용해 부패의 경험을 설명하는 여러 요인 중 시점 변화에도 불구하고 지속적으로 유의미한 변수가 무엇인지 분석한 결과 이론적으로 중요하다고 제시된 대부분 변수는 통계적으로 유의미하지 않거나 시점에 따라 유의미성이 바뀌었고, 오직 기대 이익만이 꾸준히 유의미한 변수로 나타났다(고길곤·조수연, 2017). 동기이론에서도 비슷하게 수 많은 동기 요인이 측정되고 이 요인이 개인이나 조직의 성과 영향을 미치는지가 연구됐지만, 성과에 영향을 미치지 않는다는 결론과 미친다는 결론이 팽팽하게 맞서고 있다. 상충하는 실증분석 결과가 일상화된 현대 행정학 연구에서 과연 일관된 인과 법칙을 경험적 연구의 축적으로 밝힐 수 있을까? 어쩌면 반복적으로 쏟아져 나오는 비슷한 조직 행태 연구를 조금만 살펴봐도 우리는 이 질문에 대한 답을 얻을 수 있지 않을까 한다.

## VI. 무엇을 위한 방법론이 돼야 하는가?

❖────── 행정학의 방법론은 무엇을 위한 방법론이 돼야 하는가? 이 질문에 대한 대답은 문제지향성의 실용주의적 관점의 회복에서 찾아야 할 것이다. 방법론은 이론, 특히 인과관계를 규명해야 한다는 강박증에서 이제는 벗어나야 한다. 선행 연구 검토에서 주로 인용하는 '이론'이라는 것이 연구자의 연구 질문과 상당한 거리가 있는 경우도 많고, 이론에서 사용한 개념도 측정된 자료와 일치하지 않는 경우가 많기 때문이다. 행정 현상을 설명할 수 있는 이론은 생각보다 취약하며, 인과 법칙으로 사회 현상을 설명하는 것은 더욱 어렵다. 경험적 사실이 축적되면 더 좋은 이론이 만들어질 것으로 생각했지만, 경험적 사실이 특정 이론을 뒷받침하기 위한 도구로 전락해 독단(dogma)으로 빠지는 경우가 많다. 또한 다양한 경험적 사실은 특정 이론을 강화해 불변의 진리를 만들기보다는 기존 이론을 끊임없이 반박하며 새로운 이론을 만들어 내면서 지식 성장에 기여하고 있을 뿐이다. 이런 점에서 절대적 진리를 찾는 것이 아니라 끊임없이 반증하고 지식을 성장시키는 과정으로 방법론을 접근해야 한다는 포퍼(Karl R. Popper)의 주장은 여전히 타당하다.

이론의 강박증에서 벗어나면 방법론은 아주 간단한 문제, 즉 어떤 문제를 해결하기 위한 것인지에 대한 질문을 던져야 한다. 즉, 어떤 문제를 정의하거나, 설명하거나, 해결하기 위해 방법론을 사용했는지에 대한 설명이 없으면 방법론이 문제를 정의하는 현상을 초래하게 된다. 즉, 데이터가 있는 문제만 연구하는 실증주의적 병폐가 발생하는 것이다(고길곤 외, 2020).

설문 자료를 이용해 관료의 동기와 시민의 서비스 만족도의 관계를 구조방정식을 이용해서 분석한다고 가정해 보자. 실용적 연구 질문에 대한 고민이 없으면 관료의 동기 요인과 서비스 만족도의 관계를 얼마나 정확히 분석할 것인지가 중요하기 때문에 논의의 초점은 어떻게 구조방정식모형을 정확하게 사용해 모형적합도를 높이고, 모수에 대한 불편추정량과 효율추정량을 얻어낼 것인지로 좁혀지게 된다. 하지만 실용적인 연구문제는 이런 관계 자체보다는 관료의 동기 변수를 변화시켰을 때 조직의 성과가 얼마나 의미 있는 크기만큼 변화하는지에 관심을 갖는 경우가 많다(손호성·박희란, 2019). 연구 질문이 달라지면 구조방정식에서 관심을 가져야 하는 것은 경로계수가 통계적으로 유의미한지 여부가 아니다. 오히려 동기 변수가 관료행태 변화를 설명하는 정도의 크기와, 동기 변수의 변화가 관료 행태를 얼마나 변화시키는 정도인 것이다. 예를 들어 임금 천만 원 인상이 공직봉사동기를 증가시킨다는 결과가 나오더라도, 공직봉사동기를 0.01점 증가시키는 데 그치고, 공직봉사동기의 변동을 설명하는 양이 2%도 채 안 된다면 임금 인상을 실제 인사관리에 사용할 수는 없다. 공직봉사동기가 높아진다고 해도 실제 대민서비스나 정책의 질이 높아지는 정도가 약하다면 더욱 그러하다. 또한 연구 질문이 개인의 성과를 높이는 것이 아니라 조직 전체의 성과를 높이는 것이라면 일선관료 개개인의 동기와 조직 전체의 성과를 연결시키려는 것은 한계가 있다. 한국 행정학이 보이는 문제해결 지향성을 고려한다면 실용적인 연구 질문을 도출하고 이 질문에 맞는 방법론을 활용하는 것이 필요하다. 이러한 문제 지향 방법론은 앞으로 행정학 방법론 연구에서 적극적으로 고민할 필요가 있다.

혹자는 최근 빅데이터나 근거기반정책(evidence-based policy)에 대한 관심이 증가하면서 이런 방법을 사용한 연구가 행정학과 정책학의 핵심이 될 것이라고 주장한다. 하지만 근거가 정책을 결정하는 것이 아니라 정책문제에 대한 적절한 정의와 정책문제의 구체화를 통해 근거를 탐색하도록 하고, 이렇게 생산된 근거가 정책결정에 활용돼야 한다(고길곤 외, 2020). 과거의 연구문제는 이론이나 선행 연구라는 틀에 갇혀 있었다. 하지만 현실에서 우리가 다뤄야 할 연구문제는 훨씬 복잡하다. 이런 점에서 연구문제를 생성하는 데 많은 관심을 기울여야 한다. 일부에서는 데이터로 증명할 수 없는 연구 질문은 학술 논문이 되기 어렵다는 오해를 하기도 한다. 그러한 오해는 좋은 연구 질문 생산을 어렵게 해서 행정학 발전을 가로막게 된다. 논리철학적 사유도 방법론의 일종이며, 아인슈타인(Albert Einstein)의 상대성 이론처럼 사고실험(thinking experiment)은 과학의 새로운 지평을 여는 중요한 도구다. 근거기반정책보다는 질문 주도 근거기반정책이 돼야 하는 것은 체계화된 질문이 방법론의 질을 높이는 데도 큰 기여를 하기 때문이다. 복잡한 수식과 분석 결과를 제시하더라도 과연 그 결과가 어떤 연구 질문에 대한 답을 제시하는지를 명확히 설명하지 못한다면 그 유용성은 떨어진다.

지금까지 수많은 행정학자가 공공가치 문제를 고민했다. 많은 연구가 진행됐으나 공공가치는 여전히 모호하고 제대로 된 새로운 이론도 제시되지 못했다는 비판을 받고 있다. 하지만 공공가치에 대한 고민을 하면서 우리는 숫자의 세계로 나타낼 수 없는 행정의 세계가 있음을 배울 수 있었다. 측정할 수 없는 것은 과학이 아니라는 주장이 사실일까? 측정했다는 이유로 과학이라고 주장하는 오류가 더 크지 않을까? 이러한 질문은 방법에 대한 질문이라기보다는 방법론에 대한 질문이라고 할 수 있다. 행정학의 발전을 위해서는 이러한 질문을 적극적으로 제기할 필요가 있다. 또한 측정할 수 없다는 이유로 방치됐던 수많은 연구문제를 발굴하고 실용적인 답을 찾아가기 위한 방법론에 대한 고민이 어쩌면 저자뿐만 아니라 동시대를 살아가는 행정학자에게 남겨진 숙제가 아닐까 한다.

## 참고 문헌

고길곤. (2000). "시스템적 사고에 기반한 사회 시스템의 이해와 응용: Cellular Automata를 이용한 협력모형을 중심으로." 「한국시스템다이내믹스연구」, 1(1): 133-158.

_____. (2007a). "다차원 공공투자 의사결정 문제에 있어서 정책분석가들의 의사결정 행태분석: 가중치 부여행위를 중심으로." 「한국정책학회보」, 16(1): 23-47.

_____. (2007b). "정책네트워크의 유용성과 사회연결망 분석의 활용 방안." 「행정논총」, 45(1): 137-164.

_____. (2017a). 「효율성분석 이론 : 자료포락분석과 확률변경분석」, 고양: 문우사.

_____. (2017b). "자료기반 평가에서 질문주도 평가의 필요성과 효과 크기 중심 평가의 한계." 「정책분석평가학회보」, 27(2): 201-229.

_____. (2019). 「데이터 시각화와 자료분석」, 서울: 박영사.

_____. (2020). "재정투자사업 분석에서의 정치성과 합리성." KDI 공공투자관리센터(편), 공공투자 사업의 의사결정에 관한 연구, pp.55-86.

_____. (2021). "정책학에서 예측과 설명에서의 존재론, 인과론에 관한 방법론적인 논의." 「한국정책학회보」, 30(5): 191-212.

고길곤·김경동·이민아. (2020). "질문주도 EBP 모형 개념과 적용에 대한 연구: 미세먼지 문제의 분석 사례를 중심으로." 「한국정책학회보」, 29(3): 1-27.

고길곤·김대중. (2016). "설문조사에서 응답시간의 영향 요인과 활용 방안에 대한 연구: 행정만족도 조사의 사례를 중심으로." 「한국정책학회보」, 25(3): 211-241.

_____. (2018). "선거 여론조사의 비관측 오차 영향 요인에 관한 연구: 20대 총선 여론조사 결과를 중심으로." 「조사연구」, 19(1): 27-60.

고길곤·김지윤. (2013). "행정학과 타학문 분야의 네트워크 이론 연구 및 활용 경향에 대한 연구." 「정부학연구」, 19(2): 37-72.

고길곤·이경전. (2001). "AHP에서의 응답일관성 모수의 통계적 특성과 활용 방안." 「한국경영과학회지」, 26(4): 71-82.

고길곤·정다원·이민아. (2019). "행정학 연구에서의 데이터 시각화는 활성화되고 있는가?: 한국행정학보 및 한국정책학회보(2008년~2017년) 게재 논문을 중심으로." 「한국행정학보」, 53(4): 61-87.

고길곤·조수연. (2017). "시민의 부패 경험과 부패영향 요인에 대한 인식의 관계 : 관계의 시점 간 안정성과 효과 크기." 「한국사회와 행정연구」, 28(1): 31-56.

고길곤·탁현우. (2015). "자료포락분석에서 극단값에 따른 민감도 분석: 공기업 효율성 평가를 중심으로." 「한국정책학회보」, 25(3): 183-204.

_____. (2016). "설문자료의 결측치 처리방법에 관한 연구 : 다중대체법과 재조사법을 중심으로." 「행정논총」, 54(4): 291-319.

고길곤·탁현우·강세진. (2015). "설문조사에서 문항의 역코딩 여부가 응답 결과에 미치는 영향." 「한국행정학보」, 49(3): 515-539.

고길곤·탁현우·이보라. (2014). "설문조사 연구에서 결측치의 영향과 대체 방법의 적절성에 대한 실증연구." 「정책분석평가학회보」, 24(3): 49-75.

고길곤·하혜영. (2008). "정책학 연구에서 AHP 분석기법의 적용과 활용." 「한국정책학회보」, 17(1): 287-315.

김경동·이시영·고길곤. (2020). "텍스트 마이닝을 활용한 고용정책 프레임 연구: 언론기사 및 국회회의록의 비교·분석을 중심으로." 「한국사회와 행정연구」, 30(4): 135-163.

김주상·장현주. (2022). "공직자의 이해충돌 방지를 위한 정책결정과정 분석: 텍스트마이닝을 활용한 다중흐름모형의 적용." 「한국행정학보」, 56(3): 35-66.

김준성. (2007). "메커니즘이 인과성을 해명하는가?: 맥락일치 원리와 인과성에 대한 메커니즘 이론의 이해의 문제." 「철학사상」, 26: 297-324.

_____. (2008). "인과를 해명하는 데 확률의 역할은 무엇인가?." 「철학사상」, 29: 125-162.

남궁근. (2017). 「정책학」(제3판), 고양: 법문사.

손호성·박희란. (2019). "양적 연구에서 도출된 회귀계수 추정값의 실질적 유의성에 관한 연구." 「한국정책학회보」, 28(2): 101-125.

이성우. (2008). "후기 실증주의와 질적 연구방법의 정책분석평가연구에의 적용가능성." 「정책분석평가학회보」, 18(4): 15-42.

탁현우·고길곤·정다원. (2019). "설문조사 도구에 따른 비표본오차에 관한 연구: TAPI와 PAPI 조사 방식의 비교를 중심으로." 「행정논총」, 57(1): 93-114.

홍민준·고길곤. (2022). "조건부 가치추정법의 가정 및 추정 방법이 지불의사 금액에 미치는 영향분석: 양분선택형 및 생태계를 중심으로." 「한국정책학회보」, 31(1): 141-172.

Arellano, M. (1987). "Computing Robust Standard Errors for Within-Groups Estimators." *Oxford Bulletin of Economics and Statistics*, 49(4): 431-434.

Comfort, L., Kilkon Ko, & Zagorecki, A. (2004). "Coordination in Rapidly Evolving Disaster Response Systems: The

Role of Information." *American Behavioral Scientist*, 48(3): 295-313. (SSCI)

Dery, D. (2000). "Agenda Setting and Problem Definition." *Policy Studies*, 21(1): 37-47.

Dunn, W. N. (2004). *Public policy analysis*. Routledge.

Ko, Kilkon & Kayoung Shin (2017). "How Asian Countries Understand Policy Experiment as Policy Pilots." *Asian Journal of Political Science*, 25(2): 253-265.

Kvart, Igal (2004). "Causation: Probabilistic and counterfactual analyses." in Ned Hall, L. A. Paul, & John Collins (eds.), *Causation and Counterfactuals*. Cambridge: Mass.: Mit Press, 359-387.

Martens, Edwin P., Pestman, Wiebe R., de Boer, Anthonius Belitser, Svetlana V., & Klungel, Olaf H. (2006). "Instrumental Variables: Application and Limitations." *Epidemiology*, 17(3): 260-267.

Raadschelders, J. C. (2008). "Understanding government: Four intellectual traditions in the study of public administration." *Public Administration*, 86(4): 925-949.

Rubin, A., & Babbie, E. (ed.). (2005). *Research methods for social work*, Belmont, CA: Brooks/Cole.

Salmon, W. (1979). *Scientific Explanation and the Causal Structure of the World*. Princeton University Press.

Suppes, P. (1970). *A Probabilistic Theory of Causality*. NorthHolland Publisher.

Wooldridge, J. M. (2002). *Econometric Analysis of Cross Section and Panel Data*. Cambridge, MA: MIT Press.

Zagorecki, A., Kilkon, Ko., & Comfort, L. (2010). "Interorganizational Information Exchange and Efficiency: Organizational Performance in Emergency Environments." *Journal of Artificial Societies and Social Simulation*, 13(3) (SSCI)

김근세

# 한국 정부조직 연구의 탐구*

## I. 들어가는 말

❖ ─── 행정학자로 정부조직을 연구하고 강의하려면 크게 세 가지 이론적 자원에 기반한다. 첫째, 일반 조직이론으로 공사조직의 유사성에 기반해 조직구조와 과정의 일반이론을 탐구한다. 사회학자와 경영학자의 지배적인 연구 분야로, 연구시장이 가장 크고 많은 연구 성과가 대프트(Daft, 2020)의 *Organization Theory and Design* 교과서 수준으로 축적되고 있다. 둘째, 공공 조직이론으로 공사조직의 차별성에 기반해 공공조직의 특수성을 탐구한다. 주로 행정학자의 지배적인 연

---

* 저에게 조직이론의 학문세계를 체계적으로 안내해 주고, 2022년 여름 평소 교수님 스타일처럼 소천하신 윤우곤 교수님에게 이 글을 바칩니다.

구 분야로, 레이니(Rainey, 2021)의 연구서 *Understanding and Managing Public Organization*과 같이 공공관리 연구로 활성화돼 있다. 셋째, 정부관료제 이론으로 국가제도로서 행정기구의 정치적 의미를 탐구하는 연구 분야다. 정치학자가 지배적인 분야로, 윌슨(Wilson, 1989)의 *Bureaucracy* 연구서가 대표적이다.

학과 소개란에 연구 분야를 조직이론, 행정이론, 국가론으로 소개하고 있다. 정부조직 연구에서 상대적으로 소외된 분야는 정부관료제의 관점에서 공공조직을 연구하는 분야로 생각된다. 정부조직을 전공하는 필자는 상대적으로 부족한 연구 공백을 메우기 위해 국가행정기구로서 정부관료제를 주로 연구했다. 이 글에서 필자가 연구한 기존의 연구 성과를 소개하고, 향후 연구 과제를 정리하고자 한다.

## II. 왜 국가론의 관점에서 정부조직을 연구하게 됐는가?

❖──── 지식사회학적 관점에서 한 연구자의 연구 성과는 그가 존재한 역사적 공간의 힘에 의해 크게 결정된다고 생각한다. 필자는 1980년대 성균관대학교 행정학과 학부와 대학원 과정을 10여 년 수학하면서 당시 성균관대학교의 학풍에 큰 영향을 받았다. 첫째, 당시 권위주의 정권에 저항하는 대학 분위기에서 성균관대학교 인문사회대학은 필자가 수강한 정치학원론의 윤근식 교수, 사회철학의 김종호 교수 등 독일의 프랑크푸르트학파의 영향을 받은 비판이론이 지배했다. 그리고 필자가 학문의 세계에 호기심을 가지게 된 계기는 사학과 노명식 교수의 서양사학사, 역사학개론 강의였다. 둘째, 당시 성균관대 대학원 행정학과는 허범 교수의 정책이론, 윤우곤 교수의 행정이론, 한원택 교수의 도시지방행정론의 세 연구 분야로 구성됐다. 필자가 선택한 행정이론 분야에서 윤우곤 교수님의 조직원론과 행정행태

론 수업을 통해 일반 조직이론을 체계론과 행태론의 시각에서 꼼꼼하게 공부했다. 특히, 1982년 신임 교수로 부임한 정용덕 교수는 재무행정론 강의를 담당했는데, 당시 행정학계에서는 새로운 정치경제학과 국가론의 관점에서 행정이론을 소개했다. 개인적으로 자본주의국가론에 심취했던 필자는 지도교수인 정용덕 교수와의 인연으로 이후 정부조직을 국가론의 관점에서 연구하게 된 결정적 계기가 됐다.

1990년 박사전과정으로 미국 케네디스쿨(Kennedy School)에서 공기업 민영화의 정치경제학이란 연구 주제로 수학하면서, 공기업 민영화의 효율성을 강조하는 경제학적 관점을 넘어, 보수정당의 정치적 이해, 노동조합의 약화, 소비자 가격 상승, 후진국 해외자본의 유출 등 정치경제학적 관점에서 행정 연구의 지평을 확대했다. 이후 박사학위를 위해 수학한 맥스웰스쿨(Maxwell School) 행정학과에서 선택한 행정/조직이론 전공 분야는 잉그램(Patricia Ingraham) 교수와 보즈만(Barry Bozeman) 교수가 주도했는데, 잉그램 교수의 공사행정 이원론의 관점에서 정치적 접근을, 보즈만 교수의 공사행정 차원론의 관점에서 공공관리 연구를 접하게 됐다.

박사학위 논문은 잉그램 교수의 지도로 작성한 "Reshaping Government Bureaucracy: The Politics of Public Personnel Reduction in Britain, the US, and Japan"(1995)이다. 이 논문은 1980년대 신보수주의가 표방한 '작지만 강한 정부'를 위한 신공공관리론, 공기업 민영화, 정부 규제 완화, 대통령 기구의 강화 등 정부혁신 전략의 국가 내, 국가 간 상이한 발전 경로를 인력 감축을 중심으로 비교 분석했다.

박사학위 취득 후 귀국해, 1997년 근무했던 한국행정연구원에서 당시 총무처 직무분석기획단에 6개월 파견돼 미국, 영국, 뉴질랜드, 호주, 캐나다 등 신자유주의 정부혁신의 제도와 경험을 심층적으로 조사한 연구에 참여할 기회를 갖고 『신정부혁신론: OECD 국가를 중심으로』(1997)를 발표했다. 이때 책임운영기관 등 새로운 정부조직 제도에 큰 관심을 가지게 됐다. 동시에, 행정연구원 보고서로 제출한 『정부조직의 기능적 다원화를 위한 직제분석』(1998)은 한국 중앙정부조직에 대한 대규모 계량분석으로, 중앙행정기관의 실/국 수준에서 조직 규모, 행정자원(인력, 예산, 법령), 조직구조(계층화, 전문화, 부문화, 분산화, 분절화), 과제기술(기획/집행사무, 규제/비규제사무, 기계적 기술성), 조직환경(일반환경, 정치환경, 예산환경)을 중심으로 방대한 자료를 수집해 분석했다. 이 연구는 후드와 던사이어(Hood & Dunsire, 1981)의 *Bureaumetrics* 저서가 준거가 됐다.

이상의 초기 연구의 맥락은 향후 필자가 가톨릭대학교와 성균관대학교 행정학과에서 공공조직론을 강의하고, 정부조직의 연구 주제를 선정하는 데 큰 영향을 줬다. 필자의 연구 주제의 경향은 초기에는 기술적 연구로 국가행정구조와 정부조직구조의 경험적 분석, 중기에는 처방적 연구로 정부조직 개편의 과제와 새로운 제도의 제안, 그리고 최근에는 설명적 연구로 정부조직의 역사적 제도주의와 파워엘리트 관점에서 한국 정부조직의 제도적 특성을 분석했다. 다음은 이러한 연구 성과와 한계를 요약하고, 향후 연구 과제를 정리한 것이다.

# III. 연구 성과와 과제

## 1 한국 정부조직의 구조 분석

우리나라의 경우 국가 발전은 근대화 과정에서 서구와 다른 발전 경로를 겪게 됨으로써 관료주의가 가장 먼저 구축됐고, 이에 토대를 둔 신중상주의 산업화에 의한 자본주의화가 촉진됐으며, 민주주의 제도화는 가장 늦게 발전했다(정용덕 외, 2021). 이와 같은 국가 발전 경로는 국가행정기구가 지닌 구조적 특성에 그대로 반영됨으로써 관료주의 집행기구의 극대화, 자본주의 생산기구의 발전, 민주주의 통합기구의 저성장으로 나타난다. 이러한 문제의식에서, 한 나라의 정부조직에 대한 체계적 분석을 위해서는 국가 기능, 국가기구, 행정수단, 행정자원에 대한 이해가 필요하다. 이러한 생각을 종합해, [그림 1]과 같은 국가행정구조의 개념틀을 구성했다.

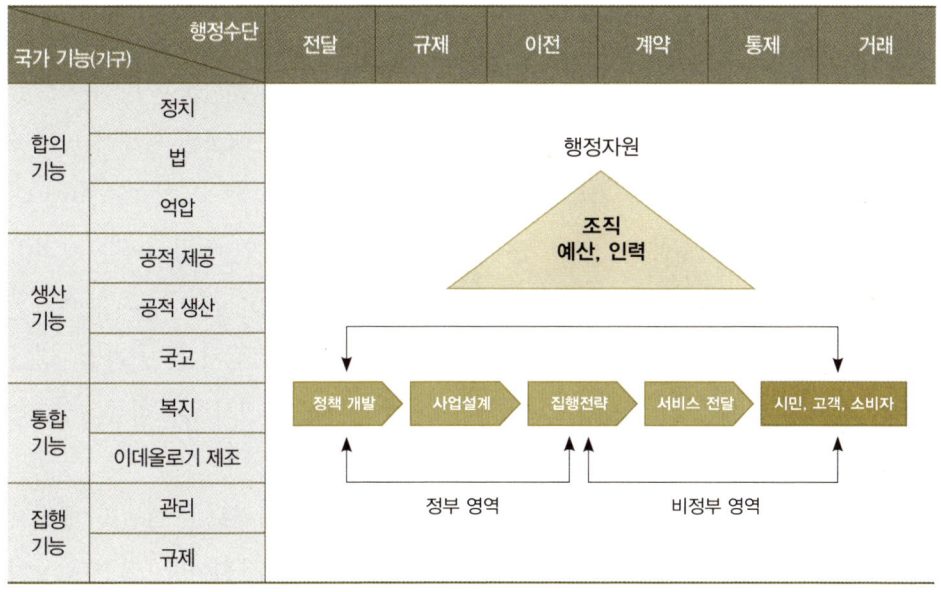

자료: 김근세(2000: 61).

[그림 1] 국가행정구조의 개념틀

첫째, 국가행정 기능과 기구: 기본적으로 자본주의 국가는 역사적 발전 과정에서 생산 관계와 사회경제적 기능 요구로 합의(consensus), 생산(production), 통합(integration), 집행(execution)이라는 네 가지 기능을 수행하도록 돼 있다. 그리고 그에 대응하는 여러 유형의 국가기구(하위기구 및 의사기구)를 조직화한다(Clark & Dear, 1984).

둘째, 행정수단: 행정기관들이 행정을 수행하는 방식, 즉 행정수단(administrative tools)은 다양하다. 던리비(Dunleavy, 1991)의 예산 유형과 관청 유형을 응용해, 행정수단의 성격을 전달(delivery), 규제(regulatory), 이전(transfer), 계약(contracts), 통제(control), 거래(trading) 등으로 구분했다.

셋째, 행정기관: 1980년대 이후 OECD 국가의 정부혁신과 행정기구의 개혁 방안은 정부조직의 기능적 다원화 전략으로 이해할 수 있다(김근세, 1998). 정부 기능을 정책 개발, 사업설계, 집행전략, 서비스 전달과 같은 공공서비스 전달 체계의 몇 가지 수준으로 구분할 수 있다(Ford & Zussman, 1997). 전통적인 관료제 정부조직 시각은 내포 원리에 따라 이를 단일 정부조직의 울타리에 통합하는 방식을 택했다. 그런데 정부조직의 기능적 다원화 전략은 공공가치의 극대화를 위해서는 공공서비스 전달의 수준에 따라 적합한 거버넌스의 조직화 방식을 처방한다. 이에 대안적 서비스 전달 모형에 근거해, 전통적인 행정기관 유형인 행정수반을 보좌하고 일선부처를 지원하는 기능을 수행하는 중앙관리기관(central agency)과 계선기구로서 부처(ministry) 조직에 대한 대안으로, 책임운영기관, 독립기관, 공기업, 민간위탁(contracting out), 공사협력(public-private partnership), 시민사회와 공동생산(co-production), 민영화 제도를 고려한다.

넷째, 행정자원: 행정 기능의 효율적 수행을 위해서 행정기관은 적절한 행정자원을 가져야 한다. 조직, 예산, 인력, 법령이 대표적인 행정자원이다. 그런데 상이한 국가행정 기능을 수행하는 행정기관은 행정수단에 따라 행정자원의 성격이 달라진다. 예를 들어, 전달기관은 인력 집약적(labor-intensive)인 행정자원을, 이전기관과 계약기관은 예산 집약적(budget-intensive), 규제기관은 법령 집약적(law-intensive)인 행정자원의 특성을 가질 것이다.

그런데 국가 기능의 유형에 따라 기능적 목표, 국가 지출의 성격, 기능 수행 방식, 정책 과정에서 상이한 성격을 가지고, 그 결과 상이한 거버넌스 방식과 행정구조 속성을 요구하게 된다(Offe, 1975; Cawson, 1982; 김근세, 2001).

첫째, 국가 안전의 합의 기능은 법, 물리력, 정치와 같은 기제를 사용해 자본주의 국가 유지의 근간이 되는 사회계약을 강제하는 기능으로, 대체로 합의 기능은 중앙정부가 직접적인 방식으로 수행한다. 헌법, 법률 등에 명시된 정부 규제를 충실하게 집행하는 합의 기능이 취할 수 있는 주요한 거버넌스는 관료적(bureaucratic) 유형이다. 자본주의 국가에서 사회 질서 유지는 단기적으로 정치적 이해관계자들과의 협의나 협상의 대상이 아니며, 이에 따라 합의 기능의 의사결정은 권위적 조정 방식을 취하게 된다.

둘째, 경제 생산 기능은 국가재정을 매개로 자본 축적을 촉진하는 기능이다. 생산 기능에 투입되는 국가 지출은 사회(생산) 관계 유지를 위해 치러야 할 비용적 성격을 가지는 합의 기능과는 달리, 투자적 성격(social investment)을 가진다. 일반적으로 합의 기능처럼 생산 기능 또한 중앙정부가 직접 또는 간접적 방식으로 수행하는데, 상대적으로 정치적 통제가 적은 공공기관을 활용하기도 한다. 계급 갈등이 활성화된 후기 자본주의 체제하에서 자본 축적을 통한 생산 조건의 확보는 자본에 관해서는 가장 중요한 이해로, 이들의 이해를 대변하는 국가기구는 생산 기능을 조합주의적인 거버넌스 방식으로 수행할 것이 요구된다. 노동계급의 합의를 구해야 하므로 생산 기능을 수행하는 국가기구의 의사결정은 협의적인 방식이 효과적이다.

셋째, 사회통합 기능은 자본과 노동의 갈등 관계로부터 발생하는 자본주의의 기본 모순을 완화해 체제의 정당성을 확보하기 위한 기능이다. 통합 기능에 투입되는 국가 지출은 주로 노동자를 비롯한 하층계급의 물질적 소비 조건의 확보나 지배 질서의 정당성에 대한 이데올로기 확산을 통해 이뤄지므로 소비적 성격(social consumption)을 띤다고 할 수 있다. 자본민주주의 체제 정당성을 확보하기 위해 통합 기능은 주로 참여적·분권적 방식이 요구되는데, 이중국가론의 주장처럼 지방정부에 의해 주로 집행되고, 전국적 국가기구에 의해 간접적으로 기획되는 것이 효과적이다(Saunders, 1982). 통합 기능은 기능 목표인 자본주의 정당성 확보를 위해 모든 사회계급의 정치적 투입 요소를 흡수해야 하며, 국가가 사회정책을 결정하는 데 중립적이라는 이데올로기를 확보해야 하는 측면에서 통합 기능을 수행하는 국가기구는 다원주의적(pluralistic) 거버넌스 방식이 요구된다.

요약하면, 국가행정기구는 역사적으로 발전된 합의, 생산, 통합이라고 하는 삼중의 국가 기능별로 상이한 거버넌스 유형과 정책 및 관리구조를 가진 복합체, 즉 삼중 국가관료제로 이해할 수 있다(김근세, 2001). 향후 우리나라 국가행정 목표가 과거의 경제 성장을 넘어 사회연대와 삶의 질 등 복합적 국가 기능의 균형을 추구하려면, 그 기능 성격에 적합한 국가행정의 거버넌스 양식과 행정기구를 설계하는 상황적합접근법(contingency approach)이 요구된다.

〈표 1〉 국가행정 기능과 행정구조

|  | 합의 기능 | 생산 기능 | 통합 기능 |
|---|---|---|---|
| 기능 목표 | 질서 유지 | 자본 축적 증진 | 정당성 확보 |
| 국가 지출 성격 | 사회비용 | 사회 투자 | 사회 소비 |
| 우선순위 | 근본적 | 우선적 | 부차적 |
| 행정 주체 | 중앙정부 | 중앙정부, 준정부기관 | 지방정부, 전국적 국가기구 |
| 정책결정 | 권위적<br>과거 지향적,<br>외부 이해 통합 배제 | 협의적<br>미래 지향적,<br>외부 이해 통합 고려 | 협상적<br>정치적 에너지 흡수,<br>대립과 대중적 영향력 |
| 거버넌스 방식 | 관료주의 | 조합주의 | 다원주의 |
| 행정수단 | 직접 | 직접/간접 | 간접(위임) |
| 행정 자원 | 인력 집약적 | 예산 집약적 | 인력-예산 집약적 |
| 과제 성격 | 집행 | 기획 | 집행/기획 |
| 조직환경 | 낮은 불확실성 | 중간 불확실성 | 높은 불확실성 |
| 조직구조 | 기계적 구조 | 기계-유기적 구조 | 유기적 구조 |

자료: 김근세(2001: 212).

## 1) 한국 정부의 행정구조 분석

이러한 국가행정구조 분석틀을 적용해 "한국 중앙행정기관의 국가 기능과 행정수단"(2000)이라는 논문은 우리나라 중앙행정기관의 국가 기능, 행정수단, 행정자원을 실/국/소속기관 수준에서 실증적으로 분석했다(김근세·권순정, 2000).

첫째, 우리나라 정부조직에서 집행 기능은 조직, 합의 기능은 인력, 생산 기능은 예산 및 법령의 행정자원을 크게 차지하고 있음을 알 수 있다. 전반적으로 국가 기능에서 억압기구의 합의 기능이 큰 비중을 차지하고 있는 사실은 과대 성장국가의 유산과 권위주의 정체(政體)의 제도적 유산으로 볼 수 있다. 또한, 생산 기능의 비중이 큰 사실은 발전국가의 제도적 유산으로 이해할 수 있다.

둘째, 국가 기능 수준에서, 합의 및 집행 기능은 직접 생산하는 전달 방식의 행정수단을 주로 사용하고, 생산 및 통합 기능은 민간 부문으로 이전지출과 계약, 그리고 산하 공공 부문으로 보조금 및 자금 이동을 통한 통제 방식의 행정수단을 주로 사용하는 것으로 나타났다. 국가기구 수준에서 관리, 법, 억압, 공적 생산, 국고 기구는 전달 방식의 행정수단을, 공적 제공과 복지기구는 이전, 계약, 통제 방식의 행정수단을, 정치기구는 통제 방식의 행정수단을, 규제기구는 규제 방식의 행정수단을 주로 사용하는 것으로 나타났다.

전체적으로, 한국 중앙행정기관은 행정수단의 약 절반을 전달 방식에 크게 의존하고 있다. 이러한 사실은 우리나라 중앙행정기관은 직접행정 방식이 지배적이며, 따라서 신공공관리론에서 주장하는 정책 개발 및 집행 기능의 조직적 분화 가능성에 주목해, 우리나라에 책임운영기관 제도 도입에 관심을 가지게 됐다.

그리고 "한국 중앙행정기구 변화의 정치경제"(1998)라는 논문은 우리나라 자본주의 경제 발전 단계에 따라 정부조직의 역사적 변화를 분석했다. 수입대체산업화 단계에는 국가 형성이 본격화되면서 합의기구가 강화됐고, 주변부 자본주의 특성인 생산기구가 크게 성장했다. 수출주도성장 1기에 산업화 전략이 전환되면서 생산기구의 성격이 변하게 됐고, 특히 경제계획과 같은 집행기구의 강화가 두드러졌다. 수출주도성장 2기에는 경공업 중심에서 중화학공업 중심으로 자본 축적이 요구되면서 노동계급의 억압과 사회적 통합을 위한 합의 및 통합기구가 강화됐다. 권위적 경제 자유기는 시장경제 체제를 지향하면서 생산 및 집행기구의 역할이 상당히 약화됐고, 이데올로기적 통합기구와 억압적 합의기구가 강화됐다(김근세·오수길·정용일, 1998).

## 2) 정부조직의 조직적 맥락의 정합성 분석

일반 조직이론의 지배적 시각에서, "한국 중앙행정기관의 조직구조와 맥락의 정합성 분석: 던리비의 기관 유형을 중심으로"(2001)라는 논문은 우리나라 정부조직은 조직 맥락에 적합한 조직구조를 가지고 있는가 하는 문제의식을 가지고 중앙행정기관의 행정수단과 조직구조의 정합성에 대해 분석했다(김근세·권순정, 2001). 첫째, 직접행정기관(전달기관, 규제기관)이 간접행정기관(이전기관, 계약기관, 통제기관)에 비해 상대적으로 기계적인 조직구조가 효과적인 조직 맥락을 가지고 있음을 알 수 있다. 둘째, 전달기관과 계약기관은 수직적 분화가 높고 하위층이 두터운 계층제 양태를 보이고 있고, 규제기관, 이전기관, 통제기관은 수직적 분화가 낮거나 중간 수준이며, 중간층이 상대적으로 두터운 계층제 양태를 보이고 있다. 이러한 결과는 전달기관과 계약기관이 다른 기관 유형에 비해 상대적으로 기계적인 조직구조를 가지고 있음을 의미한다. 그러나 계층 직위 수를 비롯한 다른 조직구조적 요소의 차별성이 없는 점을 감안하면 이러한 일반화는 타당하지 않은 것으로 판단된다. 즉, 전달기관과 규제기관이 이전기관, 계약기관, 통제기관에 비해 좀 더 기계적인 조직구조를 가질 것이라는 가설은 한국 중앙행정기관에서 타당성이 낮다고 할 수 있다.

결론적으로, 이러한 조직 맥락과 구조의 정합성의 부족으로 한국 중앙행정기관의 조직효과성에 문제가 있음을 지적했다. 따라서 중앙행정기관의 핵심적 구성 단위인 실/국, 소속기관이 그 조직 규모, 과제 성격, 조직환경에 적합한 조직구조를 설계할 수 있는 자율성을 확대해야 할 것이다. 그동안 중앙관리기관에서 획일적·집권적으로 관리하는 방식을 탈피하고, 관리 권한을 일선 부처로 위임하는 내부규제 완화를 더욱 적극적으로 추진하기를 제안했다.

그리고 "우리나라 정부조직의 신설, 승계, 폐지"(1996)라는 논문은 카우프먼(Herbert Kaufman)과 피터스(B. Guy Peters)의 정부조직 불사조 논쟁을 검토하고, 우리나라 정부조직의 신설, 승계(선형 대체 비선형 대체, 통합, 분화), 폐지를 경험적으로 검증했다. 1945~87년 기간 우리나라 정부조직은 행정환경 변화에 따라 지속적인 변화를 보이고, 폐지보다는 승계가 높은 비율을 보였다. 그리고 중앙행정기관 본부는 외청과 외국보다 안정성을 보였고, 대통령 부서가 좀 더 안정적이었다. 특히, 생산기구의 신설, 승계, 폐지가 가장 많은 변화를 보였다.

### 3) 한국 정부조직의 정치적 맥락의 정합성 분석

기술적 합리성을 넘어 정치적·사회적 합리성이 요구되는 정부조직의 구조설계는 사조직과 다른 차원에서 접근할 필요가 있다. 그 한 가지 대안은 국가-경제-사회(state-economy-society)의 관계에 초점을 두는 거버넌스 수준에서 정부조직을 이해하는 것이다. 즉, 국가이론가들이 제기한 국가 기능과 내부구조 간 정합성(fitness)의 문제의식에서, "한국 중앙행정기관의 기능과 구조의 불일치: 삼중국가관료제"(2001)라는 논문은 한국 중앙정부의 국가 기능-거버넌스-조직구조 간의 정합성을 경험적으로 분석했다(김근세, 2001).

첫째, 조직 맥락적 측면에서 국가 기능 간에 일정한 차이점을 보여 주고 있다. 합의 기능 국가기구가 생산 및 통합 기능 국가기구에 비해 상대적으로 기계적인 조직 맥락을 가지고 있다는 것을 알 수 있다. 즉, 한국 자본주의 국가의 합의 기능이 가장 기계적인 조직 맥락을, 그리고 통합 기능이 가장 유기적인 조직 맥락을 가지고 있어 거버넌스 유형과 정합성을 발견했다.

둘째, 국가 기능에 의한 기관 유형 간 조직구조를 비교·분석했다. 중앙행정기관에서 기능 유형 간 조직구조의 차이는 분명하게 나타나지 않고 조직 맥락적 요소와도 정합적이지 않은 결과를 보인다. 즉, 국가 기능에 따라 요구되는 상이한 거버넌스 방식에 효과적인 조직구조를 가지고 있지 못한 사실을 지적했다. 먼저, 합의 기능은 관료제적 거버넌스 양식이 요구하는 조직 맥락과 일치하는 기계적인 조직구조의 특성이 제일 강하게 나타나 상대적으로 효과적임을 알 수 있다. 그러나 다원주의적 거버넌스에 따른 유기적인 조직구조가 요구되는 통합 기능의 국가기구들이 기계적인 조직구조의 특성을 가지고 있는 문제점을 볼 수 있다. 그리고 정도의 차이는 있지만, 조합주의 거버넌스 양식이 요구되는 생산 기능의 경우도 기계적인 조직구조에 가까워 조직 맥락에 비효과적임을 알 수 있다.

결론적으로, 한국 중앙행정기관에서 정부 기능과 조직구조 간의 정치적 맥락의 정합성이 낮음을 발견할 수 있었다. 앞으로의 정부조직 개편을 포함한 행정개혁에서 한국 중앙행정기관의 기능에 따른 구조적 정합성의 문제를 심각하게 고려할 필요가 있다.

그리고 이러한 국가행정구조 분석틀을 외국 사례에 적용해, "영국 국가행정구조의 재형성"(2005), "미국 행정구조의 재형성"(2005), "일본 국가행정구조의 재형성"(2006)이라는 논문으로 발표했고, "작은 정부 개혁의 수렴과 분산: 문화와 정치제도 맥락의 비교분석"(2010)이라는 논문에서 이를 종합적으로 비교 분석했으며, 우리나라의 경우에 적용해 "작은 정부?: 김영삼 행정부의 정부 규모에 관한 실증적 분석"(1997), "김대중 행정부의 정부 규모에 관한 실증분석"(2005), "노무현 행정부의 국가 기능과 규모 분석: 민주행정론의 관점에서"(2009), "이명박 행정부의 국가 기능과 정부 규모 분석: 작은 정부론의 관점에서"(2015) 등 역대 행정부 정부조직의 성격을 분석했다. 향후, 이러한 국가행정구조 분석틀을 가지고 중앙행정기관의 실/국 수준에서 조직 맥락, 조직구조 및 과정 변수를 경험적으로 조사해 박근혜, 문재인, 윤석열 정부의 정부조직 변화를 개별 정권의 국정 이념에 기초해 분석하고, 나아가 우리나라 정부조직의 역사적 변화 과정을 지속적으로 탐구하는 작업이 필요하다.

## 2 정부조직의 개편: 기능적 접근법

우리나라 정부조직은 일제식민지와 미군정 시대의 과대 성장국가(over-developed statism)의 제도적 유산과 박정희 시대 국가 주도의 급속한 경제 성장 과정에서 정부조직이 대단히 집중화, 집권화돼 왔다. 그런데 최근 한국 사회의 변화는 양극화, 민주화, 기후 변화, 인구구조 변화, 지식정보화 등과 같이 질적으로 새로운 행정 수요를 낳고 있으며, 이에 따라 정부의 국정관리 능력에 한계를 드러내고 있으며, 기존의 관료제 정부조직은 이에 효과적으로 대응하지 못하고 있다. 이러한 문제 인식에서 우리나라 정부조직의 계층제적 국정관리(hierarchial governance)가 안고 있는 한계를 극복하기 위해서는 좀 더 다원주의적이고 시장주의적인 국정관리(democratic market governance)로의 변화를 강조했다. "새로운 정부관리 패러다임: 전문가 정부"(2000)라는 논문은 21세기 한국 정부관리의 새로운 모형으로 신다원주의론적 전문가정부(professionalized government)를 대안으로 제시했다. 전문가정부 모형에 따라 정부조직의 주요한 개혁 방향을 다음과 같이 정리했다(김근세, 2000).

첫째, 현재 우리나라 정부구조는 엘리트주의 패러다임에 기반한 집권적, 통합적, 획일적인 조직관리 유형을 가지고 있는데, 이는 다원적 행정환경 및 조직 맥락에 효과적인 체제가 아니다. 기존의 계층제적 국정관리 체제의 장점은 유지하면서 민주시장적 국정관리 체제로의 전환이 필요하다. 이를 위해서, (i) 핵심 집행부의 정책결정 권한을 행정수반 중심에서 내각 중심으로 전환한다. (ii) 청와대 비서실의 각 부처에 대한 계선적 관할 기능을 과감히 축소하고, 대통령의 보좌 기능과 부처 간의 정책 개발과 조정 기능을 강화한다. (iii) 중앙관리기구의 행정자원 권한은 관리주의의 원칙하에 일선 부처에 이양한다.

둘째, 정부조직의 다원화 전략은 기능 및 과제의 성격에 따라 상이한 기구 유형과 관리 방식을 적용해 조직효과성과 민주성을 극대화하자는 전략이다. 구체적으로, (i) 비대한 중앙관리기관을 합리화할 필요가 있다. (ii) 정책 개발 및 자문부서는 기계관료제에서 전문관료제 체제로 전환시켜야 한다. 또한, 점증하는 정책 조정의 필요성에 적극적으로 대응하기 위해 정책 부처는 통합한다. (iii) 정책집행 및 서비스 전달 기능은 책임운영기관 제도와 통합서비스 기구를 확대 추진한다. (iv) 규제기관은 독립규제기관화한다. (v) 상업적 기능은 독립적 자율경영 체제의 공기업화를 도입한다.

셋째, 성과관리 체계를 지향하기 위해 정부조직의 다원화와 함께, 정부관리의 측면에서 중앙관리기관에서 일선기관으로의 관리 권한을 위임하고, 조직, 인사, 재무관리에 대한 내부규제를 완화하는 것이 바람직하다.

넷째, 전문가정부가 요구하는 공무원은 전문가적 소양과 능력을 갖춰야 한다. 현행 일반가적이고 폐쇄적 공직사회를 전문가 중심의 개방 체제로 전환할 필요가 있다. 이를 위해 공무원 채용 제도도 다원화해야 한다.

좀 더 구체적으로, 한국 정부조직의 처방을 위해 상대적으로 이론 및 제도 연구가 미흡한 정부기구를 중심으로 외국의 제도를 본격적으로 소개하고, 개혁 방향을 다음과 같이 제안했다(김근세, 2022). 이는 우리나라 정부조직의 주요한 개혁 과제로 생각된다.

### 1) 대통령자문위원회

현대 다원주의 사회는 다양한 이익집단의 투입정치를 국가기구에서 수용하는 '참여국가(participative state)'를 전제로 한다. 이러한 참여국가의 환경에서 일반 국민에게 독립성과 다양성이 담보된다고 보여지는 거버넌스를 가지는 대통령자문위원회 기구는 시민 참여의 상징성을 확보할 수 있다는 점에서 그 의의를 갖는다. 이러한 맥락에서 자문위원회 기구는 '무슨(what) 성과를 달성했나?'보다는 국정 현안을 적절하게 다루고 있다고 보여지는 측면인 '어떻게(how) 성과를 달성하는가?'의 측면이 부각된다. 또한 자문위원회의 전문성과 공적 가시성 측면에서 위원회의 구성을 사회전문가로 구성하게 된다. 사회문제가 점차 복잡해지고 다양해지면서 기존 관료제 행정기구의 문제 해결 능력과 상대적 권력이 약화되고 있기 때문이다.

노무현 행정부는 국정 운영에서 국정과제위원회 기구가 가장 활성화된 시기로, 당시 언론과 야당은 위원회 제도에 대해 부정적인 시각에서 '위원회공화국'이라는 냉소와 함께 위원회 제도 운영에 따른 비효율과 정부부처와의 기능 중첩의 문제를 지적했다. 이러한 배경에서, "미국 대통령자문위원회 연구: 정치적 맥락을 중심으로"(2009)라는 논문은 대통령의 국정 운영 역량을 강화하고 뒷받침하기 위한 미국의 대통령자문위원회 기구에 대해 본격적으로 조사했다. 실제 대통령은 다양한 계층의 사람들을 정책 과정에 참여시킴으로써 결정된 정책에 대한 수용도를 제고하고 자신의 국정철학에 대한 정당성을 획득해 대통령 의제를 정책화하기 위해 대통령자문위원회를 필요로 한다(Peters & Barker, 1993: 1-3; 김근세·조규진, 2009).

첫째, 현대 민주국가의 원리는 지속적인 국민의 참여를 강조하면서, 정부가 정책 방향을 부과하기보다는 시민사회 집단들의 의견 개진을 허용할 경우 정책형성이 좀 더 민주적인 것으로 이해된다. 따라서 정책자문을 수용하거나, 요청하는 그 자체가 국가 정책결정의 정치적 정당성을 제고하는 데 기여할 수 있다.

둘째, 정부는 복합적 정책문제를 해결하기 위해 국정 운영에 가능한 많은 정보를 수집, 처리하는 것이 필요하다. 정보/지식의 발전 속도는 행정환경의 불확실성을 증가시키기 때문에 국가는 더 이상 정책결정에 필요한 정보를 자체적으로 확보하기 어렵게 됐다. 이에 일반 관료들로부터 기대하기 어려운 정보와 전문성을 정부는 합리적 정책결정을 위해 전문적인 정책자문을 요구하게 된다. 특히, 사회문제를 둘러싼 정책공동체(policy community)가 형성되면서 공공문제에 대해 다양한 전문가들의 자문이 개진될 수 있는 무대가 대통령자문위원회다.

새롭게 출범하는 행정부는 대통령 선거 과정에서 국민에게 공약한 사항을 새로운 국정과제로 기획하고 이를 추진할 정부조직을 재설계하게 된다. 이 경우 기존 정부부처의 기능을 재구성하는 방식과 대통령자문위원회 기구를 활용하는 대안을 고려할 수 있다. 전자의 경우, 정권에 따라 명칭이 지속적으로 변하거나, 신설-통합-분화하는 조직 승계를 반복하면서 조직학습에 부정적 영향을 미쳐 부처의 정책 역량을 약화시킬 수 있다. 따라서 대통령의 새로운 국정의제는 대통령자문위원회 기구를 활용하는 대안을 검토하는 것이 바람직하다고 생각된다. 새로운 행정환경이 요구하는 국정 과제인 정치경제적 양극화, 기후 변화, 인구구조 변화, 디지털 정부는 복합적 행정가치를 요구하고 범부처적인 협업이 요구되는 난제로 정책 조정에 유리한 대통령자문위원회 기구가 효과적이다. 동시에, 자문위원회 기구에 대한 정보 공개 등 좀 더 체계적인 관리 체계의 마련이 요구된다.

## 2) 중앙정부부처

역대 정부가 추진한 정부조직 개편은 핵심적인 주제에 비해 이론적 탐구는 상당히 빈약한 분야다. 이에 정부부처 개편에 대한 이론적 토대에 관심을 가지고 연구하게 됐다. "권위에서 시장으로: 뉴질랜드 정부조직 개편의 본질과 한계"(1997)라는 논문에서 뉴질랜드 학자 보스턴(Jonathan Boston)이 정리한 열 가지 정부조직의 원리를 소개하고, 이러한 관점에서 뉴질랜드 정부조직 개편 사례의 성격과 한계를 검토했다.

"대부처주의 정부기관의 성과분석: 교육과학기술부 공무원의 인식을 중심으로"(2014)라는 논문은 정부부처의 통합 효과를 교육과학기술부 사례를 중심으로 실증적으로 조사했다. 이 논문에서 정부부처 개편의 기본 원리로, 영국의 1960~1984 기간 정부조직 개편을 검토한 폴릿(Pollitt, 1984)의 기능 원리(functional principle), 유사원리(like-with-like principle), 내각대표 원리(cabinet representation principle), 대부처주의(principle that a small cabinet would function better)의 네 가지 정부조직 설계 원리를 정리했다. 그는 어느 하나의 정부 기능 설계 원리에 의해 정부조직 개편이 일관적으로 그리고 체계적으로 결정된다고 보지 않고, 정부부처의 개편에 모든 원리가 복합적으로 적용될 수 있다고 주장한다.

그런데 기능 원리와 유사 원리는 기본적으로 관리적 접근에 따른 행정의 효율성(efficiency and effectiveness) 가치를 제고하는 조직 개편으로 이해할 수 있다. 그리고 내각대표 원리는 정치적 접근으로 다원주의 정치 과정에서 국민의 대표성(representativeness)이라는 행정가치를, 대부처주의 원리는 집행부 리더십(executive leadership)의 행정가치를 강조하는 조직 개편의 원리로 볼 수 있다. 이러한 상호 갈등적인 행정가치들은 시대의 요구에 따라 우선순위가 변하게 되고, 따라서 정부조직의 설계 시 이러한 시대적 행정가치를 판단해야 된다.

그리고 정부조직의 부서화 방식으로 보스턴(Boston, 1996)의 대부처주의와 소부처주의 개념을 소개했다. 첫째, 대부처주의는 정부 기능을 크게 분류해 각 부의 기능

범위와 업무 영역을 넓게 함으로써 소수의 대형 부처를 두는 방식이다. 새로운 행정 수요는 관련성이 가장 큰 부처에서 수행하거나, 부처 수준보다 작은 독립기관을 설치해 대응한다. 정부의 기능과 역할이 상대적으로 작고 국가 발전의 성숙 단계에 이른 국가에서 채택하고 있다. 분야별 정책 이해의 포획 가능성을 극복하고 정책 조정에 유리한 국정 운영이 가능하다. 둘째, 소부처주의는 정부 기능을 구체적으로 분류해 기능 범위와 업무 영역을 작게 획정해 다수의 부처를 두는 방식이다. 새로운 행정 수요 발생시 담당 부처를 신설해 대응한다. 정부의 기능과 역할이 상대적으로 큰 사회주의 국가나 발전도상 국가에서 채택하고 있다. 정책 분야에 대한 전문성 및 책임성 제고와 해당 분야의 진흥 정책에 유리하다.

우리나라의 경우 대부처주의와 소부처주의의 중간 유형으로 분류될 수 있는데, 개인적으로 대부처주의 개편을 선호한다. 대부처주의 정부조직은 행정환경 변화에 따른 조직 개편의 요구를 부처 내에서 소화할 수 있고, 내각은 모든 부문의 이해를 대표하면서도 부처 내에서 정책 조정이 어느 정도 이뤄짐으로써 내각의 정책 조정 부담이 상당히 경감된다.

### 3) 행정위원회

규제 기능을 수행하는 행정위원회는 계선 관료기구와 달리 준입법적·준사법적 기능을 수행하고, 위원의 임기가 보장된 합의제 기관으로, 그 특성은 행정기구의 독립성, 대표성, 준입법권과 준사법권에서 찾아볼 수 있다. 위원회 제도는 시민사회의 참여 등 합의제 기관의 장점을 가지므로 신거버넌스(new governance) 관점과도 조화될 수 있는 측면에서 주목했다.

이러한 문제의식에서 "한국 행정위원회의 역사적 변화 분석: 국가 기능을 중심으로"(2007)라는 논문은 국가이론의 관점에서 우리나라 행정위원회의 발전 과정을 역사적으로 분석했다. 정부기구의 한 유형인 위원회 제도의 이론적 의의를 검토하고, 위원회의 제도적 특성을 이해하기 위해 행정위원회 제도가 발전돼 있는 미국과 심의회 제도가 발전돼 있는 일본의 사례를 검토했다. 이러한 이론적·제도적 배경을 바탕으로 우리나라 행정위원회의 성격을 이해하기 위해 국가 기능 유형별로 1977년 이후부터 현재까지 행정위원회의 역사적 변화 과정을 분석했다. 우리나라는 역사적 전개 과정에서 사회통합 기능, 집행 기능, 생산 기능, 합의 기능의 순으로 활성화됐음을 확인할 수 있었다. 그리고 새로운 환경 변화에 따라 규제 기능과 관련한 행정위원회의 비중이 증가했다.

그리고 "한국 행정위원회의 구조와 한계"(2018)라는 논문은 독임제와 차별적인 규제위원회의 제도적 요건으로 대표성과 독립성이 부족한 현실을 비판했다(김근세·김윤정, 2018: 50). 정치 권력의 도구인 행정기구의 설계는 조직관리 기능을 넘어 상당히 정치적 기능을 표현한다. 따라서 집행부는 한 사회의 소우주이며, 정부 관료제는 다양한 정치적 이해와 고려 사항을 반영하도록 설계해야 한다(Seidman, 1970: 13). 즉, 위원회를 구성할 때 다양한 정당의 추천, 다원적 이익집단의 대표, 다양한 사회경제적 출신으로 위원회를 구성하는 대표관료제의 성격을 의사결정 구조에 반영할 수 있다.

그런데 우리나라 규제위원회 기구는 대표성과 독립성이 미흡한 것으로 판단된다(김근세·김윤정, 2018). 먼저 대표성의 경우, 우리나라의 규제위원회는 다원적 이해집단을 대표하기보다는 관계(官界)와 학계(學界) 중심의 전문가 비중이 높은 엘리트주의적 성격이 강하다. 그리고 위원장과 위원의 임기가 3년으로 법적으로 규정돼 있으나, 실제 임기는 이에 못 미치고, 정권교체기에 위원장의 교체 빈도가 높아 위원회 기구의 독립성에 한계가 있다. 중앙행정기관으로서의 지위와 권한을 가지는 5개의 규제위원회에서 위원장의 임기가 36개월 미만으로 나타난다는 것, 특히 2012년에서 2013년으로 정권교체기에 대부분의 기관장이 새롭게 임명된 점은 정치 상황으로부터 위원회가 자유롭지 못함을 시사한다. 향후, 우리나라 규제위원회의 독립성을 강화하기 위한 제도 개선 방안이 요구된다. 나아가, 우리나라에서도 입법부와 집행부의 공동 후견인으로서 독립기관의 가능성을 적극적으로 검토하기를 기대한다.

## 4) 책임운영기관

기본적으로 책임운영기관의 관리 체계는 기존의 계층제적 관료제 모형에서 탈피해 좀 더 시장적이고 신축적인 관리 체계를 채택하는데(Peters, 1996), 그 핵심은 관리구조의 초점이 투입 통제에서 성과 통제로의 전환에 있다. 이러한 책임운영기관의 관리구조의 기본 개념은 구조적 분화, 관리위임과 성과계약으로 요약할 수 있다(Hood, 1991; Talbot, 2000).

"책임운영기관 제도에 관한 비교분석"(2000)이란 연구를 통해 영국, 뉴질랜드, 일본 등 외국의 책임운영기관 제도를 본격적으로 소개했다. 그리고 "한국 책임운영기관의 거버넌스와 성과"(2007), "한국 책임운영기관의 성격과 범위: 변화관리를 중심으로"(2009)라는 논문을 통해 우리나라 책임운영기관 제도의 특성과 성과에 대한 경험적 연구를 바탕으로 제도 개선 방안을 제안했다.

우리나라에 2000년 이후 책임운영기관 제도가 도입돼 소속기관을 구조적으로 분리해 관리자율성을 확대하고, 행정서비스 품질의 개선 측면에서 긍정적인 성과가 있는 것으로 평가하면서도, 제도 운영 측면에서 관리자율성 부족 등의 문제점이 지적된다. 특히, 거버넌스 측면에서 구조적으로는 독립된 제도 유형으로 책임운영기관 제도를 제정하고 주무부처장과 책임운영기관장 간에 성과책임을 통한 시장 거버넌스 유형을 가지고 있으나, 기존의 계층제 거버넌스의 제도적 지속성이 일정 부분 지속되고 있다.

향후, 우리나라 책임운영기관 제도의 내실화를 위해 다음과 같이 제안했다(김근세, 2007). 첫째, 구조적 분화가 과정적 측면으로 실현되기 위해서는 기관장의 관리자율성을 더욱 확대할 필요가 있다. 책임운영기관의 재정 기반, 과제 성격의 맥락에 적합한 책임운영기관의 다원적 제도화를 더욱 확대할 필요가 있고, 책임운영기관의 관리자율성이 확대될 수 있도록 통일적 관리 체계보다는 주무부처와 기관 간 개별적 특성을 반영한 기본운영규정의 협약이 바람직하다. 둘째, 책임운영기관의 성과관리제도 설계 시 책임운영기관화에 따른 분절성의 문제를 예방하고, 연계정부(joined-up government)를 제고하기 위해 성과관리 측면에서 주무부처와 책임운영기관의 성과 목표를 연계할 수 있는 방안을 고려할 필요가 있다. 셋째, 책임운영기관 제도의 기본 이념에 따라 행정안전부-책임운영기관에서 주무부처-책임운영기관으로 제도 운영의 기본축을 전환할 필요가 있다. 이러한 맥락을 고려할 때 행안부가 주관하는 책임운영기관 평가위원회의 평가사업을 1년 주기에서 3년 주기의 'agency review'로 그 기능을 전환할 수 있을 것이다. 대신에 중앙행정기관의 자체 평가를 담당하는 심의회가 실질적으로 작동할 수 있는 방안을 적극적으로 모색해야 한다.

## 5) 통합서비스기구

신공공관리론은 정부조직의 기관 단위에서 성과관리 체계를 도입해 관리효율성을 제고하는 데 노력했고, 어느 정도 성과를 가져왔다. 그러나 2000년을 전후로 서구의 경험에서 개별 기관 차원의 효율성 제고가 공공문제 자체를 해결했는가에 대한 정책효과성의 비판이 제기됐고, '난제의(wicked)' 공공문제 해결을 위해서는 유관 기관들 간의 협치가 요구되기 때문이다. 공공거버넌스론이 강조하는 연계정부, 협력적 파트너십을 그 대응으로 이해할 수 있다. 그리고 서비스 전달기구의 통합가능성에 주목했다. 공급자의 관점에서 개별 기관의 기능의 효율성 논리에 따라 서비스를 개별적으로 제공하고 있으나, 고객인 소비자 관점에서는 여러 기관을 상대해야 되는 문제가 있다.

"고용지원서비스의 통합기구 비교분석: 영국, 미국, 호주의 원스톱숍을 중심으로"(2012), "다문화가족지원센터의 운영과 서비스 통합에 관한 경험적 연구"(2014)라는 논문은 사회서비스 전달 체계에서 서비스 통합의 가능성을 탐색했다. 통합서비스 전달기구는 다양한 형태의 협력이 가능하다. 낮은 수준의 연합(coalition), 중간 수준의 제휴(partnership), 그리고 높은 수준의 통합(joint venture)의 여러 가지 방식이 가능하다. 특히, 한국 사회에 급증하고 있는 휴먼서비스에 대한 사회적 수요에 적극적으로 대응하기 위해서는 서비스 전달 체계의 기구적 접근에서 우산기구(umbrella agency)의 개념을 검토하고, 휴먼서비스를 제공하는 기구들 간에 서비스 연계, 통합의 가능성을 적극적으로 검토할 필요가 있다. 우리나라의 경우 영국의 확대고용센터(Jobcentre Plus)를 참고해 고용복지통합센터를 지속적으로 확대했고, 다문화가족지원센터 등 그 적용 범위를 확대하고 있다.

향후, 보건복지부 산하의 사회서비스원과 같이, 사회서비스 분야를 중심으로 호주의 서비스 오스트레일리아(Service Australia) 기관같이 사회서비스 분야의 통합서비스 기구로 발전하는 대안을 검토하는 것이 바람직하다. 현행 분절적 사회서비스 전달 체계의 문제점을 극복하기 위해, 우선적으로 유관 사회서비스기관 간 정보와 자원을 공유하는 연합조직 체계의 군집화 단계, 시민의 입장에서 다양한 서비스를 종합적으로 접근해 원스톱서비스 서비스를 제공할 수 있는 서비스 단일창구 단계, 나아가 유관 사회서비스 구성 조직이 하나의 통합서비스기구로 재탄생되는 통합기구화 단계로 발전하기를 기대한다.

## 6) 시민서비스

정부와 시민사회의 서비스 공동생산의 제도로 시민서비스(civic service) 제도에 관심을 가지게 됐으며, "시민서비스의 의의와 성격"(2011)이라는 논문에서 이를 소개하고, 우리나라에 제도화를 주창했다.

시민사회의 성숙에 따라 우리 사회에도 자원봉사제가 과거에 비해 크게 확대돼 왔다. 그런데 전통적인 자원봉사제와 구분되는 새로운 형태의 자원봉사제로 시민서비스가 확대되고 있다(McBride & Sherraden, 2007). 시민서비스는 개인이 국가 혹은 지역사회에 기여하는 시간으로, 서비스는 사회에 대해 갖는 개별 시민의 책임을 의미하고, 사회는 시민에게 의미 있는 기여를 할 수 있도록 기회를 제공하는 방식으로 구조화돼야 한다. 이러한 정의는 본질적으로 자원봉사제가 갖는 사적 특성을 인정하면서도, 제도에 기반한 서비스의 공적 특성을 강조한다. 맥브라이드(Amanda

M. McBride) 등은 시민서비스의 현황에 대한 포괄적인 연구에서 57개 국가에서 210개 프로그램이 있음을 발견하고, 새로운 형태의 자원봉사제는 파트타임 형태가 아닌 풀타임 봉사의 형태를 취하며, 봉사 기간이 평균 7개월 이상 동안 지속된다고 보고했다(McBride et al., 2003).

시민사회의 성장과 공동체의 자치 가능성의 탐색으로 공·사 서비스와 구분되는 시민서비스는 그 의의를 가진다(김근세·박현신, 2011). 전통적인 자원봉사(volunteering)가 무급의, 타인 지향적(other-oriented)인 서비스와 관련된다면, 시민서비스는 유급이면서, 봉사자와 피봉사자에 이중 초점을 가지는 서비스와 관련된다. 또한 전통적인 자원봉사가 특별한 욕구에 대한 개인적 대응인 반면에, 시민서비스는 행정기관이 주관하는 공적, 제도적, 공식적인 속성을 가진다(McBride & Sherraden, 2007; Perry & Thomson, 2004). 페리와 톰슨(Perry & Thomson, 2004)은 시민서비스가 시민들이 누리는 시민권과 국가에 대한 시민의 책임성을 조화시킨다고 봤다.

향후, 한국 행정이 시민사회와 협치 및 삶의 질을 지향하려면 시민서비스를 더욱 확대하고 제도화하는 것이 바람직하다. 국민의 삶의 질을 제고하려는 국가 목표의 관점에서 볼 때, 공공서비스 전달 시 정부-시민사회의 협치와 서비스 공동생산의 확산에 제도적인 관심을 가질 필요가 있다. 이러한 시민서비스의 확산은 서비스 수혜자에게 필요한 서비스 욕구를 충족함과 더불어 서비스 제공자도 봉사와 참여를 통한 시민교육의 기회와 공동체 의식이 강화되는 참여민주주의와 거버넌스 역량의 제고를 가져오는 긍정적인 효과를 기대할 수 있다. 나아가, 시민서비스 사업에 고령사회의 도래에 따른 노령인구를 적극적으로 관여하는 방안을 좀 더 적극적으로 검토할 필요가 있다.

### 7) 의회중심행정과 입법관료제

한국 행정학 연구에 지배적인 집행부 중심 행정의 사고를 보정할 수 있는 대안적 관점으로, "의회중심행정체제 연구서설"(2006)이라는 논문은 의회중심행정이론을 소개했다(김근세·박현신, 2006). 의회중심행정이론의 이론적 선구자인 윌슨(Woodrow Wilson)의 의회정부론, 윌로비(William F. Willoughby)와 메리엄(Charles E. Merriam)의 의회의 행정 역할에 대한 초기 행정이론을 정리했고, 이를 체계화한 로젠블룸(David Rosenbloom)의 의회중심행정 체제 이론을 구체적으로 소개했다(Rosenbloom, 2000). 기본적으로 행정기관은 입법부의 연장(extension)으로 이해하며, 미국 사례에서 의회중심행정 체제를 구축하기 위한 입법관료제의 역사적 변화와 제도적 발전을 검토했다. 그리고 이러한 의회중심행정의 맥락에서 한국 행정의 입법부 중심행정 체제의 발전 가능성을 탐색하기 위해, 한국 국회의 제도적 발전 등 입법관료제의 발전 과정을 분석했다.

향후, 한국 행정 연구에서 의회중심행정이론의 가능성을 검토해, 정부조직 설계에서 입법부-집행부의 정치 권력의 맥락에서 행정기구가 갖는 의미를 이해하고, 집행부와 입법부의 공동 후견인 역할을 인정하는 독립기관(independent agency) 제도를 적극적으로 검토할 필요가 있다.

### 8) 녹색국가와 거버넌스 관점의 정부조직

기후 변화에 따라 서구에서 1990년대 이후 발전된 녹색국가와 녹색국가 유형 및 전략, 국가 기능과 기구의 관계에 주목하면서, "녹색국가의 유형과 국가 기능에 관한 비교연구"(2015)라는 논문은 드라이젝(Dryzek, 2003)의 녹색국가 유형을 기초로 노르웨이, 영국, 독일, 미국의 녹색국가 전략과 조직에 대해 비교 분석했다. 다양한 이해집단이 정책 과정에 포섭-배제의 소극적-적극적 태도에 따른 국가 기능의 성격과 시민 참여의 제도화를 비교 연구했다. 이 과정에서 생태문제에 시민 참여를 제도화할 수 있는 거버넌스 관점에서 녹색공론의 장(green public sphere)을 확대하기 위한 담론 제도설계의 대안으로 공론조사, 환경 조정, 규제 협상, 대안적 분쟁 해결 등 절차의 정당성을 제고할 수 있는 행정 과정과 절차를 탐구했다.

향후, 한국 사회의 구조적 갈등문제를 해결할 수 있는 담론의 정부조직의 제도를 적극적으로 검토하고 활용하는 노력이 필요하다. 문재인 정부 말에 신설된 국가교육위원회가 하나의 단초로 생각된다.

## IV. 한국 정부조직의 역사적 분석: 역사적 제도주의 접근

❖────── 서구의 정부조직의 이론과 제도가 한국 행정에 도입되면서 그 제도의 성격이 왜곡되거나 변형되는 현상을 보게 된다. 이에 한국 정부조직의 현재를 이해하기 위해서 과거 제도 형성 과정에 대한 체계적 이해가 필요하다는 생각을 하게 됐다. 이러한 배경에서 역사적 제도주의 접근의 경로의존성과 제도 변화 이론에 관심을 가지고, 한국 근대 관료제의 형성의 시초와 발전 국가의 원형을 탐구했다. 향후, 한국 행정제도와 정부조직의 역사적 발전과 제도적 유산을 정확하게 이해하기 위해서는 갑오개혁 이후 자율적·타율적으로 영향을 미친 프러시아 관료제, 일본 메이지유신(明治維新)의 관제 개혁, 그리고 일제 총독부 행정제도, 미군정 행정제도, 박정희 시대의 발전관료제의 원형에 대한 이해가 요구된다.

"갑오개혁과 한국 근대관료제의 형성: 역사적 제도주의 접근"(2017)이라는 연구는 우리나라 국가 형성 과정에서 서구의 근대 관료제 제도가 도입된 갑오개혁의 관료제 개혁을 역사적 제도주의 접근에서 탐색했다. 근대 국가 형성 과정에서 국가 능력을 제고하려는 관료제 이념은 프러시아 관료제를 모방한 일본 메이지유신의 관료제 제도가 갑오개혁을 주도한 온건개혁파에 영향을 미쳐 우리나라 고종(高宗)의 관제 개혁에 큰 영향을 미치게 됐다. 갑오개혁에서 추진된 관제 개혁은 왕정-국정의 분리를 통한 공공 부문의 경계를 분리했고, 정부 기능의 부서화에 기초한 내각구조, 행정절차와 규정의 공식화, 계층적 조직구조, 학력에 기초한 공개경쟁시험의 실적제 도입을 통해 근대국가의 능력을 제고하려고 시도했다. 이러한 정부관료제 개혁은 온건개혁파의 근대국가 및 근대사회로의 개혁 이해, 일본 제국주의 세력의 조선 침략 이해, 대원군의 복권 이해가 결합된 연합세력이 주도했고, 청일전쟁의 상황과 왕실의 궁내부로의 위축의 제약에서, 온건개혁파는 군국기무처를 장악해 관료제 개혁을 신속히 단행할 수 있는 상대적 자율성을 가지게 됐다.

"박정희 발전관료제의 성격과 역사적 기원"(2012)이라는 연구는 박정희 발전관료제의 역사적 기원을 탐색하려는 목적에서 일본 만주국가의 발전국가와 미군정의 실적제를 검토했다. 만주군관학교 출신이 박정희 정부의 집권 엘리트를 차지하면서 만주국의 발전국가에서 경험한 인적·이념적 연계가 중요하게 작용했고, 동시에 미군정의 미국식 행정관리제도가 도입되면서 미군의 합리적 관리제도의 경험이 박정희 행정 시스템의 토대가 됐다. 즉, 만주 발전국가의 인적 연계성과 미군정 실적제의 이념적 연계성이 박정희 발전관료제의 제도적 원형을 구성하는 데 큰 영향을 미치게 됐다. 이러한 박정희 정부에서 제도화된 집행부 중심 행정 체제와 관리주의 행정 시각은 이후 전개된 한국 행정의 제도적 유산과 제약으로 작동하게 됐다.

"Korean Government Organization: the Developmental State and its Transformation"(2016)이라는 논문은 존슨(Johnson, 1982)의 발전국가 연구에서 국가 행정구조와 기구에 대해 다음과 같은 몇 가지 핵심적인 특징을 추출했다. 첫째, 발전국가는 입법부 중심의 행정보다도 집행부 중심의 행정 체제를 발전시켰다. 정치 체계가 관료제에 의해 크게 좌우돼 왔으며, 의회는 일종의 고무도장인 '꼭두각시 의회(puppet-diet)'로서 이해했다. 둘째, 경제 성장은 한국의 경제기획원과 일본의 통상성과 같은 선도 기관에 의해 기획되고 집행된다. 이것은 발전국가가 계선부처들과 관계에서 강력한 중앙관리기관을 가짐을 의미한다. 셋째, 발전국가는 경제 생산 기능을 강조하는 반면, 자본주의 국가의 사회 통합 기능을 경시한다. 이러한 점에서 발전국가의 우선순위는 경제 발전에 두어진다. 넷째, 발전국가는 경제 발전이라는 국가 목표와 함께, 그에 상응하는 재정, 금융, 산업정책의 묶음인 정책

패키지를 통해서 경제 성장에 개입한다. 특히, 국가는 수출기업들을 지원·보증하기 위해 많은 공기업을 설치하며, 행정지도(行政指導)와 같은 직접적 개입 방식을 이용해 기업 부문을 지도한다.

이렇게 기술관료에 의해 관리되는 계획합리성의 논리는 한국이 발전국가로 성장하는 데 지배적이었다. 정부조직이 대단히 집중화·집권화됐고, 발전국가의 제도적 성격인 집행부 중심 행정 체제, 중앙관리기구의 비대화, 기획 중심의 권위적 조정, 집권적 정책 과정이 지속되고 있음을 지적했다. 그리고 이러한 발전국가의 기계관료제의 제도적 지속성에서 1987년 민주화, 1997년 시장화의 영향으로 도입된 새로운 서구의 정부조직 제도 변화에 제약과 갈등으로 작용하고 있음을 지적했다.

향후, 역사적 제도주의 관점에서 현대 한국 행정의 원형에 해당하는 소위 박정희 행정 시스템의 제도적 원형과 그 역사적 기원을 탐색하는 추가적 연구가 필요하다. 이를 위해 일본 총독부 관료제, 만주국가, 미군정의 행정제도 등 박정희 행정 시스템의 제도적 유산을 검토하고, 박정희 행정 시스템 이후 한국 정부조직의 지속과 변화 등 제도 변화 과정에 대한 설명력을 탐구한다. 이를 위해 중국을 포함한 동아시아 관료제의 역사적 전개, 특히 일본 메이지 관료제에 대한 본격적 이해가 요구되고, 나아가 역사적 제도주의에서 축적된 제도 변화의 분석모형을 적용해 좀 더 분석적인 연구가 필요하다.

## V. 한국 정부조직의 정치적 접근: 파워엘리트 이론

❖────── 세월호 사건은 개인적으로 행정학자로서 정부의 무능력에 대해 큰 자괴감을 가지게 됐다. 한국 행정학계에 지배적인 관리적 접근을 넘어 정치적 접근, 특히 다원주의의 한계를 지적할 수 있는 파워엘리트주의 관점에서 정부조직을 본

격적으로 연구하게 됐다. 특히, 한국 사회의 정경유착, 권언유착 현상은 엘리트 간 유착 관계, 퇴직 공무원의 유관 기관으로 낙하산 인사를 통한 정부기관-공공기관-산하단체 간 유착구조에 주목했다. 그리고 흔히 마피아 조직에 비유되기도 하는 한국 행정엘리트의 지연, 학연, 직연의 카르텔 권력구조에 관심을 가지게 됐다.

"한국해양 파워엘리트 구조: 해운산업 권력구조 연결망 분석을 중심으로"(2019)라는 연구는 해양수산부 퇴직 공무원에 대한 재취업과 민관 유착을 경험적으로 조사했다. 세월호 사고의 경우 '해수부-해운조합-해운사' 간의 유착 관계가 비판받았는데, 예를 들어 해경이 세월호 사고 현장에서 구조활동에 참여했던 언딘 마린 인더스트리(Undine Marine Industry: UMI) 간의 유착 관계로 급박한 재난사고 대응이 부실했다. 이러한 배경에서 한국 해운산업의 정부, 공공기관, 민간기업 간 인적 네트워크와 이해권력 구조를 분석했다.

"파워엘리트와 정부기구의 권력연결망 분석: 행정위원회를 중심으로"(2022)라는 연구는 파워엘리트의 이론과 권력구조 연결망 이론을 바탕으로, 한국 정부기구 중 행정위원회의 파워엘리트 구조를 권력구조 연결망을 통해 분석했다. 6개의 행정위원회를 대상으로 조사한 행정위원회 파워엘리트의 구성은 지연은 영남지역 출신, 학연은 경기고(고등학교 학연), 서울대(대학교, 대학원)이 공통적인 지배세력으로, 직연은 관계(중요, 직전) 출신이 공통적으로 나타났으며, 관계를 포함한 학계, 로펌들이 위원회 특성에 맞게 다양하게 나타났다. 또한, 행정위원회의 파워엘리트는 영남과 서울대 출신의 관료들이 정권 변화와 국가 기능에 상관없이 일정한 영향력을 유지 및 강화하는 것으로 분석됐다.

향후, 기존의 다원주의 관점의 한계를 보완하기 위해 한국 사회의 파워엘리트 권력구조가 정치 과정과 정부조직에 어떠한 영향을 미치는지, 구체적으로 정부기관, 공공기관, 산하단체, 민간기업 간 퇴직 고위공무원의 경력 이동을 본격적으로 조사하는 작업이 기대된다. 또한, 구체적인 정책 사례를 중심으로 파워엘리트가 정책 과정에 개입해 한국 사회 지배계급의 이해에 봉사하는 정책 사례를 분석하는 것이 요구된다.

## 참고 문헌

김근세. (1997). "권위에서 시장으로: 뉴질랜드 정부조직개편의 본질과 한계."「한국정책학회보」, 6(2): 247-272.
_____. (1998).「정부조직의 기능적 다원화를 위한 직제분석」. 한국행정연구원 보고서.
_____. (2000). "새로운 정부관리 패러다임: 전문가 정부."「새천년의 한국정치와 행정」. 나남. 405-432.
_____. (2000).「책임운영기관 제도에 관한 비교분석」. 서울: 집문당.
_____. (2001). "한국 중앙행정기관의 기능과 구조의 불일치: 삼중국가관료제."「한국정치학회보」, 35(2): 203-223.
_____. (2005). "김대중 정부부의 정부규모에 관한 실증분석."「행정논총」, 43(2): 33-62.
_____. (2005). "미국 행정구조의 재형성: 정부조직 변화를 중심으로."「한국정치학회보」, 39(3): 303-329.
_____. (2005). "영국 국가행정구조의 재형성."「한국행정연구」, 14(1): 120-156.
_____. (2007). "한국 책임운영기관의 거버넌스와 성과."「국정관리연구」, 2(2): 101-136.
_____. (2009). "한국 책임운영기관의 성격과 범위: 변화관리를 중심으로."「한국조직학회보」, 7(1): 1-37.
_____. (2012). "박정희 발전관료제의 성격과 역사적 기원."「한국행정학회」, 하계학술대회발표논문집.
_____. (2017). "갑오개혁과 한국 근대관료제의 형성."「국정관리연구」, 12(4): 235-263.
_____. (2022). "정부조직개편의 이론과 과제." 한국조직학회 특별기획세미나 발표논문. 서울 프레스센터. 2022. 3. 25.
김근세 · 권순정. (1997). "작은 정부?: 김영삼 행정부의 정부규모에 관한 실증적 분석."「한국행정학보」, 31(3): 275-293.
_____. (2000). "한국 중앙행정기관의 국가 기능과 행정수단."「한국행정학보」, 34(1): 59-81.
_____. (2001). "한국 중앙행정기관의 조직구조와 맥락의 정합성 분석: 던리비의 기관 유형을 중심으로."「한국행정학보」, 35(1): 19-34.
김근세 · 김윤정. (2018). "한국 행정위원회의 구조와 한계."「정책분석평가학회보」, 28(4): 1-26.
김근세 · 박현신. (2006). "의회 중심의 행정체제 연구 시설."「의정연구」, 15(2): 89-130.
_____. (2007). "한국 행정위원회의 역사적 변화 분석: 국가 기능을 중심으로."「한국행정연구」, 16(2): 43-72.
_____. (2009). "노무현 행정부의 국가 기능과 규모 분석."「정책분석평가학회보」, 19(3): 125-160.
_____. (2011). "시민서비스의 의의와 성격."「한국행정논집」, 23(1): 245-270.
_____. (2012). "고용지원서비스의 통합기구 비교분석: 영국, 미국, 호주의 원스톱숍을 중심으로."「한국조직학회보」, 9(2): 35-71.
김근세 · 오수길 · 정용일. (1998). "한국 중앙행정기구 변화의 정치경제."「한국행정학보」, 32(3): 73-92.
김근세 · 유홍림 · 송석휘 · 박현신. (2014). "대부처주의 정부기관의 효과분석."「한국행정연구」, 23(1): 1-33.
김근세 · 이경호 · 김철. (2005). "한국 고용지원서비스의 거버넌스에 관한 연구."「한국행정학보」, 39: 2, 181-206.
김근세 · 이경호 · 히사다 카즈다카. (2006). "일본 국가행정구조의 재형성."「한국행정연구」, 15(2): 29-66.

김근세·장사무엘·윤남기. (2019) "한국해양 파워엘리트구조: 해운산업 권력구조 연결망분석을 중심으로." 「한국행정논집」, 31(4).

_____. (2022). "파워엘리트와 정부기구의 권력연결망 분석: 행정위원회를 중심으로." 한국행정학회 하계학술대회 발표논문.

김근세·조규진. (2009). "미국 대통령자문위원회 연구: 정치적 맥락을 중심으로." 「한국행정연구」, 17(4): 175-213.

_____. (2015). "녹색국가의 유형과 국가 기능에 관한 비교연구." 「행정논총」, 53(1): 35-69.

김근세·최도림. (1996). "우리나라 정부조직의 신설, 승계, 폐지." 「한국행정학보」, 30(3): 35-51.

김근세·허아랑·김예린. (2014). "다문화가족지원센터의 운영과 서비스 통합에 관한 경험적 연구." 「한국행정논집」, 26(3): 521-552.

김근세·허아랑·박현신. (2010). "작은정부 개혁의 수렴과 분산: 문화와 정치제도 맥락의 비교분석." 「한국행정연구」, 19(4): 1-30.

윤우곤. (1990). 「조직원론: 체제이론과 행태이론을 바탕으로」. 서울: 법문사.

_____. (1999). 「행정행태론」. 서울: 법문사.

정용덕 외. (2021). 「현대국가의 행정학」(3판). 서울: 법문사.

총무처 직무분석기획단. (1997). 「신정부혁신론」. 서울: 동명사.

한국행정연구원. (2016). 「대한민국 역대정부 조직개편 성찰」. 서울: 대영문화사.

Aucoin, P. (1995). *The New Public Management: Canada in Comparative Perspective*. Montreal: The Institute for Research in Public Policy.

Boston, J. et al. (1996). *Public Management: The New Zealand Model*. Auckland: Oxford University Press.

Boston, J. & Uhr, J. (1996). "Reshaping the Mechanics of Government, in Castles." Gerritsen, & Vowles (eds). *The Great Experiment*, pp. 48-67.

Bovaird, T. & Loffler, E. (eds). (2016). *Public Management and Governance* (3rd ed.). London: Routledge.

Cawson, A. (1982). *Corporatism and Welfare*. London: Heinemann.

Clarke, R. (1972). "The Number and Size of Government Departments" *Political Quarterly*, 43: 169-186.

Clark, G. & Dear, M. (1984). *State Apparatus: Structures and Language of Legitimacy*. Allen & Unwin, INC.

Daft, R. (2020). *Organization Theory and Design*. Boston: Cengage Learning.

Dryzek, J. et al. (2003). *Green States and Social Movements*. Oxford: OUP.
Dunleavy, P. (1991). *Democracy, Bureaucracy and Public Choice*. New York: Harvester Wheatsheaf.
Eckersley, R. (2004). *The Green State: Rethinking Democracy and Sovereignty*. Cambridge, MA: MIT Press.
Ford, R. & Zussman, D. (1997). "Alternative Service Delivery: Transcending Boundaries," in R. Ford & D. Zussman, ed. *Alternative Service Delivery: Sharing Governance in Canada*. Toronto: KPMG & IPAC.
Gilardi, F. (2002). "Policy Credibility and Delegation to Independent Regulatory Agencies: a Comparative Empirical Analysis." *Journal of European Public Policy*, 9(6): 873-893.
Hood, C. (1991). "A Public Management for All Seasons?." *Public Administration*. 69(Spring).
Johnson, C. (1982). *MITI and the Japanese Miracle*. California: Stanford University Press.
Kernaghan, K, Marson, B., & Borins, S. (2002). *The New Public Organization*. Toronto: IPAC.
Kim, Keunsei & Park, Hyunshin (2016). "Korean Government Organization: the Developmental State and its Transformation," in Park, Kwang-Kook et al. eds. *Understanding Korean Public Administration*.
McBride, A., Benitez, C., & Sherraden, M. (2003). *The Forms and Nature of Civic Service: Global Assessment*. CSD Report. Washington University.
McBride, A. & Sherraden, M. (eds.) (2007). *Civic Service Worldwide*. New York: M.E. Sharpe.
Mehr, J. & Kanwischer, R. (2004). *Human Services: Concepts and Intervention Strategies* (9th ed.). Boston: Pearson.
Meier, K. (1980). "The Impact of Regulatory Organization Structure: IRCs or DRA?." *SRPA*, March, pp. 427-443.
Mintzberg, H. (1979). *Structure in Fives: Designing Effective Organizations*. Englewood Cliffs, New Jersy: Prentice-Hall.
Offe, C. (1975). "The Theory of the Capitalist State and the Problem of Policy Formation," in L. Lindberg et al. eds. *Stress and Contradiction in Modern Capitalism*. MA: Lexington Books. pp. 125-144.
Perry, J. & Thomson, A. (2004). *Civic Service: What Difference Does It Make?* New York: M.E. Sharpe.
Peters, B. G. (1992). "Government Reorganization: A Theoretical Analysis." *International Political Science Review*, 13(2): 199-217.
_____. (1996). *The Future of the Governing*. Lawrence, Kansas: University Press of Kansas. 고숙희 외(옮김). 「미래의 국정관리」. 서울: 법문사.
Peters, B. G. & Barker, A. (1993). "Introduction: Governments, Information, Advice and Policy-making Process," in G. Peters & A. Barker. eds. *Advising West European Government: Inquires, Expertise and Public Policy*. Pittsburgh: University of Pittsburgh Press.

Pollitt, C. (1984). *Manipulating the Machine*. London: George Allen and Unwin.

Rainey, H. et al. (2021). *Understanding and Managing Public Organization*.(6th ed.). San Francisco: Jossey-Bass.

Rosenbloom, D. (2000). *Building a Legislative-Centered Public Administration: Congress and the Administrative State, 1946-1999*. Alabama: Alabama University Press.

Rosenbloom, D., Kravchuk, R., & Clerkin, R. (2022). *Public Administration: Understanding Management, Politics, and Law in the Public Sector*. New York: Routledge.

Saunders, P. (1982). "Why Study Central-Local Relations." *Local Government Studies*. 8(2).

Seidman, H. (1975). *Politics, Position, and Power*. New York: Oxford University Press.

Shapiro M. (1997). "The Problems of Independent Agencies in the US and the EU." *Journal of European Public Policy*, 4(2): 276-91.

Sheriff, P. (1983). "State Theory, Social Science, and Government Commissions." *American Behavioral Scientist*. 26(5): 669-680.

Szanton, P. (1981). *Federal Reorganization: What Have We Learned?*. Chatham, New Jersey: Chatham House.

Talbot, C. et al. (2000). "The Idea of Agency. Paper presented at the American Political Studies Association Conference." Washington, DC. August 2000.

Wilson, J. (1989). *Bureaucracy*. New York: Basic Books.

김상묵

# 공공봉사동기 연구

## I. 들어가는 말

❖――― 어떻게 하면 더 좋은 세상을 만들 수 있을까? 아마 많은 사회과학자가 끊임없이 되묻는 질문일 것이며, 저자가 평생 붙들고 있는 화두(話頭)이기도 하다. 처음에는 그 해답을 제도에서 찾고자 했다. 미국 유학 시절(1988. 9. ~ 1992. 12.)에는 해먼드(Thomas H. Hammond) 교수의 지도 아래 조직구조 설계가 조직 내 정보의 전달과 집적에 미치는 영향을 비교한 박사학위 논문을 제출했고, 귀국 이후에도 주로 제도와 조직구조에 대해 연구했다. 1990년대 중반 이후 행정조직 진단에 참여하면서, 조직개편이나 새로운 인사제도 설계를 통해 더 나은 정부를 만들고자 했다. 하지만, 사적 이해관계에 의해 제도가 유명무실해지거나 잘못 이용되는 경우를 보면서 점차 '제도보다는 인간이 문제'라는 생각이 들었다.

2000년 한 연구 과제에 참여하면서 공공봉사동기(public service motivation)에 관한 문헌들을 처음 접했다(박천오 외, 2001). 이후 몇 편의 논문을 통해 공공봉사동기, 내재적 보상, 공직 선택 동기, 직무만족, 조직몰입, 조직시민행동 등과 같은 개인적 특성의 중요성을 확인했다(김상묵, 2003, 2005; Kim, 2005, 2006). 그러면서 자연스럽게 공공봉사동기가 연구의 중심으로 들어왔다.

공공봉사동기는 "공공가치 실현과 공익 증진을 위해 노력하려는 동기이며, 국가와 사회를 위해 봉사하려는 욕구"라고 할 수 있다(김상묵, 2018: 43). "개인으로 하여금 의미 있는 공공봉사를 하도록 조장하는 동기부여적 영향력"(Brewer & Selden, 1998: 417), 또는 "사회와 이웃을 위하려는 목적으로 국민에게 봉사하려는 개인적 성향"(Perry & Hondeghem, 2008: vii)이라고 정의한다. 학자들마다 다양하게 공공봉사동기를 정의하지만(Bozeman & Su, 2015), 페리(Perry, 2021)는 공공봉사동기 개념의 핵심에는 행정의 기본 원칙인 공공성(publicness)과 타인지향성(other orientation)이 존재한다고 정리한다. 이는 구한말 개화파가 강조한, '사심(私心)'을 버리고 나라와 이웃을 사랑하자는 '공심(公心)'과도 통한다고 할 수 있다(이나미, 2013).

공공봉사동기는 원래 민간 부문과는 구별되는 공공 부문 종사자들의 고유한 동기를 설명하기 위해 미국에서 개발된 개념이다(Perry & Wise, 1990). 대우가 열악한 데도 공무원이 되려는 사람들은 공익을 위해 봉사하려는 윤리의식과 공직(公職)을 단순한 밥벌이가 아닌 소명(召命)으로 인식하는 성향이 강하다고 봤다. 그래서 초기 연구는 주로 정부조직에 초점을 두고 개념 정의를 했으나, 곧 협소한 개념에서 벗어나 좀 더 넓게 정의하게 됐다(Bozeman & Su, 2015). 공공봉사동기는 정부 부문에서 좀 더 두드러지게 나타난다고 보지만, 정도의 차이가 있을 뿐이지 누구나 가질 수 있는 인간의 보편적인 동기라고 볼 수 있다(김상묵, 2013). 직업이나 부문과 상관없이, 공익을 위해 헌신하고 사회를 위해 봉사하려는 의지가 강하다면 공공봉사동기 수준이 높다고 가정할 수 있다.

공공봉사동기 연구에 전념하게 된 배경에는 2007년에 발생한 태안반도 원유 유출 사고와 2008년 출간된 *Motivation in Public Management: The Call of*

*Public Service*(Perry & Hondeghem, 2008)가 있다. 2007년 12월 7일, 원유 12,547 리터가 태안반도 앞바다로 쏟아졌다. 역사상 최악의 기름 유출 사고에 전국에서 123만 명의 자원봉사자들이 태안반도를 살리기 위해 달려왔다.[1] 그리고 불과 7개월 만에, 이들의 헌신적인 노력은 갈매기 한 마리 날지 않았던 죽음의 바다를 아름답고 청정한 해상공원으로 되돌려 놓았다. 전국 각지에서 생업을 팽개치고 달려와 인체에 유해할 수도 있는 기름을 제거하는 힘든 일을 자처한 많은 국민을 어떻게 설명할 수 있을까? 오염 피해를 입은 국토와 주민의 안타까움을 자신의 처지로 받아들이고, 피해를 빨리 복구해야 한다는 일념에서, 손해와 위험을 감수하면서도 열심히 복구활동에 참여하도록 자원봉사자들을 움직인 것은 바로 공공봉사동기라는 생각이 들었다(김상묵, 2013: 15-16).

2008년에 출간된 책(Perry & Hondeghem, 2008)은 유럽과 미국 학자 20명이 집필했으며, 공공봉사동기의 기초, 원인과 영향, 비교분석, 연구 과제 등에 대한 14개 장(chapter)으로 구성됐다. 이 책의 색인(index)을 보면, 편저자인 페리(James L. Perry) 교수는 83회, 혼데젬(Annie Hondeghem) 교수는 19회 인용됐는데, 당시까지 국제학술지에 게재한 공공봉사동기 관련 논문은 2편(Kim, 2005, 2006)에 불과한데도 저자도 19회 인용됐다. 역사적·사회문화적 배경이 다른 한국의 맥락에서, 한국의 자료를 분석한 논문도 세계 무대에서 통할 수 있다는 자신감이 들었다.

공공봉사동기에 집중하는 이유는 긍정적인 영향 때문이다. 공공봉사동기에 대한 세계적인 관심과 연구는 오랜 역사를 통해 보편적으로 추구해 온 "더불어 잘사는 사회를 만들려는" 인간의 노력과 맥을 같이한다고 생각한다(김상묵, 2013: 290). 더 좋은 세상을 만들려면 우리 모두가 공공봉사동기를 함양해야 한다고 믿는다. 그래서 어떻게 하면 공무원의 그리고 국민의 공공봉사동기를 증진할 수 있을까 고민한다. 아래에서는 그동안 수행한 공공봉사동기 연구를 개념과 척도, 선행 요인, 영향 요인으로 구분해 정리하고, 연구 과정에서 얻은 교훈과 과제를 공유하고자 한다.

---

1) 유류피해극복기념관(http://taean.go.kr/tour/sub04_10_06_01.do) 자료 참조.

## II. 공공봉사동기 연구

### 1 공공봉사동기 개념과 척도

공공봉사동기의 근원을 서양 학자들은 플라톤(Platon)과 아리스토텔레스(Aristoteles)에서 찾고, 동양에서는 유학(儒學)에서 연관성을 찾을 수 있다(김상묵, 2012). 하지만 1990년에야 비로소 이에 대한 개념 정의가 이뤄졌다. 페리와 와이즈(Perry & Wise, 1990: 368)는 공공봉사동기를 "정부기관과 공공조직에 고유한 또는 이에 우선적인 기반을 둔 동기에 대응하려는 개인의 경향"이라고 정의하고, 공공봉사동기는 합리적 동기, 규범적 동기, 정서적 동기로 구성된다고 했다. 그리고 페리(Perry, 1996)는 공공정책 호감도, 공익 몰입, 동정심, 자기희생의 4개 하위 차원으로 구성된 24개 설문 문항을 공공봉사동기의 척도로 제시했다. 이후 세계적으로 연구가 확산되면서 좀 더 보편적인 개념과 척도의 필요성이 대두됐다.

이에 부응해, 김상묵과 반데나빌레(Kim & Vandenabeele, 2010)는 자기희생과 수단적 동기, 가치기반적 동기, 동일시 동기로 구성된다는 수정 개념을 제시했다. 공공봉사동기란 물질적·비물질적 손해를 감수하면서도(자기희생), 국가와 국민을 위해(동일시 동기), 공익과 공공가치를 실현하고자(가치기반적 동기), 의미 있는 일을 하려는(수단적 동기) 경향이라고 본다. 이는 자기희생을 기반으로 한 개인의 가치(무엇을 위해), 태도(누구를 위해), 행동(어떻게)에 초점을 두고 있다. 이러한 개념의 정교화를 통해 공공봉사동기 개념 구성에서 자기희생의 중심성이 부각되고 각 구성 요소의 독특성이 더욱 선명해졌다고 평가한다(Perry, 2014). 이를 바탕으로, 김상묵(2012)은 공공봉사동기 개념의 핵심 요소들은 공자·맹자 등 선진(先秦) 유학의 가르침과도 연관성이 있음을 확인했다. 아울러 "우리 사회가 중시해 온 멸사봉공(滅私奉公), 살신성인(殺身成仁), 환난상휼(患難相恤) 등과 같은 덕목들은 공공봉사를 강조해 온 우리의 전통이라고 볼 수 있다. 따라서 공공봉사동기는 우리 문화와 유리된 생소한 개념이 아니며, 그 핵심적인 요소들은 이미 오래전부터 한국 사회에서도 중요하게 여겨져 왔음을 알 수 있다"(김상묵, 2012: 94).

또한 김상묵과 반데나빌레(Kim & Vandenabeele, 2010)는 개인의 공공봉사동기 수준을 온전히 파악하기 위해서는 4개 하위 차원 모두를 평가해야 하며, 공공봉사동기는 형성적 모형으로 정의해야 한다고 주장했다. 공공봉사동기 개념에 의해 각 구성 요소가 설명된다고 가정하면 반영적 모형(reflective model)이고, 여러 구성 요소에 의해 공공봉사동기가 결정된다고 보면 형성적 모형(formative model)에 해당한다. 김상묵(Kim, 2011)은 공공봉사동기의 반영적 모형과 형성적 모형을 비교한 경험적 연구를 통해 형성적 모형이 좀 더 적합하다는 근거를 제시했다.

미국에서 만들어진 페리(Perry, 1996)의 공공봉사동기 척도가 한국에서도 적용 가능한지 검증한 결과, 4개 차원 구조는 적용 가능하지만 공공정책 호감도 요인은 하위 차원으로 적절하지 않음을 발견했다(Kim, 2009b). 후속 연구에서는 공공봉사동기의 합리적 동기 요소를 대변하는 새로운 측정 문항들을 개발해서 다시 검증하고, 4개 하위 차원의 12개 측정 문항으로 구성된 수정 척도를 제시했다(Kim, 2009a). 이 수정 척도는 미국과 유럽에서 유용하게 활용되고 있다(Ki, 2021; Weißmüller et al., 2022).

또한, 공공봉사동기의 수정된 개념 구성(Kim & Vandenabeele, 2010)을 반영해 세계적으로 통용 가능한 새로운 척도를 개발하려는 공동 연구를 주관했다(Kim et al., 2013). 우리나라를 비롯해 네덜란드, 덴마크, 리투아니아, 미국, 벨기에, 스위스, 영국, 이태리, 중국, 프랑스, 호주 등 12개 국가 16명의 학자가 33개 예비 문항을 개발하고, 이를 각국의 지방정부 공무원들을 대상으로 검증했다. 이를 통해 공공봉사 호감도, 공공가치 몰입, 동정심, 자기희생의 4개 차원, 16개 문항으로 구성된 국제 척도를 개발했다. 첫째, 공공봉사 호감도 차원은 공공봉사동기 개념의 수단적 동기를 대변한다. 이 차원의 측정 문항들은 공공선(公共善)을 위한 기여 또는 공공봉사의 중요성을 인식하고 사회문제 해결이나 지역사회를 위한 봉사 의지를 갖고 있는지 여부를 평가한다. 이 차원에 대한 긍정적 응답 성향이 높을수록 실제 이웃과 사회를 위해 기여하려는 행동지향성이 높다고 할 수 있다. 둘째, 공공가치 몰입 차원은 공공봉사동기의 가치기반적 동기를 대변한다. 이 차원은 기회 균등, 보편적 서비스, 행정윤리, 공익 등의 중요성에 대한 인식 정도를 평가한다. 이 차원의 긍정적 응답 성향이 높을수록 공익과 공공가치를 추구하려는 가치지향성이 높다고 할 수 있다. 셋째, 동정심은 공공봉사동기의 동일시 동기를 대변하며, 이웃이나 공동체, 민족, 국가 등 봉사하려는 대상이나 집단과의 정서적 유대를 의미한다. 이 차원은 사회적 약자, 어려운 이웃, 타인과의 정서적 교감 정도를 평가한다. 마지막으로, 자기희생은 공공봉사동기의 구성 요소인 수단적, 가치기반적, 동일시 동기의 토대가 되는 요소다. 이 차원은 사회를 위한 희생, 시민의 의무, 사회와 이웃을 위한 개인적 손실의 감수 의지를 평가한다.

이 국제 척도에 대한 국가 간 측정동일성(measurement invariance) 검증에서 4개 하위 차원으로 구성된다는 형태동일성(configural invariance)은 확보됐으나 측정단위동일성(metric invariance) 검증은 통과하지 못했다. 따라서 이 척도는 개별 국가 차원의 연구에는 적합하지만 국제 비교 연구에는 적합하다고 볼 수 없었다(Kim et al., 2013). 하지만, 후속 연구(Kim, 2022)에서는 동일한 데이터를 활용한 추가적인 분석을 통해 16개 문항 가운데 한 개 문항만[2] 동일성 제약을 완화하면 이 척도의 부분측정단위동일성(partial metric invariance)이 확보됨을 발견했다. 따라서 이들 12개 국가 간에는 이 척도를 활용해 공공봉사동기와 다른 변수 간 관계의 강도를 비교할 수 있게 됐다. 또한 미켈센 외(Mikkelsen et al., 2021)도 가나, 말라위, 브라질, 알바니아, 에스토니아, 우간다, 칠레, 코소보 등 8개 국가를 대상으로 이 척도의 부분측정동일성을 확인했다. 그뿐만 아니라 이 국제 척도의 적합성은 독일(Asseburg & Homberg, 2020), 인도(Gupta et al., 2021), 러시아와 우크라이나(Gans-Morse et al., 2022)에서도 검증됐다.

---

2) 공공봉사 호감도 차원의 "사회문제를 해결하려는 활동에 동참하는 것이 중요하다" 또는 동정심 차원의 "다른 사람들의 복지를 고려하는 것이 매우 중요하다"임.

이어서, 국제 척도(Kim et al., 2013)를 기반으로 하면서도 민주적 정치체제라는 한국적 특성을 반영한 공공봉사동기 척도를 개발했다(Kim, 2017c). 민주공화국인 대한민국의 제도적 맥락을 반영해 공공봉사 호감도 차원과 공공가치 몰입 차원에 대한 새로운 문항들을 개발했다. 공공봉사 호감도 차원에서는 민주적 통치체제에 대한 헌신, 헌법의 기본 정신 수호, 사회 발전에의 기여 등의 문항들을 추가하고, 공공가치 몰입 차원에서는 민주주의, 합법성, 인권 등과 관련된 문항들을 추가했다. 이를 바탕으로, 공공봉사동기의 4개 차원에 대한 29개 문항을 개발해 검증했다. 각 차원의 측정 문항들은 상관관계가 높아 취사선택이 가능하며, 좀 더 축약된 16개 문항은 공·사 부문 간, 남·여성 간 측정동일성 검증을 통과했다. 이 척도는 한국에서 좀 더 적합하다고 간주되지만(Kim, Kim, & Kim, 2022a, 2022b), 다른 민주국가에서도 적용가능성을 검증하고 유용하게 활용하기를 기대한다.

공공봉사동기에 대한 경험적 연구에서는 4개 차원을 모두 포괄하는 다차원적 척도(Kim, 2009a, 2017c; Kim et al., 2013; Perry, 1996)뿐만 아니라 좀 더 축약된 단일 차원의 척도가 사용되기도 한다(Alonso & Lewis, 2001; Kim, 2005). 이처럼 상이한 척도를 사용하는 경우, 한 척도를 사용해 발견한 결과가 다른 척도를 사용했을 때에도 발견될지 의문스럽다. 김상묵(Kim, 2017b)은 동일한 설문 대상에 대해 5개 문항으로 구성된 단일 차원의 척도와 4개 차원의 16개 문항으로 구성된 척도를 모두 사용해 공공봉사동기와 직무 태도와의 관계를 비교했다. 그 결과, 어느 척도를 사용하더라도 공공봉사동기의 직무만족, 조직몰입, 개인-조직 적합성(fit)에 대한 설명력에는 통계적으로 유의미한 차이가 없음을 발견했다. 즉, 한국에서는 두 가지 유형의 척도가 유사한 효용성을 지니므로 필요에 따라 교차 사용이 가능하다고 본다.

공공봉사동기에 대한 실증적 연구에서는 주로 자기보고식 설문지(self-reported questionnaire)를 활용한다. 이 경우 응답자들은 자신이 실제 생각하고 느끼는 그대로 응답하기보다는 사회적으로 바람직하다고 평가되는 방향으로 응답하려는 경향을 가질 수 있다. 즉, 솔직하게 응답하기보다는 모범 답안을 제출할 개연성이 있다. 이런 경향을 '사회적 소망성 편향(social desirability bias)'이라고 한다(Kim & Kim,

2016a, 2016b, 2017). 한국인을 대상으로 공공봉사동기를 측정할 경우 사회적 소망성 편향이 어느 정도 나타나는지 파악하고자 실험적 조사(experimental survey)를 실시했다(Kim & Kim, 2016a). 그 결과, 여성보다는 남성에게서, 40대와 50대에서, 개신교도와 무종교인에게서 상대적으로 높은 편향성이 나타났다.

한국, 일본, 미국, 네덜란드를 대상으로 한 비교 연구에서는 모든 국가에서 사회적 소망성 편향이 나타났으나 특히 집단주의 성향이 강한 한국과 일본에서 이런 편향성이 좀 더 강하고 일관되게 나타났다(Kim & Kim, 2016b). 다문화 국가이면서 개인주의 성향이 강한 미국을 대상으로 한 실험적 조사에서는 동아시아계 미국인들이 서유럽계 미국인들보다 강한 사회적 소망성 편향을 보였지만 아프리카계 및 라틴계 미국인들은 그렇지 않았다(Kim & Kim, 2017). 그러므로 이러한 편향성은 집단주의 문화에서 좀 더 두드러지게 나타난다고 볼 수 있다. 사회적 소망성 편향은 공공봉사동기와 다른 변수 간의 관계를 과장하거나 억제하는 등 영향을 미칠 수 있으므로, 조사설계 단계에서부터 이를 줄일 수 있도록 노력해야 한다. 그 일환으로, 사회적 소망성을 측정하는 문항(Reynolds, 1982)들을 설문조사에 포함해 측정한 후 회귀분석에서 그 영향을 통제하는 방법을 활용하기도 한다(Kim, Kim, & Kim, 2022a; Shim, Park, Keum, & Kim, 2021).

그러면 한국인의 공공봉사동기는 어떤 특징이 있을까? 2011년 공무원 대상 조사와 2012년 국민 대상 조사 결과를 보면(김상묵, 2013), 일반 국민과 공무원 모두 공공봉사동기의 4개 하위 차원 가운데 공공가치 몰입 수준이 가장 높았으며, 그다음이 동정심, 공공봉사 호감도 순이고 자기희생 차원 수준이 가장 낮았다. 이러한 순위는 이후 연구들에서도 동일하게 나타났다. 공공 부문 종사자(Kim, 2018)와 대학생(Kim, Kim, & Kim, 2022b)의 경우에도 공공가치 몰입, 동정심, 공공봉사 호감도, 자기희생 순서였다. 따라서 한국인의 경우 직업이나 집단에 따라 공공봉사동기 수준은 상대적인 차이가 있을 수 있으나, 공무원이든 일반인이든 관계없이 이러한 동기 수준을 형성하는 체계는 비슷하다고 가정할 수 있다.

## 2 공공봉사동기의 선행 요인

공공봉사동기에 영향을 미치는 선행 요인(causes)을 탐색하기 위한 연구는 주로 사회문화, 교육사회화, 인적자원관리 영역에 초점을 두고 수행했다. 첫째, 한 사회의 구성원들은 그 사회의 문화적 특성에 의해 영향을 받는다고 가정할 수 있다. 사회문화적 특성이 공공봉사동기에 어떤 영향을 미치는지를 알아보고자 문화권역별 비교(김상묵, 2014), 문화적 가치와의 관계(Kim, 2017a), 사회규범의 영향(Kim & Kim, 2021)에 대한 연구를 수행했다.

김상묵(2014)은 문화권역에 따라 공공봉사동기 수준이 다를 것이라는 가설을 검증하고자 우리나라와 앵글로(미국, 영국, 호주), 독일계 유럽(스위스[독일어권], 네덜란드, 벨기에), 라틴유럽(이탈리아, 프랑스)의 9개 국가 지방정부 공무원들에 대한 설문조사 결과를 비교했다. 공공봉사 호감도 및 공공가치 몰입 차원에서는 라틴유럽, 독일계 유럽, 앵글로 권역 모두 우리나라보다 수준이 높았다. 동정심 차원에서는 앵글로 및 라틴유럽 권역은 우리나라보다 수준이 높고, 독일계 유럽은 우리나라보다 낮았다. 자기희생 차원의 경우, 라틴유럽과 우리나라는 유사한 수준이고, 앵글로 및 독일계 유럽은 상대적으로 낮았다. 따라서 문화권역에 따라 공공봉사동기 수준이 차이가 난다고 예상할 수 있다.

후속 연구(Kim, 2017a)에서는 어떤 문화적 가치가 공공봉사동기와 관계가 있는지를 분석했다. 홉스테드(Geert Hofstede)의 문화적 가치 가운데 권력거리(power distance), 개인주의(individualism), 남성성(masculinity), 불확실성 회피(uncertainty avoidance), 관용(indulgence)의 5개 차원을 적용하고, 2005년 국제사회조사(International Social Survey Programme)의 32개 국가에 대한 조사 결과를 분석했다. 그 결과, 문화적 가치 가운데 남성성과 관용은 공공봉사동기와 긍정적인 관계를 보이지만 개인주의는 부정적인 관계를 보였다. 권력거리와 불확실성 회피 성향은 통계적으로 유의미한 관계를 보이지 않았다.

이어서 김승현과 김상묵(Kim & Kim, 2022)은 사회규범이 공공봉사동기와 친사회적 행동에 직접적으로 영향을 미치는지 아니면 공공봉사동기와 친사회적 행동 간의 관계를 조절하는지 여부를 두 차례에 걸친 온라인조사 결과를 활용해 비교했다. 그 결과, 사회규범은 공공봉사동기와 친사회적 행동에 직접적인 영향을 미치지만 조절 효과는 유의미하지 않았다. 따라서 사회구성원들은 사회규범을 통해 어떤 태도와 행동이 적절한지를 습득한다고 해석할 수 있다. 이러한 일련의 연구를 통해 공공봉사동기에 대한 사회문화적 영향을 파악하고자 했다.

둘째, 제도적 사회화가 공공봉사동기 형성에 영향을 미친다고 예상할 수 있다. 교육사회화와 관련해 고등학교 교육의 영향(Kim, 2021), 중등교육의 영향(김상묵, 2021), 가족, 종교, 고교교육의 영향(Kim, Kim, & Kim, 2022a), 행정학개론 수업의 영향(Kim, Kim, & Kim, 2022b), 그리고 공공봉사동기 증진을 위한 교육 방안(김상묵, 2016)에 대해 연구했다. 김상묵(Kim, 2021)은 "한국교육종단연구"(2005)의 고등학교 1학년부터 졸업 이후까지의 종단면적 자료(2008~2011년)를 활용해 사회탐구 학습, 창의적 체험활동, 친구 관계가 공공봉사동기에 미치는 영향을 분석했다. 이 연구에서는 고등학교에서의 리더십 발휘 경험, 봉사활동 만족도, 친구들과의 협력 관계, 사회탐구 교과목에 대한 주관적 성취도는 졸업생의 공공봉사동기에 긍정적인 영향을 미치는데 비해, 봉사활동 시간, 교우 관계, 사회탐구 성적은 유의미한 관계를 보이지 않았다.

대학 신입생에 대한 두 차례 설문조사를 바탕으로, 김태희·김기환·김상묵(Kim, Kim, & Kim, 2002a)은 가정교육, 종교활동, 문·이과, 창의적 체험활동의 영향을 분석했다. 그 결과, 가정교육과 창의적 체험활동에의 참여는 공공봉사동기에 긍정적인 영향을 미치며, 종교는 공공가치 몰입 차원과만 긍정적인 관계를 보였다. 부모의 역할 모델, 종교활동, 문·이과 구분, 부모의 직업(공공 부문)은 유의미한 관계를 보이지 않았다.

김상묵(2021)은 중·고등학교 학교교육의 영향을 파악하고자 "한국교육종단연구"(2005)의 중학교 3학년부터 고등학교 3학년까지의 종단면적 자료를 활용했다. 그 결과, 중학교와 고등학교에서의 교사의 열의, 고등학교에서의 학교교육 만족도 및 교사와 학생 간의 관계는 공공봉사동기에 긍정적인 영향을 미쳤으나 중·고교에서의 학교폭력은 유의미한 관계를 보이지 않았다. 이러한 일련의 연구들을 바탕으로, 중등교육의 변화 방향으로 협동학습 활용, 창의적 체험활동 내실화, 교사의 적극적 역할 수행을 위한 지원의 필요성 등을 제안했다(김상묵, 2021).

또한 학부 행정학과의 기초 교과목인 '행정학개론' 교과목의 이수가 공공봉사동기에 영향을 주는지 여부를 준실험 설계(quasi-experimental design)를 통해 관찰했다(Kim, Kim, & Kim, 2022b). 이 과목을 수강한 실험집단과 그렇지 않은 통제집단에 대해 학기 첫 주와 마지막 주의 공공봉사동기를 측정해 비교한 결과, 이 과목을 수강해도 공공봉사동기의 유의미한 변화가 나타나지 않았다. 이는 행정학 교육의 변화가 필요함을 시사한다고 볼 수 있다.

김상묵(2016)은 미래 세대의 공공성과 공공봉사동기를 증진하기 위한 학교교육 방안을 모색했다. 이 연구에서는 교과목과 지역사회봉사를 통합시킨 교수학습 방법인 봉사학습(service-learning)이 공공봉사동기 함양에 긍정적인 기여를 할 것이라고 주장하며, 초등교육과 중등교육에서는 창의적 체험활동 수업을 활용한 체험 위주의 교육을 그리고 대학에서는 봉사학습을 적극적으로 전공 교육과정에 반영해야 한다고 제안했다.

셋째, 정부의 인적자원관리는 공무원의 공공봉사동기에 영향을 미칠 것으로 가정할 수 있다. 이와 관련해, 공직 선택 동기(김상묵, 2005), 직무 특성(Kim, 2016), 공무원 인적자원관리(김상묵·노종호, 2018), 공공기관 조직가치(김영은·심동철·김상묵, 2018), 관리자의 서번트 리더십(Shim, Park, Keum, & Kim, 2021) 등에 대한 연구를 수행했다. 김상묵(2005)은 공무원을 직업 선택 동기에 따라 직업 안정성, 채용 공정성, 공직의 보람, 사회적 평가라는 4개 응답집단으로 구분해 태도와 행동을 비교했다. 이 연구에서 공직의 보람 때문에 공무원이 된 집단은 다른 집단들에 비해 공공봉사동기, 직무만족, 정서적 몰입, 조직시민행동에서 좀 더 긍정적인 성향을 보여 줬다.

한국행정연구원의 2011년 공무원 패널조사 결과를 활용해 직무 특성과 공공봉사동기의 관계를 분석한 결과, 과업 중요성(task significance)의 영향력이 가장 크고,

환류와 기술 다양성(skill variety)도 공공봉사동기와 긍정적이고 유의미한 관계를 보였으나 과업 정체성(task identity)과 자율성의 영향은 유의미하지 않았다(Kim, 2016). 이는 직무설계에 따라 공공봉사동기가 변화할 수 있음을 시사한다.

김상묵·노종호(2018)는 중앙부처와 광역자치단체 공무원들을 대상으로 인적자원관리 요인들과 공공봉사동기와의 관계를 분석했다. 그 결과 교육훈련, 업무 수행 역량, 상사의 지원은 두 집단에서 모두 공공봉사동기와 긍정적인 관계를 보였으며, 승진의 공정성은 광역자치단체 공무원들의 경우에만 공공봉사동기와 긍정적인 관계를 보였다.

김영은·심동철·김상묵(2018)의 연구에서는 공공기관의 조직가치가 구성원의 공공봉사동기에 긍정적으로 작용하고, 이러한 긍정적인 관계는 개인과 조직 간 가치 적합성이 높을 때 더욱 강화되는 것으로 나타났다. 또한 관리자의 서번트 리더십(servant-leader orientation)은 공공봉사동기에 긍정적인 영향을 미친다고 볼 수 있다(Shim, Park, Keum, & Kim, 2021).

이러한 일련의 연구들을 종합해 보면, 공공봉사동기는 사회문화적 특성과 규범에 의해 영향을 받을 뿐만 아니라 가정과 학교 등에서의 교육사회화를 통해 형성되며 또한 공공조직 내에서의 여러 요인, 특히 조직가치, 리더십, 담당 직무, 인적자원관리 등에 의해 변화될 수 있다고 볼 수 있다. 즉, 다양한 제도적 요인들이 공공봉사동기 형성에 영향을 미친다고 예상한다. 앞으로도 공공봉사동기에 영향을 미치는 선행 요인들에 대한 광범위하고 심층적인 연구가 활발하게 이뤄져서 공무원뿐만 아니라 국민 모두의 공공봉사동기 함양에 이바지할 수 있기를 기대한다(김상묵, 2013, 2018; Ritz et al., 2016; Witesman & Christensen, 2021).

## 3 공공봉사동기의 영향 요인

그동안 수행해 온 공공봉사동기의 영향 요인(effects)에 대한 연구들은 주로 직무 태도, 성과, 친사회적 행동에 초점을 두고 실행했다.

첫째, 공공봉사동기는 직무만족, 조직몰입, 업무 열의 등 직무 태도에 긍정적인 영향을 미칠 것으로 예상할 수 있다. 김상묵(2003)은 공공봉사동기 수준에 따라 공무원들을 3개 집단으로 구분한 후 집단 간 비교를 통해 공공봉사동기 수준이 높은 집단일수록 직무만족, 정서적 몰입, 조직시민행동 수준이 높음을 보여 줬다.

김상묵(Kim, 2012)은 공무원의 공공봉사동기와 직무 태도와의 관계에서 개인-조직 적합성(fit)의 매개 효과를 검증했다. 이 연구에서 공공봉사동기는 직무만족, 조직몰입, 개인-조직 적합성에 대해 직접적으로 긍정적인 영향을 미칠 뿐만 아니라 개인-조직 적합성을 통해 직무만족과 조직몰입에 간접적으로도 영향을 미친다고 했다.

또한 공공봉사동기는 업무 열의(work engagement)와도 긍정적인 관계를 보여 주고 있다. 먼저 중앙부처, 지방자치단체, 공공기관 모두를 대상으로 한 설문조사 결과를 분석한 연구(김영은·심동철·김상묵, 2018)에서 공공봉사동기는 업무 열의와 긍정적인 관계를 보였다. 서울시 자치구 공무원을 대상으로 한 연구(Shim, Park, Keum, & Kim, 2021)에서는 직무 자율성, 목표 명료성, 조직 신뢰 등과 비교했을 때에도 이들 변수에 비해 공공봉사동기의 업무 열의에 대한 영향력이 좀 더 크게 나타났다.

둘째, 공공봉사동기는 성과와 긍정적인 관계가 있다고 볼 수 있다. 김상묵(Kim, 2005)은 중앙부처, 광역자치단체 및 기초자치단체 공무원 대상 설문조사 결과를 바탕으로 직무만족, 정서적 몰입, 공공봉사동기, 조직시민행동은 조직 성과와 모두 긍정적인 관계를 보인다고 했다. 김상묵(Kim, 2016)은 중앙부처와 광역자치단체 공무원들의 공공봉사동기와 조직의 경제적 보상과 직업안정성이 업무 성과에 미치는 영향을 분석했는데, 그 결과 공공봉사동기의 영향력이 가장 크고, 그다음이 경제적 보상이며 직업안정성은 유의미한 관계를 나타내지 않았다. 하지만, 이 두 연구는 동일 방법 편의(common method bias)의 잠재적 영향으로부터 자유롭지 못하기에 결과를 해석할 때 주의할 필요가 있다(George & Pandey, 2017).

셋째, 공공봉사동기는 친사회적 행동(prosocial behavior)에 긍정적인 영향을 미친다고 가정할 수 있다. 김상묵(Kim, 2006)은 공무원의 공공봉사동기와 직무만족, 정서적 몰입이 조직시민행동의 두 가지 하위 차원인 이타주의와 일반적 순응에 미치는 영향을 분석했다. 그 결과, 공공봉사동기는 이타주의와 일반적 순응 모두에 대해 긍정적인 관계를 보였다. 하지만, 정서적 몰입은 이타주의에만 긍정적인 영향을 미쳤으며, 직무만족은 어떤 유의미한 관계도 보이지 못했다.

김상묵(Kim, 2018)은 두 번에 걸친 온라인조사를 통해 우리나라 공공 부문에서의 지식 공유에 대한 공공봉사동기와 조직사회자본의 영향을 분석했다. 분석 결과, 공공봉사동기의 하위 차원 가운데 공공봉사 호감도 및 공공가치 몰입 차원은 지식 공유와 긍정적인 관계를 보였으나, 동정심 및 자기희생 차원은 유의미한 관계를 보이지 않았다. 조직사회자본의 두 하위 차원인 신뢰와 결속력(associability) 가운데 신뢰는 지식 공유와 직접적인 긍정적 관계를 보였으나 결속력은 단지 공공봉사동기를 통한 간접적인 영향력만 가지는 것으로 나타났다.

김승현과 김상묵(Kim & Kim, 2022)의 연구에서는 공공 부문 및 민간 부문 종사자들을 포함한 시민들을 대상으로 두 차례 온라인조사를 통해 공공봉사동기와 친사회적 행동 간의 관계를 분석했다. 이 연구에서 공공봉사동기는 친사회적 행동의 하위 차원인 윤리적 행동과 전통적인 친사회적 행동 모두에 대해 긍정적인 영향을 미치는 것으로 나타났다.

이러한 일련의 연구 성과를 종합하면, 공공봉사동기는 직무 태도, 업무 성과, 친사회적 행동 등 다양한 측면에서 긍정적인 효과를 나타낸다고 예상할 수 있다. 세계적으로 많은 학자가 공공봉사동기에 주목하는 이유도 바로 이와 같은 공공봉사동기의 긍정적인 효과 때문이라고 볼 수 있다(김상묵, 2013, 2018; Ritz et al., 2016). 앞으로 좀 더 다양한 영역에서 공공봉사동기의 영향을 검증할 수 있기를 기대한다(Witesman & Christensen, 2021).

# III. 연구 과정의 교훈

❖────── 그동안 공공봉사동기 연구를 하면서 많은 보람도 있었고 여러 가지 교훈도 얻었다.

첫째, 연구는 함께 하는 과정임을 체감했다. 마치 한양도성의 성곽을 쌓는 것처럼, 학문공동체에 속한 연구자들이 꾸준히 성과를 축적하면서 학문이 발전한다. 그렇기에, 다른 연구자들과 보조를 맞추며 함께 가는 게 현명하다. 너무 앞선 연구는 호응을 받기 힘들고 좀 뒤처진 연구는 학문에의 기여가 부실하다. 꾸준히 연구 경향을 주시하면서 최근 문헌에 대한 선행 연구 검토를 충실히 해야 한다. 주변을 둘러보면서, 연구자들이 간과한 틈새를 메우는 연구, 선행 연구를 검증하거나 보완하는 연구, 기존 연구를 발판으로 삼아 새로운 주제를 주창하거나 선도하는 연구 등이 필요하다. 연구는 혼자가 아닌 세계 여러 연구자와 함께 한다는 생각을 가져야 한다. 다른 연구자들이 노력한 결과가 내 연구의 자양분이 되며, 내 연구 성과 또한 동료 연구자들의 디딤돌이 될 것이다.

둘째, 적극적인 소통과 협력이 중요하다. 모르는 게 있으면 스스럼없이 묻고 도움을 요청해야 얻을 수 있다. 학술대회나 세미나에서 다른 연구자들의 발표를 듣거나 함께 논의하다 보면 자신의 연구주제가 더욱 명료해지거나 새로운 아이디어가 떠오르기도 한다. 연구에 대한 고민을 나누면서 새로운 방향을 찾거나 필요한 네트워크를 형성할 수도 있다. 한국행정학회, 유럽행정학회(European Group for Public Administration), 세계공공관리학회(International Research Society for Public Management) 등의 여러 학술대회에 참석하면서 많은 도움을 받았다. 또한, 페리(James L. Perry) 교수와 토론하다가 반데나빌레(Wouter Vandenabeele)와 공동연구(Kim & Vandenabeele, 2010)를 하게 됐고, 이 연구를 계기로 혼데젬(Annie Hondeghem) 교수의 추천으로 벨기에 루뱅가톨릭대학교(KU Leuven)에서 한 학기를 보냈다. 이때, 유럽 행정학자들과 의기투합해 연구비 한 푼 없이 국제척도 개발을 위한 공동

연구를 시작했다(Kim et al., 2013). 2010년 중국 화중과기대(華中科技大)의 국제학술대회도 기억에 남는다. 일정이 끝나고 함께 무당산(武當山)을 등산했는데, 수십 명이 출발했으나 정상에 오른 이는 안데르센(Lotte Andersen), 리츠(Adrian Ritz), 그리고 저자뿐이었다. 2013년 네덜란드 위트레흐트대학교(Utrecht University)의 국제학술대회에서도 많은 연구자의 열띤 토론이 있었다. 브루어(Gene A. Brewer), 레이싱크(Peter Leisink), 슈타인(Bram Steijn) 교수의 격려도 큰 힘이 됐다. 최근에는 측정동일성 검증과 관련해 미국 시카고 로욜라 대학교(Loyola University Chicago) 심리학과 브라이언트(Fred B. Bryant) 교수로부터 정성 어린 자문을 받았다(Kim, 2022). 모르는 사이라도, 함께 고민해 주고 질문에 성심껏 응답하는 학자들을 보면 학문 발전을 위한 진한 동료애를 느낀다.

셋째, 논문심사를 통해 연구 역량이 증진된다. 요즘도 불합격(reject) 통지를 받으면 잠을 제대로 자지 못하고, 수정 게재 판정을 받더라도 수정 사항이 방대하면 한숨만 나온다. 그럼에도 논문심사를 통해 저자의 연구 역량이 꾸준히 개선됐다고 생각한다. 가장 기억에 남는 심사평은 6쪽, 2,347단어 분량이었다(Kim, 2006). 심사자는 투고된 논문의 강점을 먼저 한 문단으로 제시한 다음, 수정 가능한 약점 14개 항목과 사소한 문제점 8개를 지적하고 수정을 격려하는 문단으로 마무리했다. 선행 연구 검토, 이론의 의미, 적절한 분석 방법, 연구 맥락, 서술 방법, 연구의 함의, 오탈자 등에 대한 상세한 지적과 보완 의견을 제시하면서, 추가로 22편의 논문을 읽고 반영하도록 요구했다. 이 심사평에 따라 논문을 수정하면서, 연구자의 자세, 연구 방법, 학술논문의 의의 등에 대해 많이 배웠다. 지금도 이를 저장해 두고, '이런 심사평을 써야지' 하고 다짐하곤 한다. 논문심사는 귀찮은 일이기도 하다. 하지만, 이 과정을 통해 심사자는 새로운 연구에 대해 먼저 접근할 수 있는 기회를, 투고자는 논문의 완성도를 높일 수 있는 계기를 갖는다. 논문심사야말로 연구자의 역량 증진과 학문공동체의 발전을 위한 전형적인 상부상조(相扶相助)에 해당한다. 성실한 심사평과 충실한 보완을 통해 서로가 발전할 수 있어야 한다. 물론, 이성적으로는 이렇게 자신을 추스르지만, 감정은 또 그렇지 못해서 불합격 통지를 받으면 기분이 나쁜 건 어쩔 수가 없다.

넷째, 틀릴 수 있다는 수정가능성을 받아들여야 하다. 자신의 주장이 옳다고, 자신의 발견이 정확하다고 확신하더라도, 한편에서는 틀릴 수도 잘못일 수도 있다고 생각하는 여지를 가져야 한다. 학문은 끊임없이 발전하는데, 연구자 혼자서 모든 것을 다 알 수는 없다. 논문을 쓸 당시에는 완성도가 높다고 할 수 있어도 시간이 지나면 약점이 나타날 수 있고, 후속 연구에서 비판받거나 반박될 수도 있다. 틀릴 수도 있다는, 연구 결과가 수정되거나 뒤집힐 수도 있다는 가능성을 받아들여야 더욱 발전할 수 있다고 생각한다.

## IV. 연구 과제

❖────── 연구를 할수록 "공공봉사동기는 개인을 변화시키고 정부를 발전시키며 좋은 사회를 만드는 열쇠가 될 수 있다"는 생각이 들었다(김상묵, 2013: 291). 공공봉사동기는 누구나 가질 수 있고, 교육과 경험을 통해 변화될 것이다. 공공봉사동기 수준이 높은 공무원은 윤리적으로 행동하고 국가와 국민을 위해 헌신할 것이다. 공공봉사동기 수준이 높은 정부는 공익과 국민의 삶의 질 제고를 위해 최선을 다할 것이다. 공공봉사동기 수준이 높은 시민은 나름 공익 증진과 사회 발전을 위해 기여하고자 노력할 것이다. 공공봉사동기 수준이 높은 사회에서는 사회적 갈등이 줄어들고 서로 협력해 더 좋은 사회를 만들어 갈 것이다. 그리고 인류 모두의 공공봉사동기 수준이 높아지면, 갈등이 줄고 빈곤 퇴치, 기후 위기 극복 등 세계적 공공성을 증진하기 위해 협력할 것이라고 예상한다.

공공봉사동기를 함양하기 위해서는 무엇보다 상호의존성을 자각할 수 있는 경험이나 교육사회화가 필요하다고 생각한다. 어설프지만 이에 대한 생각을 정리하면 다음과 같다(김상묵, 2013).[3] 인간은 혼자만의 힘으로 살아갈 수 없다. 알게 모르게 많은 사람의 신세를 지면서 살아간다. 우리 모두는 누군가에게 도움을 주며 또한 누군가로부터 도움을 받는다. 즉, 모든 사람은 다른 사람들에게 빚을 지고 있다. 하지만 실제 빚을 갚거나 돌려받을 방법은 없다. 누구에게 얼마나 빚이 있는지 계산할 수도 없고, 일일이 찾아다니며 빚을 갚을 수도 없다. 그래서 많은 사람에게 기여하는 일을 함으로써 개별적인 채무(債務)를 대신 상환하는 게 현실적이라고 깨닫게 된다. 결국 개개인의 채무 정리는 국가와 사회를 위한 기여를 매개로 이뤄진다. 우리가 공공봉사동기를 가지는 근저(根底)에는 명시적이든 묵시적이든 간에 다른 많은 사람에게 빚을 지고 있다는 채무의식이 있다. 우리는 서로 빚을 지고 있기에 국가와 사회를 위해 의미 있는 일을 행함으로써 그동안 도움받은 사람들에게 보답하고자 할 것이다.

앞으로 난제(wicked problems)는 더욱 늘어날 것이며, 해결하기는 더욱 어려워질 것이다. 이제 정부가 단독으로 해결할 수 있는 정책문제는 거의 없다고 해도 과언이 아니다. 코로나19 대응 경험은 정부와 시민 등 다양한 주체들의 자발적인 협력이야말로 어려운 정책문제 해결의 관건임을 웅변하고 있다. 다양한 정책문제를 해결하고 국민의 삶의 질 향상을 위해서는 정부와 기업, 비정부 부문, 시민이 상호 협력하는 공동 생산과 공동 창출이 필요하다. 이에 따라, 행정 개념도 정부활동을 넘어서 "공동의 문제를 해결하기 위한 인간들의 조직화된 집합적 활동"(정용덕, 2015: 111)으로 넓게 정의될 필요가 있다. 행정의 주체는 정부뿐만 아니라 기업, 시민단체, 자원봉사조직, 일반 시민에 이르기까지 광범위하게 확장될 것이다. 공동의 문제 해결을 위한 사회 전반의 역량 증진을 위해서는 행정학 보편(필수) 교육과 공공봉사동기 함양이 필요하다. 이와 관련해, 다음 연구 과제들을 제안하고자 한다.

---

3) 이 내용은 『서울과기대신문』 제512호(2012년 6월 11일자)에 실린 저자의 교수칼럼 "만인채무론"에서 소개됐다.

첫째, 행정학 교육과 공공봉사동기에 대한 연구가 필요하다. 최근 타이완에서는 경영학과 행정학을 전공하는 대학생들을 대상으로 입학 후 졸업까지 공공봉사동기의 변화 추이를 분석했는데, 두 전공 학생들 모두 입학 당시보다 졸업 때 공공봉사동기 수준이 낮아졌다고 한다(Huang, 2022). 이는 학부 행정학 교육의 유용성에 대해 의문을 제기한다. 행정학 교육은 공공봉사동기 증진에 어떻게 기여하는지, 어떤 교과목과 어떤 교육 방법이 효과적인지, 행정학 교육에서 무엇을 강조해야 하는지, 그리고 대학에서의 어떤 활동과 경험이 공공봉사동기에 영향을 미치는지 등 행정학 교육과 공공봉사동기에 대한 연구가 활발히 이뤄져야 할 것이다.

둘째, 공무원 채용제도와 공공봉사동기에 대한 연구다. 정부는 공공봉사동기 수준이 높은 인재를 채용하는 것이 바람직하다(Christensen et al., 2017). 그런데, 우리와 유사한 공무원제도를 가진 타이완에서는 경쟁적이고 표준화된 공무원시험으로 인해 공공봉사동기 수준이 높고 봉사활동 경험이 많은 지원자들이 오히려 불합격되는 것으로 나타났다(Chen et al., 2020). 즉, 동일한 특성을 가진 공무원시험 합격자 집단과 불합격자 집단을 비교한 결과, 합격자 집단의 공공봉사동기 수준과 봉사활동 경험은 불합격자 집단에 비해 유의미하게 낮은 수준이었다. 아마 우리나라의 경우에도 사정은 비슷할 것이다(김상묵, 2018). 공공봉사동기 수준이 높은 인재들을 공직으로 유도하고 선발하는 데 지금 시행하고 있는 5급, 7급, 9급 공무원 공개경쟁채용시험과 경력경쟁채용시험이 적절한지, 그리고 공무원시험제도에서 어떤 변화와 개선이 필요한지 여부에 대한 심층적인 연구가 필요하다.

셋째, 정부 조직관리와 공공봉사동기에 대한 연구다. 정부 부문의 공식적·비공식적 조직 요인과 공무원의 공공봉사동기 간의 관계에 대해 많은 연구 성과가 축적됐으나 아직도 한국적 맥락에서 고찰해야 할 요소가 많다(김상묵, 2018). 공공봉사동기와 외재적 동기 요인에 해당하는 신분 보장 및 경제적 보상과의 상호 관계에 대한 연구, 과잉 관료제적 특징과 행정문화, 조직관리와 인사행정의 제반 요소 등이 공공봉사동기에 미치는 영향에 대한 연구, 조직 유형·특성별 공공봉사동기 수준에 대한 비교 연구, 그리고 공공봉사동기의 부정적 영향에 대한 연구도 좀 더 활발하게 수행해야 할 것이다.

# V. 나오는 말

❖────── 공공봉사동기는 행정학의 고유한 연구 개념이며, 국내·외에서 활발하게 연구되고 있다(김상묵, 2018; Ritz et al., 2016). 한국학술지인용색인(KCI) 사이트에서 공공봉사동기를 검색하면, 모두 219편의 논문이 나온다.[4] 2011년까지는 11편에 불과했으나 2012~2016년 64편, 2017~2021년 121편으로 증가했다. 구글(Google) 학술검색에서 찾아보면,[5] 학술자료가 1991년 이전까지는 59건, 1992~1996년 70건, 1997~2001년 182건, 2002~2006년 458건에 불과했으나 그 이후에는 2007~2011년 1,940건, 2012~2016년 5,150건, 2017~2021년 10,800건으로 급속히 증가하고 있다.

그동안 공공봉사동기 연구의 세계적 확산에 나름 일조(一助)했다는 보람과 성취감을 느낀다. 2008~2015년 동안 행정학 분야 주요 9개 학술지(SSCI)에 게재된 공공봉사동기 관련 논문 106편을 분석한 연구에서 서울과기대는 덴마크 오르후스대학교(Aarhus University)와 함께 가장 많은 논문을 게재한 대학으로 언급됐다(Pandey et al., 2017: 319). 개인적으로는 오랜 기간(2000~2020년) 공공봉사동기에 대한 연구를 많이 한 비서방(non-Western) 학자라는 인정도 받았다(Mussagulova & Van der Wal, 2021; Van der Wal, 2015).

---

4) KCI(www.kci.go.kr) 검색창에 주제어로 'public service motivation'을 입력해 검색한 결과임(2022. 12. 23. 검색).

5) 구글 학술검색(scholar.google.co.kr) 검색창에 'public service motivation'을 입력하고 기간을 5년씩으로 설정해 검색한 결과임(2022. 4. 1. 검색).

진화생물학, 심리학, 사회학, 정치학 및 실험경제학의 최근 연구 성과를 보면, 우리 인간은 통상적으로 가정하는 것보다는 덜 이기적이고 더 협력적이라고 한다(Benkler, 2011). 또한 인간의 특성은 오랜 기간 유전자(gene)와 문화의 상호작용을 포함한 유전자-문화 공진화(共進化, coevolution)의 산물이라고 한다(Gintis, 2011). 즉, 유전적 영향과 문화적 영향의 결합을 통해 인류가 진화해 왔다고 볼 수 있다. 그렇다면, 인간이 본래적으로 갖고 있는 비이기적인 유전자를 기반으로 다양한 제도적 사회화를 통해 사회구성원들의 공공봉사동기를 함양하고, 이들이 넓은 의미의 행정에 적극적으로 참여하도록 유도하면 공공성과 타인지향성을 중시하는 사회문화가 형성돼 궁극적으로 유전자-문화 공진화를 통한 사회 발전이 이뤄질 것이라고 기대한다. 이러한 기대의 핵심에 바로 공공봉사동기가 있다.

# 참고 문헌

김상묵. (2003). "공공서비스동기와 내적 보상의 중요성에 대한 탐색적 연구." 「한국행정논집」, 15(4): 771-790.

_____. (2005). "공직 선택동기와 공무원의 행태." 「한국행정연구」, 14(2): 297-325.

_____. (2012). "유학사상과 공공봉사동기와의 관계." 「한국정책연구」, 12(2): 79-98.

_____. (2013). 「한국인의 공공봉사동기: 세계적 보편성과 한국적 특수성」. 서울: 집문당.

_____. (2014). "사회문화와 공공봉사동기: 문화권역별 공공봉사동기 수준 비교." 「한국정책과학학회보」, 18(4): 1-26.

_____. (2016). "공공성 및 공공봉사동기 증진을 위한 교육방안." 「한국공공관리학보」, 30(3): 181-204.

_____. (2018). "공공봉사동기 연구의 성과와 과제." 「정부학연구」, 24(3): 43-112.

_____. (2021). "중등교육이 공공봉사동기에 미치는 영향 분석." 「한국공공관리학보」, 35(4): 1-25.

김상묵·노종호. (2018). "공무원의 공공봉사동기와 인적자원관리." 「한국인사행정학회보」, 17(3): 145-174.

김영은·심동철·김상묵. (2018). "공공기관의 조직가치가 공공봉사동기와 업무 열의에 미치는 영향." 「한국행정학보」, 52(4): 55-85.

박천오·강제상·권경득·김상묵. (2001). "한국 여성공무원의 잠재적 생산성에 관한 실증적 연구: 공무원의 인식을 중심으로." 「한국정책학회보」, 10(3): 199-224.

이나미. (2013). "개화파의 공공성 논의: 공치(共治)와 공심(公心)을 중심으로." 「공공사회연구」, 3(1): 150-181.

정용덕. (2015). "문명 발전을 위한 국가 행정 제도화 시론: 공익 개념을 중심으로." 「행정논총」, 53(4): 105-132.

Alonso, P. & Lewis, G. B. (2001). "Public service motivation and job performance: Evidence from the federal sector." *American Review of Public Administration*, 31(4): 363-380.

Asseburg, J. & Homberg, F. (2020). "Public service motivation or sector rewards? Two studies on the determinants of sector attraction." *Review of Public Personnel Administration*, 40(1): 82-111.

Benkler, Y. (2011). "The unselfish gene." *Harvard Business Review*, 89(7-8): 76-85.

Bozeman, B. & Su, X. (2015). "Public service motivation concepts and theory: A critique." *Public Administration Review*, 75(5): 700-710.

Brewer, G. A. & Selden, S. C. (1998). "Whistle blowers in the federal civil service: New evidence of the public service ethic." *Journal of Public Administration Research and Theory*, 8(3): 413-440.

Chen, C. A., Chen, D. Y., Liao, Z. P., & Kuo, M. F. (2020). "Winnowing out high-PSM candidates: The adverse selection effect of competitive public service exams." *International Public Management Journal*, 23(4): 443-

464.

Christensen, R. K., Paarlberg, L., & Perry, J. L. (2017). "Public service motivation research: Lessons for practice." *Public Administration Review*, 77(4): 529–542.

Gans-Morse, J., Kalgin, A., Klimenko, A., Vorobyev, D., & Yakovlev, A. (2022). "Public service motivation as a predictor of corruption, dishonesty, and altruism." *Journal of Public Administration Research and Theory*, 32(2): 287–309.

George, B. & Pandey, S. K. (2017). "We know the Yin—But where is the Yang? Toward a balanced approach on common source bias in public administration scholarship." *Review of Public Personnel Administration*, 37(2): 245–270.

Gintis, H. (2011). "Gene–culture coevolution and the nature of human sociality." *Philosophical Transactions of the Royal Society B: Biological Sciences*, 366(1566): 878–888.

Gupta, R., Dash, S., Kakkar, S., & Yadav, R. (2021). "Construct validity of public service motivation in India: a comparison of two measures." *Evidence-based HRM*, 9(1): 47–62.

Huang, W. (2022). "Changes in public service motivation: Can public administration education help cultivate it?." *International Review of Administrative Sciences*, 88(4): 1176–1191.

Ki, N. (2021). "Public service motivation and government officials' willingness to learn in public sector benchmarking process." *Public Management Review*, 23(4): 610–632.

Kim, S. (2005). "Individual-level factors and organizational performance in government organizations." *Journal of Public Administration Research and Theory*, 15(2): 245–261.

_____. (2006). "Public service motivation and organizational citizenship behavior in Korea." *International Journal of Manpower*, 27(8): 722–740.

_____. (2009a). "Revising Perry's measurement scale of public service motivation." *American Review of Public Administration*, 39(2): 149–163.

_____. (2009b). "Testing the structure of public service motivation in Korea: A research note." *Journal of Public Administration Research and Theory*, 19(3): 839–851.

_____. (2011). "Testing a revised measure of public service motivation: Reflective versus formative specification." *Journal of Public Administration Research and Theory*, 21(3): 521–546.

_____. (2012). "Does person-organization fit matter in the public sector? Testing the mediating effect of person-

_____. organization fit in the relationship between public service motivation and work attitudes." *Public Administration Review*, 72(6): 830–840.

_____. (2016). "Job characteristics, public service motivation, and work performance in Korea." *Gestion et Management Public*, 5(1): 7–24.

_____. (2017a). "National culture and public service motivation: investigating the relationship using Hofstede's five cultural dimensions." *International Review of Administrative Sciences*, 83(1S): 23–40.

_____. (2017b). "Comparison of a multidimensional to a unidimensional measure of public service motivation: Predicting work attitudes." *International Journal of Public Administration*, 40(6): 504–515.

_____. (2017c). "Developing an item pool and testing measurement invariance for measuring public service motivation in Korea." *International Review of Public Administration*, 22(3): 231–244.

_____. (2018). "Public service motivation, organizational social capital, and knowledge sharing in the Korean public sector." *Public Performance & Management Review*, 41(1): 130–151.

_____. (2021). "Education and public service motivation: A longitudinal study of high school graduates." *Public Administration Review*, 81(2): 260–272.

_____. (2022). "Partial metric invariance of the international measure of public service motivation among twelve countries: A research note." *International Journal of Public Administration*, 45(15): 1103–1109.

Kim, S. & Vandenabeele, W. (2010). "A Strategy for building public service motivation research internationally." *Public Administration Review*, 70(5): 701–709.

Kim, S., Vandenabeele, W., Wright, B. E., Andersen, L. B., Cerase, F. P., Christensen, R. K., Desmarais, C., Koumenta, M., Leisink, P., Liu, B., Palidauskaite, J., Pedersen, L. H., Perry, J. L., Ritz, A., Taylor, J., & De Vivo, P. (2013). "Investigating the structure and meaning of public service motivation across populations: Developing an international instrument and addressing issues of measurement invariance." *Journal of Public Administration Research and Theory*, 23(1): 79–102.

Kim, S. H. & Kim, S. (2016a). "Social desirability bias in measuring public service motivation." *International Public Management Journal*, 19(3): 293–319.

_____. (2016b). "National culture and social desirability bias in measuring public service motivation." *Administration & Society*, 48(4): 444–476.

_____. (2017). "Ethnic differences in social desirability bias: Effects on the analysis of public service motivation."

Review of Public Personnel Administration, 37(4): 472–491.

_____. (2022). "The role of social norms on public service motivation and prosocial behavior: Moderating effect versus direct effect." International Journal of Public Administration, 45(16): 1122–1131.

Kim, T., Kim, K., & Kim, S. (2022a). "Institutional correlates of public service motivation: Family, religion, and high school education." Asia Pacific Journal of Public Administration. 44(3): 214–233.

_____. (2022b). "Undergraduate education in public administration and public service motivation: A quasi-experiment with the intervention of an introductory course." Teaching Public Administration. Online First.

Mikkelsen, K. S., Schuster, C., & Meyer-Sahling, J. (2020). "A cross-cultural basis for public service? Public service motivation measurement invariance in an original survey of 23,000 public servants in ten countries and four world regions." International Public Management Journal, 24(6): 739–761.

Mussagulova, A. & Van der Wal, Z. (2021). "All still quiet on the non-Western front?" Non-Western public service motivation scholarship: 2015–2020. Asia Pacific Journal of Public Administration, 43(1): 23–46.

Pandey, S. K., Pandey, S., Breslin, R., & Broadus, E. (2017). "Public service motivation research program: Key challenges and future Prospects." in J. Raadschelders & R. Stillman (eds.), Foundations of Public Administration, 314–332. Irvine: Melvin and Leigh.

Perry, J. L. (1996). "Measuring public service motivation: An assessment of construct reliability and validity." Journal of Public Administration Research and Theory, 6(1): 5–22.

_____. (2014) "The motivational bases of public service: foundations for a third wave of research." Asia Pacific Journal of Public Administration, 36(1): 34–47.

_____. (2021). "Public service motivation: Putting our intellectual capital to work." Journal of Public Affairs Education, 27(2): 123–125.

Perry, J. L. & Hondeghem, A. (eds.). (2008). Motivation in public management: The call of public service. Oxford: Oxford University Press.

Perry, J. L. & Wise, L. R. (1990). "The motivational bases of public service." Public Administration Review, 50(3): 367–373.

Reynolds, W. M. (1982). "Development of reliable and valid short forms of the Marlowe-Crowne social desirability scale." Journal of Clinical Psychology, 38(1): 119–125.

Ritz, A., Brewer, G. A., & Neumann, O. (2016). "Public service motivation: A systematic literature review and outlook."

*Public Administration Review*, 76(3): 414–426.

Shim, D. C., Park, H. H., Keum, J., & Kim, S. (2021). "Street-level bureaucrats' work engagement: Can public managers' servant-leader orientation make a difference?." *Public Personnel Management*, 50(3): 307–326.

Van der Wal, Z. (2015) "All quiet on the non-Western front?" A review of public service motivation scholarship in non-Western contexts, *Asia Pacific Journal of Public Administration*, 37(2): 69–86.

Weißmüller, K. S., De Waele, L., & van Witteloostuijn, A. (2022). "Public service motivation and prosocial rule-breaking: An international vignettes study in Belgium, Germany, and The Netherlands." *Review of Public Personnel Administration*, 42(2): 258–286.

Witesman, E. M. & Christensen, R. K. (2021). "Elevating public service motivation research and practice." *International Public Management Journal*, Online First.

김윤상

# 지공주의(地公主義): 제 평생의 연구 주제를 소개합니다

❖─── 이 글은 크게 두 부분 Ⅰ, Ⅱ와 부록으로 구성되어 있습니다. Ⅰ에서는 제 학문과 인생을 사랑방 이야기처럼 썼습니다. Ⅱ에서는 제가 평생 매달려 온 주제 '지공주의(地公主義)'가 단순한 토지 문제 해결책에 그치지 않고 더 큰 잠재력을 가지고 있다는 내용을 논문 비슷하게 썼습니다. 그러다 보니 Ⅰ에서는 경어체를, Ⅱ에서는 평서체를 사용했습니다.

저는 지공주의 사회가 되면 인류가 더 행복해질 것으로 믿습니다. 그런데 사회개혁은 이론, 운동, 정치의 세 박자가 맞아야 실현될 수 있습니다. 튼튼한 이론의 바탕 위에서 개혁의 목적과 수단을 많은 사람에게 전파해 동의를 얻고 결국 정치를 통해 실현해야 한다는 뜻입니다. 저는 세 박자 중에서 이론 분야가 직업이었으므로 딱딱한 논문체의 글을 주로 썼지만 연구 성과를 전문 학자가 아닌 일반인에게도 알리려고 노력했습니다. 그래서 『알기 쉬운 토지공개념』(2006)에는 삽화를 넣기도 하고, 『특권 없는 세상』(2013)과 『이상사회를 찾아서』(2017)에서는 주인공 네 명이 대화를 나누는 특이한 형식을 취하기도 했습니다. 또 같은 이유에서 언론 칼럼도 적지 않게 썼습니다. 제가 쓴 칼럼 중 이 책의 주제에 어울리는 두 편을 골라 부록으로 싣습니다.

# I. 나의 학문, 나의 인생

## 1 한국 학계는 미국 학문의 식민지?

저는 운이 좋은 사람입니다. 석사학위밖에 없던 제가 20대 후반 공군 중위로 전역한 이튿날 경북대 행정학과 교수가 되어 약 40년간 큰 탈 없이 재직하였습니다. 교수 재직 중인 1978년부터 4년간 하버드-옌칭 재단의 장학금으로 미국에 유학하여 도시계획학 박사학위를 받고 복직하였습니다. 교수 정년 후에도 임기 3년의 석좌교수로 학교 연구실에 더 머물면서 강의와 저술을 계속할 수 있었습니다. 이만하면 운이 좋지 않나요?

박사 과정 때는 '사회 정의' 등 가치 있는 주제를 택해서 학위 논문을 쓰고 싶었지만, 영어가 원어민보다 턱없이 부족한 저로서는 벅찬 일이었습니다. 그래서 도시 현상에 관한 수리모형을 계량분석 기법과 컴퓨터 시뮬레이션을 사용하여 분석하는 논문을 썼습니다. 당시는 행태주의 접근법이 유행하던 시기여서 실증적·계량적 연구가 적지 않았습니다.

계량분석이 장점도 있지만 일생의 연구 주제로 삼을 가치는 없다고 여겼습니다. 그래서 유학 후 경북대에 복직하면서 한동안 무엇을 연구할 것인지를 심각하게 고민하였습니다. 미국 사회과학계에서 관심을 끄는 현상은 미국이라는 상황에서 생긴 것으로, 우리나라 사회문제와는 관련성이 적었습니다. 제가 미국에서 하던 연구를 계속하면 우리 국민이 낸 세금과 우리 학생들이 낸 등록금으로 미국 학문의 식민지화에 일조할 뿐이라고 생각하였습니다.

귀국한 지 4년이 지난 1986년에 낸 첫 저서 『도시모형론』 서문에 이런 제 심정이 표현되어 있습니다.

> 이제는 도시모형 연구에서 멀어지고 싶다. 도시 현상의 수리적 표현인 도시모형이 사회과학계에 밀어닥친 계량화의 물결을 타고 학문이라는 이름의 과대 포장을 한 사치품처럼 생각될 때가 있으며 또 도시모형을 다루다 보면 우리 사회에 좀 더 절실한 본질적인 문제를 외면하고 얄팍한 숫자 놀음을 하고 있는 것이 아닌가 하는 걱정이 되기 때문이다(김윤상, 1986, 서문).

새로운 연구 주제를 모색하는 과정에서 "우리 사회에 좀 더 절실한 본질적인 문제"로 제게 다가온 것이 바로 토지 문제였습니다. 1960년대 후반 경부고속도로가 건설되면서 전국의 지가는 급속히 상승하였고 토지 투기가 극성을 부렸습니다. 1986년 아시안게임, 1988년 올림픽 등 굵직한 국제 행사에 대비하는 등 정부가 각종 개발과 정비에 박차를 가하자 사정은 더욱 심각해졌습니다. 토지 불로소득에 의한 불평등이 심해졌고, 뛰어오른 전세금을 마련하지 못해 가족이 동반 자살하는 비참한 일까지 벌어졌습니다.

지난 수십 년 동안 부동산은 교육과 더불어 불평등의 최대 원인이었고 지금도 그렇습니다. 온 국민이 부동산 투기에 시달리면서 동시에 매달리고 있습니다. 근년에 토지주택공사(LH) 직원이 내부 정보를 이용하여 토지 투기를 했다는 사실이 알려지자 온 국민이 분노했지만 '나도 그렇게 돈 벌고 싶다'는 욕망이 분노를 자극한 것도 사실입니다.

## ② 헨리 조지 연구를 시작하다

토지문제에 관한 여러 문헌을 접하면서 19세기 미국의 토지개혁가 헨리 조지(Henry George, 1839~1897)가 저와 비슷한 생각을 했다는 사실을 알게 되었습니다. 이 무렵 대천덕(Archer Torrey, 1918~2002) 성공회 신부가 펴낸 『토지와 자유: 성서의 경제원리』라는 책을 우연히 보았습니다. 대천덕 신부는 강원도 태백에서 예수원을 운영하는 미국인으로서 헨리 조지 사상을 적극적으로 전파해 온 분입니다. 이 책을 통해 알게 된 미국의 샬켄백재단(Robert Schalkenbach Foundation)에서 헨리 조지 관련 서적을 구입하여 본격적인 연구를 시작하였습니다.

이런 과정을 거치면서 1986년에 토지문제에 관한 첫 논문 "토지사유제와 지대조세제"를, 이듬해에 둘째 논문 "토지가치 귀속 정책"을 발표하게 되었습니다. 1989년에는 헨리 조지의 명저 『진보와 빈곤(Progress and Poverty)』의 축약본을 번역하여 출판하였습니다. 1991년에는 토지문제에 관한 첫 저서인 『토지정책론』을 출판했고, 1997년에는 『진보와 빈곤』 완역본을 냈습니다. 제 연구는 학계에서 주목받지 못하였습니다. 학술지에 논문을 투고하면 비판적인 반응이 많았고, 어떤 심사자는 "단상(斷想)에 불과"하다면서 게재 거부 판정을 내리기도 하였습니다. 정부, 언론, 경제계 쪽에서도 별다른 반응이 없었습니다.

그런데 노무현 정부 시절 서울 강남지역을 기점으로 하여 집값이 치솟고 정부에서 강력한 대책을 마련하면서 사정이 약간 달라졌습니다. 부동산 대책을 둘러싸고 벌어진 뜨거운 논쟁 속에서 "부동산 정책의 배경에 헨리 조지가 있다"는 언론 보도가 나오자 다소간 세간의 주목을 받았습니다. 이런 보도는 경북대 이정우 교수가 당시 청와대 초대 정책실장을 맡았기 때문일 것입니다. 이정우 교수는 필자와 전강수 교수(대구가톨릭대, 경제학) 등 대구지역 학자들과 함께 '헨리 조지 연구회'를 만들어 매달 학술 모임을 가졌었습니다. 이 모임은 그 후에도 오랜 기간 지속되었습니다.

제가 경북대에 몸담은 지 33년이 되는 2009년에는 『지공주의: 새로운 토지 패러다임』을 출간했습니다. 2009년은 제가 회갑을 맞은 해로서 정년퇴임을 의식하지 않을 수 없는 시점이기도 하였습니다. 그래서 그동안의 연구 성과를 망라하여 하나의 체계 속에 담아 보려고 하였습니다. 지공주의(地公主義)란 헨리 조지 사상을 제 나름으로 표현한 용어이며, "토지를 비롯한 자연은 우리 모두의 것"이라는 뜻입니다.

## 3 토지 원리

이 저서의 핵심을 다음과 같은 '토지 원리'로 정리할 수 있습니다.

---

**토지 원리**

① (평등한 토지권) 모든 국민은 토지에 대해서 평등한 권리를 가진다.
② (합의에 의한 우선권 인정) 사회적 필요성이 있으면 합의에 의해 특정인에게 우선권을 인정할 수 있다.
③ (우선권 인정의 조건) 특정인에게 우선권을 인정하려면 다음 조건을 충족시켜야 한다.
　㉮ (취득 기회 균등) 모든 사람에게 우선권 취득 기회를 균등하게 보장한다.
　㉯ (특별이익 환수) 우선권에서 발생하는 특별이익을 환수한다.
　㉰ (사회적 제약) 우선권 행사는 우선권을 인정하는 취지에 부합해야 한다.

---

토지 원리 중 우리 사회에서 심하게 무시되는 것이 ③의 ㉯ (특별이익 환수)입니다. 토지에서 생기는 불로소득을 제대로 환수하지 않는다는 것입니다. 토지 불로소득의 사유화를 허용하면 분배 정의와 경제 효율을 해칩니다. 반면, 토지 불로소득을 환수하면 부동산 생태계가 완전경쟁 토지시장에 가깝게 건강해집니다.

토지 불로소득 환수를 위해서는 매년 지대를 보유세 방식으로 징수하는 세금인

'지대세'가 이상적인 수단입니다. 지대를 징수하는 토지보유세가 가장 '시장친화적'인 세금이라는 사실은 시장경제 이론의 태두인 애덤 스미스(Adam Smith)도, 신자유주의의 이론적 지주인 밀턴 프리드먼(Miton Friedman)도 인정하였습니다.

## 4 지대 환수를 위한 현실적 전략

이상적인 제도라고 해도 현실에 도입할 때는 변화에 따른 충격이나 부작용을 고려하여야 합니다. 세율 100%의 지대세를 징수하면 토지 매매가격인 지가는 이론상 0이 됩니다. 그래서 지대세를 단기간에 도입하면 지가가 곤두박질치면서 경제에 충격을 줄 수 있습니다. 금융기관이 대출 담보로 부동산을 많이 활용해 온 사회에서 부동산 가격이 급락하면 대출금을 회수하기 어려워집니다. 2008년 미국발 금융 위기에서 보았듯이 일부 금융기관이 파산하면 급기야 실물경제 전체로 파급되어 경제 위기를 초래할 수 있습니다. 또한 사유재산권 침해 등 위헌 시비와 함께 조세 저항에 부딪힐 가능성도 있습니다. 그래서 이런 문제에 대처할 수 있는 현실적인 도입 전략도 마련하여야 합니다.

제가 원하는 전략은 '이자 공제형 전략'입니다. 지대를 전부 환수하지 않고 매입 지가에 대한 이자를 공제한 나머지, 즉 지대와 이자의 차액만 환수하자는 것입니다. 토지 불로소득은 토지 매매 차액과 지대-이자 차액의 합입니다. 이 중에서 지대-이자 차액만 징수해도 토지 불로소득을 모두 환수할 수 있습니다. 지대-이자 차액을 징수하면 토지 소유로 인한 이익은 매입 지가에 대한 이자뿐이므로, 토지소유권의 가격은 그 이자에 대한 원금인 매입 지가로 고정됩니다. 이처럼 매매가격이 변하지 않으면 매매 차액은 저절로 0이 됩니다. 이러한 세금을 저는 '지대이자 차액세' 또는 '이자 공제형 지대세'라고도 부릅니다.

이자 공제형 지대세를 징수하면 매입지가 상당액을 저축하여 이자 소득을 얻거나 토지를 매입하여 지대 소득을 얻고 세금을 내거나 수익이 같습니다. 만일 토지를 제대로 활용하지 않아 지대 소득이 과세 당국의 지대 평가액에 미치지 못하면 그 차액만큼 오히려 손해를 보게 됩니다. 따라서 부동산 투기를 할 이유가 없어지고 부동산 투기가 '즉시 그리고 완전히' 사라집니다. 토지시장에서 투기적 가수요가 사라지면 완전경쟁시장에서처럼 실수요만 존재하게 됩니다. 또한, 토지 매매가격이 하락하지 않으므로 일시에 도입하더라도 경제적 충격을 유발하지 않고 재산권 침해라는 시비도 생기지 않습니다.

이자 공제형 지대세로 지대를 환수하는 비율, 즉 '지대 환수율'은 미래의 지대 상승률에 따라 달라집니다. 실시 초기의 기준 연도에 지대와 이자가 동일한 금액이며 그 이후에 이자율이 변하지 않는다고 가정하고, 지대 환수율을 계산한 결과는 〈표 1〉과 같습니다.

〈표 1〉 지대 환수율 추이(%)

| 지대 상승률 \ 시간 | 기준년 | 10년 | 20년 | 30년 | 40년 | 50년 |
|---|---|---|---|---|---|---|
| 1% / 연 | 0 | 9 | 18 | 26 | 33 | 39 |
| 2% / 연 | 0 | 18 | 33 | 45 | 55 | 63 |
| 3% / 연 | 0 | 26 | 45 | 59 | 69 | 77 |
| 4% / 연 | 0 | 32 | 54 | 69 | 79 | 86 |
| 5% / 연 | 0 | 39 | 62 | 77 | 86 | 91 |

〈표 1〉에서 보듯이 지대 환수율은 미래의 지대 상승률이 높을수록 커집니다. 예를 들어, 연간 지대 상승률이 1%, 3%, 5%라고 하면 50년 후에는 지대 환수율이 각각 39%, 77%, 91%가 됩니다. [그림 1]은 지대 상승률이 연 3%인 경우에 50년간 지대 환수율 추이를 나타낸 것입니다.

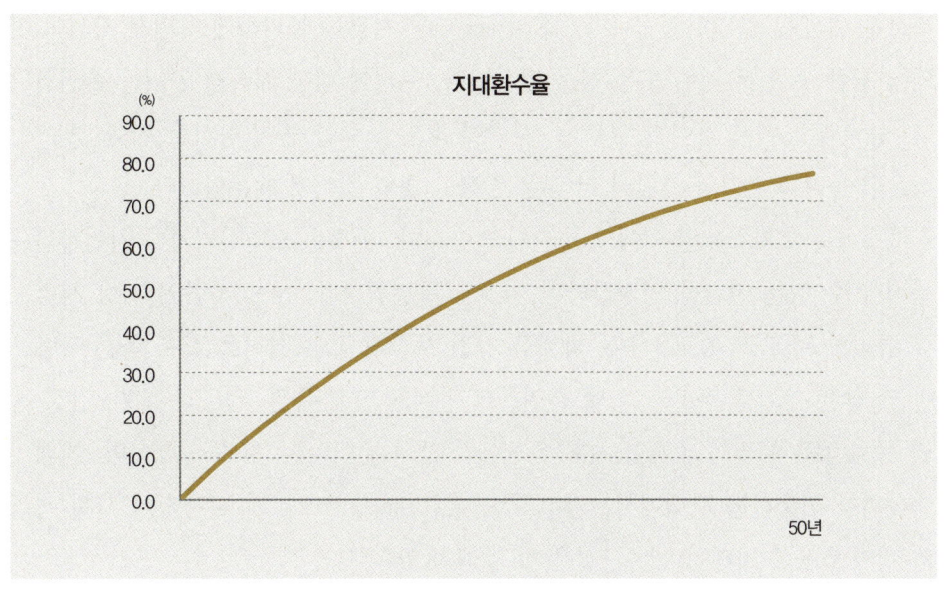

[그림 1] 50년간 지대 환수율 추이(지대 상승률이 연 3%인 경우)

지대 환수율이 80%에 도달하는 기간을 계산해 보면 연간 지대 상승률이 1%, 3%, 5%일 때 각각 162년, 55년, 33년이 됩니다. 이처럼 지대 환수율이 높아지는 데 상당한 시간이 걸릴 가능성이 큰 상황에서 완전한 지대세로 나아가려면 2단계 전략이 필요합니다. 우선 제1단계로 이자 공제형 지대세를 도입하여 토지보유세의 우수성에 대하여 국민의 이해를 높이고, 제2단계로 공제액을 점차 줄여 나가서 결국 지대 환수율을 100%에 가깝게 만드는 전략이 좋다고 봅니다.

## 5 지공주의, 특권 없는 세상, 좌도우기(左道右器)

『지공주의: 새로운 토지 패러다임』(2009)을 출간한 후에는 토지문제에서 특권문제로 연구 범위를 넓혔고, 그 결과 2013년에『특권 없는 세상: 헨리 조지 사상의 새로운 해석』을 출간하였습니다. 특권이란 다른 사람을 불리하게 하면서 자신이 이익을 취할 수 있는 지위 또는 힘을 말합니다. 토지에 대한 배타적 권리는 특권입니다. 능력과 운에서 차이가 없는 두 사람이 같은 노력을 들여 농사를 지을 경우에, 비옥한 농지를 차지한 사람이 더 많은 수확을 올릴 것이기 때문입니다.

세상에는 토지소유권 외에도 특권이 많습니다. 환경을 오염시키거나 천연자원을 독점할 수 있는 권리를 인정한다면 이것도 특권입니다. 서울 사람이 지방 사람보다 유리한 '수도권 특권', 좋은 학벌을 가진 사람이 같은 실력을 갖춘 다른 사람보다 더 좋은 기회를 누리는 '학벌 특권', 그 밖에도 남성 특권, 정규직 특권, 갑질 특권 등 수많은 특권이 존재합니다. 특권에서 생기는 이익은 '지대(rent)'이며, 지대의 사유화를 허용하는 사회에서는 '지대추구행위(rent-seeking)'가 발생하여 사회 정의와 경제 효율을 저해한다는 사실은 잘 알려져 있습니다.

2017년에는 『이상사회를 찾아서: 좌도우기의 길』을 출간하였습니다. 지공주의가 이론상 아무리 좋다고 해도 정치 과정을 통하여 현실에서 채택되지 않으면 소용이 없습니다. 그래서 이 책에서는 주민이 민주적 방식으로 좋은 사회제도에 합의할 수 있을지를 점검해 보았습니다. 이해관계가 엇갈리는 주민들이 각자 자신에게 유리한 제도를 추구하는 우리 현실에서는 이런 합의가 불가능하다는 것이 종래의 통념입니다. 그러나 저는 주민을 제대로 대표하는 정치제도만 있으면 가능하다는 희망적인 결론을 얻을 수 있었습니다. 이런 결론에 실은 저 자신도 좀 놀랐습니다.

지공주의는 진정한 시장경제의 초석인데도, 일부에서는 토지 국유화나 사회주의를 연상하면서 좌파 사상이라고 비판하기도 합니다. 단순한 오해일 수도 있고, 우리나라 기득권층의 나쁜 버릇일 수도 있습니다. 지공주의는 우파의 방법으로 좌파의 가치를 달성하는 사상입니다. 우파가 소중히 여기는 시장경제를 '원론에 충실하게' 구현하면 좌파의 가치인 평등과 사회연대를 이룩할 수 있다는 뜻입니다. 그런 의미에서 저는 지공주의를 '좌도우기론(左道右器論)'이라고 합니다. 세상을 지배해 온 두 체제인 자본주의, 사회주의와 지공주의를 대비하면 〈표 2〉와 같습니다.

〈표 2〉 세 체제의 비교

| 체제 | 토지 | 자본 |
|---|---|---|
| 현실 자본주의 | 사유 | 사유 |
| 지공주의 | 공유 | 사유 |
| 사회주의 | 공유 | 공유 |

 이렇게 분류하면 지공주의와 자본주의가 서로 다른 체제인 것처럼 보일 수 있지만, 자본주의의 핵심인 시장경제를 원론대로 구현하면 바로 지공주의가 됩니다.

## 6 개혁은 소수의 꿈에서 시작한다

 고정관념과 이해관계로 얼룩진 현실에서 지공주의가 수용되기 어렵다는 사실을 잘 압니다. 생소하기 때문에 생기는 오해도 많고 기득권층에게 불리하기 때문에 생기는 저항도 많습니다. 그러나 역사상 모든 개혁은 소수의 꿈에서 시작되었고, 꿈을 포기하면 결국 아무 개혁도 이룰 수 없었을 것입니다. 그래서 저도 포기하지 않습니다. 마치 중생이 빠짐없이 부처가 된다든지 하나님 나라가 이 땅에 이루어지는 것이 현실적으로 불가능하다는 것을 알더라도 그렇게 되도록 노력하지 않을 수 없는 것과 같습니다. 애쓰는 그 자체만으로 아름다운 일이고, 세상이 조금이라도 그런 방향으로 변화한다면 보람도 느낄 수 있지 않겠습니까?
 눈앞의 현실에서는 이성의 영향력이 비록 미약해 보여도 역사는 결국 그 방향으로 나아갈 것이라고 믿습니다. 200년 전에 노예제도가 철폐될 것이라고 누가 예견했겠습니까? 100년 전에 남녀가 동등하게 투표권을 행사할 것이라고 누가 내다보았겠습니까? 더구나 최근에는 학계만이 아니라 정치권에서도 지공주의를 지지하는 움직임이 생겨나고 있습니다.

헨리 조지는 『진보와 빈곤』에서 "다른 사람도 같은 별을 본다는 사실을 알 때 더 확신을 가지고 별을 보게 된다"고 하였습니다. 저의 연구를 통하여 같은 별을 보는 사람이 몇 명이라도 더 나타난다면, 아무도 알아 주지 않는 가운데 묵묵히 연구해 온 학자로서 보람 있는 일이 아닐 수 없습니다.

## II. 지공주의의 잠재력: 화합과 평화의 초석

❖──── 여기에서는 지공주의가 단순한 '토지'정책에 국한되지 않고 더 다양한 대상에 적용할 수 있고, 나아가 세상의 화합과 평화를 이룩하는 초석이 된다는 사실을 보이려고 한다. 제2부의 내용을 요약하면 다음과 같다.

= 지공주의는 토지만이 아니라 천연자원·환경 등 자연 전체 그리고 특혜와 차별을 낳는 특권에까지 확대 적용할 수 있다.
= 지공주의는 우리 사회의 보수·진보 진영 간 갈등을 해소하는 수단이 될 수 있다.
= 지공주의는 자본주의와 사회주의를 지양하는 제3의 이념이 될 수 있다.
= 지공주의는 영토·환경 등에 관한 국제 분쟁을 방지해 인류 평화에 기여할 수 있다.

### 1 토지, 천연자원, 환경, 특권

지공주의는 토지만이 아니라 자연 전체 그리고 특권에까지 확대 적용할 수 있다. 먼저, 토지에서 자연 전체로 확대하는 데 대해 설명해 보자. 자연은 다음과 같은 세 가지 종류로 나눠 볼 수 있다.

첫째, 넓은 의미의 토지가 있다. 여기에는 흙으로 덮인 지구의 표면이라는 좁은 의미의 토지 이외에 토지처럼 위치와 존재량이 고정된 자연이 포함된다. 고정된 자연에 대한 사용 수요가 늘어나면 혼잡이 발생하고 그에 따라 지대가 발생한다. 오늘날 혼잡이 발생하는 새로운 예로는 전파 대역, 위성 궤도 등을 들 수 있다. 전파 대역은 라디오, 텔레비전, 이동통신 등의 전파를 실어 나르는 통로이기 때문에 오늘날 수요가 급속히 늘어나고 있어 특히 주목된다. 이런 종류의 자연을 특정인이 단독으로 사용하면 타인을 배제하는 결과가 생긴다는 점에서 토지와 공통된다.

둘째, 토지 이외의 천연자원이 있다. 예를 들면 광물, 석유, 천연 동식물, 오존층 등이다. 이 종류의 공통성은 특정인의 사용이 같은 시대의 타인을 배제한다는 점 이외에, 현세대가 사용하면 존재량이 줄어들기 때문에 후손도 배제한다는 점이다. 따라서 환수액은 현세대를 배제하는 대가인 지대 이외에 고갈 피해액과 자원 대체 비용처럼 후손에 미치는 피해도 포함돼야 한다. 오존층 파괴는 아래에서 언급하는 환경오염의 하나이기도 하지만 고갈될 뿐 회복이 되지 않는다는 점에서 천연자원에 포함시켜도 좋을 것이다.

셋째, 공기, 물 등 오염 대상으로서의 환경이 있다. 이 종류의 공통성은 특정인의 사용이 천연자원처럼 같은 시대의 타인을 배제할 뿐 아니라 오염으로 인해 후손에게도 피해를 주고 원상회복에 비용이 든다는 점이다. 따라서 환수의 대상은 지대 이외에 오염 피해액과 환경 회복 비용이 된다.

〈표 3〉 토지, 천연자원, 환경의 비교

| 대상 | 사용 결과 | 형평 비교 대상 | 환수액의 내용 |
|---|---|---|---|
| 토지 | 배제 | 타인 | 지대 |
| 천연자원 | 배제+고갈 | 타인+후손 | 지대 + 고갈 피해액, 자원 대체 비용 |
| 환경 | 배제+오염 | 타인+후손 | 지대 + 오염 피해액, 환경 회복 비용 |

토지, 천연자원, 환경을 비교하면 앞의 〈표 3〉과 같다.

자연에 지공주의 원리를 적용하는 것은 새삼스러운 일이 아니다. 이미 우리 현실에 여러 사례가 존재한다. 이동통신에 사용되는 주파수를 경매하고 있으며, 천연자원을 국유로 하고 환경오염자에게 부담금을 물리고 있다. 다만, 토지는 주파수와 달리 과거에 어떤 식으로든—최초에는 대부분 떳떳하지 못한 방식으로—사유화가 이뤄져서 기득권층이 존재한다는 차이가 있을 뿐이다.

또한, 지공주의는 더 나아가 특권이익, 즉 지대(地代, rent)의 공유로 확장될 수 있다. 오늘날 지대라는 용어는 토지의 임대가치보다 더 넓은 의미로 사용된다. 공급이 제한되거나 비탄력적인 생산 요소로부터 공급자가 기회비용 이상으로 얻는 추가 소득을 경제 지대 또는 간단히 지대라고 한다. 지대는 사회의 총생산을 증가시키지 않으면서 공급자에게 돌아가는 이익이므로, 누군가 지대를 차지하면 다른 누군가는 생산의 대가가 줄어든다. 또 지대는 생산의 대가가 아니므로 개인에게 귀속시키지 않더라도 경제 효율에 지장이 없다. 오히려 지대의 사유를 허용하면 지대를 얻기 위한 '지대추구행위(rent-seeking)'가 발생해 그 경쟁 비용만큼 사회적 낭비가 초래된다.

토지 지대는 경제 지대의 대표적인 사례이므로 토지 지대를 이해하면 경제 지대를 이해하기 쉽다. 토지사유제 사회에서는 토지소유자가 지대를 수취하지만, 그 지대는 다른 사람의 생산적 노력의 결과를 이전받는 것에 불과하다. 지대가 누구에게 귀속되든 토지의 최적 용도에는 변함이 없으며, 지대 사유화를 방치하면 오히려 소득 불평등, 경제 비효율을 야기하고 투기로 인한 사회비용이 발생한다.

필자는 지대를 수취할 수 있는 자격을 '특권'이라고 부르고, 특권에서 발생하는 이익을 '특권이익'이라고 부른다. 특권이 존재하면 특권자는 특혜를 얻고, 비특권자는 차별을 받게 된다. 하지만 사회에는 부득이 공인하는 특권이 있다. 토지소유권, 탄소배출권 등이 대표적인 예이고, 일부 면허도 공급이 제약된 상황에서는 특권이 돼 지대가 발생한다. 이런 제도가 필요하다고 국민이 합의하면 특권이익, 즉 지대를 환수해서 공평하게 처리해야 한다. 또 현실에서는 부당한 특권도 많다. 예를 들면, 남성 특권, 학벌 특권, 정규직 특권 등이 있다. 이런 특권은 물론 없애야 하지만, 완전히 소멸되기 전에는 그 이익이라도 징수해야 한다.

## 2 좌도우기(左道右器)

지공주의는 진보 진영과 보수 진영이 서로를 이해하고 연합하는 매개 고리가 될 수 있다. 현실의 진보 진영과 보수 진영의 지향을 〈표 4〉와 같이 분류할 수 있다.

〈표 4〉 진보/보수 진영의 지향

| 태도 \ 진영 | 진보<br>(좌파) | 보수<br>(우파) |
|---|---|---|
| 공존 | A 평등, 사회연대, 복지 | B 자유, 개인 책임, 시장 |
| 이기 | C 무임승차, 타인 의존 | D 승자 독식, 기득권 유지 |

〈표 4〉에서 A, B, C, D는 각기 해당 지향을 공유하는 집단을 의미한다. A와 B는 상대방과의 공존을 전제하면서 자신의 지향에 합리적인 근거를 제시하는 집단이다. 그중 A는 평등을 중시하면서 따뜻한 공존을 지향한다. 사회 속에서 개인의 선택폭은 너무 좁기 때문에 개인 책임보다는 사회연대가 더 중요하다고 본다. 시장은 사회계층을 양극화하는 부작용을 가지고 있으므로 정부가 적극 개입해 불평등을 줄이고 높은 수준의 복지를 구현해야 한다고 믿는다. 반면 B는 자유를 중시하면서 차가운 공존을 지향한다. 개인은 각자 자신의 자유로운 선택에 따라 인생을 스스로 책임져야 한다고 본다. 시장 작용에 대한 기대가 크고, 시장에 결함이 있다고 해도 정부의 결함보다는 덜하다고 믿는다.

공존을 전제하는 집단인 A, B와는 달리 C, D는 타인에게 손해를 끼치더라도 자신에게 유리한 것을 추구하는 이기적 집단이다. C는 스스로 노력하기보다는 공짜를 바라면서 남에게 기대려고 한다. D는 경쟁을 통해 획득한 것은 승자가 독차지하는 것이 당연하다고 여기며, 일단 자신에게 유리하게 형성된 사회구조는 선악을 불문하고 지키려고 한다. 대체로 C는 사회적 약자, D는 사회적 강자로 구성된다.

이기적 집단인 C, D를 대변하는 정당보다는 공존적 집단인 A, B를 대변하는 정당이 집권하는 것이 사회를 위해 바람직하다. 우리 현실에서는 네 집단 중 B의 비율이 제일 높을 것으로 추정되지만, 그래도 B 단독으로는 집권이 어려울 수 있기 때문에 다른 집단과 연합을 모색하는 것이 보통이다. B가 고려할 수 있는 연합 대상은 A 또는 D다. 그런데 A와는 세계관이 너무 달라서 연합이 어렵다고 생각할 뿐 아니라, 사회적 강자로 구성된 D와 연합하면 현실적으로 이득이 된다는 정치공학적 계산도 하게 된다. D 역시 평등을 강조하는 A는 자신의 이익에 위협이 되므로 자유를 지향하는 B를 지원하는 것이 기득권 유지에 도움이 될 것으로 판단한다. 그래서 보수 진영은 B+D 연합을 구성하면서 겉으로는 B를 표방한다. 한편 C는 복지를 강조하는 A가 자신에게 이익이 되므로 A를 지지하게 되고 A도 B+D 연합에 대항하기 위해서 A+C 연합을 택하게 된다. 이렇게 양분된 진영은 서로 상대의 이기적인 측면만을 부각시키면서 비난한다.

필자는 이런 상황을 이렇게 묘사한 바 있다.

> 진정한 이념은 인간에 대한 사랑에서 나온다. 그러므로 이념을 주창한 사람이나 깊이 있는 동조자는 입장이 다르더라도 서로 통하기 마련이다. 그러나 이해관계와 정서로 뭉친 현실의 이념사단(理念師團)은 상대방을 존중하지 않는다. 진보의 입장에서 보는 현실의 보수는, 이상사회를 향해 진지하게 고민하지 않는 속물이며 부당한 기득권을 누리면서 추호도 양보하지 않는 이기집단이다. 반면 보수의 입장에서 보는 현실의 진보는, 물정도 모르면서 설치는 하룻강아지이며 '사회 정의'라는 이상한 깃발을 들고 떼를 쓰는 집단이다. 그러다 보면 인간에 대한 사랑은 사라지고 혐오만 남는다(김윤상, 2009: 21-22).

지각 있는 국민은 이런 파괴적 갈등에 진저리를 친다. 정치적 득실에 바탕을 둔 진영 논리를 넘어 좀 더 나은 사회로 나아갈 수는 없을까?

지공주의가 그 가능성을 열어 준다. 우리 현실에서 진보와 보수 간의 갈등은 남북한 관련 안보문제 그리고 빈곤 대책으로서의 복지문제에서 두드러진다. 안보 갈등은 한국전쟁이라는 쓰라린 경험이 깔려 있기 때문에 이성적 해결이 어렵다. 한·일 문제의 이성적 해결이 어려운 것과 비슷하다. 그러나 이런 갈등은 남북이 통일되거나 갈등이 대폭 해소되면 거의 사라지게 된다는 점에서 본질적 갈등이라고 볼 수 없다. 반면, 복지정책과 시장경제는 논리적으로 양립할 수 없다는 견해가 자본주의 사회의 큰 흐름을 형성하고 있기 때문에, 시장경제를 유지하는 한 복지 갈등은 근본적인 성격을 갖고 있는 것으로 보인다. 하지만 지공주의를 매개로 하면 이 문제를 풀어낼 수 있다.

시장경제를 중시하는 보수 진영에서는, 복지는 정의롭지 못한 재분배 정책이라는 시각을 가지고 있다. 복지는 개미의 돈으로 베짱이를 먹여 살리는 일이라고 여긴다는 것이다. 그래서 '복지 포퓰리즘'이라는 비판이 흔히 나온다. 그런데 지대 공유는 시장친화적이며 환수한 지대에 대해서는 모든 국민이 균등한 지분을 가진다. 국민이 균등한 지분을 가지는 지대를 재원으로 활용하면 누구나 자기 돈으로 자기 삶을 보장하는 복지제도, 재분배 없는 복지제도를 만들 수 있다. 이러한 복지제도 설계의 한 예를 이 글의 끝에서 제시한다.

여기에서 '재분배'라는 용어에 대해 해명해 둘 필요가 있다. 재분배는 시장에 의해 형성된 분배를 변경하는 (주로 정부의) 조치를 말한다. 시장경제 신봉자들이 재분배를 달가워하지 않는 이유는 시장이 자원을 효율적으로 배분한다는 믿음이 있기 때문이다. 하지만 현실의 복지제도와는 달리 지대에 대한 각자의 지분으로 각자의 삶을 보장하는 복지제도라면 재분배라는 비판이 성립될 수 없다.

필자는 좌파인 A가 추구하는 가치를 우파인 B가 원하는 방식으로 달성하는 접근을 '좌도우기(左道右器)'라고 표현한다. 우파가 동의하는 시장이라는 배를 타고 좌파가 지향하는 목적지로 항해하는 셈이다. 좌도우기 세상에서는 보수·진보 진영이 시장이 우선이냐 복지가 우선이냐를 놓고 싸울 이유가 없어진다. B가 지지하는 시장친화적 방식으로 A가 추구하는 복지정책을 이뤄낼 수 있기 때문이다. A+B 연합을 통해 평화롭고 건강한 사회로 나아갈 수 있다.

## ③ 지공주의는 제3의 이념

지공주의는 자본주의와 사회주의의 단점을 지양하는 제3의 이념이다. 자본주의는 토지와 자본의 사유를 원칙으로 하고 사회주의는 양자의 공유를 원칙으로 하지만 이는 모두 인간의 상식에 어긋난다. 자본주의가 토지 사유를 인정하는 것은 자본주의 원리에 부합하기 때문이 아니라 어쩔 수 없이 현실을 수용한 것이다. 이러한 자본주의 체제에서는 토지의 사유로 인한 빈부 격차, 토지 투기 등의 문제가 그칠 수 없다. 반면 사회주의는 자본을 사회화하는데 이것은 인간의 본성을 외면하는 지나친 이상주의다. 자본의 사유화를 막는다면 자기중심적인 대부분의 인간은 자본을 생산하려고 하지 않을 것이므로 경제에 지장이 된다.

반면 지공주의는 자본의 사유와 토지의 공유를 바탕으로 한다. 즉, 노력에 의해 생산한 인공물에 대해서는 생산자의 사유를 인정해 효율성을 달성하고, 노력과 무관하게 천부된 토지 등의 자연물은 사유의 대상에서 제외함으로써 형평성을 달성하자는 것이다. 오해의 소지를 없애기 위해 덧붙이자면, 토지를 사유 대상에서 제외한다고 해서 토지의 배타적 단독 사용을 금지하는 것은 아니다.

우리나라는 아직도 남북이 분단된 채 각기 자본주의와 사회주의를 기본 체제로 삼으면서 대립하고 있다. 또 남북한은 모두 통일을 바라고 있으면서도 통일 후에도 각기 자기 체제를 고수하는 것을 당연시하고 있다. 그런데 지공주의는 현실의 자본주의보다 더 사유재산제와 시장경제에 충실한 이념이다. 또 자본주의에 대한 반작용으로 사회주의가 등장했지만, 시장경제를 무시함으로써 생긴 비능률로 인해 현재 거의 모든 사회주의 국가가 실제로는 시장경제로 돌아서고 있는 실정이다. 남북한이 서로 마음을 열고 제3의 체제에 진지한 관심을 가진다면 이상적인 절충안인 지공주의에 합의할 수 있을 것이다.

지공주의는 대립하는 두 이념의 어정쩡한 절충안이 아니다. 자본주의를 견제하는 역할을 해 온 사회주의가 퇴조해 버림으로써 자본주의의 병폐인 불평등이 더욱 심해지고 있는 현시점에 이와 같은 제3의 이념은 주목 대상이 된다.

## 4 지공주의와 세계 평화

지공주의는 영토 등 자연을 차지하기 위해 벌이는 국가 간 갈등을 방지해 세계 평화에 기여할 수 있다. 사람들이 생존 극대화를 위해 토지를 탐내듯이 국제적인 영토 분쟁도 마찬가지 이유에서 발생한다. 영토가 넓을수록 그리고 부존자원이 많을수록 잠재적인 국부(國富)가 늘어나기 때문에 나라마다 기회가 있으면 더 많은 땅을 취하려고 한다. 더구나 요즘에는 해양과 해저를 이용하고 개발하는 기술이 발달하면서 그에 대한 국제 경쟁도 치열하다. 독도 영유권을 놓고 한·일 간에 양보 없는 대결을 보이는 이유도 근본적으로는 이것이다. 앞으로는 우주공간을 선점하려는 경쟁도 점점 치열해질 것이다.

이로 인한 국제적 갈등을 막으려면 지대조세제를 세계 전체에 실시하면 된다. 이 제도가 실시되면 모든 나라는 실수요 목적이 아닌 자연(토지만이 아니라, 해양, 자원, 위성 궤도, 주파수, 우주공간 등까지)을 취득하려고 하지 않을 것이고, 현재 기득권을 가지고 있는 자연 중에서도 실수요와 무관한 부분은 포기하려고 할 것이다. 사용하지 않을 자연을 소유하면 공연히 그만큼 지대를 더 납부해야 하기 때문이다. 석유 등 천연자원을 확보하기 위한 중동전쟁 같은 일도 발생하지 않는다. 석유의 가치만큼 지대를 더 내야 하므로 천연자원이 풍부하다고 해서 유리해지는 경우는 없기 때문이다. 남북극 관할권을 놓고 신경전을 벌이지도 않을 것이고 무리하게 우주 개발을 서두르지도 않을 것이다.

또한 앞에서도 지적했듯이, 환경오염은 인류 공동의 삶의 조건인 환경을 훼손해 타인의 사용을 배제하는 행위다. 환경오염국이 〈표 3〉에서 제시한 대로 '지대 + 오염 피해액 + 환경 회복 비용'을 부담하게 되면 국제적 환경오염이 많이 사라지게 된다. 예를 들어, 중국 경제가 급속하게 성장하면서 우리나라에까지 미세먼지 피해를 주고 있는데, 이런 제도가 확립된다면 중국은 자국의 경제적 이익을 위해서도 환경오염을 자제할 것이다. 지구온난화 방지를 위해 이산화탄소 배출량을 줄이자는 국제연합 기후변화협약도 이런 취지를 갖고 있기는 하지만 가장 최근의 성과인 1997년 교토 의정서도 아직 이 수준에 훨씬 못 미친다. 아니, 오히려 배출권거래제를 도입해 환경오염권을 사유화함으로써 국제적인 오염권 투기를 야기할 수 있다는 점에서 염려스럽기까지 하다.

세계 지대조세제를 통해 기금이 조성되면 여러 좋은 용도로 활용할 수 있다. 가장 단순한 활용 방법은 기본소득(basic income)처럼 각국의 인구 수대로 나누는 것이다. 가난한 나라는 이런 배당금 덕에 극심한 빈곤에서 벗어날 수 있다. '이런 건 국내에서도 실현 불가능하다'라고 생각해서 미리 포기하는 독자가 계실까 봐 하나의 사례를 소개한다. 현재 미국 알래스카주에서는 이와 비슷한 배당금 제도, 즉 석유 채굴세(severance tax) 수입을 주민에게 균등하게 나눠 주고 있다. 공동의 천연자원을 채굴하는 대가, 즉 지대를 징수해서 나누는 사례다. 이런 제도를 세계로 확대하면 된다. 또 지대기금을 균등하게 나누는 대신 세계기금을 조성해 두고, 국민소득이 일정 수준 이하로 떨어지거나 천재지변으로 어려움을 겪는 국가를 돕는 데 사용하는 보험 방식을 택해도 좋다.

이처럼 세계 지대조세제가 실시되면 세상은 현재의 우리로서는 상상하기 어려운 모습으로 변한다. 세계 평화와 환경 보전과 빈곤 퇴치에 크게 이바지할 수 있다. 그러나 현재의 국제관계는 이런 제도를 수용할 만한 수준에 올라 있지 못하다. 소아적 국익을 추구하는 각 나라를 적절히 통제할 장치가 마련돼 있지 않기 때문이다. 인격 수양이 각 개인의 고귀한 목표이듯이 국가의 품격 고양 역시 인류의 고귀한 목표이므로, 세계의 집단지성을 한 걸음씩이라도 그 방향으로 움직여 나가야 한다.

## 5 생존권보험

지공주의를 기초로 재분배 없는 복지제도, 누구나 자기 돈으로 자기 삶을 보장하는 복지제도의 한 예를 설계해 본다.

복지를 제공하는 방식에는 특정한 조건을 갖춘 사람에게만 급여하는 선별적 복지와 선별 없이 모든 국민에게 급여하는 보편적 복지가 있다. 심사를 통해 해당자를 골라 급여하는 전통적 방식은 선별적 복지의 예이고, 아무런 조건도 제약도 없이 모든 국민에게 동일한 금액을 나눠 주는 기본소득은 보편적 복지의 예다. 선별적 복지는 선별하는 데 비용이 들고 그 과정에서 수치심을 유발한다는 비판이 있지만 같은 재원으로 필요한 사람에 대한 급여액을 높일 수 있다는 장점이 있다. 보편적 복지는 선별 과정이 필요 없다는 장점이 있으나, 재원이 더 많이 필요하면서도 정작 필요한 사람에게 충분한 급여를 하기 어렵다는 단점이 있다.

필자는 선별적 복지인 보험 방식을 선호한다. 선별적 복지에 대해 흔히 지적되는 단점, 즉 선별 비용이나 수치심 등의 문제는 오늘날 별로 크지 않기 때문이다. 소득세, 재산세 등이 존재하는 한 정부는 복지정책과 무관하게 소득, 부동산, 금융, 자동차 등 자산 소유 상태를 파악해야 하므로 선별을 위해 추가 비용이 드는 것이 아니다. 또 오늘날 이러한 자료는 대부분 전산화돼 있어 당사자 외에 주변 사람들을 대상으로 하는 특별한 대면조사가 필요한 것도 아니므로 수치심을 유발할 가능성도 거의 없다.

선별적 복지의 한 예로서 '생존권보험'을 설계해 본다. 사회가 관심을 가져야 할 개인 생활비에는 의·식·주와 같이 상시적으로 필요한 비용과 의료(요양 포함), 교육(보육 포함)처럼 특정한 상태 또는 시기에 일시적으로 드는 비용이 있다. 전자를 '상시비용', 후자를 '일시비용'이라고 부르자. 생존권보험은 기본적인 상시비용을 보장하기 위한 복지제도다. 핵심적인 내용은 다음과 같다.

= 모든 국민은 수태 시점에 생존권보험에 자동 가입한 것으로 간주한다.

- 보험료는 특권이익에 대한 각 국민의 지분으로 납부한다. 수태 전의 모든 잠재적인 인간은 불우한 인생에 처할 확률이 동일하기 때문에 모든 국민의 보험료는 같다.
- 보험사고는 소득이 상시비용에 미달하는 상태를 말하며 사고가 발생하면 그 차액만큼 보험금을 지급한다.
- 보험금 수령자가 추후에 일정 수준 이상의 소득을 얻을 경우에는 수령한 보험금을 상환한다.

일반 보험과 비교하면 생존권보험의 보험사고는 두 가지 면에서 특별하다.

첫째로, 일반 보험과는 달리 보험사고의 발생 여부가 참조 기간에 따라 달라질 수 있다는 것이다. 인생에는 기복이 있기 마련이어서, 일생 동안 엄청난 소득을 버는 사람도 일시적으로는 경제적 어려움에 처하는 수가 있다. 스키장이나 해수욕장처럼 계절에 따라 소득에 큰 차이를 보이는 업종도 있다. 이처럼 짧은 기간을 단위로 보면 보험사고이지만 긴 기간을 단위로 보면 보험사고가 아닌 경우가 생긴다. 물론 단기간이라도 빈곤에 빠진 사람에게는 일단 보험금을 지급해서 상시비용을 보장해 줘야 한다. 하지만, 장기간을 통산해 실제 소득이 상시비용보다 많다면 보험금을 지급할 이유가 없으므로 지급한 보험금을 돌려받는다. 즉, 생존권보험금에는 조건부 상환 의무가 따른다는 것이다.

상환 의무의 이행을 담보하기 위해서 상환금 예치제도를 둔다. 소득이 높은 사람도 장래에 보험사고를 당할 수 있으므로 그럴 경우에 대비해 상환금을 미리 적립해 둔다. 노령에 이르기까지 적립된 금액이 보험금 수령액을 초과하면 그 차액에 이자를 붙여 돌려준다. 이런 경우에 적립금은 노후 생활에 대비하는 연금에 가입한 것과 같은 효과를 낸다.

다만, 장기간의 합산 소득이 상시비용을 초과하자마자 상환을 시작한다면 보험사고에서 벗어나려는 유인이 적을 수도 있다. 이런 문제는 근로장려세제로 보완할 수 있다. 전통적인 복지급여는 최저 생활비를 정해 놓고 그 이하의 소득을 얻는 빈곤자에게 차액을 지급하는 방식을 취해 왔다. 그 결과, 복지 수급자는 근로소득의 크기에 관계 없이 결과적으로 동일한 소득을 가지게 되므로 근로소득을 벌어 수급자 상태를 벗어날 인센티브가 없었다. 근로장려세제는 이 문제를 해결하려고 고안된 제도다. 복지 수급자가 다른 소득을 얻을 경우에 수급액이 소득만큼 줄어드는 것이 아니라 소득세제를 조절해서 추가 소득의 일정 부분을 자신이 가질 수 있도록 함으로써 근로 의욕을 자극한다. 우리나라에서도 이미 시행하고 있다.

둘째로, 자신의 선택에 따라 빈곤하게 사는 자발적 빈곤자의 경우도 보험사고로 본다. 일반 보험에서는 보험사고의 요건으로 우연성이 필요하다. 즉, 피보험자의 고의가 개입되지 않아야 보험금을 지급한다는 것이다. 그러나 생존권보험의 목적은 누구에게나 인간다운 생활을 보장하는 데 있다. 인간은 누구나 행복할 권리가 있고, 하기 싫은 일을 생계를 위해 억지로 하는 것은 인간다운 삶이 아니다. 또 특권이익에 대해서는 모든 사람이 동일한 지분을 갖고 있는데, 보험 방식을 취한다고 해서 자기 삶을 위해 그 지분을 사용할 권리를 박탈하는 것은 옳지 않다. 이런 이유에서 자발적 빈곤자에게도 보험금을 지급한다.

기존 사회에 익숙한 사람들은 자발적 빈곤자에 대한 복지급여에 의문을 제기하기 쉽다. 무리가 아니다. 성경에도 "누구든지 일하기 싫어하거든 먹지도 말게 하라"(데살로니가 후서 3:10)와 같은 구절이 있고, 레닌(Vladimir Ilich Lenin)도 자본가를 겨냥한 말이기는 하지만, 공산주의 사회 첫 단계에는 이 원칙이 적용된다고 했을 정도로 보편적 호소력이 있다. 또 자발적 빈곤자에게 생존권보험의 보험금을 지급한다면 베짱이처럼 일하지 않고 놀기만 하는 게으름뱅이까지 보호하는 게 아닌가 하는 의문도 있을 것이다. 싫은 일도 먹고살기 위해 억지로라도 해 온 세상에서는 이런 의문이 제기되는 것이 자연스럽다.

그러나 그저 무의미하게 놀고먹는 것은 인간의 본성이 아니라고 생각한다. 지공주의를 효과적으로 설파한 바 있는 미국의 토지개혁가 헨리 조지(Henry George, 1839~1897)의 표현처럼 "무의미한 일에서 해방된다면 인간은 본성적으로 더 열심히, 더 훌륭히 일하게 되며 그럴 때 자신을 위해 또는 타인을 위해 무언가 일다운 일을 하게"(George, 1879, 김윤상 옮김, 2016: 471) 된다. 세계 여러 나라에서 특히 사회보장이 잘된 나라에서 사회봉사 활동이 급속하게 늘어나고 있다는 사실을 보더라도 이 말을 수긍하게 된다. 혹 자신의 길을 찾지 못하고 인생을 허비하는 사람이 있다면 사회가 교육제도 등을 통해 좋은 삶을 살 수 있도록 도와줘야 한다.

기본 생계를 보장하는 생존권보험 외에 주거복지, 의료복지, 교육복지 등도 필요하지만 이 문제는 분량 관계로 필자의 다른 저서(김윤상, 2013)를 소개하는 것으로 그칠까 한다.

### [부록 1] 한국 휩쓴 팬데믹 부동산 투기를 막을 백신 있다[1]
#### '지대이자 차액세'로 안전·확실하게 집단 면역을

한국토지주택공사(LH) 직원의 토지 투기 의혹에서 비롯된 파장이 심상치 않다. 최근 국민이 불공정·불평등 문제에 특히 예민해져 있는 가운데 공공기관 직원 등 공직자들의 투기 의혹이 제기되자 국민의 분노가 들끓고 있다.

그러자 문재인 대통령은 3월 15일 청와대 수석·보좌관 회의에서 "정부는 여러 분야의 적폐 청산을 이뤘으나 부동산 적폐는 엄두를 내지 못했다. 그저 시장 안정에 몰두했을 뿐"이라고 시인했다. 그리고는 "단호한 의지와 결기로 부동산 적폐 청산 및 투명하고 공정한 부동산 거래 질서 확립을 남은 임기 핵심 국정과제로 삼아 강력히 추진하겠다"라고 다짐했다.

**공직자는 물론, 아무도 부동산 투기 안 하는 사회가 돼야**

비리를 저지른 일부 LH 직원이나 공무원을 처벌하고 불이익을 주는 것은 당연하다. 그 밖에 문 대통령도 언급했듯이, 공직자가 지위를 이용해서 사익을 추구하는 걸 막기 위한 이해충돌방지법 제정이 필요하다. 현행 주식백지신탁제에 더해, 고위공직자가 취임 전에 실

---

1) 2021년 4월 5일 〈평화뉴스〉에 게재된 칼럼
http://www.pn.or.kr/news/articleView.html?idxno=18653

수요 아닌 부동산을 백지신탁하도록 하는 '부동산 백지신탁제'도 도입해야 한다. 또 문 대통령이 3월 29일에 언명했듯이, "재산등록제도를 모든 공직자로 확대해 최초 임명 이후의 재산 변동 사항과 재산 형성 과정을 상시적으로 점검받는 시스템"을 마련하는 것도 도움이 될 수는 있다.

그러나 부동산 투기는 1970년대부터 전 국민이 언제라도 감염될 수 있는 팬데믹인데 공직자만 단속하면 그만인가? 또 공직자가 일반 국민보다 청렴해야 하지만, 목적에 비해 무리한 수단을 쓰면 역효과가 날 수도 있다. 좋은 사회제도란 개인의 이익이 사회의 이익으로 연결되는 제도이며, 개인이 부동산 불로소득을 얻으면 그만큼 다른 사람과 사회가 손실을 보게 된다. 그렇다면, 공직자든 누구든 부동산 불로소득을 얻을 수 없는 제도를 만들어야 한다.

불로소득을 없애면 투기가 근절되고 또 그래야만 문 대통령이 말한 '적폐 청산'이 의미가 있다. 부동산 불로소득을 없애려면 어떻게 해야 할까? '부동산'은 자연물인 토지(대지)와 인공물인 건물로 구성되는데, 인공물은 시간이 지남에 따라 가치가 하락하기 때문에 불로소득은 토지에서만 생긴다. 따라서 부동산 투기 대책은 '토지 불로소득을 어떻게 환수할 것인가?'로 좁혀진다.

**토지 불로소득 환수는 시장친화적이다**

토지 불로소득을 환수하자고 하면 우리 사회에서는 '사회주의'라거나 '반시장적'이라는 비판이 더러 나온다. 부동산 부자는 극렬하게 비판하고, 투기 이익을 기대했던 일반 국민도 동조한다. 무주택 서민마저도 익숙한 것을 당연하게 여기는 습성 때문에, 때로는 기득권 언론에 세뇌돼, 그렇게 오해하기도 한다. 정치의 편 가르기가 만성화된 현실에서는 더하다. 그러나 놀랍게도(?) 토지 불로소득 환수는 '시장친화적'이다.

경제학의 유토피아는 완전경쟁시장이다. 시장 참가자들이 완전한 정보를 가지고 있으므로, 미래에 토지에서 발생하는 모든 이익과 부담이 현재의 매매가격에 모두 정확하게 반영된다. 이런 가격을 지불하고 취득한 토지에서는 불로소득이 발생하지 않는다. 따라서 투기도 없고, 모든 수요는 실수요다. 개인의 소득은 토지 소유가 아니라 토지를 이용한 생산적 노력에서 생긴다. 그래서 시장경제는 개인의 이익이 사회의 이익으로 연결되는 좋은 사회제도다.

하지만 현실 토지시장은 불완전하므로, 토지 불로소득을 환수해 완전경쟁시장처럼 작동하도록 해 줘야 한다. 그렇게 하면 현실 시장에서도 투기적 가수요가 사라지고 오로지 실수요만 존재하게 된다. 누가 토지를 어디에 얼마나 소유하든 투기와는 무관해진다. 다주택자를 투기꾼이라고 의심할 이유도 없어진다. 경자유전(耕者有田), 주자유택(住者有宅) 원칙이 시장에 의해 달성된다. 투기를 막기 위해 소유·거래·가격을 규제할 필요가 없어지는 만큼 '자유'시장경제에 더 다가간다. 선거 때마다 토건 공약이 난무해 왔으나, 지대를 상승시키는 공약은 오히려 부동산 소유자의 심기를 불편하게 한다.

### '지대이자 차액세'가 답이다

문 대통령은 "남은 임기 핵심 국정과제로 삼아 강력히 추진"한다고 했다. 불과 1년 정도 남은 임기 내에 부동산 적폐를 청산할 방법이 있을까? '지대이자 차액세'를 도입하면 가능하다. 생소한 용어이지만 알고 보면 간단하다. '지대'란 토지 임대가치를 의미하는 경제학 용어이며, '지대이자 차액세'는 매입 지가에 대한 이자를 공제한 나머지 지대를 매년 보유세로 징수하는 세금이다. '이자 공제형 지대세'라고 부르기도 한다.

지대이자 차액세를 징수하면 재산 증식 목적으로 부동산을 소유할 유인이 완전히 사라진다. 단순한 토지 소유로부터 얻는 이익은 매입 지가에 대한 이자뿐이며, 토지를 제대로 활용하지 않아 지대 소득이 지대 평가액에 미달하면 이자조차도 못 건지기 때문이다. 실수요자가 아니면 토지를 소유할 이유가 없어진다. 또 주목할 점은 토지 매매가격이 그 이자에 상응하는 원금, 즉 매입 지가로 거의 고정된다는 사실이다. 그러므로 사유재산 침해 등을 구실로 하는 위헌 시비가 생길 수 없고, 담보 가치 하락 → 대출 금융기관 부실화로 이어지는 경제 충격도 없다.

하지만 지대이자 차액세도 세금인 만큼 국민 중에는 증세에 관한 불안감을 가질 수도 있다. 그렇다면 세 부담보다 받는 혜택이 더 큰 국민이 많도록 설계하면 된다. 서민에게 불리하고 경제에도 지장을 주는 세금인 부가가치세를 감면하는 방법, 세수입을 국민 모두에게 현금으로 나눠 주는 기본소득제도와 연계하는 방법 등이 있다.

### 오르기 전 가격으로 되돌릴 수도 있다

문 대통령은 또 2020년 신년 기자회견에서 "서민들이 위화감을 느낄 정도로 오른 가격은 원상회복돼야 한다"고 했다. 어느 시점의 지가로 원상회복시키려는지는 밝히지 않았지만 그 시점을 A라고 해 보자. 그러면 시점 A의 지가를 지대이자 차액세의 '매입 지가'로 의제하면 된다. 문 대통령이 취임한 2017년 5월을 시점 A로 삼아도 된다.

지대이자 차액세는 부동산 투기라는 팬데믹에 대한 집단 면역을 안전하고 확실하게 형성할 수 있는 탁월한 백신이다. 문재인 정부가 이 세금을 도입한다면 반세기 넘게 한국 사회를 괴롭혀 온 부동산 적폐를 시장친화적인 방법으로 척결한 정부로 역사에 길이 이름을 남길 것이다. 여권이 국회 180석이라는 든든한 기반을 가진 이 기회를 헛되이 보내지 말고 국가 백년대계의 초석을 깔기 바란다.

## [부록 2] 탄생 100주년 존 롤스의 토지 정의[2]
### 정의의 원칙을 토지제도에 적용해 보자면…

### '20세기 최고의 철학자' 존 롤스

올해는 미국의 정치철학자 존 롤스(John Rawls, 1921~2002)의 탄생 100주년이다. 또한 대표작 『정의론(A Theory of Justice)』의 출간 50주년이기도 하다. 롤스 연구의 권위자인 황경식 교수는 자신이 번역한 『정의론』 부록에서 롤스를 이렇게 소개한다. "정의라는 한 우물만을 판 철학자, 그러면서도 당대에 영·미는 물론 유럽 대륙의 전역에, 그것도 철학만이 아니라 인문·사회과학계 전반에 큰 획을 그은 20세기 최고의 철학자."

롤스는 가상적인 상황에서 주민이 합의를 통해 정의의 원칙을 도출한다고 상정하면서, 그 상황에 관한 몇 가지 가정을 뒀다. 대표적인 가정이 '무지의 베일(veil of ignorance)'이다. 합의 과정에 참여하는 당사자는 자신의 개성과 처지를 모른다는 내용이다. 이런 상황에서는 당사자의 개별성이 사라지고 모두 동일한 사람처럼 판단하게 되므로 만장일치 합의가 이뤄질 수 있다.

---

2) 2021년 10월 4일 〈평화뉴스〉에 게재된 칼럼
http://www.pn.or.kr/news/articleView.html?idxno=18998

윤회사상에 익숙한 우리에게는 '무지의 베일'보다는 '환생사회'로 설명하면 이해가 더 쉬울 것 같다. 윤회사상에 따르면, 사후에 인간으로 다시 태어난다고 해도 어떤 개성을 가질지 그리고 어떤 처지가 될지 모른다. '무지의 베일' 가정에 꼭 들어맞는다. 그렇다면 롤스의 방법론을 이렇게 표현해 볼 수 있다. "환생사회에 다시 태어나기로 예정된 예비 인간들이 합의할 사회제도의 원칙을 모색한다."

### 정의의 두 원칙: 평등한 자유 + 차등의 원칙

이를 통해 롤스는 정의의 원칙 두 가지를 도출한다. 제1원칙은 기본적 자유를 평등하게 보장해야 한다는 것이다. 제2원칙은 불평등이 불가피하다면 기회를 균등하게 보장하는 가운데 '최소 수혜자(the least advantaged)'에게 가장 유리해야 한다는 것으로, '차등의 원칙(difference principle)'이라고도 불린다. '무지의 베일' 뒤에서 사회제도를 모색한다면, 자신이 가장 취약한 처지가 될 경우에 대비해 사회적 약자의 안전이 더 잘 보장되는 제도에 합의하게 된다는 것이 롤스의 예상이다.

롤스는 20세기 중반의 미국 사회를 경험하면서 『정의론』을 다듬었다. 당시의 미국은 경제공황을 극복하고 제2차 세계대전 승전국으로서 번영하는 나라였고, 계층별 빈부 격차는 그다지 크지 않았다. 불평등이라면 흑백 인종차별 문제가 특별히 주목받던 시기였다. 그러나 정의의 원칙은 언제, 어디에서나 타당한 원칙이어야 한다. 우리나라의 모순과 불평등의 핵심이자 필자의 전공 분야인 토지문제에 롤스의 원칙을 적용하면 어떤 결과가 될까?

기본적인 자유를 평등하게 보장한다는 제1원칙에 따르면, 우리 모두의 삶의 터전인 토지와 자연에 대해서는 당연히 모든 사람이 평등한 권리를 가져야 한다. 그러나 롤스는 토지문제에 주목하지 않았다. 롤스가 예시한 기본적인 자유의 목록 가운데 동산(personal property)을 소유할 권리는 포함돼 있으나 토지와 자연에 대한 권리는 빠져 있다. 그러면 제2원칙으로 눈을 돌려 보자.

### 토지는 우리 모두의 공동자산

롤스는 제2원칙을 설명하면서, 인간의 선천적 자질은 "어떤 측면에서는 공동의 자산"이며

"자연에 의해 혜택을 받은 자는 그렇지 못한 자의 상태를 향상시킨다는 조건에서만 자신의 행운으로부터 이익을 얻을 수 있다"라고 했다(Rawls, 1999: 87). 개인에게 체화된 선천적 자질이 공동의 자산이라면, 모두의 삶의 터전으로 천부된 토지와 자연은 더 말할 나위가 없다. "어떤 측면에서는"이라는 수식어조차 당연히 필요 없다. 롤스의 정의에 따르면 토지와 자연은 우리 모두의 공동자산이다.

그럼에도 불구하고 토지의 사유를 인정하는 토지제도를 둔다면, 토지를 소유하지 못한 자의 상태를 향상시킨다는 조건을 충족시켜야 한다. 그런데 부동산 투기가 팬데믹처럼 온 나라를 휩쓰는 우리나라의 토지사유제는 절대로 그렇지 않다는 것을 우리는 잘 알고 있다. 토지사유제가 "최소 수혜자에게 가장 유리"하기는커녕 오히려 빈부 격차를 극심하게 조장하고 있다. 그러므로 토지사유제가 롤스의 정의의 원칙에 어긋나지 않으려면 "최소 수혜자에게 가장 유리"하도록 적절한 제한이 필요하다. 토지는 국민의 공동자산이므로 토지가치를 환수해 모든 국민을 위해 사용해야 한다.

## 참고 문헌

김윤상. (1986). 「도시모형론」. 경북대학교출판부.
_____. (1991). 「토지정책론」. 법문사.
_____. (2006). 「알기 쉬운 토지공개념: 지공주의 해설」 (개정판). 경북대학교출판부.
_____. (2009). 「지공주의: 새로운 토지 패러다임」. 경북대학교출판부.
_____. (2013). 「특권 없는 세상: 헨리 조지 사상의 새로운 해석」. 경북대학교출판부.
_____. (2017). 「이상사회를 찾아서: 좌도우기의 길」. 경북대학교출판부.
대천덕(Archer Torrey). (1985). 「토지와 자유: 성서의 경제원리」. 생명의 샘터.

George, Henry (1879). *Progress and Poverty*. 김윤상 옮김(1997, 2016). 「진보와 빈곤」. 비봉출판사. Abridged Edition (1980). 김윤상 옮김(1989). 「진보와 빈곤」. 축약본. 도서출판 무실. 김윤상 옮김(2012). 「간추린 진보와 빈곤」. 경북대학교출판부.

Rawls, John (1999). *A Theory of Justice*, Rev. ed., Harvard University Press. 황경식 옮김(2003). 「정의론」. 이학사.

박흥식

# 내부고발 생애연구의 회고

## I. 들어가는 말

❖──── 나의 내부고발 첫 연구는 1991년 가을로 논문 "내부고발(whistle-blowing): 이론, 실제, 그리고 함축적 의미"다. 박사학위를 받던 그해 나는 이 논문을 『한국행정학보』에 발표했다. 책 『내부고발의 논리』 출판은 1999년 2월로, 난 서문에 "가장 작은 주제로 도대체 얼마나 깊이 들어갈 수 있는가를 한 번 실험에 보는 일도 재미가 있을 것"이라고 적었다(박흥식, 1999: 15). 연구의 끝은 어디인가? 그곳에는 무엇이 있는가? 당시는 뜬금없고 주제넘었지만 생애연구 시작의 암시였는지도 모른다. 2020년, 그러니까 연구를 시작하고 거의 30년이 지나 "Laddered motivations of external whistleblowers: The truth about attributes, consequences and values"라는 논문을 Journal of Business Ethics에 게재했으

니까 내가 평생 이 주제를 연구한 것이 됐다.

그동안의 연구를 결산하니 저서 3권(단독 1, 공저 1, 편저 1), 국제학술지 논문 8편(*Journal of Business Ethics* 6, *Business Ethics: A European Review* 1, *Social Science Journal* 1),[1] 국내 학술지 논문 30편, 총 38편이다. 학술논문만 1년에 1편 이상이고, 이것은 내가 평생 쓴 학술지 논문 전체의 1/3이다. 이 밖에 7편의 book chapter 공·편저 글도 있다. 학회 발표 29편(국제 12, 국내 17), 공청회 주제 발표 3건, 연구보고서 5건, 자문의견서 8건, 잡지·신문 기고가 3건이다. 특강 9건, 팟캐스트 1회, TV, 라디오, 신문, 잡지 인터뷰 152회도 있다.[2] 초반에는 발제나 인터뷰를 기록하지 않았다는 점을 고려하면 훨씬 더 될 것이다.

두 차례 해외연구 안식년도 모두 내부고발 연구로 보냈다. 처음은 2003년으로 미국 인디애나대학(Indiana University) 비즈니스 스쿨, 두 번째는 2017년 영국 런던 미들젝스대학(Middlesex University) 법과대학이다. 인디애나대학은 초기 내부고발 연구를 주도했던 마르시아 미셀리(Marcia Miceli), 재닛 니어(Janet Near), 테리 돌킨(Terry Dworkin)이 있었던 곳이다. 최초 내부고발 국제학술 세미나는 이들이 주도해 개최했다. 미들젝스대학은 데이비드 루이스(David Lewis) 교수가 운영했던 유럽 유일의 '내부고발 연구네트워크(International Whistleblowing Research Network)'가 있던 곳이다. 이러한 이력들은 성과는 아니지만 한 연구자가 얼마나 오랜 시간 내부고발이라는 주제에 천착했는가 증거는 될 것이다.

이 글은 내가 내부고발 연구 지난 30년을 돌아보면서 쓴 성찰이자 회고이고, 연구의 후기(後記)다. 무엇을 했는가, 지금 돌아보니 그것이 내게 무엇이었는가에 대한 기술이다. 고백이고 자술(自述)이다. 바둑에서라면 복기(復棋)이고, 그중에서도

---

1) *Journal of Business Ethics*는 IF=4.141(2022년 IF=6.430), 2019년 *Journal Citation Reports* 기준으로 윤리 분야 학술지 55종 중 랭킹 2위다. 1위는 *Business Ethics: A European Review*로 IF=6.967이다. 지난 몇 년 사이 둘의 1,2순위가 바뀌었다.

2) TV ASAHI(Japan. Sunday Project), Asia Calling(Radio 68H. Jakarta, Indonesia)과의 인터뷰도 있다. 박흥식 교수 홈페이지. 내부고발 연구. http://cau.ac.kr/~hspark. 참조.

일화 중심의 소개다. 나는 여기서 과거 연구에 대한 기억을 소환해 무엇이 왜 어떠했는가를 말할 것이다.[3] 연구의 계기, 무엇이 이토록 오랫동안 한 주제를 궁구(窮究)하게 만들었는가? 무슨 연구, 어떤 활동이었는가? 내가 본 내부고발은 무엇이었나? 등에 답할 것이다.

## II. 내부고발 연구의 계기: 현실은 우연이고 필연이다

### 1 자크 모노, 우연에서 필연으로

어떻게 내부고발 연구를 시작했는가? 자답은 '우연'이다. 평생 연구가 우연이었다는 사실은 수용하기 힘들지만 사실이다. 내부고발을 했던 사람들도 흔히 '그때 아마 그 일만 없었다면,' '그것만 아니었다'면, '그날 건물 앞에서 그 사람만 만나지 않았다면,' '그때 그 말만 안 들었어도' 내부고발을 하지 않았을 것이라고 말했다. 프랑스 분자생물학자 자크 모노(Jacques L. Monod, 1910~1976)가 쓴 『우연과 필연(Le hasard et la necessite)』(1970)이라는 책[4]을 읽고, 나는 내가 했던 내부고발 연구가 '우연이고 필연이었다'는 생각이 든다. 자크 모노는 인간의 탄생과 진화를 우연과 필연으로 설명한다. 인간을 우연의 산물이라고 말한다. 인간은 세포의 탄생이라는 거의 불가능에 가까운 우연의 결과다. 하지만 동시에 비록 아무리 작은 확률에 의

---

3) 이 글은 바인더(binder, 문서철) 91개(1991.1.~2022.4.26.)에 기초한 것이다. 바인더는 내부고발 연구 동안 만들었던 자료집이다. 내용은 연구 자료, 학술대회 참여 후기, 심사평, 주고받은 이메일, TV나 방송 콘티, 인터뷰 준비 노트, 법률안 자문, 신문이나 잡지 기사를 포함, 일상의 관찰이나 대화, 소회, 평가와 해석, 믿음 등에 대한 기록을 포함한다.

4) Monod, J. (Author), Wainhouse, A. (Translator). (1972) 참조.

한 것이었다고 할지라도 인간의 탄생은 필연이었다고 말한다. 다른 결과가 있을 수 없는 필연, 원인의 결과라는 것이다. 내부고발 연구의 시작, 이어진 일생의 연구는 극히 낮은 확률로 불가능에 가까운 것이었지만 분명히 원인이 있었고, 내가 연구 주제로 선택한 결과다.

내부고발 연구의 계기는 전(前) 감사관 이문옥과의 만남이다. 극히 낮은 확률, 우연이었다. 1991년 나는 학위를 받고 귀국해서 목원대에 시간 강사로 출강을 했었는데, 그날은 휴강이었다. 강의실에 도착해서야 휴강인 것을 알고 낙담의 심정으로 밖으로 나와 나무 그늘 벤치에 앉아 있었다. 5월 말쯤인가. 캠퍼스에는 벚나무 잎이 이미 무성했고 곳곳에 플래카드(placard)가 걸려 있었다. '이문옥 양심선언자 초청 특강'도 그중 하나였다. 마땅히 갈 데도 없었다. 맨 뒷자리에서 들었다. 양심선언자라고 했지만 내부고발자의 경험에 대한 것이었다. 나는 'whistle blower'라는 것, 미국은 법으로 보호한다는 것을 알고 있었다. 여름 방학 때 논문을 썼고 1991년 『한국행정학보』 가을호에 게재했다. 그날 휴강이 없었다면, 특강을 듣지 않았다면, 내부고발 연구도 없었을 것이다.

내부고발을 몰랐어도 연구는 없었을 것이다. 박사과정(Florida International University: FIU) 학생이었던 1989년 늦가을, 학교를 떠나게 돼 연구실을 비우던 돌로레스 브로스넌(Dolores Brosnan) 교수와 연구실 앞에서 우연히 마주쳤고, 이런저런 얘기 끝에 그녀는 혹시 논문으로 발전시킬 수도 있다고 생각돼 석박사 과정 학생들이 제출했던 학기말 과제들 중 일부를 보관했는데 "너 혹시 필요하면 가져가도 좋다"고 했다. 그중 한 편이 말로만 듣던 내부고발에 대한 것이었다. 함께 수업도 들어 잘 알고 있던 마이클(Michael. 난 full name은 기억 못한다)이 쓴 것이었다. 브로스넌 교수를 만나지 않았다면, 마이클이 그 주제로 과제를 내지 않았다면, 목원대 특강을 들었어도 논문은 쓰지 못했을 것이다.

평생 연구의 계기는 또 있다. 김해동 교수님(서울대 행정대학원)의 정년퇴임 기념 논문집 원고 청탁을 받고 『한국행정학보』에 논문을 기고하면서 수집만 했지 사용하지 못한 채 남아 있던 문헌들로 한 편의 글을 썼다. 『한국의 관료론: 방법과 실제』

(1994)에 실린 "내부고발자 보호와 민간단체의 활동: 미국의 경우"라는 편저 논문이 이것이다. 나는 당시 중앙대 안성캠퍼스 행정학과 교수로 평택에 거주하고 있어 1994년 2월 말 정년퇴임식에는 참석을 못했다. 하지만 그날 박원순 변호사(전 서울시장)가 행사에 참석했고, 밤 9시쯤 집에 돌아가는 차 속이라면서 전화를 했다. 통화 내용을 요약하면 "당신이 쓴 논문을 읽었다. 권력 감시, 인권 보호 시민단체 발족을 준비 중이다. 당신이 쓴 글은 정확하게 우리가 찾고 있고, 하고 싶은 사업 주제다. 모든 편의를 제공할 것이다. 함께하자"는 것이었다. 나는 거절했다. 대학에 자리 잡은 지 얼마 안 되는 시점이었다. 글은 썼지만 소개였고, 권력 감시나 NGO 활동은 관심 사항이 아니었다. 다음 날 다시 전화를 했지만, 나는 거절했고 또 전화를 했고 난 또 거절했다. 그 후 1주일쯤 지나 성공회대 조희연 교수(현 서울시 교육감)가 전화를 했고, 주말에 평택에 내려오겠다고 했다. 또 거절했다. 하지만 꼭 필요하면 당신들 모임에 한번 참석하겠다고 했다. 그래서 한 번 참석한 것이 평생 연구의 시작이었다. 김해동 교수 정년퇴임 논문집에 기고를 하지 않았다면, 박원순 변호사가 그것을 읽지만 않았다면, 조희연 교수가 전화하지 않았다면 내부고발 연구를 했을까? 했어도 평생 하게 됐을까? 우연이었다.

## 2 생애연구의 계기

무엇이 나로 하여금 이렇게 오래도록 단일 주제로 연구를 하도록 만들었는가? 나 혼자만의 어떤 의지에 의한 것은 아니다. 여러 가지 이유가 있겠지만 아마도 존재의 증명, 자존감 때문이었을 것이다.

### 1) 뜻밖의 수모, 화나고 억울했던 기억

두 번의 사건. 한 번은 라디오 생방송 인터뷰. 인터뷰 끝에 사회자가 느닷없이 각본에 없던 질문을 했다. "그렇다면 혹시 교수님께서는 불법을 보면 어떻게 하시겠습니까?"라고 물었고 "전 하지 않습니다"라고 대답했다. 그러자 "아, 그렇군요. 잘 알겠습니다"라고 말하고 바로 인터뷰를 끝냈다. 나는 참여연대 내부비리고발자지원센터의 입장을 대변하던 중이었던 만큼, 그럼 왜 그렇게 생각하는가라는 후속 질문을 했어야 했다. 당시 센터의 기본 철학은 누가 내부고발을 하려고 하면 먼저 "불이익이 너무 큰 만큼 하지 말라고 먼저 말한다. 그래도 하겠다고 하면 적극적 지원, 보호를 한다"는 것이었다. 인터뷰에서는 내부고발을 사회에 필요하고 바람직한 일이라고 말해 놓고, 자신은 안 할 것이라고 한 것이 됐다. 청취자들이 나를 어떻게 생각하겠는가? 끔찍했다.

또 한 번은 TV 토론. 내부고발자 법적 보호에 대한 찬성과 반대 전문가 각각 두 명이 대립적 주장을 주고받는 자리였다. 나는 법적 보호의 필요를 주장했고, 반대편 두 사람은 정해진 대로 반대 의견을 냈지만 내 편으로 지정됐던 NGO 소속 토론자는 "내부고발이 필요하지만 한국의 전통문화를 고려할 때 부작용이 더 크다. 비록 옳은 행동이라도 법적 보호까지는 아니다"라며 반대한다고 말했다. 사회자는 갑자기 뜻밖의 주장을 듣고 이 대목에 초점을 맞췄다. 찬반 토론의 균형이 깨지고 난 혼자 1:3의 상황에서 당황했고, 정돈되지 않은 표현도 나왔다. 나중에 녹화 테이프를 보니 TV 카메라는 나의 당황하는 모습과 강변하는 제스처를 여러 차례 클로즈업했다. 결과적으로는 젊은 연구자가 현실을 잘 모르면서 서구 흉내만 낸 것이었고 바보가 됐다. 심기가 상했고 언짢았다. 그렇지 않아도 내부고발에 대한 부정적 시각이 지배적이었던 때였다. 나를 어떻게 생각했을까?

내뱉은 말은 감출 수 없었다. 나의 판단과 생각이 옳다고 생각했기 때문에 더 참지 못했고 화가 났다. 사람들이 나를 어떻게 생각할까라는 대목에 이르면 견디기 힘들었다. 이러한 일련의 일들은 나를 내부고발 보호를 둘러싼 다툼에 밀어 넣었다. 다툼의 전면에 나섰고, 비용과 시간 부담도 주저하지 않게 됐다. 연구는 '내가 옳다'는 것을 확인하고, 사람들의 나에 대한 오해도 바로잡는 기회가 되면서, 내부고발 연구는 생애연구가 됐다.

## 2) 도전과 시비의 시간

내부고발 관련 반대도 논란도 많았다. 내부고발이 옳은 행동인가? 법적 보호나 보상을 받을 만한 행동인가? 많은 사람은 내부고발을 "고자질이고 배신이다. 불신을 조장한다. 전통적 가치에 부합하지 않는다"고 반대하며 하극상의 확산을 걱정했다.

조선일보의 반대가 가장 컸고, 집요했다. 조선일보 '이규태 코너'(이하 코너)는 '내부고발 = 고자질'로 단정하고, 한국은 가족 중심적 촌락공동체이고 내부고발은 고자질로 암적 존재다. 법적 보호는 이러한 사람들을 양산할 것이라고 반대했다. 코너는 2003~2006년까지 총 다섯 차례나 역사적 사례를 제시하면서 반대 칼럼을 썼다. 기사는 인조(仁祖) 때 포도청이 강박(强迫)하자 겁에 질려서 아들이 아버지가 나랏돈 훔친 것을 자백했는데, 돈을 훔친 것은 작은 일, 아버지 고발은 큰 일로 처벌했다는 식이다.[5] 이지문 중위가 군부대 부재자 투표 부정을 폭로했을 때 조선일보만 1면에 다루지 않았다(강준만, 1995: 246). 결국 나는 이 일로『조선왕조실록』(이하 실록)을 1년이나 넘게 추적했다.

## 3) 사회적 수요

도덕적 고발로 피해를 입는 내부고발자의 지속적 증가다. 1990년 5월 감사관 이문옥의 재벌의 비업무용 토지 소유에 대한 언론 제보, 같은 해 10월 윤석양 이병의 국군보안사령부 민간인 불법사찰 폭로, 1992년 이지문 육군 중위의 군 부재자투표 부정 양심선언, 한준수 전 군수의 관권부정선거 폭로. 1996년 감사원 현주희의 효산그룹 콘도 불법 허가 감사 중단 폭로 등이 있었고, 교사들의 찬조금, 내신 조작 양심선언, 경찰관의 상납금 비리, 제약사 직원의 의약품 비리, 교도관의 교도소 내

---

[5] '이규태 코너.' 조선일보, 1999.8.19.

비리, 보육사의 복지시설 비리의 폭로, 대통령 정치 불법자금, 차명 계좌, 열차 안전, 환경오염 등에 대한 폭로가 나왔다.

### 4) 격려, 감동과 찬사

내부고발 일생 연구의 또 다른 요인은 격려, 감동과 찬사다. 모두가 반대하는 상황에서 참여연대센터 동료들은 1999년 프레스센터에서『내부고발의 논리』출판기념 세미나를 열어 주고, 뒤풀이자리까지 마련해 주며 격려했다. 그들은 잊었는지 모르지만 나는 지금도 마음의 빚으로 기억하고 있다. 감동이 마음 속 깊은 곳까지 뚫고 들어왔던 순간도 몇 차례 있었다. 1999.11.26일 금요일. 반부패특별위원회를 방문했을 때 홍현선 과장은 자신들이 내가 그토록 주장했던 것을 만들어 주려고 모인 것이라고 했다. 특별위원회 작업팀 사무관들은 모두 내 책을 샀고, 또 주문해 놓고 있다고도 했다. 그는 또 그때 우리가 참여연대의 일을 하고 있는 중이라고 했다. 어쩌면 농(弄)이고 그저 한번 가볍게 해 본 말일 것이다. 하지만 내게는 평생 들은 말 가운데 최고의 격려이자 상찬(賞讚)이고 영광이었다. 어떤 연구자는 내가 내부고발 분야는 최초이고 독보적이라고 했다.

### 5) 책임

진실이나 인권에는 계급이 없다. 하지만 육군 참모총장은 윤석양 이병의 폭로를 가리켜 "일개 이등병이 군대를 뒤흔드는 행위를 개탄한다"고 말했다.[6] 제약회사 영업사원은 의약품 유통 비리 거래를 고발하고 자살했다.[7] 부정(不正)을 바로잡고자 한 사람이 왜 자살을 해야 하는가? 참을 수 없었다. 감사원 전(前) 현주희 주사는

---

6) KBS 뉴스, 1998.2.13.
7) 송충호(31). 약품업계 비리 유서 남기고 자살. MBC, 1999.2.24.

파면처분 취소소송 10차 공판을 끝내고 나오던 날, "자신이 몸담았던 조직의 상사, 동료들 열댓 명이 달려들고 난 혼자다. 정부기관은 국가 예산으로 대응하니 문제가 없지만, 자신은 다르다. 소송을 시작할 수는 있지만 언제 끝날지 모른다. 시작하더라도 몇 년 지나면 당사자는 퇴직하고 판사도 바뀌고, 임기 끝나면 책임자도 다른 사람이 오고 결국은 혼자 남을 것이다. 고발은 순간이나 그것이 주는 고통은 길고, 가족 모두까지 고통 속에 몰아넣었다"고 자조(自嘲)했다.[8] 내가 내부고발 관련 다툼에 나서고 말을 꺼낸 이상 말하지 않을 수 없었다.

내부고발 증가, 도전과 시비(是非), 무시, 격려 등의 혼재, 사회적 인지부조화 속에서 나는 화나고 억울했다. 이러한 감정은 워싱턴 디시(D. C.) 방문조사, 『조선왕조실록』 추적, 종합일간지를 역순으로 뒤지면서 '내부고발' 용어를 찾는 시도 등도 불사(不辭)하게 만들었다. 북받치는 감정, 전율은 더 잊지 못한다. 이것들은 연구자로서의 책임이라는 이름으로 나를 온전히 한 주제에 붙잡아 뒀다.

# III. 내부고발 연구

## 1 연구 활동의 내용: 시작과 흐름

연구 활동의 하나는 학술지 논문 게재, 책 저술, 학회 발표, 공청회, 토론회 발제 등이다. 또 다른 하나는 자료 수집이다. 다음 [그림 1]은 1991년에서 2020년까지 내부고발 연구의 시작과 주요 활동 내용 흐름을 정리한 것이다.

---

8) 현준희와의 대화. 1998.5.20.

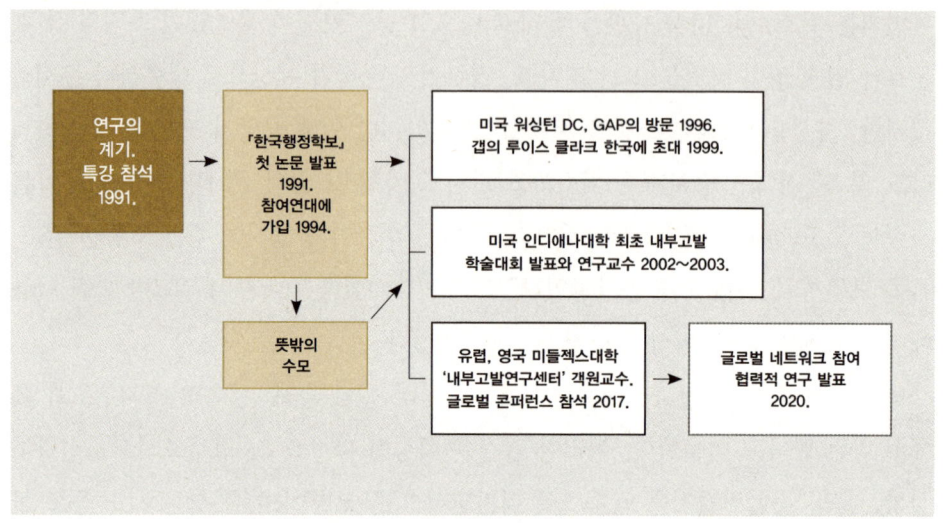

[그림 1] 내부고발 연구의 시작과 주요 활동 내용의 흐름

## ❷ 학술논문 발표 등

학술지 발표 논문은 행동, 의도, 동기, 피해, 제도와 사례, 각국 비교를 망라한다. 방법도 양적·질적 연구를 포함하고, 기술적·설명적 연구까지다. 논문은 내부고발의 의미, 이유, 특징적 성격, 법적 보호, 각국의 보호법 비교, 내부고발 의도, 태도와 문화적 차이, 부패 통제 효과, 정책 수립 네트워크, 내부고발의 범위, 조직의 보복, 내부고발자의 스트레스, 직장 내 괴롭힘(workplace bullying), 동기부여의 사다리 구조(laddered motivations) 등에 대한 것이었다. 1991년 『한국행정학보』 게재 논문, 1999년에 출판한 책 『내부고발의 논리』(편저)는 미국을 제외하면 시기적으로 다른 어떤 나라보다도 이른 것이었다.

내부고발 논문은 국제 세미나(미국, 영국, 노르웨이), 세계응용심리학회 학술대회(호주, 프랑스, 일본), 비즈니스 윤리 포럼(홍콩), Joint EGPA-ASPA Conference(벨기에, 이탈리아, 네덜란드, 핀란드) 등에서 발표했고, 행정학회 학술대회에서의 발표는 많지 않다. 국제학술대회에서의 발표는 2002년 4월 블루밍턴 인디애나대학 개최 세미나에서의 발표가 처음이다. 당시 유럽에서는 영국, 아일랜드, 노르웨이, 호주, 뉴질랜드의 법학, 심리학, 경영학 분야 연구자, NGO 활동가가 참여했고, 아시아는 내가 유일했다. 여기서 발표했던 논문은 "Whistleblowing in Korean Society: The effects of Confucian ethics and collectivism on reporting corruption"으로, 내부고발과 유교윤리가 어떤 영향 관계인가에 대한 연구자들 간 서로 다른 주장의 데이터에 의한 검증이다. 추아와 굴드(Chua & Gould, 1995)는 유교윤리가 내부고발에 긍정적 영향을 미친다고 설명했고, 제럴드 빈텐(Gerald Vinten)은 1999년 논문에서 유교윤리에서 의로움과 용기(righteousness and courage)는 개인이 조직에 맞서게 하는 핵심 덕목이기는 하지만 유교윤리가 내부고발에 대해서도 그러한 입장인가는 분명하지 않다고 설명했다.[9] 홍콩의 앤서니 추아(Anthony C. H. Chua)는 빈텐의 논문을 읽은 후, 내게 이메일로 자신이 내부고발을 한 것은 유교윤리에 의한 것이었는데 빈텐의 생각은 반대다. 나는 어떻게 생각하는가를 물었다. 인디애나 발표 논문은 이것의 검증으로, 나는 이 논문을 *Journal of Business Ethics*에 게재했다(Park et al., 2005 참조). 이것은 내가 내부고발 연구 글로벌 커뮤니티에 편입되는 계기가 됐고, 2003년 첫 연구교수도 인디애나대학에서 보낼 수 있었다.

## 3 자료 수집

자료 수집은 문헌, 사례 수집이다. 1991년 내부고발 첫 논문을 쓸 때, 문헌은 미국 논문 19편, 단행본 6권, 편저 논문 2편뿐이었다. 그마저도 책은 모두 일반 교양 도서들이었다. 한국 도서관에서는 이들 중 일부만 구할 수 있었다. 나머지는 민간

---

[9] 앤서니 추아(Anthony C. H. Chua)는 홍콩 사람으로 1998년 *Public Administration Review*에 내부고발 논문을 기고했던 인물이다. 제럴드 빈텐(Gerald Vinten)은 『내부고발: 조직의 전복 또는 기업시민 의식(*Whistleblowing: Subversion or Corporate Citizenship*)』(1994)의 편저자다.

사업자(동구무역, Media Pacific 등)를 통해 구했다. 주문하고 받아보는 데 2~3주 이상 걸렸다. 문헌 자료 수집의 또 한 가지 방법은 인터넷 검색이다. 1996년 야후에서는 10여 건이었다가 1997년 7월 기준 라이코스로 검색 건수는 230건, 알타비스타 550건, 인포시크 560건으로 늘어났다. 1998년에는 검색 건수가 1천 건 이상에 달하고, 학술논문도 100건을 넘는다.

### 1) NGO 활동

연구에서 중요한 것은 사례 정보다. 참여연대 지원센터에서 1994년 9월부터 2020년까지 27년 동안 일했고, 내용은 법적 구조, 보복 청취, 지원 상담, 입법 청원, 사회적 인식 개선 등에 관한 것이었다.[10] 미디어가 보도했던 대부분의 내부고발자들을 만났고 지원활동을 수행했다. 내부고발 연구에서 사례와 현장은 문헌이 말하지 않는 많은 정보가 있는 곳이다.

### 2) 워싱턴 D. C. 방문

내부고발자 법적 보호 논쟁이 있던 1996년 7월. 나는 방학이 시작되기를 기다려 미국 워싱턴 D.C.를 방문, 한 달 간 체류했다. 꼬박 자료 검색과 열람에 집중했던 광폭(狂暴) 학습의 시간이었다. 의회도서관을 비롯해 5개 주요 대학도서관이 가진 내부고발 관련 모든 문헌을 추적했다. 연방정부 실적제도보호위원회(U.S. Merit Systems Protection Board)와 특별검사국(Office of Special Counsel)의 의회 제출 보고서, 「공무원제도개혁법(Civil Service Reform Act of 1978)」의 내부고발자에 대한 보호 규정 이후 1980, 1981, 1985년 연구보고서를 읽었다. 연방과 주정부 법령을 읽고,

---

10) 센터 1차 모임은 1994년 8월 9일이었고, 1994년 11월 23일에는 「내부비리 제보자 보호 등에 관한 법안」을 마련, 국회의원회관 소회의실에서 입법을 위한 공개토론회를 개최했다.

ERIC, ABI(경영, 비즈니스), 법학, 보건, 의학 분야 데이터베이스, CD Rom, UMI, 마이크로필름을 다 들춰 논문, 책, 잡지나 신문기사 등을 확인했다. 조지워싱턴대학 도서관(George Washington University, Gelman Library)이 데이터가 가장 많았고, 메릴랜드대학 도서관은 적었다. 워싱턴 D.C. 방문을 통해서 나는 내부고발이 사회변화에서 차지하는 개혁적 의미, 미래 변화의 방향 등에 대한 나름의 철학이나 확신을 얻을 수 있었다.

Government Accountability Project(GAP)도 방문했다. GAP는 「공무원제도 개혁법」 제정 직전인 1977년 창립된 곳으로 당시 사무총장은 루이스 클라크(Louis Clark)였다. 인디애나대학이 개최한 최초 내부고발 국제 세미나 참석은 GAP의 소개에 따른 것이었다. 나는 이런 기회를 통해 연구자들의 글로벌 네트워크에 참여하고, 국제 학술지에 논문도 발표할 수 있었다.

### 3) 종합 일간지 기사의 추적

일본은 휘슬 블로잉(whistle-blowing)을 내부고발(內部告發. ないぶこくはつ)이라고 번역했고, 나는 1991년 논문에서 '내부고발'이라는 용어를 사용했다. 이문옥 전 감사관은 정년을 몇 달 앞둔 어느 토론회에서 1990년 오석홍 교수의 글을 신문에서 읽고 자신이 내부고발자인 것을 처음 알았다고 했다.[11] 1990년대 중반에는 내부고발을 놓고 다른 여러 용어도 등장한다.

내부고발이란 표현은 언제 생겨났는가? 1998년 여름 방학을 기다렸다가 국회도서관에서 종합일간지 기사를 통한 용어 추적을 시작했다. 디지털 검색이 가능하지 않았던 때라 3대 종합 일간지(조선, 동아, 중앙일보)를 과거로 거슬러 올라가면서 '내부고발'이란 용어가 있는가 확인하는 작업이다. 작업은 단순했지만 많은 시간이 소

---

11) 오석홍 교수의 글은 "호루라기 부는 사람은 보호해야"(동아일보, 1990.5.25. 5면)다. 1991년 논문을 쓸 때는 난 이 기사를 알지 못했다.

요되고 용어를 찾는다는 보장도 없었다. 하지만 뜻밖에 작업 시작 1주일이 끝나던 금요일 오후. 조선일보 1981년 7월 23일 4면. '美國의 不條理. 報復 두려워 不正 묵인. 告發者 보호법 실시 3년… 제구실 못해'라는 기사를 찾았다. 조선일보가 일본 아사히신문(朝日新聞)의 기사를 국내에 소개한 것으로, '휘슬 블로워,' '내부 告發者'라는 용어를 사용했다.[12] 고발자 보호법을 시행했지만 보호법이 제구실을 못한다는 것이었다. 내부고발 보호 민간단체의 루이스 클라크와 인터뷰 기사도 있다. 당시 아무 소득 없이 한 주일을 보내고 주말은 도서관 휴관이어서, 또다시 며칠을 기다려야 한다는 마음으로 절망적 상황이었던 때여서 이 기사를 보는 순간 알 수 없는 전율이 등줄기를 훑고 지나갔다는 느낌을 받았다. 이 글을 쓰면서 그날의 메모를 보니, "세상에 난 혼자 나만 이 사실을 알 것이라는 생각이 스쳐 지나갔다"고 적었다.

### 4) '이규태 코너'

조선일보 '이규태 코너'는 박학다식의 경지, 즉 동서를 넘나들고 현재와 과거를 아우르는 해석, 방대한 원전 인용으로 대중적 인지도가 높았다. 누구든 감히 시비를 따지지 못했다. 나도 그랬다. 하지만 코너가 1990년대에 내부고발은 한국인의 정서에 반한다는 글을 다섯 번이나 쓴 것을 읽고, 그것도 두 번은 똑같은 김말치(金末致)의 사례를 다뤘다는 것을 안 후, 어디까지가 진실인지를 직접 『조선왕조실록』의 해당 내용을 눈으로 읽어서 확인하기로 했다. 2001년 봄쯤이었다. 흑석동에서 행정대학원 강의가 있던 매주 화요일 도서관에 일찍 올라와 1년이 넘도록 다양한 키워드로 실록의 기록에서 내부고발 관련 사례들을 샅샅이 뒤졌다. 이때 본 실록은 태백산사고본으로 국사편찬위원회가 원본을 사진으로 찍어 A4 크기의 양장본 48

---

12) 〈外電 안테나〉 美國의 不條理. 報復 두려워 부정 묵인. 告發者보호법 실시 3년… 제구실 못해. 조선일보, 1981.7.23. 4면.

권으로 만들고, 한국고전번역원이 번역한 것으로, 나는 CD롬 초판(1995)에서 키워드 검색 후 양장본에서 해당 원문을 찾았다.

'이규태 코너'는 '말치(末致)' 사건을 인조 5년 말치라는 여인이 남편의 대역 변란 음모를 관가에 고변했고, 인조는 남편을 고발한 처첩 말치를 오히려 처벌했다고 소개한다.[13] 또 고발은 민족의 전통적 정서와 부합하지 않고, 조선은 밀고, 고발을 악덕으로 봤다고 부연한다. 인조실록 20권. 인조 7년(1629) 2월 6일 임진 첫 번째 사건이다. 상(上: '임금'의 높임말)이 하교하기(上又下敎曰)를 "말치가 미천한 계집으로서 나라를 위해 고변했으니 가상한 듯도 하지만 첩으로서 지아비를 고발해 강상(綱常)을 범했으니, 내 매우 미워하는 바다. 말세의 풍속이 예스럽지 못한 이때 그것을 시초에 막아 버리지 않으면 후일의 폐단이 끝이 없을 것이니, 그를 중한 법으로 다스려 강상을 바로 세워야 할 것이다"라고 적고 있다. '이규태 코너'는 첫째, 이 사건을 인조 5년의 일로 소개했다. 틀렸다. 인조 7년 2월 6일의 일이다. 둘째, 코너는 모반에 참여한 사람을 윤운형이라고 했으나 윤운구(尹雲衢)의 착오다. '衢'('네거리 구/갈 구)인데 '衡'(저울대 형, 가로 횡)으로 잘못 읽었다. 셋째, 누군가 형조에 언문 투서를 했다거나 투서한 자를 추적해서 말치임을 밝혀냈다고 했지만 실록에는 그러한 기록이 없다. 코너는 인조가 모반 여부를 따지기 전에 말치의 죄를 먼저 물었다고 했지만 그것도 사실이 아니다. 인조가 잡아들이라고 한 것은 김홍원과 윤운구이었지 말치가 아니다. 말치가 고변을 했다고 잡아들이라고 했다는 기록도 없다. 말치는 이 일로 복주(伏誅: 형벌을 받아 죽음)됐지만, 윤운구도 국문(鞫問: 임금의 명령에 따라 중죄인[重罪人]을 심문하는 일)에서 형장(刑杖), 즉 낙형(烙刑)·압슬(壓膝)로 결국 죽는다. 조선시대는 고도의 혈연, 지연, 가족 중심적 공동체로 사회 유지를 위해 처첩에 의한 지아비, 자식의 부모 고발은 엄하게 다스렸다. 말치 사건은 '처첩에 의한 지아비 고발' + '고변(국가나 군주의 전복 모반에 관한 정보의 제공)'으로 조선사회가 가장 무거운 형

---

13) 국편 영인본, 34책 314면이다. [이규태 코너] 匿名書. 조선일보, 1993.5.11.; 이규태 코너. 조선일보, 1995.6.10.

벌로 다스렸던 죄에 해당한다. 하지만 죄가 한 가지 더 있다. 무고(誣告)였다. 의금부 추국(推鞫: 중죄인의 문초) 과정에서 말치가 고변했던 사람들은 온갖 고신(拷訊)에도 끝까지 자복(自服)하지 않았다. 왕은 무죄라고 판단, 결국 방면을 하교한다. 하지만 말치가 고변했던 사람들은 국문(鞫問)으로 이미 여럿이 죽거나 크게 다쳤다. 인조가 말치를 복주시켰던 것은 이 때문이다. 만일 말치가 한 고변이 사실이었다면 처벌하지 않았을 것이다. 사육신(死六臣) 때도 그랬듯, 고변은 나라의 안전을 위해 꼭 필요했고 친족의 고변이라도 처벌하지 않았다. 고변하지 않는 자를 오히려 중죄로 다스렸다.

'이규태 코너'는 저널리즘적 글이다. 그렇다고 역사적 사실 관계의 부정확한 인용이나 해석이 용인될 수 있는 것은 아니다. 코너는 말치가 나라를 위해 고변했으나 강상(綱常)의 죄를 범한 것이었기 때문에 처형됐다고 설명하는데, 이는 역사에 대한 이해의 부족이고 내부고발자 보호가 무고를 보호한다는 것도 아닌데, 코너는 그렇게 해석했다. 도를 넘는 견강(牽强)의 부회(附會)다. 내부고발은 전통사회가 알지 못했던 사회 현상이다.

# IV. 성과

## 1 '내부고발' 용어의 탄생과 배경, 네이밍, 개념 정의

### 1) '휘슬 블로잉'과 용어의 탄생

1991년 내부고발 첫 논문을 쓰면서 whistle-blowing을 '내부고발(內部告發)'로 번역했지만,[14] 어떻게 번역해야 하는가에 대한 자신이 없었다. 내부고발을 했던 사람들 대부분은 자신을 그렇게 부르는 것을 싫어했다.[15] 1994년 중앙대학교 심리학과가 한·일(韓日) 심리학 세미나를 개최했을 때 일본 도쿄대학 야마구치 스스무(山口勸) 교수가 참여했고, 나는 그에게 내부고발 용어의 기원에 대해 물었다. 그는 환경 분야에서 먼저 이 용어를 쓴 것으로 알지만 누가 언제부터 어떻게 쓰게 됐는지까지는 모른다고 했다.[16]

참여연대 지원센터는 내부고발자 지원사업을 시작하고 얼마 되지 않아, 보호 대상인 본인들이 자신들이 그렇게 불리는 것을 그다지 탐탁하지 않게 생각한다는 것을 알게 되면서 1995년부터 회의 때마다 용어 교체를 고민하다가, 1996년부터는 보호 조직의 명칭을 '공익정보제공자지원센터'로 바꿨다.[17] 휘슬 블로잉을 어떻게 번역해야 하는가? 왜 이러한 혼란이 생겼는가? 꽤 오랜 시간이 지나서야 의문에 대한 답을 찾을 수 있었다.

whistleblowing은 근대사회가 만들어 낸 현상이다. 전통사회는 이러한 사건에 대한 경험이 없었다. 전통사회에서 '밀고(密告)'는 조직이나 단체 구성원이 사적 이익을 위해 동료나 동지(同志)들을 배신하는 행위다. 집단의 보호를 위해 이러한 행

---

14) 일본에서는 내부고발 중 조직 내에서 보고는 '내부통보,' 외부에 대한 정보 제공은 내부고발이라고 부른다. 일본의 2004년 「공익통보자보호법」은 전자에 대한 것이다. 內部告發. https://ja.wikipedia.org. 검색 일자 2022.5.25.

15) 참여연대 회의(1998.7.2.)에서 변호사들은 내부고발이 의미가 분명, 명확해서 좋다고 했다. 하지만 내부고발을 했던 사람들은 자신은 내부고발이라는 말이 싫다, 자신을 내부고발자라고 부르지 말라고 했다. 반면 자신을 공익 제보자보다는 내부고발자라고 말하는 분도 있었다. '2019 공익제보자의 밤.' 2019.7.18.

16) 야마구치 스스무(山口勸)는 도쿄대학 인문사회계연구과 교수로 사회심리학, 비교문화 전공자다. 주로 자존심, 비교문화, 집단주의를 연구했던 학자다. 당시 일본어 사전은 內部告發(ないぶ-こくはつ)을 기업 내 노동자가 공해(公害) 투쟁의 하나로 내부 사정을 사회에 고발하는 일이라고 설명했다.

17) 2003년 인터넷에 네티즌 대상 설문조사(총 투표자 수 64명)가 있었는데, 내부고발 27명(42.2%), 내부진실제보 9명(14.1%), 내부비리신고 18명(28.1%), 내부공익제보 10명(15.6%)으로 답했다. 하지만 지원센터는 사회적 인식, 당사자들의 의견을 고려해 공익정보 제공자, 공익 제보, 공익 신고로 표현을 바꾸기로 결정했다.

동을 경멸했다. 밀고에 대한 부정적인 표현이 고도로 발달한 것도 그 때문이다.[18] 반면 내부고발은 근대사회가 자기 보호를 위해 만들어 낸 행동이다. 조직의 성원(成員)이라도 사회적으로 책임 있는 행동을 요구한다. 내부고발이 나타났을 때, 사람들은 처음 전통사회의 기억과 관념으로 이러한 행위를 혐오했다. 내부고발이 그동안 알지 못했던 새로운 현상이라는 점, 내부고발이 갖는 사회적 역할과 의미를 아직 충분히 학습하지 못했기 때문이었다.

내부고발은 번역어다. 휘슬 블로잉은 서구 사회가 발전시킨 표현이다. 호루라기를 부는 행동은 공개적 정보 제공 행동의 비유어다. 어느 특정 시점 누가 이러한 용어를 어떤 의도로 만든 것도 아니다. 호루라기를 불었다는 말은 1883년 6월 미국 신문 『제인스빌 가제트(The Janesville Gazette)』의 기사가 처음이었다고 말한다.[19] 미국의 작은 도시(town)에서 한 경찰관이 폭동을 막기 위해 호루라기를 불어 주민들을 깨웠고 진압 경찰들이 도착해 지역사회는 평온을 되찾았다는 기사다. 19세기 후반 유럽에서 경찰관들은 가벼운 질서 위반 행동을 정지시키거나 주의 경고 신호를 보낼 때 호루라기를 사용했다. 축구경기에서도 심판이 호루라기를 불어 규칙 위반을 알렸다. 서구 사회에서 호루라기를 부는 것은 위험에 처한 사람들의 도움 요청이거나 위험에 대한 경고다. 그리스 우화(寓話) 『이솝 이야기(Aesop's Fables)』에서 양치기 소년은 마을 사람들에게 늑대가 온다고 외쳤는데, 호루라기를 분다는 것

---

[18] 밀고자의 이명(異名)이나 이칭(異稱)의 표현은 20가지도 넘는다. tattler(비밀을 누설하는 사람), tattletale(고자쟁이), rat(비열한 놈, 밀고자), whistler(밀고자), troublemaker(말썽꾼, 분쟁 야기자), betrayer(배신자, 밀고자, 내통자), taleteller(고자질하는 사람), weasel(밀고자, 교활한 사람), sneak/sneaker(고자질쟁이, 몰래하는 사람, 비열한 사람), talebearer(고자쟁이), tipster(경찰의 정보원), canary(밀고자), stool pigeon(경찰의 끄나풀, 정보원), snitch/snitcher(고자질쟁이, 밀고자), squealer(밀고자, 고자질쟁이), nark(경찰 앞잡이, 끄나풀), stoolie(경찰의 앞잡이), fink(경찰의 밀고자), rocking boater(타고 있는 배를 흔드는 사람), deep throat(익명의 내부고발자) 등이다. 한국에서 밀고자, 고자질쟁이, 끄나풀, 눈엣가시, 골칫덩어리, 말썽꾸러기, 미운 오리 새끼 등으로 비하, 멸칭하는 것과 같다.

[19] 랄프 네이더(Ralph Nader)가 blowing whistle란 말을 처음 사용했다는 설명도 있지만 믿을 만한 근거는 없다. 네이더가 1970년대 초 내부고발 용어의 확산에 중심적 역할을 할 것은 맞지만 거기까지다. 당시 네이더 혼자만 그 말을 썼던 것도 아니다. Whistleblower. https://en.wikipedia.org. 검색일 2022.5.30. 참조.

을 공익적 목적을 가진 위험 신호로 봤다.[20] 한자문화권에서는 자신의 불이익을 어필하기 위한 간고(諫鼓: 임금에게 간할 일이 있는 사람이 치는 북)는 있었지만 공익적 목적의 호루라기 불기는 없다. 서구 사회는 호루라기를 부는 사람을 처음에는 whistle blower라고 했다가(예: Stewart, 1980), 이후 whistle-blower로 하이픈으로 잇고, 오늘날의 whistleblower라는 합성어로 발전한다.[21] 미국에서는 whistleblowing이 보통명사로 정착되는 과정에서 whistle 대신 클라리온(clarion)을 쓰자는 주장도 있었다.[22]

휘슬 블로잉의 근대적 용어로의 정착은 1950~60년대다. 현재까지 알려진 배경은 1950년대 미국의 정치환경이다. 의회는 연방정부의 효과적 감시, 견제 역할을 위해 정부 내의 정보제공자가 필요했다. 반면 연방정부는 직원 중 누가 조직 내의 비밀을 허락 없이 의회에 제공하거나 증언하면 해고했다. 1960년대에 오면 좀 더 연방정부 공무원에 의한 공익적 내부정보의 폭로 사건들이 증가하고 언론 매체들은 이러한 폭로를 휘슬 블로잉이라고 부른다.

문헌에 등장은 1970년대다. 랄프 네이더(Ralph Nader)는 1971년 워싱턴 D.C.에서 '내부고발과 전문가의 책임'을 주제로 콘퍼런스를 개최했고, 「내부고발: 전문가책임 콘퍼런스 보고서(Whistle blowing: The report of the conference on professional responsibility)」라는 책을 출간했다.[23] 찰스 피터스(Charles Peters)와 테일러 브랜치(Taylor Branch)도 1972년 1월 『호루라기 불기: 공익을 위한 반대(Blowing the whistle:

---

20) The meaning and origin of the expression: Whistle-blower. The Phrase Finder. https://www.phrases.org.uk. 검색 일자 2022.6.7.

21) The meaning and origin of the expression: Whistle-blower. The Phrase Finder. https://www.phrases.org.uk. 검색 일자 2022.6.7.

22) AFSEEE(Association of Forest Service Employees for Environmental Ethics)는 환경보호 위반에 "Now we say "clarion calling"을 주장했다.

23) Whistleblower. https://en.wikipedia.org. 검색일 2022.5.30. 랄프 네이더(Ralph Nader)는 소비자와 환경보호, 정부개혁 등 정치사회적 이슈에 대해 사람들의 자각과 개혁을 이끌어 내고자 노력했던 시민 또는 정치운동가(civic or political activist)다.

Dissent in the public interest)』를 출판한다.[24] 이 두 권의 책은 내가 아는 내부고발에 관한 최초의 책들이다. 특히 후자는 1950~1960년대 공익적 폭로의 다양한 사례를 소개한 것으로 초기 내부고발 용어의 등장 배경에 대한 가장 구체적인 이해의 단서를 제공한다. 이 책은 '내부고발자(whistle blower)'를 정부의 비밀을 폭로하는 사람, "자신이 속한 조직의 비양심적 관행이라고 생각하는 것을 폭로하는 사람(muckraker)"이라고 정의한다.[25] 또 내부고발자는 불법행위에 대한 폭로자로 단순한 정보 제공자 그 이상이다. 이미 심리적으로 사임하거나 해고를 각오한 사람, 여차하면 상사에게 맞서 싸울 준비가 된 그런 사람들이 하는 행동이라고 설명한다. 내부고발자는 관료로서 조직에 충성할 의무와 한 사람의 시민으로서 자신의 견해를 표현할 권리라는 서로 다른 두 가지가 충돌하는 가운데서 윤리적 딜레마에 직면해 폭로를 하지만 둘 간의 적절한 균형이 무엇인지는 답하기 매우 어렵다고 말한다.

미국에서는 1960~70년대 동안 내부고발이 밀고(密告)를 대체한다. 새로운 근대어에 의한 전통적 표현의 대체다. 『워싱턴 포스트(The Washington Post)』지의 편집장이었던 하워드 시몬스(Howard Simons)는 워터게이트 사건 때 내부고발자를 deep throat라고 했다. 누구인지 모르지만 권력의 저 깊숙한 곳에 있는 국민을 위해 정의의 편에서 비밀정보를 제공하는 사람이라는 뜻이다.[26] 언론 매체들은 '밀고'만 알고 있던 사람들에게 이것을 휘슬 블로잉으로 소개한다. 휘슬 블로잉을 소속 조직에 치명적 피해를 주는 행위이지만 목적은 밀고와는 정반대로 공익적이고, 용기 없으면 할 수 없는 영웅적 행위, 사회를 구하는 노력으로 정의한다.

---

24) 찰스 피터스는 잡지 The Washington Monthly의 창립자이자 기자이고, 테일러 브랜치는 작가다.

25) Muckraker는 실제 불법행위 또는 그럴 것으로 의심되는 부패, 부끄러운 일을 폭로하는 사람이다.

26) Deep Throat(Watergate). https://en.wikipedia.org. 검색일 2022.5.30. 정보가 조직의 저 깊숙한 곳에서 나왔다는 것을 암시하는 표현이다.

## 2) 네이밍(naming)

내부고발(內部告發)은 근대사회가 만들어 낸 휘슬 블로잉이라는 새로운 행동이다. 전통사회의 '밀고(密告)'와는 시대적 차원이 다른 개념이다. 하지만 내부고발이라는 일본의 번역은 휘슬 블로잉이 전통사회의 밀고와는 어떻게 다른지, 즉 휘슬 블로잉의 공익적 목적, 자신의 희생을 무릅쓴 용감하고 정의로운 행위라는 뜻을 살리지 못했다. 나는 이것이 내부고발 용어에 대해 부정적으로 인식하게 만든 원인이라고 생각한다.

디지털 검색이 가능해지고 추적했던 결과, 한국에서 '내부고발'이란 용어 최초 사용 기사는 "「國家機密」보다 「알 權利」 優位"(조선일보, 1974.2.3. 3면)였다. 조선일보는 1970~80년대에 여러 번 내부고발 기사를 실었다. 모두 미국 내부고발 사건들의 소개다. 일간지들은 초기 내부자에 의한 공익적 정보 제공 행동을 내부고발이나 내부고발자, 휘슬 블로어, 호루라기 부는 사람, 이 세 가지로 소개했다. 조선일보는 내부고발에 관한 기사를 최초로 썼을 뿐만 아니라 다른 어떤 일간지보다도 가장 여러 번 지속적으로 소개했다. 대부분의 기사 또한 내부고발자를 보호해야 한다는 것이었다. 하지만 다른 신문과 달리 내부고발자에 대한 법적 보호를 끝까지 가장 반대했다. 아이러니다.

## 3) 사전적 정의

내부고발의 사전(辭典)의 설명은 언제부터인가? 내가 미국 대학 도서관에서 영어사전을 추적해 확인한 whistle-blowing의 등재는 1980년대 초다. 그 이전에 사전에서 설명한 것은 아직 보지 못했다. 챈들러과 플라노(Ralph C. Chandler & Jack C. Plano)의 『행정학사전(The public administration dictionary)』(1982)은 내부고발자(whistleblower)를 설명한다. 『랜덤하우스사전(The Random House Dictionary, 1987)』은 내부고발을 "부정이나 못된 짓(mischief)을 다른 사람에게 폭로하는 또는 중단시키는 행위"로 정의했다.[27] 한국에서는 1997년 『동아프라임 영한사전』이 'whistle-blowing'을 "미 속어, 고발, 밀고"라고 설명했다. 아직도 밀고와 내부고발의 차이를 구분하지 못했다.

## 2 내부고발

### 1) 내가 봤던 내부고발은 무엇이었는가?

내부고발은 누가, 왜 하는가? 내부고발을 했던 사람들을 구분하면 여린형(옳지 못한 일로 누군가 힘들어하는 것을 보고 견디지 못하는), 자존심형·원칙형(원칙주의적 사고를 가진), 의협형(의분에 찬, 불의를 참지 못하는) 등이다. 내부고발을 했던 분들을 만나 보면 의외로 마음이 여린 사람들이 많은 것을 알고 놀란다. 이들은 선한 성품으로, 사소한 것도 부끄럽게 생각하고 자신이 감당할 책임을 훨씬 더 크게 인식했다. 고발은 이럴 때 자기희생이다. 자존심형이나 원칙주의자도 적지 않다. 옳지 못한 일을 보고 바로잡고자 했다가 자존심에 상처를 입으면서 폭로를 하거나 원칙주의자가 현실에 타협하지 못한 경우다. 의협형도 있다. 옳은 것을 위해 자신의 힘으로는 상대가 안 되는 것을 알면서도 맞서는 사람이다.

내부고발은 1회적 행동도 있지만 많은 경우 일련의 작용과 반작용의 결과다. 말하자면 종단적 행동이다. 작은 사건으로 갈등이 발생한 후 당사자들이 이것을 효과적으로 해결되지 못하고 누적되다가 폭로에 이른 것이다. 얼핏 보면 폭로가 어느 순간 누군가가 결심해 감춰져 있던 사실을 드러낸 것처럼 보이나 사실은 그동안 누적되고 증폭된 갈등 해결을 위한 것이다. 동기 요소도 합리적 사고보다는 굴욕이나

---

27) *The Random House Dictionary of the English Language* (2nd ed). (1987). 2478 p. New York, NY: Random House, Inc. p. 2167.

수치, 분노, 자존감의 상처 때문이다. 오늘날 사회과학 분야가 사용하는 양적 검증은 이러한 행동 이해에 심각한 한계가 있다. 심리와 저층 의식구조에 대한 이해가 필요하고 장기적 관찰과 현상학적 해석을 요구한다. 당사자들은 흔히 그때 그 일만 아니었으면 안 했을 것이라고 말한다. 많은 사람은 내부고발자를 가리켜 평소에 그는 전혀 그럴 것 같지 않았던 사람이라고 증언한다. 이때 연구자들이 사용할 수 있는 적합한 방법론은 무엇인가? 난 답이 없다.

## 2) 보호법. 왜 미국이 먼저였는가?

오랫동안 가졌던 의문이다. 세 가지 정도일 것이다. 첫째, 근대적 조직의 등장과 개인 인권 인식의 성장이다. 미국은 산업혁명 이후 가장 먼저 근대 민주국가를 출범시켰고 개인주의가 발달한 국가다. 조직에 대한 충성과 개인의 자유의사 표현 간의 갈등과 충돌을 가장 먼저 경험했기 때문이다. 둘째, 미국의 정치적 환경이다. 미 의회와 연방정부 간의 정보 갈등, 많은 폭로가 있었다. 셋째, 카터 행정부의 실적제도 보호 개혁이다. 「공무원제도개혁법(Civil Service Reform Act)」(October 13, 1978) 제정은 무능한 공직자 퇴출, 생산성 향상을 위한 것이었다(Baran, 1979). 한국은 「부패방지법」(2001)에서 보호를 규정했다.

## 3) 보호의 의미

내부고발자 보호와 관련해서는 뼈아픈 오해의 경험이 있다. 나는 오랫동안 내부고발자 법적 보호를 해고되지 않게 하는 것으로 믿었다. 전(前) 감사관 이문옥은 복직 후 사적인 자리에서 축하한다고 하자 자신은 복직했지만 왕따라고 자조(自嘲)했다.[28] 법적으로 고용 관계를 보호하는 데 성공했었지만 왕따의 자리로 밀어 넣은

---

28) 1998년 12월 망년회.

것이었다. 인간의 존엄이나 품위, 행복의 자리가 아니었다. 참여연대센터가 첫 도움을 줬던 김필우 소장은 『내부고발의 논리』 출판기념 토론회 때(1999.3.23.) 5시간을 걸려 참석했다. 그는 자신이 "가장 참을 수 없었던 것은 해고가 아니다. 사회의 냉대와 질시다. 배신자 취급한다. 사회를 위해 한 것이었는데, 오히려 배신자 취급 받아서 참담하다"고 했다. 조직의 보복만 있는 것이 아니다. 사회적 가해(加害)도 있다. 이러한 가해는 장기적이고, 사회적 소외를 낳는다. 브루스 피셔(Bruce Fisher)는 1991년 논문에서 법적 보호가 '거짓 희망(false hope)'이라고 말했다. 내부고발자의 참다운 보호는 사회적 학습이 필요한데, 시간이 걸린다. 더 문제는 효과적 방법이 없다는 점이다.

### 4) 행정윤리의 키워드

내부고발은 행정윤리 분야의 키워드다. 테리 쿠퍼(Terry L. Cooper)가 쓴 『책임 있는 행정인(The Responsible Administrator: An approach to ethics for the administrative role)』(제3판, 1990) 제7장 '조직 안에서 윤리적 자율성의 보호(Safeguarding Ethical Autonomy in Organizations: Dealing with Unethical Superiors and Organizations)'는 내부고발에 대해 설명한다. 조직과 상사가 비윤리적일 때 책임 있는 공직자라면 어떻게 행동해야 하는가를 묻는다. 제6판(2012) 제8장에서는 다른 어떤 장(章)보다도 가장 많은 지면(pp. 197~240)을 할애해 책임 있는 공직자와 내부고발에 대해 설명한다. 이 책은 미국 MPA(Masters in Public Administration) 프로그램 윤리 강의 교수들이 사용하는 대표적인 교재다. 한국의 행정학 교과서 중에는 윤리문제를 언급하지 않는 책도 있다.

### 5) 학문적 관심

한국에서는 마치 행정학 분야의 연구 주제로 생각하는 경향도 있지만, 내부고발은 다양한 학문 분야, 미국에서는 법학, 비즈니스, 철학, 윤리, 조직연구, 행동연구, 인간관계, 커뮤니케이션, 과학(핵발전소), 건강, 환경, 의료, 간호 분야 연구자들의 주요 관심사다. 법학이나 비즈니스 분야는 1975년 가장 일찍이 연구를 시작했다(예: Lindauer, 1975; Walters, 1975). 법학 분야의 관심 이슈는 노동관계법, 근로자 보호, 공익적 행동을 한 사람의 부당해고 등이다. 비즈니스 분야의 관심은 CEO가 어떻게 내부 이견자를 관리해야 하는가다. 행정학 분야에서는 오히려 이들보다 늦게 1980년 처음 연구가 나왔다(예: Bowman, 1980). 관심은 물론 공직자 윤리다. 주디스 트루엘슨(Judith A. Truelson)은 행정학에서 내부고발 관련 논의 이슈를 책임성(accountability, responsibility), 충성, 정치적 위험, 익명성, 보복, 내부 이견 채널, 내부자의 공익정보 제공에 대한 보호라고 말한다(Truelson, 1989: 871). 미국에서 내부고발 연구를 비즈니스 윤리 분야 연구자들이 주도했다면 한국은 행정학 분야가 가장 먼저 시작했고 또 주도했다.

# V. 나오는 말

❖────── 내부고발 생애연구 30년은 영광의 시간들이었다. 공익적이고 선한 목적으로 사회에 헌신한 사람들의 편에서 세상의 진보를 꿈꿨던 날들이다. 연구자로서 새로운 개념을 들여와 사회에 밀어 넣고 이것이 성장하면서 세상을 조금씩 바꾸는 동안, 나는 인간과 사회 현상이란 무엇인가? 연구는 또 무엇인가? 등을 오래 생각할 수 있었다. 인류가 전근대적인 신분적 구속과 억압으로부터 노예와 여성을 해방시켰다면 나에게 내부고발자 보호란 근대조직의 위계적 구속으로부터 양심적 약자, 소수자들을 해방시키는 일이었다. 조직에는 상사와 부하가 있다. 상사는 업무 관련 위계적 질서 속에서는 조직의 리더다. 하지만 상사가 도덕적 리더인 것은 아

니다. 내가 연구자로서 그동안 했던 일은 조직에서 힘없는 부하가 도덕적 리더일 때 그를 조직의 부당한 권력과 억압으로부터 구하고 해방시키기 위한 지원이 아니었을까. 전근대적 구속의 환경에 홀로 남겨진 우리 편 「라이언 일병 구하기(Saving Private Ryan)」(영화. 1998년 작) 어디쯤에서 미력(微力)을 보탠 것이다. 아마도 이러한 일들은 이해, 해석과 비판과 실천의 어디쯤에 속할 것이다.

# 참고 문헌

강준만. (1995). 「김대중 죽이기」. 고양: 개마고원.
박흥식. (1991). "내부고발(whistle-blowing): 이론, 실제, 그리고 함축적 의미." 「한국행정학보」, 25(3): 769-782.
_____. (1994). "내부고발자 보호와 민간단체의 활동: 미국의 경우." 김해동 교수 정년퇴임기념논문 간행위원회(편). (1994). 「한국의 관료론: 방법과 실제」, (pp.349-373). 서울: 서울대학교 행정대학원.
_____. (1999). 「내부고발의 논리」. 서울: 나남.

Baran, A. (1979). "Federal employment - The Civil Service Reform Act of 1978 - Removing incompetents and protecting 'whistle blowers'." *Wayne Law Review*, 26: 97-118.

Bowman, J. S. (1980). "Whistle-blowing in the public service: An overview of the issues." *Review of Public Personnel Administration*, 1(1): 15-28.

Brosnan, D. (1989). "A comparative analysis of United States and Japanese public personnel systems." *Asian Journal of Public Administration*, 11(1): 25-48.

Chandler, R. C. & Plano, J. C. (1982). *The public administration dictionary*. New York, NY: John Wiley & Sons.

Chua, A. C. H. (1998). "Whistleblowing, Red Chips, and the Provisional Legislature in Hong Kong." *Public Administration Review*, 58(1): 1-7.

Chua, A. C. H. & Gould, D. B. (1995). "Whistleblowing: Public Interest or Personal Interest? The Experience of a Hong Kong Government Pharmacist." *Public Administration and Policy*, 4(2): 251-274.

Cooper, T. L. (2012). *The responsible administrator: An approach to ethics for the administrative role* (6th ed.). San Francisco, CA: Jossey-Bass.

Fisher, B. D. (1991). "The Whistleblower Protection Act of 1989: A false hope for whistleblowers." *Rutgers Law Review*, 43(2): 355-416.

Lindauer, M. J. (1975). "Government employee disclosures of agency wrongdoing: Protecting the right to blow the whistle." *University of Chicago Law Review*, 42: 530-561.

Monod, J. (Author), Wainhouse, A. (Translator). (1972). *Chance and necessity: An essay on the natural philosophy of modern biology*. London, UK: Collins.

Nader, R., Petkas, P. J., & Blackwell, K. (eds.). (1972). *Whistle blowing: The report of the Conference on Professional Responsibility*. New York, NY: Grossman Publishers.

Navask, V. S. (April 30, 1972). "A combination of Ralph Nader and Judas Iscariot." *The New York Times*, Section BR, p. 4.

Park, H., Rehg, M. T., & Lee, D. (2005). "The influence of Confucian ethics and collectivism on whistleblowing intentions: A study of South Korean public employees." *Journal of Business Ethics*, 58(4): 387–403.

Park, H., Vandekerckhove, W., Lee, J., & Jeong, J. (2020). "Laddered motivations of external whistleblowers: The truth about attributes, consequences and values." *Journal of Business Ethics*, 165(4): 565–578.

Peters, C. & Branch, T. (1972). *Blowing the whistle: Dissent in the public interest*. New York, NY: Praeger.

Stewart, L. P. (Autumn 1980). "Whistle blowing: Implications for organizational communication." *Journal of Communication*, 30(4): 90–101.

Truelson, J. A. (1989). "Implications of whistleblowing for public administration education." *Public Studies Review*, 8(4): 871–876.

Vinten, G. (1999). "Whistleblowing – Hong Kong Style." *Public Administration and Policy*, 8(1): 1–19.

_____. (ed.). (1994). *Whistleblowing: Subversion or corporate citizenship*. London, UK: Paul Chapman.

Walters, K. D. (1975). "Your employees' right to blow the whistle." *Harvard Business Review*, 53(4): 26–34, 161–162.

양재진

# 비교 복지국가 연구: 한국 사례를 토대로 한 '작은복지국가론'의 일반화*

## I. 들어가는 말

❖──── 필자는 한국이 경험한 발전국가(developmental state)와 앞으로 가야 할 복지국가(welfare state)를 연구 대상으로 삼고, 그동안 200여 편에 달하는 논문과 저서를 발간했다. 이 중에 그간 복지국가 연구에서 소홀히 다뤄진 예외적인 사례들, 즉 '작은' 복지국가에 대한 연구를 통해, 비교 복지국가 연구의 새로운 지평을 개척하는 데 심혈을 기울였고 큰 성과를 내었다. 한국의 현실에서 기존 복지국가 이론을 재음미했고, 유럽을 바탕으로 형성된 기존 복지국가 이론들이 놓치고 있는 점을 연구설계에 반영해 이론화한 것이다. 연구의 출발을 형성하는 물음은 "왜 성

---

* 이 글은 2019년 한국행정학회 동계학술대회 〈한국화논단〉 세미나에서 발표한 논문을 바탕으로 작성됐다.

공적인 경제 성장과 민주화, 그리고 노동운동의 활성화에도 불구하고 한국의 복지국가는 여전히 '작은가'?"였다.

사실 이 질문은 1980년대 후반 대학을 다니면서 던진 질문이었다. 당시 대학 사회를 지배하던, 사회주의 '변혁' 담론은 암암리에 북한식 사회주의 혹은 소비에트 사회주의를 이 땅에 세우는 것을 목표로 했다. 1987년 민주화 이후에도, 많은 대학생이 학생 신분을 숨기고 노동 현장에 몸을 던지거나, 반미·통일운동에 나서는 기류가 이어진 이유였다. 필자는 사회주의의 고매한 이상에도 불구하고 현실 사회주의는 전체주의로 귀결될 수밖에 없음을 깨닫고, 자유민주주의(liberal democracy)에서 사회주의 이상을 실현하고자 하는 서구 사회민주주의와 복지국가에 관심을 갖게 됐다. 한때 유행했던 종속이론이 발붙일 수 없을 만큼 경제 발전도 이루고 성공적으로 민주주의를 쟁취한 이후에도, 게다가 소련을 비롯한 동구 공산주의 체제가 모두 무너진 이후에도 사회주의 담론과 변혁운동이 젊은이들에게 계속 매력적인 이유는 한국 복지국가의 발전이 지체돼서 그렇다고 봤다.

따라서, 한국 복지국가의 발전이 필요하다고 봤고, 이를 위해서는 한국 경제의 급속한 발전과 대비되는 한국 복지국가 저발전의 원인부터 규명하는 게 순서였다. 이에 복지국가와 사회정책 연구를 모교 안병영 교수님 밑에서 했고, 학사학위 논문부터 석사 논문 그리고 박사학위 논문까지 주제는 한국 복지국가를 비교론적 관점에서 분석하는 일이었다.

결국 2017년 케임브리지대학교 출판부(Cambridge University Press)에서 출판한 *Political Economy of the Small Welfare State in South Korea*로 학부 시절에 던진 질문에 스스로 만족스러운 답을 했고, 이후 연구 대상을 사회보장이 유럽보다 덜 발달한 일본과 미국으로 확장했다. 엘거출판사(Edward Elgar)에서 나온 *The Small Welfare State: Rethinking Welfare in the US, Japan and South Korea*에서 인과관계를 확인하는 비교 사례 연구를, Large-N 통계분석은 IPSR에 출판된 논문 "Union Structure, bounded solidarity and support for redistribution: Implications for building a welfare state"에 담았다.

필자는 '큰 정부(big government)-작은 정부(small government)'의 개념에 착안해, 유럽의 큰 복지국가(big welfare state)에 대비된다는 뜻에서 한국을 비롯한 동아시아와 영·미 자유주의 국가들을 작은 복지국가(small welfare state)라고 명명하고, 작은 복지국가 연구에 매달렸다.[1] 작은 복지국가 연구는 미국이나 일본보다 더 예외주의적인 사례가 되는 한국에 대한 설명으로부터 시작됐다. 단일 사례 연구지만 예외적 사례(outlier case)에 대한 탐구는 풍부한 가설 설정을 가능하게 했다. 이후 한국을 사례로 제시됐던 주요 가설(노동운동의 양식과 노조 구조, 다수대표제, 공공복지에 앞선 기능적 등가물의 발전 등)을 일본, 미국 그리고 한국의 3개국 비교 사례 연구에 적용해 인과 관계를 확인하는 제한된 일반화의 과정을 거쳤다. 그리고 많은 관측값 확보가 가능한 노조 구조(union structure)의 경우는 독립적 영향력을 통계적으로 확인하는 작업을 병행했다. 한국적 특수 사례를 토대로 한 이론적 보편화의 필요성과 이후 작은 복지국가라는 개념하에 진행된 생애연구의 결과를 시간 순으로 소개하면 다음과 같다.

## II. 복지국가이론의 유럽중심주의와 작은 복지국가 연구의 필요성

❖──── 현재 우리의 삶을 지배하는 정치·경제·사회 제도의 대부분은 우리

---

1) 작은 복지국가 연구는 양재진이 연구 책임을 맡았던 SSK저발전복지국가연구사업단의 공동연구진들과 협력연구로 이뤄지고 있다. SSK 작은복지국가연구 프로젝트 연구계획에서부터 *The Small Welfare State: Rethinking Welfare in the US, Japan and South Korea*에 이르기까지 공동연구의 결과임을 밝힌다. 주요 공동연구진은 김영순(서울과기대), 권순미(한국기술교육대), 정의룡(교통대), Margarita Estevez-Abe(Syracuse University), 김도균(경기연구원), 고(故) 노정호(국민대)다.

보다 앞서 근대화를 경험한 서구에서 왔다. 학문의 세계도 마찬가지다. 자연과학은 물론 사회과학도 그러하다. 서구 보편주의는 도도하게 흐르는 강물과도 같이 우리의 삶과 학문을 지배하고 있다고 해도 과언이 아니다. 학문세계에서 서구 보편주의 그 자체가 문제될 수는 없다고 본다. 문제는 서구의 경험을 바탕으로 형성된 시각과 이론만으로는 우리의 문제를 온전히 인식하고 원인을 밝히며 해법을 제시하는 데 한계가 있다는 것에 있다(김현구, 2018; 박종민, 2012).

복지국가 연구도 크게 다르지 않다. 그동안 복지국가 연구는 에스핑앤더슨(Esping-Andersen, 1990: 17)의 지적과 같이 스웨덴과 독일 같은 유럽의 '큰' 복지국가에 대한 연구 결과를 바탕으로 이론이 발달해 왔다. "무엇이 복지국가의 태동을 가져왔는가?" "무슨 요인이 사회 지출과 프로그램의 확대에 영향을 미쳤는가?" 등이 주요 연구 주제였던 것이다. 그 결과, 산업화로 인한 사회적 위험과 국가재정 능력의 확충을 강조하는 산업화 논리(logic of industrialism), 민주주의와 선거 경쟁에 따른 복지 제공의 칭찬 획득(credit claiming)의 정치, 노동과 친복지 정치 세력의 상대적 힘(power)의 크기를 중시하는 권력자원론(power-resources model), 국가관료제의 독립변수적 역할에 주목하는 국가론적 설명 등이 보편이론으로 탄생됐다.

유럽과 근대화를 함께 경험했으나, 유럽과 달리 복지국가 발전이 더딘 미국과 일본과 같이 나라에 대해서는 '예외주의(exceptionalism)'라는 이름을 붙였다(필자는 이를 '작은 복지국가'로 명명하며 유럽의 '큰' 복지국가와 대비해서 부르고 있다). 예외주의에 대한 설명은 유럽 복지국가를 낳은 요인의 결핍(예: 강한 노동계급과 강한 좌파정당의 부재) 혹은 지역특수적인 문화적 요인(예: '인종 차별[racism]', '유교[confucianism] 및 가족주의[familialism]', '발전주의[developmentalism]' 등)에 의존해 설명해 왔다(Quandagno, 1998; Jones, 1993; Rose & Shiratori, 1986; Holliday, 2000).

유럽의 '결핍'으로 예외주의적 (작은) 복지국가를 단선적으로 설명할 수는 있다. 그러나 이 경우, 유럽과 다른 양태를 보이는 복지 정치 양상은 공백으로 처리되고, 이의 인과 메커니즘(causal mechanism)을 제시하지도 않은 채 블랙박스로 남겨놓는다. 또 반대로 유럽 밖 복지국가의 형성과 특징을 설명하고자 하는 시도에서는 대부분 그 사회의 맥락을 구성하는 문화적 특이점(idiosyncrasy)을 원인으로 삼아 설명한다. 유럽 기준에 예외적인 복지국가라는 특이한 현상(결과)을 쉽게 문화적 특질로 환원해 설명하려는 것이다. 필자가 보기에 이러한 접근 방식은 인과관계의 특정 맥락은 이해할 수 있게 해 주나, 인과관계의 본질은 드러내지 못한다.

복지국가 연구가 '과학'이기 위해서는 이론화 작업(theory building)이 필수적이다. 여기서 얘기하는 일반화(generalization)는 스카치폴(Skocpol, 1979: xii)이 비판하는 파슨스(Talcott Parsons)류의 역사적 맥락을 벗어난 거대이론(grand theory)의 형성이 아니다. 이보다는 복지국가 발전과 저발전을 부르는 구체적인 구조와 제도적 조건에 대한 탐색을 뜻한다. 즉, 어떠한 조건에서 복지정치의 주요 행위자들이 공공재(public goods)인 공공복지(public welfare)를 추구하거나 멀리하는 선택을 하는지, 그리고 이러한 선택을 가능케 하는 힘(power)의 원천은 무엇인지를 탐구해야 한다. 이때, 이러한 조건의 탐색은 해당 사회에만 존재하는 고유한 특질(idiosyncrasy)을 넘어서는, 적어도 비교 연구 대상인 경제개발협력기구(OECD) 국가에 보편적으로 나타나는 사회경제적 구조와 제도에 대한 연구여야 한다. 종속변수(이 경우, '예외적' 혹은 '작은' 복지)를 곧바로 예외적 특질을 갖는 독립변수(예: 가족주의)에 바로 연계시켜 설명하기보다는, 근대화된 국가에서 보편적으로 나타나는 구조와 제도의 다양한 배열(configuration)이 만들어 내는 독특한 현상으로 설명하는 방식이 필요하다. 보편적인 이론틀로 다양한 변이(variance)를 설명할 수 있을 때, 일반화가 가능한 이론이 형성될 수 있기 때문이다.

작은 복지국가 연구는 그동안 복지국가 연구에서 다소 소홀히 다뤄진 이런 '예외적' 사례를 보편적인 개념과 이론틀을 통해 설명해 내고자 했다. 이 연구는 그동안 복지국가 연구에서 잘 던지지 않았던 질문, "왜 어떤 국가는 복지국가 발전이 더딘가?" 즉, "왜 어떤 나라는 복지 프로그램 도입이 늦고 공공사회지출 수준이 낮으며, 동시에 잔여주의적인 성격이 높고 사회서비스 등 새로운 복지 프로그램이 저발달돼 있는가?"를 던지며 시작됐다. 유럽의 학자들이 전후 크게 성장하는 복지국가, 특히 북유럽 복지국가를 이해하기 위해 질문을 던지고 이론을 만들어 왔다면, 필자는 산업화 이후 한국에서 볼 수 있었던 '복지의 저발전'이라는 특이한 현상을 연구주제로 설정한 것이다. 그리고 이 질문에 대한 답을 서구 복지국가이론에서 제시하는 요인들의 결핍이나 우리 사회의 특이한 문화적 특질로 환원해서 논하기보다는, 유럽 복지국가를 설명하던 제도주의적 변수를 통해 복지정치의 양태를 구체적으로 드러내고, 왜 그러하게 됐는지를 설명해 일반화의 가능성을 높이고자 했다.

## III. 작은 복지국가 연구의 태동과 발전

### 1 예외주의 연구: 가설 탐색적 예외적 사례 연구(한국)

한국은 더 이상 변방이 아니다. 경제와 민주주의 발전 정도가 OECD의 주요 국가들과 어깨를 나란히 한다. 반세기 전에 산업화가 시작됐고, 1인당 국민소득은 뉴질랜드, 이탈리아, 일본 그리고 유럽연합(EU) 평균을 넘는다. 시민의 힘으로 쟁취한 온전한 민주주의를 구가하고 있으며, 노동운동도 자유화돼 있고, 좌파정당도 활동한다. 그러나 한국의 복지제도는 발전해 오고 있지만, 다른 OECD 국가와 비교해 볼 때, 사회적 위험에 처했을 때 받을 수 있는 소득 보장의 관대성이나 사회서비스의 발달 수준이 낮다.

"왜 한국의 복지국가는 저발전 혹은 작은가?"[2]에 대한 답을 필자는 *The*

---

[2] 여기서 '작다'는 말은 크게 다섯 가지 의미를 함축하고 있다. 첫째, 국가를 통한 공공사회지출(public social expenditure) 수준이 낮다는 뜻이다. 둘째, 사회복지 프로그램이 소위 구사회적 위험(old social risks)에 대비하는 데만 집중돼 있어 연금과 의료보장 등 전통적인 복지제도가 차지하는 비중이 크고, 적극적 노동시장, 사회서비스, 아동 및 가족 지원 등의 신사회위험(new social risks)에 대비하는 프로그램 발달 정도가 낮은 것을 뜻한다. 셋째, 사회권(social right)이 발달하지 않아, 대상자 선택이 보편주의보다는 선별주의에 입각해 있으며, 재원 조달 면에서 일반조세의 비중이 낮은 것을 의미한다. 넷째, 사회복지 프로그램의 급

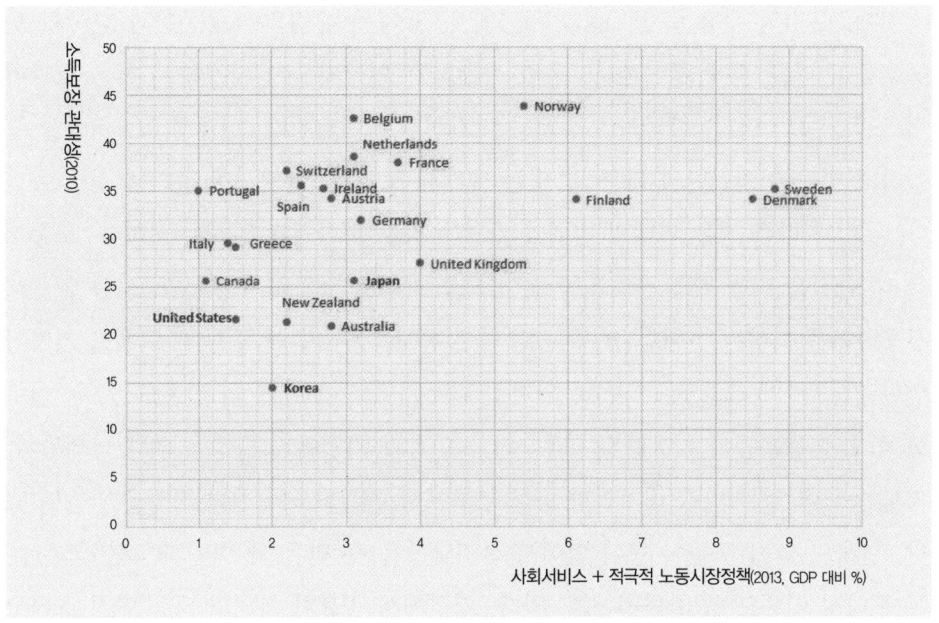

자료: 소득보장 관대성은 CWED(comparative welfare entitlements dataset/ version 2014-03), 사회서비스와 적극적 노동시장정책의 지출 자료는 OECD 사회지출 데이터(SOCX)를 바탕으로 저자가 작성.

[그림 1] 한국의 소득보장 급여의 관대성과 사회서비스 지출의 국제 비교

*Political Economy of the Small Welfare State in South Korea*(Cambridge University Press, 2017)에서 제시하고 있다. 이 책은 유럽의 경험을 토대로 만들어진 기존 복지국가 발전이론들, 즉 산업화 논리, 민주주의와 선거경쟁론, 권력자원론, 그리고 국가론을 받아들이면서도, 이들 이론이 당연시했던 전제 조건들(시장경제, 비례대표제와 의원내각제, 초기업적 산별노조, 합리적 관료제)이 한국에는 다른 방식으로 제도화가 돼 있음을 밝히고, 이의 영향을 추적했다. 주된 설명 요인들은 유럽의 학자들은 경험하기 어려운 우리만의 경험에서부터 도출됐다.

---

부 수준과 적용률이 낮고, 재분배 효과가 상대적으로 낮은 복지국가를 의미한다. 다섯째, 산업화 수준이나 민주화 정도에 비춰 복지 프로그램의 도입이 상대적으로 늦은 복지국가를 뜻한다.

첫째, 복지의 수요 측면(supply-side)에서, 필자는 유럽의 노동운동과 한국의 노동운동이 다른 점에 주목했다. 유럽 복지국가 연구자들이 가정하고 있는 초기업적 노동운동과 달리, 한국의 노동운동은 기업별로 이뤄진다. 연대성(solidarity)을 상실하고 있고 이익집단과 다를 바 없는 행태를 보인다. 연대성이 없다는 것이 아니다. 유럽과 다른 점은 연대의 범위가 기업 울타리에 한정돼 있다는 것이다. 노동계급 내 단결을 위해 기업 울타리를 넘어 노조 스스로 양보하지 않는다. 노동계급 내 상후하박을 꾀하는 연대임금(solidarity)의 전통도, 경제가 안 좋을 때 고용을 지키기 위한 임금 자제(wage restraint)나 일자리 나누기(work sharing)의 전통도 없다. 민주화 이후 노동운동이 자유화된 이후, 임금 인상과 기업복지 향상을 위해 달려왔다. 지불 능력이 있는 민간 대기업과 공공 부문에서 귀족노조와 신의 직장을 만들어 냈다. 한국의 조직 노동이 힘이 없어서 복지국가를 못 만든 게 아니라, 복지국가 운동에 나설 이유도 없고 나선 바도 없다. 직장에서 필요한 복리와 고용 안정 그리고 복지를 쟁취했기 때문이다.

### 현대차 '실리' 노조위원장의 선택, 이제 파업은 없다?

하부영 현대자동차 위원장은 지난 11월 21일 열린 '사회연대전략 포럼 토론회'에서 노동운동이 사회연대적 전략에 적극 나서야 한다는 취지로 발언해 관심을 끌었다.

하부영 위원장은 "현대차지부의 역사가 32년이다. 열심히 앞만 보고 투쟁해 연봉 9,000만 원에 무상의료, 무상교육을 쟁취해 노동조합이 올라갈 수 있는 최정점에 올라섰다. 임금으로만 보면 상위 10%에 해당된다"면서 "계속 우리만 잘 먹고, 잘살자고 하는 임금 인상 투쟁 방향이 옳은 것이냐 생각해야 할 때"라고 강조했다.

그는 "지금 당장 90%와 연대를 실천해야 한다고 생각한다. 양보하자는 게 아니라 90%에 속하는 중소 영세기업 노동자, 비정규직 노동자들의 사회불평등 · 빈부 격차 · 임금 격차 해소를 위한 연대 투쟁에 나서는 게 민주노조운동 세력이 갈 길이라고 생각한다"고 밝혔다(Insight Korea, 2019. 12. 5.).

물론 노동의 힘을 강조하는 권력자원론은 '작은' 복지국가를 이해하는 데도 유용하다. 낮은 조직률이 상징하듯, 한국 노동의 조직화된 힘은 다른 OECD 국가에 비해 낮은 편이며, 그만큼 복지국가 발달 정도도 낮다고 해석될 수 있다(마인섭, 2002; 고세훈, 2003). 그러나, 권력자원모형이 한국의 '작은' 복지국가를 더 정밀하게 설명하기 위해서는, 노동의 '힘'에만 주목해서는 안 된다. 산별 수준 혹은 중앙 수준에서 임금 협상을 벌이고 단체협약을 맺는 유럽과 달리 기업별로 조직화되고 기업노조가 단체협약권을 보유하고 있는 한국의 노동은 이익집단처럼 '공공재'인 공공복지보다는 '사유재'에 가까운 임금/기업복지 향상을 위해 힘을 소진한다. '힘(power)'도 문제지만 노동운동의 제도화 양태(즉, 기업별 노조, 산별 노조, 중앙노조 등)에 따라 노조지도부의 정책 선호가 바뀐다. 이러한 노동의 행태가 한국 복지국가의 저발전에 미친 영향을 추적하는 게 필요하다. 노동의 조직화 양태라는 제도가 노동운동 지도부의 '선호(preference)'에 미치는 문제를 중요한 요인으로 본 것이다.

둘째, 복지의 공급 측면(supply-side)에서, 필자는 민주주의 한국의 정치가 유럽과 다른 점을 주목했다. 유럽의 '큰' 복지국가와 달리 한국은 다수대표제를 통해 작은 지역구에서 국회의원을, 그리고 대통령을 뽑는다. 민주화가 돼도 소선거구제는 비례대표제와 달리 복지국가 건설을 정치적 목표로 삼는 좌파정당의 의회 진출을 어렵게 했고, 중산층이 보수정당에 투표하는 경향성을 낮게 했다(Iversen & Soskice, 2006). 그리고 소선거구제에서 개개 의원들은 마치 기업노조처럼 전국적 수준의 공공재 공급보다 지역구에 혜택이 집중되는 사업에 더 큰 관심을 보인다(Estevez-Abe, 2008).

### '초수퍼 예산' 비판하더니…상임위서 8조 증액한 국회

국회 상임위원회가 내년도 정부 예산안을 예비심사 과정에서 줄줄이 증액하고 있다. 사상 처음 500조 원을 넘겨 '초수퍼' 규모로 편성된 예산안에 현재까지만 총 8조여 원을 더 얹었다. 의원들이 지역 선심성 사업을 경쟁적으로 끼워 넣은 결과다. 자유한국당은 "내년도 예산을 약 15조 원 감액하겠다"고 벼르고 있지만 상임위 단계에서부터 '묻지마 증액'에 들어가면서 예산결산특별위원회에서의 '칼질'이 쉽지 않을 것이라는 관측이 나온다.
10일 국회 예결위에 제출된 8개 상임위 예산안 예비심사 보고서를 분석한 결과 기획재정위원회를 제외한 7개 상임위에서 지출 요구액이 정부안보다 늘어난 것으로 확인됐다. 국토교통위원회가 2조 3,192억 원을, 농림축산식품해양수산위원회가 3조 4,374억 원을 늘리는 등 8개 상임위가 요구한 지출 증감액 총 합계는 8조 2,858억 원에 달한다. 내역별로 살펴보면 사회간접자본(SOC) 분야의 증액이 두드러졌다. 대부분 상임위 지역구 의원들의 이해관계가 얽혀 있는 예산이다(한국경제, 2019. 11. 10.).

한편, 우리나라는 대통령과 국회의원 선거가 단수다수제다. 즉, 1표라도 더 얻은 사람이 승자가 되는 승자 독식 구조다. 박빙의 선거전에서 중간층의 일부만이라도 '우향우' 하면, 비인기 정책인 증세를 주장하는 정치 세력은 전멸할 수도 있다. 51%를 획득한 1등 앞에 49%의 지지를 받은 2등은 아무 의미가 없다. 그리고 대통령과 집권당은 증세에 대해 책임을 홀로 다 짊어진다. 유럽 복지국가의 상황은 다르다. 많은 유럽 국가는 의원내각제하에서 책임을 나눠 지는 연립정부를 운영한다. 그리고 비례대표제이기에 증세 때문에 10%의 지지가 빠져도 국회 의석이 10% 줄어들고 만다. 한국에서는 10%의 지지가 상대편으로 넘어가면 승리 가능성은 다 사라진다고 봐야 한다.

어느 나라에서나 비인기 정책인 증세를 정치인들은 회피하려 한다. 그러나 국가적으로 증세가 필요하다면 해야 한다. 비례대표제하의 의원내각제 국가에서 증세가 '정치적 자해'라면, 다수대표제하의 대통령제 국가에서는 '정치적 자살'이 된다. 훨씬 페널티(penalty: 불이익)가 크다. 전국적으로 지지를 동원해야 하는 대통령은, 지역구 의원과 달리, 공공재인 복지 공급에 힘을 쏟으면서도 증세에 소극적일 수밖에 없는 이유다. 박근혜 대통령은 '증세 없는 복지'를 공약으로 내세우고, 문재인 대통령이 보편 증세는 회피하고 '부자 증세'에 머물 수밖에 없다.

> **문 대통령 '수퍼리치 증세' 공식화**
>
> 문재인 대통령이 21일 "이제 확정해야 할 시기"라며 '수퍼리치 증세'를 공식화했다. 문 대통령이 취임 이후 증세의 구체적 방향을 제시한 것은 처음이다. 문 대통령 발언으로 집권 초기 증세 논의가 본격화됐다는 의미가 있지만 증세 대상이 좁아 '증세 없는 복지' 논란이 이어질 것이라는 전망이 제기된다. … 문 대통령은 다만 "증세를 하더라도 대상은 초고소득층과 초대기업에 한정될 것이다. 일반 중산층과 서민들, 중소기업들에는 증세가 전혀 없다"며 "이는 5년 내내 계속될 기조다. 중산층, 서민, 중소기업들이 불안해하지 않도록 해달라"고 말했다. 집권 동안 증세 대상을 넓히는 일은 없을 것이라고 못박은 것이다(경향신문, 2017. 7. 21.).

결론적으로, 유럽의 복지국가처럼 한국도 민주주의를 하지만, 정치제도가 다르다. 유럽과 다른 한국만의 복지정치와 조세정치의 특징을 정치제도와 연관해 설명하고, 작은 복지국가를 만드는 인과적 과정을 사례 연구를 통해 드러냈다.

셋째, 산업화의 패턴이 유럽과 다른 점에도 주목했다. 서구 복지국가의 태동과 발전을 설명하는 가장 오래된 이론으로 산업화 논리(logic of industrialism)가 있다. 산업화는 전통 농업사회에서 볼 수 없는 각종 사회적 위험(social risks)을 만들어 낸다. 실업, 산업재해, 질병, 그리고 은퇴 등으로 소득활동이 중단되는 위험이다. 각종 사회보험과 사회보장제도가 만들어진 이유다. 모든 서구 국가에서 산업화가 진전될수록 복지제도는 확충되고 복지 지출은 늘어나는 경향을 보이고 있다. 한국의 경우도 예외는 아니다. 그런데, 산업화 시기 산재보험(1964)과 의료보험(1977)을 제외하고는 변변한 사회보장제도가 도입되지 못했다. 그것도 전 국민을 포괄하지 못하고 일부 큰 사업장에만 적용됐다. 급여 수준도 낮았다. 민주화되고 나서야 국민연금과 고용보험이 도입되고 전국민의료보험이 실시됐다. 왜 그런가?

필자는 한국이 채택한 수출지향산업화(expoirt-oriented industrialization)와 그 효과에 주목해야 한다고 봤다. 자본과 기술이 부족했던 산업화 초기, 풍부한 저임금 노동력이 수출품의 가격경쟁력을 지탱해 줬다. 1970년대 중화학공업화에 나서면서도 수출경쟁력을 유지하기 위해 국가가 임금 억제에 적극적으로 개입했다. 노동운동에 대한 억압과 배제가 강화됐다. 이때의 임금 억제는 수출 대기업에 집중됐다. 대기업과 중소기업의 임금 격차는 시간이 갈수록 줄어드는 기현상을 보였다. 1973년에 500인 이상 대기업 생산직 근로자의 임금을 100으로 할 때, 10~29인 규모의 중소기업 근로자 임금이 66.8였던 것이 1980년에는 89.8까지 좁혀졌다. 지금과는 정반대의 현상이었다. 이 과정에서 수출 대기업이 크게 성장했다. 현재의 경제구조가 형성된 것이다.

노동비용 상승을 불러오는 각종 사회보장제도의 도입 또한 최대한 늦춰졌다. 1974년에 도입하기로 법까지 만든 국민연금이 제1차 오일쇼크로 세계 경제가 침체되자 무기한 연기된 것도 이때의 일이다. 1977년 의료보험이 도입될 때도, 기업의 부담 능력에 발맞춰 단계적으로 시행됐다. 비용 부담을 고려해 급여 수준이 낮았음은 물론이다. 빈곤층을 대상으로 한 공적부조의 경우에도, 근로연령대인 18세부터 64세까지는 아무리 가난해도 수급자가 될 수 없었다. 이들은 공공근로(public works)의 대가로 생계를 유지해야 했다. 민주화 이후 한국 복지국가의 출발점이 매우 늦었던 이유다.

저임금에 복지급여도 얼마 되지 않는 시절에, 국가는 세금을 올리는 대신에 감세정책으로 근로자의 가처분소득을 올려 주고, 기업의 투자 의욕을 북돋았다. 1971년 세제 개편을 통해 감세정책을 공식화하고, 1973년 1차 오일쇼크로 경제가 어려워지자 1974년 긴급조치 3호를 통해 대대적인 감세에 나섰다. 이런 기조는 1970년대 내내 이뤄졌다. 소득세의 경우, 전 소득계층에서 실효세율이 떨어졌고, 중하위 계층은 소득세가 아예 없었으며, 최고 소득계층도 실효세율이 5.2%에 불과했다.

서구에서 불경기에 감세를 통해 경기를 진작하는 정책은 1980년대 미국의 레이건 대통령과 함께 등장했다. 1970년대 서구는 케인스주의의 시대였다. 불경기에 세금을 올리고, 국가는 이 돈을 한계소비 성향이 높은 저소득층에게 복지급여로 제공해 유효 수요를 높이는 시대였던 것이다. 문재인 정부가 얘기하던 '소득 주도 성장'의 시기였던 것이다. 그런데, 한국의 박정희 시기는 레이건보다 10년을 앞서 감세정책을 단행했다. 필자는 이를 두고, '레이건 없는 레이거노믹스(Reagonomics)의 시대'가 한국에 열렸었다고 봤다. 작은 복지국가와 함께 '저부담 조세 체계'가 자리 잡은 이유다.

한편, 산업화 시기 권위주의 국가는 경제 발전을 이끌 경제기획원과 상공부 같은 경제부처의 위상과 능력을 크게 높였다. 경제기획원 장관을 부총리급으로 격상하고, 기획과 예산권을 부여해 여타 사회 부처를 통제할 수 있게 했다. 현재 이름을 달리하고 있으나, 경제기획원은 재경원(김영삼 정부), 기획예산처(김대중·노무현 정부)를 거쳐 기획재정부(이명박 정부 이후 현재)로 한국 관료제의 정점에 서 있다. 친복지적 대통령이 예산권을 쥐고 있는 기획재정부를 강력하게 통제하지 않는 한, 한국의 관료제는 복지 확대의 거부점(veto point)으로 작용해 왔다.

종합하면, 한국의 작은 복지국가라는 현상(종속변수)을 설명하기 위해 복지정치의 3대 행위자(노동, 기업, 정치가)와 관료의 권력자원과 정책 선호를 형성하는 데 영향을 주는 '구조'와 '제도' 변수(노조 구조, 대기업 체제, 다수대표제, 대통령제, 경제 부처 우위의 국가관료제)를 추출했다(독립변수의 추출). 이들 독립변수는 문화적으로 특이한(idiosyncratic) 변수들이 아니다. 기존 복지국가 이론의 주요 변수들이다. 권력자원론의 노동과 자본 변수, 민주주의 이론에서 선거제도와 권력구조 변수, 국가론에서 관료제 변수, 그리고 산업화 논리에서 산업화 변수가 그것이다. 그런데, 필자가 주목한 것은 한국과 유럽과 제도적 특성과 배열이 다르다는 것이다. 산업별 노조가 아닌 기업별 노조, 다 같은 산업화 국가이지만 지불 능력이 큰 대기업 중심 경제, 비례대표제가 아닌 소선거구제, 의원내각제가 아닌 대통령제, 동일한 실적제 관료제이나 경제부총리가 지휘하는 관료제가 어떻게 역사적으로 작은 복지국가를 형성, 지속시키고 있는지를 사례 연구를 통해 조명했다.

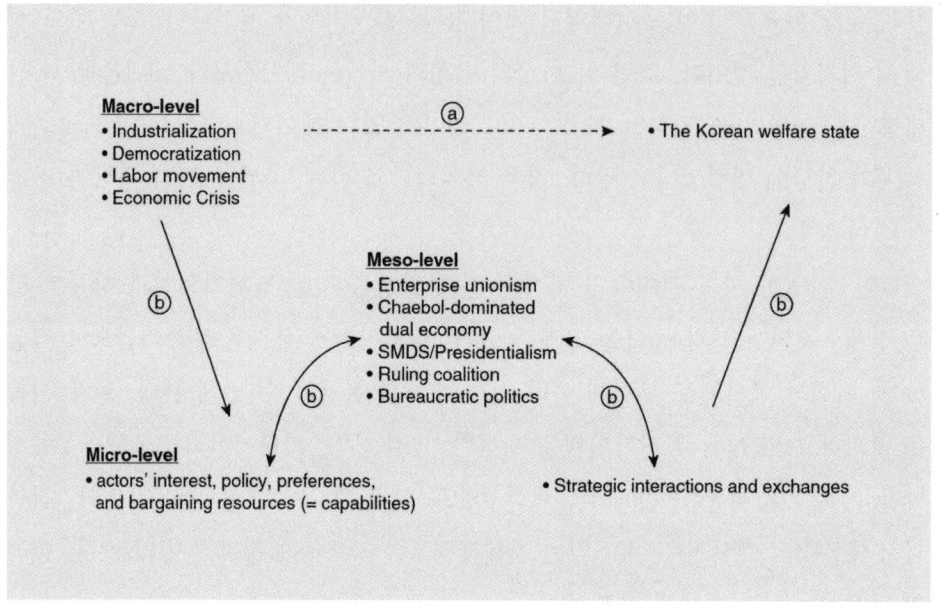

자료: Yang(2017: 22).

[그림 2] 한국의 작은 복지국가 인과관계 개념도

    한국 복지국가의 형성을 둘러싼 구조적·행위적 변수들 간의 인과 메커니즘의 분석틀은 [그림 2]와 같다. 여기서 한국 복지국가의 태동과 변화를 촉발하는 근본적 원인은 산업화, 민주화, 노동운동의 자유화, 경제 위기 등의 사회경제적 구조의 변화다. 그러나 이런 구조가 거시 수준에서 자동적으로 한국 복지국가의 성장과 변화를 불러오는 것은 아니다(경로 ⓐ). 복지정치의 주요 행위자들의 '힘'과 '선호'는 이들을 둘러싼 중위적 수준의 제도에 의해 다시 크게 영향을 받고, 이를 반영한 행위자들의 전략적 선택의 다양한 조합에 따라 복지국가의 양태는 다양하게 나타난다(경로 ⓑ). 따라서 필자는 ⓑ의 경로를 추적·조사하고자 했으며, 심층적 사례 연구는 분석적 서술(analytic narrative)방법론을 따라 연역과 역사 기술이 결합된 형태로 진행됐다(Bates et al., 1998).

## ❷ 중범위 이론화: 한국, 일본, 미국의 비교 사례 연구

앞서 언급했듯이, 복지국가 연구에서 예외주의 사례로 거론되던 나라는 미국(Quadagno, 1999)과 일본(Esping-Andersen, 1997)이다. 한국도 예외주의의 한 사례인데, 이들 예외주의 3국은 서로 유사할까? 유사하다면 왜 그럴까?

다음 〈표 1〉에서 확인되는 것은 이들 3국이 서로 유사하면서 동시에 OECD의 다른 복지국가들과는 다른 경향을 보인다는 점이다. 이들은 국민부담률과 실효세율이 다른 나라에 비해 낮고, 전반적으로 사회 지출이 낮으나 노인 대상 프로그램에 대한 지출이 높고 가족정책이나 적극적 노동시장정책에 대한 지출은 낮은 특성을 공유하고 있다. 공공사회 지출이 낮은 만큼, 민간보험에 대한 의존도는 높고, 빈곤율이나 소득불평등이 상대적으로 다른 나라에 비해 높다. 3국이 서로 언어나 역사·문화·종교적으로 다른 나라이지만, 복지국가적 특성이라는 관점에서 보면, 다른 OECD 국가에 비해 3국이 동질적인 특성을 공유하고 있다고 볼 수 있다.

필자는 미국, 일본, 한국을 유럽의 복지국가에 대비하는 개념으로 작은 복지국가로 명명한 후 다음과 같은 연구 질문을 던졌다. "산업화된 민주국가인 미국, 일본, 한국이 유럽의 큰 복지국가와 달리 작은 복지국가를 형성하게 된 이유는 무엇인가?"

'작은 복지국가'라는 3국의 공통된 현상을 어떻게 설명할 수 있을까? 나라마다 다양한 원인이 상호 작용해 작은 복지국가라는 현상을 낳았을 것이다. 모든 원인변수의 수많은 조합을 다 추적할 수는 없기에, 최대 상이 체계(most different system), 즉 밀(John. S. Mill)의 일치법(method of agreement)의 논리를 따라 독립변수를 추출했다(Przeworski & Teune, 1970). 한국, 일본은 동아시아 국가로서 서구의 다른 나라에 비해 상대적으로 유사하다고 할 수 있다. 하지만, 미국은 서구 국가로 동아시아 국가와는 크게 다르다. 서로 크게 다른 사회에서 공통적인 현상이 나타난다면, 공통적으로 발견되는 어떤 유사한 특질 때문이라는 일치법의 논리에 따라 노동, 자본, 정치가라는 3대 복지정치 행위자의 정책 선호에 영향을 주는 공통적인 제도들

〈표 1〉 미국, 일본, 한국의 복지국가 지표 순위 비교

| Country Ranking | Tax | | | | Social Security | | | | | | | | Private Insurance | | Redistribution | | | |
|---|---|---|---|---|---|---|---|---|---|---|---|---|---|---|---|---|---|---|
| | Tax revenue as % of GDP | | Average tax wedge | | Public social expenditure | | Old-age bias | | Family | | ALMPs | | Premium | | P90/P10 disposable income | | Poverty rate | |
| Year | 1990 | 2015 | 2000 | 2015 | 1990 | 2013 | 1990 | 2013 | 1990 | 2013 | 1990 | 2013 | 2000 | 2016 | 2005 | 2013 | 2005 | 2013 |
| 1 | SWE | DEN | BEL | BEL | BEL | FRA | JPN | USA | SWE | GBR | SWE | DEN | GBR | KOR | USA | USA | USA | USA |
| 2 | DEN | FRA | SWE | FRA | FRA | FIN | KOR | JPN | DEN | DEN | NED | SWE | KOR | USA | PRT | ESP | JPN | JPN |
| 3 | FIN | BEL | GER | GER | NED | BEL | ITA | PRT | FIN | SWE | BEL | FIN | USA | FRA | GRC | GRC | KOR | ESP |
| 4 | BEL | FIN | ITA | AUT | FIN | DEN | SWE | GRC | NOR | FIN | NOR | FRA | NED | DEN | JPN | JPN | ESP | GRC |
| 5 | FRA | AUT | FRA | ITA | AUT | ITA | USA | CAN | NZL | NOR | GER | NED | FRA | GBR | ESP | PRT | AUS | KOR |
| 6 | NOR | ITA | FIN | SWE | DEN | AUT | PRT | FRA | AUT | FRA | FIN | AUT | AUS | ITA | KOR | KOR | GRC | PRT |
| 7 | NED | SWE | GRC | FIN | NOR | SWE | NZL | NZL | FRA | BEL | ESP | BEL | SWE | JPN | GBR | ITA | PRT | ITA |
| 8 | AUT | NOR | AUT | GRC | GER | ESP | FRA | ITA | BEL | NZL | DEN | GER | BEL | SWE | ITA | CAN | ITA | CAN |
| 9 | ITA | NED | NED | ESP | GRC | GRC | ESP | GER | GRE | AUS | FRA | ESP | JPN | BEL | NZL | NZL | CAN | AUS |
| 10 | NZL | GER | DEN | PRT | ITA | PRT | CAN | KOR | GRC | AUT | GBR | NOR | CAN | GER | CAN | AUS | GBR | NZL |
| 11 | CAN | GRC | ESP | NOR | NZL | GER | GER | AUT | GBR | GER | CAN | PRT | GER | PRT | AUS | GBR | NZL | GBR |
| 12 | GER | PRT | NOR | DEN | SWE | JPN | AUS | NED | NED | GRC | PRT | KOR | ESP | ESP | AUT | GER | AUT | BEL |
| 13 | GBR | ESP | PRT | NED | ESP | NED | AUT | AUS | AUS | ITA | NZL | ITA | DEN | NOR | FRA | FRA | BEL | GER |
| 14 | ESP | NZL | CAN | JPN | CAN | GBR | GBR | GBR | ITA | NED | JPN | GRC | PRT | AUS | NED | AUT | GER | AUT |
| 15 | JPN | GBR | GBR | USA | GBR | NOR | FIN | BEL | PRT | ESP | AUT | NZL | ITA | NED | GER | BEL | NED | SWE |
| 16 | AUS | CAN | JPN | AUS | USA | NZL | BEL | SEP | CAN | JPN | ITA | CAN | AUT | AUT | BEL | NED | FRA | NED |
| 17 | PRT | JPN | USA | GBR | AUS | USA | DEN | FIN | USA | CAN | AUS | AUS | FIN | CAN | FIN | FIN | NOR | FRA |
| 18 | USA | AUS | AUS | CAN | PRT | AUS | GRC | DEN | JPN | PRT | USA | GBR | NOR | FIN | SWE | SWE | FIN | NOR |
| 19 | GRC | USA | NZL | KOR | JPN | CAN | NED | NOR | ESP | KOR | GRC | JPN | NZL | NZL | NOR | NOR | SWE | FIN |
| 20 | KOR | KOR | KOR | NZL | KOR | KOR | NOR | SWE | KOR | USA | KOR | USA | GRC | GRC | DEN | DEN | DEN | DEN |

자료: Yang(2020).

을 추출했다. 노조 구조(union structure), 대기업 중심 경제, 다수대표제, 그리고 정책 도입의 순서(timing and sequence) 등이 그것이다.

일치법의 논리에 따라 3국 모두에서 발견되지 않고 특정 국가에서만 중요한 변

수(예: 미국의 인종 차별, 연방제)는 독립변수 목록에서 제거됐다. 그리고 작은 복지국가와 큰 복지국가 모두에게 영향을 미치는 변수(예: 세계화) 또한 제외됐다.

〈표 2〉 『포춘』 선정 세계 2,000개 대기업의 국가별 수

| Ranking | Country | No. of Global 2000 | Ranking | Country | No. of Global 2000 |
|---|---|---|---|---|---|
| 1 | US | 560 | 11 | Taiwan | 47 |
| 2 | China | 233 | 12 | Switzerland | 42 |
| 3 | Japan | 229 | 13 | Australia | 39 |
| 4 | UK | 88 | 14 | Sweden | 27 |
| 5 | South Korea | 67 | 15 | Italy | 26 |
| 6 | Hong Kong | 58 | 16 | Russia | 25 |
| 6 | India | 58 | 16 | Spain | 25 |
| 8 | France | 57 | 18 | Netherlands | 22 |
| 9 | Germany | 54 | 19 | Brazil | 19 |
| 10 | Canada | 51 | 20 | Ireland | 18 |

자료: Source: http://www.forbes.com/global2000(accessed on August 9, 2019).

앞의 3개(노조 구조, 대기업 체제, 다수대표제)는 한국의 작은 복지국가 사례 연구에서 이미 주요하게 다뤄졌던 변수들이다. 3국 모두 유럽의 큰 복지국가와 달리 기업별 노조 혹은 매우 좁은 산별 노조(예: 미국 자동차노조) 체제로 기업 수준에서 단체협상이 이뤄진다. 3국 모두 유럽의 나라들보다 대기업이 중심이 된 자본주의 체제로, 기업노조의 분배 욕구를 기업 수준에서 충족시켜 줄 수 있는 지불 능력을 갖추고 있다. 세 나라 모두 유럽의 큰 복지국가와 달리 다수대표제를 채택하고 있다. 기업 노조의 분배 욕구가 기업에서 충족되기에 기업복지를 매개로 기업 수준에서 계급

타협이 이뤄졌다. 이는 국가 수준에서 계급 타협을 이뤄 복지국가를 탄생시킨 유럽과 다른 패턴이다. 정치가들은 자기 지역구 개발에 열심이며, 증세가 정치적으로 어려워 3국 모두 국민부담률이 낮고, 정부부채(일본, 미국)는 높다.

정책 도입의 순서도 주요하게 봤다. 이들 3국에서는 사적 복지(기업복지, 민간보험), 사회복지성 조세 지출(조세 감면), 농업보조금, 토목사업 같은 공공복지의 기능적 등가물(functional equivalent)들이 일찍이 발달해 공공복지 프로그램의 도입과 성장을 구축하거나 방해했다. 일본과 한국은 중소기업 보호, 영세사업장 보호 등을 통해 고용을 유지하는 유사 적극적 노동시장정책을 구사하기도 했다.

3개국 비교 연구는 필자의 이론가 연구설계에 따라 국가별 전문가들과 국제협력 연구를 진행했고, 그 결과가 2020년 엘거출판사(Edward Elgar)에서 출간된 *The Small Welfare State: Rethinking Welfare in the US, Japan, and South Korea*다.

---

**Jae-jin Yang (ed.) *The Small Welfare State: Rethinking Welfare in the US, Japan and South Korea* (2020, Edward Elgar)**

1. Introduction: Towards a Comparative Political Economy of the Small Welfare State by Jae-jin Yang (Yonsei)
2. Narrowly Organized Labor and the Failure of Solidarity-Enhancing Welfare in the United States and South Korea by Dennie Oude Nijhuis (Leiden) and Jae-jin Yang (Yonsei)
3. The Business Offensive and the Limits of Employer-provided Welfare in the United States by Jennifer Klein (Yale)
4. Civic Movements and the Detour to Welfare State Building in South Korea by Yeong-Soon Kim (SNUST)
5. The Effect of Electoral Rules on the Policy Preferences and Behavior of Politicians by Jae-jin Yang (Yonsei) and Yui-Ryong Jung (KNUT)

> 6. The Electoral Bases of Small Tax States in Japan, South Korea and the USA by Margarita Estévez-Abe (Syracuse), Jae-jin Yang (Yonsei) and Christopher Faricy (Syracuse)
> 7. Why Welfare State Building Is of Secondary Importance to Leftists in Japan and South Korea by Soon-Mee Kwon (ELTI)
> 8. The Development of Functional Equivalents to Welfare States in Postwar Japan and South Korea by Dokyun Kim (GRI)
> 9. Weak Social Security but Strong Employment Security in Japan by Sung-won Kim (Univ. of Tokyo)
> 10. Path Dependence and Possibilism: The American, Korean, and Japanese Welfare States in Comparative Perspective by Stephan Haggard (UCSD)

1장은 서론 장으로 한국을 사례로 도출된 작은 복지국가론에 입각해 한·미·일 3국에 대한 비교 연구에 대한 이론적·방법론적 논의를 담고 있다. 2장과 3장은 수요 측면의 복지정치로 작은 복지국가론의 핵심 변수라 할 수 있는 좁게 조직된 노동이 연대성에 입각한 노동운동의 잠재성을 어떻게 침식해 왔는지 미국과 한국의 사례를 통해 역사제도주의 관점에서 살펴보고 있다. 특히 3장을 통해 1930년대 복지자본주의(welfare capitalism) 노선을 채택해 공격적으로 노사 관계를 분권화한 미국 대기업의 전략적 선택, 그리고 고용주 지원 민간 의료보험 체제로의 발전을 상징하는 1950년 제너럴모터스(GM)에서 자동차노조와 고용주가 맺은 디트로이트 조약(Treaty of Detroit)의 의미를 살펴볼 수 있다. 4장은 노조의 공백 속에서 복지국가의 발전을 꾀하고 있는 대안적 세력에 대한 연구로 한국의 시민단체의 역할에 대한 글이다.

5장과 6장은 공급 측면의 복지정치로 작은 복지국가론의 또 다른 핵심 변수인 선거제도의 영향을 확인하는 글이다. 5장은 유사 실험실적 상황에서 한국의 비례

대표 국회의원과 지역구의원의 정책 선호와 행태를 비교 분석했다. 6장은 단독정부(single party government)는 연립정부보다 현시성(identifiability)이 높아 증세(增稅)에 나서기 어렵고, 다수대표제는 비례대표제보다 처벌가능성(accountability)이 높아 증세에 나설 수 없으며, 전국적인 선거가 자주 열릴수록 위의 경향이 강해진다는 가설을 회귀분석과 미국, 일본, 한국 3개국 사례 연구를 통해 확인하고 있다.

8장과 9장은 공공복지의 기능적 등가물에 관한 연구로 8장은 재정, 저축, 고용복지의 관점에서 일본과 한국의 기능적 등가물의 역사와 의미를, 9장은 실업급여와 적극적 노동시장정책이 아닌 다양한 방식을 통해 완전고용을 추구했던 일본의 역사와 그 한계에 대한 연구다. 10장은 최대 유사 체계 설계상 본론 장에서 논의되지 못했던 국가특수적인 변수들(인종 차별, 연방주의)과 공간초월적인 변수들(세계화와 무역전쟁, 4차 산업혁명)의 영향에 대한 보충적 설명과 함께 세계화와 4차 산업혁명에 대한 한·미·일 3국의 대응이 유럽의 큰 복지국가와 어떻게 다를 것인지에 대한 예측을 담고 있다.

이 연구는 한·미·일 3개국에 대한 최초의 비교 복지국가 연구라 할 수 있다. 사례 연구를 통해 작은 복지국가 현상의 이면에 자리 잡은 주요 독립변수의 영향력을 확인했다. 앞으로는 이러한 성과를 바탕으로 각 독립변수들이 어떻게 결합해 작은 복지국가 현상을 만들어 내는지에 대한 인과 메커니즘(causal mechanism)을 밝히는 연구로 발전해 가야 한다. 제한된 수준이지만 중범위 수준에서 이론화가 가능할 것으로 기대된다.

## ❸ 일반화의 모색: 노조 조직구조의 26개국 Large-N Study

작은 복지국가론의 핵심 주장 중 하나는 기업별 노조 체제인 한·미·일은 유럽의 일반적인 산별 노동운동과는 다른 양태를 보였고, 이런 차이가 오랜 기간 유럽의 큰 복지국가와 작은 복지국가 간의 간극을 만들어 낸 주요 원인이라는 것이다.

그동안 산별 노조가 연대성에 근거한 행위와 복지국가 발전에 직·간접적으로 기여한 많은 사례 연구 결과가 축적돼 있다. 연대임금제, 일자리 나누기를 위한 노동시간 단축, 물가 안정과 고용 유지를 위한 임금 인상 자제와 공공복지의 교환, 노사정 타협을 통한 위기 극복 등이 그것이다. 반면에 작은 복지국가의 기업별 노조나 직능노조 그리고 좁게 조직된 산별 노조는 유럽과 달리 연대의 범위가 협소하고 역사적으로 공공복지의 확대에 디딤돌이 되기보다 장애가 되는 경우가 많음을 사례 연구를 통해 보여 왔다.

이제 사례 연구를 넘어 노조의 조직구조의 독립적 영향력을 Large-N 통계 분석을 통해 검증하고 일반화하는 작업을 진행했다. 첫 번째 결과물은 2021년 *International Political Science Review*에 게재된 논문 "Union Structure, bounded solidarity and support for redistribution: Implications for building a welfare state"다. 노조 구조를 노동운동 내 단체협상 권한이 어디에 있느냐에 따라 나누고, 중앙, 산별, 그리고 기업별 노조 체제로 구분해 봤다. 중앙노조의 지도부는 산별 노조보다, 산별 노조의 지도부는 기업노조보다 노조원에게 연대의식을 심어 주는 데 더 노력할 것으로 가정했다.

노조 지도부는 조직원의 지지를 통해 리더십을 획득하고 유지하는데, 지지 동원에는 어느 조직이나 다수를 차지하는 조직 내 중하층의 이해관계를 충족시켜 줘야 한다. 연대임금제와 복지 확대가 노조운동의 기본 목표가 되는 이유다. 그런데, 연대임금제는 중앙평준화 하후상박을 의미하는 것이고, 상층부 노조원의 희생을 의미한다. 노조원의 구성이 비교적 동질적(homogeneous)인 기업노조보다 산별 노조와 중앙노조의 구성원이 좀 더 이질적(heterogeneous)이다. 비정규직, 중소기업 노동자, 실업자 등 노동시장 내 약자를 더 많이 포괄하고 있기 때문이다. 중앙노조와 산별 노조가 추진하는 연대임금제는 상층 노조원의 더 많은 양보를 요구하게 된다. 노조 지도부는 상층 노동자들의 불만을 도덕적 호소와 연대성의 배양을 통해 누그러뜨려야 할 필요가 있는데, 이 필요성은 기업노조보다 산별 노조에서 높고, 산별 노조보다 중앙노조에서 더 크다. 유사한 논리가 복지에도 적용된다. 중앙노조나

|  | Private welfare | Social welfare |
|---|---|---|
| Social welfare programs | **Private goods**<br>pure ←――――――→ quasi<br><br>• higher wage  • intra-  • charity<br>• savings     family<br>• private     transfer<br>  insurances | **club goods** ←――→ **piblic goods**<br><br>• corporate  • selective  • tax-based<br>  welfare    social     universal<br>            insurances  schemes |
| Solidarity | none ←――――――― weak ―――――――→ strong | |
| Redistribution | none ←――――――― weak ―――――――→ strong | |

자료: Yang & Kwon(2021: 283).

[그림 3] 복지정책의 스펙트럼

산별 노조 지도부는 하층 노동자에게도 복지 혜택이 전해질 수 있도록 공공복지의 확대를 지향하는 반면에 기업노조는 클럽재인 기업복지를 선호한다. 전자의 경우보다 후자는 연대성의 범위가 기업 내로 한정되고, 노동계급 내 연대의식을 배양할 필요성이 적다. 따라서 노조원의 연대성 의식은 노조 구조에 따라 다를 것으로 예상해 아래와 같은 가설을 설정하고 이를 회귀분석을 통해 검증했다.

Hypothesis 1: Union members are more likely to support redistribution than non-union members.

Hypothesis 2: Members of encompassing unions are more likely to support redistribution than those in narrowly-organized unions (National 〉 Industrial 〉 Enterprise Unions).

### 〈표 4〉 노조 구조가 재분배정책 지지에 미치는 영향에 관한 회귀분석 결과

| Covariates | (1) | (2) | (3) | (4) |
|---|---|---|---|---|
| **Individual level** | | | | |
| Union member | 0.36** | 0.31** | 0.16 | −0.24 |
|  | (0.03) | (0.03) | (0.09) | (0.15) |
| Subjective income position | −0.20** | −0.19** | −0.19** | −0.19** |
|  | (0.01) | (0.01) | (0.01) | (0.01) |
| Education | −0.16** | −0.17** | −0.18** | −0.17** |
|  | (0.01) | (0.01) | (0.01) | (0.01) |
| Sex(female) | 0.26** | 0.28** | 0.28** | 0.28** |
|  | (0.02) | (0.03) | (0.03) | (0.03) |
| Age | 0.003** | 0.00 | 0.00 | 0.00 |
|  | (0.001) | (0.00) | (0.00) | (0.00) |
| Unemployed | 0.12* | 0.09 | 0.15* | 0.13* |
|  | (0.05) | (0.06) | (0.06) | (0.06) |
| Religion(Christian) | −0.13** | −0.06* | −0.08** | −0.06* |
|  | (0.02) | (0.03) | (0.03) | (0.03) |
| Left-Right ideology |  | −0.36** | −0.38** | −0.37** |
|  |  | (0.01) | (0.01) | (0.01) |
| **Country level** | | | | |
| Wage bargaining level |  |  | 0.29** | 0.30** |
|  |  |  | (0.02) | (0.02) |
| Union density |  |  | −0.01** | −0.01** |
|  |  |  | (0.00) | (0.00) |
| Growth rates |  |  | 0.10** | 0.12** |
|  |  |  | (0.01) | (0.01) |
| Log(electoral disproportionality) |  |  | 0.34** | 0.25** |
|  |  |  | (0.02) | (0.03) |
| **Cross-level interaction** | | | | |
| Union X Wage bargaining level |  |  | 0.06* | 0.10** |
|  |  |  | (0.03) | (0.04) |
| Union X Union density |  |  |  | 0.002 |
|  |  |  |  | (0.002) |
| Union X Log(electoral disproportionality) |  |  |  | 0.16** |
|  |  |  |  | (0.05) |
| Country-level variance | 0.23** | 0.25** | 0.20** | 0.25** |
|  | (0.01) | (0.01) | (0.01) | (0.01) |
| Log-likelihood | −33069.7 | −22528.1 | −22505.7 | −22495.4 |
| N of observations | 25,024 | 16,980 | 16,980 | 16,980 |
| N of countries | 26 | 26 | 26 | 26 |

Note: Entries are estimated coefficients and standard errors from multi-level analysis.
*p＜0.05, **p＜0.01 (two-tailed tests).

자료: Yang & Kwon(2021: 288).

가설은 통계적으로 모두 유의한 것으로 나타났다. 한 가지 흥미로운 결과는 권력자원론에서 통상 널리 쓰이는 노조조직률 변수보다 노조구조가 재분배 성향에 더 결정적인 유의미한 영향을 주는 변수로 나타난 점이다. 단순히 노조조직률이 높은 것보다 어떻게 노동운동이 조직화돼 있는가가 더 중요하다는 의미로 해석할 수 있겠다. 만약 어떤 국가가 기업별 노조 체제에서 노조조직률이 50%에 달하더라도, 조직률 30%인 산별 체제 국가보다 재분배에 대한 성향이 높고 복지국가 건설에 더 우호적일 것이라고 보기 어렵다는 뜻이다. 실제로 단체협상이 기업 수준에서 이뤄지는 영국의 노조조직률은 2014년 현재 25.4%로 산별 수준에서 노동운동이 일어나고 있는 큰 복지국가인 독일(17.74%)이나 프랑스(7.92%)보다 높다.

노조조직률은 권력자원론에서 노동의 힘을 상징하는 변수다. 반면 작은 복지국가론의 노조 구조 변수는 조직노동의 힘이 발산되는 정책 방향에 대한 함의가 크다. 노동은 어느 나라나 산업화된 사회에서 가장 힘있는 사회 세력이다. 한국이나 미국과 일본에서 조직노동이 복지국가 건설의 전면에 나서지 않는 이유는 힘이 없어서가 아니다. 가지고 있는 힘을 다른 데 소진하고 있기 때문이다.

회귀분석을 통해 일반화를 시도한 작은 복지국가론의 노조 구조 변수 영향력은 앞으로 더 많은 다양한 사례 연구를 통해 확증돼야 한다. 두 가지 방향의 연구가 가능하다. 하나는 한·미·일과 유사한 노조 조직 구조를 가지고 있는 자유주의 복지국가들의 공공복지가 상대적으로 덜 발달된 이유를 노조의 행태를 역사적으로 추적해 찾는 것이다. 다른 하나는 유럽에서 단체협상이 아래로 분권화되면서 나타나는 공공복지 축소의 정치에 대한 연구다. 이에 더해 선거제도나 기능적 등가물의 영향에 대한 통계분석과 사례 연구의 결과물들이 축적되고, 변수들 간의 상호 작용을 이해하게 되면, 한국의 경험을 토대로 만들어진 작은 복지국가론의 일반화에 한층 다가서게 될 것이다.

# IV. 나오는 말

❖────── 필자는 한국에 대한 관찰에서부터 시작된 작은 복지국가 연구를 통해, 비교 복지국가 연구에 제도론적 시각에서 새로운 이해를 더하고자 했다. 그동안 200여 편의 논문과 저서를 발간했고, 이 중에 중요한 결실로 2017년에 케임브리지대학교 출판부에서 출간한 *Political Economy of the Small Welfare State in South Korea*와 2020년에 에드워드 엘거출판사(Edward Elgar)에서 나온 *The Small Welfare State: Rethinking Welfare in the US, Japan and South Korea*를 꼽았다. 최근 노조운동 양식과 복지국가 발전의 관계를 다룬 논문인 "Union Structure, bounded solidarity and support for redistribution: Implications for building a welfare state"도 작은 복지국가 연구에 중요한 이정표라 할 수 있다. 권향원(2017)의 용어를 빌리면, 필자의 연구는 맥락기속이론(context-bound theory)에서 시작돼, 맥락특화이론(context-specific theory)으로 발전했고, 일부 노조 구조 변수는 맥락자유이론(context-free theory)에 다가섰다고 할 수 있겠다.

이 밖에 학술연구 활동과 더불어 교양서인 『복지의 원리』(2020, 한겨레출판)를 집필해 이론 지향의 학문적 연구로 축적된 한국 복지국가와 사회보장제도에 대한 이해를 널리 일반 시민들과 함께 나누고 있다. 그리고 최근에는 한국 복지국가의 발전을 저해할 기본소득론의 문제점을 분석하고, 사회보장 강화의 필요성을 논하는 연구 결과를 잇달아 발표하고 있다(양재진, 2018; 양재진, 2020a; 양재진, 2020b; 양재진·윤성원·장우윤, 2021; Yang, Nam, & Choe, 2022). 기본소득은 보편성을 넘는 무차별성 때문에 사회복지의 강화 수단이 될 수 없다(양재진, 2021). 그럼에도 불구하고 기본소득론자들은 "A Capitalist Road to Communism"(Van der Veen & Van Parijs, 2006)을 달성하기 위한 수단으로 기본소득을 주창하고 있다. 필자는 기본소득론 또한 과거 학생운동권이 경제 발전과 민주화 이후에도 변혁운동을 지속했던 것처럼, 사각 지대 등 한국 사회 보장의 취약성 때문에 한국 사회에서 호소력을 갖고 있다고 본다. 학부 시절 문제의식이 아직도 유효하며, 필자의 연구 방향에 영향을 주고 있다.

# 참고 문헌

권향원. (2017). "행정이론의 한국화를 위한 연구방법 및 이론화 전략: 보편성과 특수성의 이분법적 흑백논리의 극복." 「한국행정학보」, 51(2): 1-31.
김연명. (2002). 「한국 복지국가 성격 논쟁 Ⅰ」. 서울: 인간과복지.
김현구. (2018). "한국 사회과학 이론의 보편주의." 「한국정치학회보」, 52(1): 201-228.
다케가와 쇼고. (2006). "일본·유럽과의 비교 시점에서 본 한국 복지국가." 안상훈 외. 「미래한국의 경제사회정책의 쟁점과 과제」. 한국노동연구원.
박종민. (2012). "행정학: 미국행정학인가 한국행정학인가." 「정부학연구」, 18(2): 131-147.
백승호·안상훈. (2009). "한국 복지국가 성격 재조명: 공공사회복지 지출 구조와 새로운 유형화 분석." 「한국복지국가 성격 논쟁Ⅱ」: 445-470.
양재진. (2018). "기본소득은 미래 사회보장의 대안인가?." 「한국사회정책」, 25(1): 45-70.
_____. (2020a). "기본소득이 복지국가의 발전 요인으로 되기 어려운 이유." 「경제와사회」, 128: 58-77.
_____. (2020b). "전 국민 기본소득의 정책 효과와 한계 분석." 「동향과전망」, 110: 26-59.
_____. (2020). 「복지의 원리」. 서울: 한겨레출판.
_____. (2021). "복지국가 급여 할당의 3대 원리에 대한 검토." 양재진 외. 「미래 복지제도 설계 방향에 대한 시사점 연구」. 한국조세재정연구원 2021 재정정문가네트워크 복지분과 보고서.
양재진·윤성원·장우윤. (2021). "한국인의 복지 및 기본소득 관련 증세 태도 연구." 「예산정책연구」, 10(2): 1-28.
정무권. (2009). 「한국 복지국가 성격 논쟁 Ⅱ」. 서울: 인간과 복지.
조영훈. (2001). "유교주의, 보수주의, 혹은 자유주의? 한국의 복지 유형 검토." 「한국사회학」, 35(6): 169-191.
최영준. (2009). "사회과학에서 퍼지셋 활용의 모색: 퍼지 이상형 분석과 결합 요인 분석을 중심으로." 「정부학연구」, 15(3): 307-336.
최희경. (2003). "OECD 국가들의 사회복지지출 유형과 한국의 복지체제." 「한국행정논집」, 15권(4): 835-858.
홍경준. (1999). "복지국가의 유형에 관한 질적비교분석: 개입주의, 자유주의 그리고 유교주의 복지체제." 「한국사회복지학회 학술대회 자료집」, 4: 456-472.

Amenta, Edwin. (2003). "What We Know about the Development of Social Policy." in James Mahoney & Dietrich Rueschemeyer (eds). *Comparative Historical Analysis in the Social Sciences*. 91-130. Cambridge: Cambridge University Press.

Bates, Robert H. & Grief, Avner et al. (1998). *Analytic Narratives*, New Jersey: Princeton University Press.

Castles, Francis. (2008). "What Welfare States Do: A Disaggregated Expenditure Approach." *Journal of Social Policy*, 38(1): 45-62.

Chung, Moo-kwon. (2006). "The Korean Developmental Welfare Regime: In Search of a New Regime Type in East Asia." *Journal of Social Policy and Labor Studies*, 16: 149-171.

Coleman, J. Samuel. (1990). *Foundations of Social Theory*, Belknap Press of Harvard University Press.

Esping-Andersen, Gøsta. (1990). *The Three Worlds of Welfare Capitalism*, New Jersey: Princeton University Press.

_____. (1997). "Hybrid or Unique?: the Japanese Welfare State between Europe and America." *Journal of European Social Policy*, 7(3): 179-189.

Esping-Andersen, Gøsta & Korpi, Walter. (1984). "Social Policy as Class Politics in Post-War Capitalism: Scandinavia, Austria, and Germany," in John H. Goldthorpe (ed). *Order and Conflict in Contemporary Capitalism*, London: Oxford University Press.

Estevez-Abve, Margarita. (2008). *Welfare and Capitalism in Postwar Japan*, Cambridge: Cambridge University Press.

Haggard, Stephan & McCunnins, Mathew D. (eds.). (2001). *Presidents, Parliaments, and Policy*, Cambridge: Cambridge University Press.

Hicks, Alexander. (1999). *Social Democracy and Welfare Capitalism*, Ithaca: Cornell University Press.

Holliday, Ian. (2000). "Productivist Welfare Capitalism: Social Policy in East Asia." *Political Studies*, 48: 706-723.

Huber, Evelyne & Stephens, John D. (2001). *Development and Crisis of the Welfare State: Parties and Policies in Global Markets*, Chicago: University of Chicago Press.

Iversen, Tobin & Soskice, David (2006). "Electoral Institutions and the Politics of Coalitions: Why Some Democracies Redistribute More than Others." *American Political Science Review*, 100(2): 165-181.

Jones, Catherine. (1993). "The Pacific challenge: Confucian welfare states," in Catherine Jones (ed.). *New Perspective in the Welfare State in Europe*, London: Routledge.

Karamessini, Maria. (2007). "The Southern European Social Model: Changes and Continuities in Recent Decades." *International Institute for Labor Studies*, 174.

Korpi, Walter. (1983). *The Democratic Class Struggle*, London: Routledge & Kegan Paul.

_____. (2006). "Power Resources and Employer-Centered Approaches in Explanations of Welfare States and Varieties of Capitalism: Protagonists, Consenters, and Antagonists," *World Politics*, 58: 167-206.

Kvist, Jon. (1999). "Welfare Reform in the Nordic Countries in the 1990s: Using Fuzzy set Theory Assess Conformity to Ideal Types." *Journal of European Social Policy*, 9(3): 231-52.

Kwon, Huck-ju. (ed.). (2005). *Transforming the Developmental Welfare State in East Asia*, New York: Palgrave.

Mahoney, James. (2000). "Path dependence in historical sociology." *Theory and Society*, 29: 507-548.

Mahoney, James & Rueschemeyer, Dietrich. (2003). "Comparative Historical Analysis: Achievement and Agendas," in James Mahoney & Dietrich Rueschemeyer (eds.). *Comparative Historical Analysis in the Social Sciences*, Cambridge: Cambridge University Press, 3-38.

MacGuire, James. (1999). "Labor Union Streghth and Human Development in East Asia and Latin America." *Studies in Comparative International Development*, 33(4): 3-34.

Thelen, Kathleen. (1999). "Historical Institutionalism in Comparative Politics." *Annual Review of Political Science*, 2: 369-404.

Olson, Mancur. (1971). *The Logic of Collective Action*, Cambridge · Massachusetts: Harvard University Press.

Prezeworski, Adam & Teune, Henry (1970). *The Logic of Comparative Social Inquiry*. New York: Wiley-interscience.

Quadagno, Jill. (1988). *The transformation of old age security: class and politics in the American welfare state*, Chicago: University of Chicago Press.

Ragin, Charles. (2000). *Fuzzy-set Social Science*, Chicago: University of Chicago Press.

Rose, Richard. (2009). "Convergence and divergence in public policy: American Pacific versus Scandinavian alternatives." *Studies in Public*, Gcasgow: University of Strathclyde, 178.

Rose, Richard & Shiratori, Rei. (1986). *The Welfare State East and West*, New York: Oxford University Press.

Skocpol, Theda. (1979). *State and Social Revolutions: A Comparative Analysis of France, Russia and China*. Cambridge University Press.

Swenson, Peter A. (2002). *Capitalists against Markets: The Making of labor Markets and Welfare States in the United States and Sweden*. New York: Oxford University Press.

Van der Veen, Robert & Parijs, Philip Van. (2006). "A Capitalist Road to Communism." *Basic Income Studies: An International Journal of Basic Income Research*, 1(3).

Yang, Jae-jin. (2006). "Corporate Unionism and Labor Market Flexibility in South Korea." *Journal of East Asian Studies*, 6: 205-231.

_____. (2017). *The Political Economy of the Small Welfare State in South Korea*. New York: Cambridge University

Press.

_____ (ed.). (2020). *The Small Welfare State: Rethinking Welfare in the US, Japan, and South Korea*. Edward Elgar.

Yang, Jae-jin & Kwon, Hyeok Yong. (2021). "Union structure, bounded solidarity and support for redistribution: Implications for building a welfare state." *International Political Science Review*, 42(2): 277-293.

Yang, Jae-jin, Yunmin Nam, & Choe, Yonhyok. (2022). "People's Contrasting Attitudes towards Universal Basic Income in Sweden and South Korea." paper submitted to *Journal of Social Policy* (under review).

유재원

# 한국 지방자치 이론의 구축을 향해서: 생애연구의 시작과 끝*

## I. 들어가는 말: 좋은 질문을 찾아 나선 연구 여정

❖──── 생애연구는 다소 생소한 언어다. 필자는 생애연구의 원고를 작성해 달라는 요청을 받았을 때, 생애연구란 한 연구자가 평생 걸어온 연구활동의 족적을 돌아보고, 그동안 성취한 연구의 과정과 결과를 공유해 달라는 요청으로 이해했다.

생애연구 원고를 작성하면서 필자는 두 가지 엇갈리는 감정을 마주하게 됐다. 첫째는 인생을 회고할 때와 마찬가지로 글을 회고할 때도 많은 회한과 후회감이 밀려온다는 사실이다. 완성된 글이 깔끔하게 정제되지 못하고 체계적이지 못하다는

---

\* 지방자치는 지방정치, 지방행정, 지방재정 및 정부간 관계를 포괄하는 단어라는 점에서 필자는 지방자치라는 용어를 선호한다.

생각이 들면서 '왜 좀 더 집중해 글을 쓰지 못했을까' 하는 반성과 후회감 같은 것을 느끼게 됐다. 시간을 확보해서 글을 다시 전면 교정하고 싶은 생각이 절실히 들었다. 두 번째 느낀 감정은 첫 번째와는 극명하게 상반되는 환희와 열정의 느낌이었다. 과거의 글을 다시 보면서 그 당시에 필자로 하여금 잠 못 이루게 만들었던 불타오르는 연구 열정에 대한 기억을 다시금 되살리게 됐다. 이를 통해 시들어 가는 연구 열정을 다소 회복할 수 있었다. 생애연구의 글을 준비하면서 한편으로는 반성의 시간을, 다른 한편으로는 회복의 시간을 경험하게 됐다.

5년간의 대학원 시절과 30년간 기성 연구자로 지내면서 줄곧 잊지 않은 연구 활동의 대원칙이자 길잡이가 있었다. '좋은 연구는 좋은 질문'에서 나온다는 것이다. 이론과 방법론은 연구 질문에 답을 찾는 과정에서 활용되는 도구이지 그것이 목적이 될 수 없다. 방법론과 이론에 맞춰 연구 주제를 찾다 보면 연구 영역이 좁아지고 연구 통찰력과 상상력을 잃게 된다. 스님들이 수행 과정에서 화두(話頭)를 중요시하듯이 연구자에겐 좋은 연구 질문을 제기하는 것이 중요하다. 좋은 질문에 대한 일념은 생애연구 내내 필자를 이끄는 길잡이가 됐다.

지방자치를 생애연구의 과제로 삼으면서 필자가 가졌던 연구 목표는, 한국 지방자치의 단면을 설명하고 분석하는 데 활용될 수 있는 이론을 구성하는 것이었다. 지방자치는 역사적·문화적 산물이다. 따라서 미국이나 유럽 등 학문 선진국에서 개발된 이론들 중 한국의 실정에 맞지 않는 것들이 행정학의 다른 학문 분야들과 비교해 지방자치 분야에서는 유난히 많다. 그렇기 때문에 한국 지방자치 고유의 특성을 밝혀내고 그러한 것들의 유발 요인과 결과를 규명하는 것이 매우 중차대한 연구 과제가 된다.

필자는 미국 노스캐롤라이나(North Carolina)대학에서 미국의 정부간 관계(IGR)의 일면을 다루는 주제로 정치학 박사학위를 받고 1993년 초에 귀국했다. 그 당시는 한국 지방자치의 태동기라 할 수 있다. 유신(維新)으로 단절된 지방의회가 1991년에 재구성됐고, 단체장을 1995년에 주민직선에 의해 선출하는 정치 일정이 잡혀 있었다. 앞으로 전개될 한국의 지방자치가 선진 외국의 지방자치와 어떤 점에서 유사하고 어떤 점에서 다른지에 대한 연구가 전무했기 때문에, 필자는 한국 지방자치의 특성을 찾아내고 이를 이론화하는 것을 생애연구의 과제로 삼기로 일찌감치 맘을 먹었다. 한국 지방자치의 특수성을 설명해 줄 이론이 없는 상태에서 한국 지방자치 이론을 구축하는 과제는 어떻게 보면 그 시대의 연구자로서 정해진 길이었던 것 같다.

이하에서는 지방자치 이론 구성이라는 연구 목표를 향한 필자의 생애연구 활동을 연구 주제별로 정리한다. 각 연구 주제 영역에서 필자가 갖고 있던 핵심 연구 질문들이 무엇이며, 그러한 연구 질문을 갖게 된 이유가 무엇인지, 연구 질문에 답변하는 과정을 통해 무엇을 새로이 알게 됐는지를 중심으로 필자의 생애연구 활동을 공유하려 한다.

## II. 지방자치 제도 선택에 대한 정치적 분석: 지방자치는 정치적 과정이다

❖────── 박사 이후 한국의 이슈를 연구 주제로 삼아 쓴 첫 번째 논문은 1994년에 『한국행정학회보』에 발표된 "지방자치의 정치: 정당의 역할을 중심으로"였다. 이 논문을 쓰게 된 배경을 먼저 설명하면, 당시의 사회적 분위기는 지방자치를 실시하면 지방자치가 지향하는 다양한 가치(민주주의, 참여, 효율성, 시민통제 등)들이 저절로 구현될 것이라고 믿는 장밋빛 전망으로 가득 차 있었다. 지방자치가 시대정신이었으며, 지방자치의 부정적 측면을 부각하는 행위는 시대정신에 역행하는 반역(?)으로 간주됐다. 지방자치의 효과에 대한 맹목적인 신념은 지방행정을 연구하는 학자들 간에도 널리 확산돼 있었다. 지방자치 실시에 미온적인 태도를 견지했던 당시 여당(민정당)조차도 지방자치의 가치를 의심하거나 부정하는 자세를 취하지는 않았

다. 지방자치의 가치를 인정하지만, 단지 "지방자치의 실시가 한국이 직면한 안보 등 여러 상황에 비춰 시기상조"라는 소극적 변명으로 일관했다.

이러한 상황을 지켜보면서 당시 필자는 두 가지 의문을 가졌다. 첫째, 지방자치가 절대 선이 될 수 있느냐는 것이다. 유학 기간 미국의 지방자치를 연구하고 관찰하면서, 소위 지방자치의 선진국이라고 지칭되는 미국에서도 지방자치의 많은 폐해가 발생하고 있는 것을 필자는 잘 알고 있었다. 그리하여 지방자치(혹은 지방분권)는 절대 선은 아니라는 생각이 필자의 머릿속에 은연 중에 자리 잡고 있었다. 지방자치를 절대 선으로 간주하는 당시 한국 사회의 압도적 분위기 속에서 '이건 아니다'라는 생각이 들기 시작했다. 이러한 필자의 생각은 당시에는 글로 표현되지 못하다가 2018년에 행정학회가 필자에게 준 기회를 통해 뒤늦게 드러내게 됐다. 지방자치에 대해 필자가 갖고 있는 지론은 "지방자치(혹은 지방분권)는 선도 악도 아니며, 제도를 설계하고 운영하는 방식에 따라 선도 될 수 있고 악도 될 수 있다"는 것이다.

두 번째 의문은, 제도가 선택되는 과정이 지방자치처럼 사회적 합의가 강하게 형성된 사회적 이슈와 의견의 찬반이 극명하게 갈리는 이슈(예: 대북정책이나 원전 폐기 등)와 어떻게 다를까 하는 것이었다. 단체장, 지방의회 등의 지방자치제도가 소위 합리모형에 따라 주어진 목표를 효율적으로 달성하기 위한 정답을 모색하는 과정을 거쳐 선택될까, 아니면 경쟁하는 정치 세력들이 자신의 이익을 확장시키기 위해 이전투구하는 정치모형에 따라 선택될까? 얼핏 보기에는 지방자치처럼 목표가 명확하게 설정돼 있는 제도나 정책은 합리모형에 의거해 선택이 이뤄질 것 같다.

이러한 의문이 계기가 돼, 필자는 지방자치의 제도화 과정에서 주된 역할을 담당했던 여당과 야당 간의 협상 과정을 추적 관찰하게 됐고, 그러한 경험을 통해 얻은 결론은 지방자치처럼 사회적 이견이 거의 없는 가치문제(valence issues)조차도 인력과 중력이 작용하지 않은 진공 상태에서 합리적인 논의를 통해 제도가 선택되는 것이 아니라, 제도에 자신의 선호, 가치 및 이익을 새겨 넣기 위해 상호 경쟁하는 세력들의 정치적 경합 및 협상 과정을 통해 선택된다는 사실이다. 사실 표면적으로는 사회문제를 해결하고 사회가치를 구현하기 위해 만들어진 사회 제도나 사회정책이 실제로는 제도나 정책의 추진 세력들의 정치적 이익을 도모하는 경우가 많다. 지방자치 제도 도입 과정에서 벌인 여야 간의 정치적 협상 과정에 대한 분석을 통해 이러한 사실을 확인하게 됐다. 더 나아가, 지방분권은 기본적으로 정치적 과정이고 제도 개혁 세력이 자신의 정치적·권력적 지분을 확장시키기 위해 개혁 대상 세력과 벌이는 제로섬 게임이라는 생각을 각인하게 됐다.

정치적 접근의 유용성은 두 가지로 요약할 수 있다.

첫째, 정치적 접근은 제도에 응축돼 있는 정치적 의미를 발견하는 것을 도와준다. 해석 연구(interpretive studies)는 행동, 관행, 제도에 담겨진 의미의 중요성을 강조하며, 의미를 통해 행동, 관행, 제도를 설명하고자 한다(Bevir, 2011a, 2011b; 유재원·김성준, 2022). 정치적 분석은 제도 개혁 주체들이 어떤 의도를 갖고 제도를 선택했는지를 알게 해 줌으로써 제도에 담겨진 의미를 발굴할 수 있다. 이러한 점에서 정치적 분석은 광의의 의미에서 해석 연구의 한 유형으로 볼 수 있다.

둘째, 사회문제의 해결을 위해 제정된 제도나 정책들이 실상은 기대 효과를 달성하지 못하고 의도하지 않는 결과(unintended consequences)를 유발하는 경우가 많은데, 정치적 접근은 이러한 일들이 벌어지는 이유를 설명하는 데 도움을 준다. 예컨대, 지방자치 실시 이후 자치단체 통합 시도가 두 차례 대규모로 이뤄졌지만 통합의 표면적인 목표인 자치단체의 경쟁력과 지방행정의 효율성이 높아졌다는 경험적 증거를 발견하기 어렵다(유재원·손화정, 2009). 통합 추진 세력인 여야 정당들이 통합 과정에서 해당 주민과 공무원의 반대를 무마하기 위해 경쟁력과 효율성에 역행하는 효과를 내는 타협안을 수용했기 때문이다. 결국 자치단체 통합이 의도한 효과는 달성하지 못한 채 지역 갈등을 유발하고 통합에 소요되는 재정만 낭비하는 부작용을 초래할 개연성이 크다. 요컨대 통합의 정치적 분석을 통해 우리는 통합 추진 세력들이 자신의 정치적 이익 추구와 무관하지 않은 통합을 성사시킬 의도로 통합의 표면적 가치 실현에 역행하는 중대한 타협을 수용한 것을 알 수 있다. 이를 통해 통합의 의도한 결과는 실현하지 못한 채 의도하지 않은 결과가 초래될 수 있음을 예견 및 설명할 수 있다.

정치적 접근의 유용성에 대한 필자의 믿음은 1990년대 지방자치 제도 도입 과정을 정치적으로 분석하는 시도(1994) 이후 2000년 초반에 진행된 단체장과 지방 집행부에 대한 다양한 견제장치를 도입하려던 지방정부 개혁(2001) 및 지방자치 이후 두 차례 실시된 대규모 자치단체 통합(2015)을 정치모형을 적용해 분석하는 시도로 이어졌다.

## III. 분권은 선인가?: 분권지상주의와 분권만능주의의 환상에서 깨어나라

❖────── 한국 사회는 분권지상주의에 함몰돼 있다. 분권지상주의는 분권을 소중히 간직하거나 지지해야 할 사회적 가치로 여기는 태도를 의미한다. 분권을 선으로 간주하는 분권지상주의가 팽배한 사회에서는 분권을 제약하는 집권을 악으로 규정하는 반면, '더 많은 분권은 더 좋다'는 사고를 부추긴다. 필자는 '분권은 좋지만 집권은 나쁜 것'이라는 이분법적인 접근을 수용하지 않는다. 이분법적인 입장 대신 상황에 따라 분권이 좋을 수도 있고 집권이 좋을 수도 있다는 상황 가변적인 입장을 견지한다. 좀 더 구체적으로, 분권이 정치 체제의 성격에 따라 선이 될 수도 있지만 악이 될 수도 있으며, 경우에 따라 분권을 통해 얻는 것보다 더 많은 가치를 상실할 수 있다고 본다.

불편하게 여길 수도 있지만, 이러한 입장은 대다수 지방자치 전공자들의 입장과는 상반된다. 한국의 지방자치 학문공동체 구성원들의 대부분은 분권지상주의나 분권만능주의자의 성향이 강하다. 앞서 언급한 것처럼 필자가 미국에서 학위를 마치고 귀국한 1990년대 초반만 하더라도, 분권에 대한 열망이 너무 강해서였는지,

집권의 가치를 옹호하는 것이 학자들 간에는 물론 사회적으로 수용하기 어려웠다. 집권은 금기어로 취급됐고, 집권의 가치를 주장하다간 반민주적 인사 혹은 관변학자로 낙인찍히기 십상이었다. 지방자치가 제도화된 지 많은 세월이 지났지만 분권을 마치 절대 선처럼 여기는 이러한 경향은 여전히 사그라들지 않고 있다.

2018년 한국행정학회는 한국 사회에 광범위하게 확산돼 있는 분권지상주의 현상을 좀 더 깊이 있게 들여다볼 수 있는 기회를 필자에게 제공했다. "한국 사회에서 지방분권의 이해와 분권전략의 탐색"의 기획 논문에서 필자는 한국 사회가 신봉하고 있는 분권지상주의와 분권만능주의 사고를 비판적으로 검토하고, 분권지상주의의 광범위한 확산에도 불구하고 분권이 더디고 진행되고 있는 이유가 어디에 있는지를 설명하고, 한국 사회에서 추진된 분권이 분권가치를 구현하지 못하면서 집권의 강화 및 통제 시스템의 과부하라는 역효과를 유발하는 분권의 딜레마를 유발했음을 밝히고, 이를 해소하는 데 도움을 주는 분권화 방안으로 북유럽의 자유지방정부(free commune)에 토대를 둔 대안을 제시했다.

"분권은 진정 좋은 것이고 집권은 진정 나쁜 것인가"라는 문제 제기는 향후 분권연구의 방향에 중요한 시사점을 던진다. 분권은 좋은 것으로 전제하게 되면, 분권의 확대 방안을 모색하는 처방적 연구는 규범적 정당성을 갖는다(Fesler, 1965). 하지만, 분권이 선이 될 수도 있고 악이 될 수 있다고 전제하게 되면, 분권의 방안 모색에 앞서 어떤 정치적·제도적·문화적 조건 아래에서 분권이 선이 되는지를 파악하는 것이 좀 더 중요한 연구 과제가 된다. 한국에서 수행된 분권 연구의 대다수는 분권지상주의 혹은 분권만능주의 가정에 입각해 분권을 확대하기 위한 처방을 제시하는 데 연구 초점을 두고 있다. 분권의 가치가 구현되고, 분권이 선이 될 수 있는 조건을 규명하며, 그러한 조건을 제도적으로 형성해 가는 데 도움을 주는 연구가 많이 없는 게 아쉽다.

## IV. 자치정부는 얼마나 자율적이며, 얼마나 지방 시민사회에 반응적인가?: 법적 및 정치적으로 집권적인 중앙-지방 간 관계; 정치공동체가 아니라 문화공동체로서 지방 시민사회

❖─── 생애연구의 다른 주제는 지방자치 연구의 핵심 주제라 할 수 있는 자율성의 성격과 정도를 측정하고 평가하는 것이었다. 자율성을 측정하고 평가하기 위해서는 자율성에 대한 개념화가 선행돼야 한다. 필자는 자율성을 개념화하기 위해 영국 학자들의 도움을 많이 받았다. 특히 거와 킹(Gurr & King, 1987)은 자율성을 지방의 사회집단이나 경제집단으로부터 지방정부의 자율성을 의미하는 제1 유형의 자율성과 중앙정부로부터의 지방정부의 자율성을 의미하는 제2 유형의 자율성으로 구분한다. 한편 페이지(Page, 1991), 페이지와 골드스미스(Page & Goldsmith, 1987)는 중앙정부로부터의 지방 자율성을 법적 자율성(legal localism)과 정치적 자율성(political localism)으로 구분함으로써 자율성의 개념을 다면화하는 동시 자율성의 구성 요소로 정치적 자율성을 부각시켰다. 이들이 제시한 자율성의 개념에 입각해 필자는 한국 자치단체의 자율성의 정도를 측정하고 평가했다. 이를 통해 내린 결론은, 한국의 자치단체는 중앙정부로부터 자율성이 법적으로뿐만 아니라 정치적으로도 약하지만(유재원, 2002; Yoo, 2018),[1) ] 지방의 사회경제적 집단으로부터의 자율성은 비교적 강하다(유재원, 1999a, 2003, 2014a, 2020)는 것이다.

지방의 사회경제적 집단으로부터의 자치단체의 자율성(제1 유형의 자율성)을 가늠하는 것은 자치정부가 지방의 다양한 이익에 얼마나 반응적이냐를 평가하는 것과

---

1) 중앙-지방 간 관계의 성격에 관해 국내에서 발간된 대부분의 교과서, 연구보고서, 논문은 정치적 측면을 배제한 채 법제도적인 측면에서 정부간 관계를 규정한다. 정부간 관계의 다면적 측면을 고려할 필요가 있다.

맥을 같이한다. 제1 유형의 자율성이 높다는 것은 지방의 다양한 이익과 선호에 대한 자치단체의 반응성이 떨어진다는 의미다. 자율성을 이렇게 규정하면 자율성에 대한 연구는 반응성에 대한 연구로 치환된다. 필자와 동료들이 협업해 1990년 후반에 수행한 '지방권력 구조' 연구는 지역에서 자치정부는 누구의 요구와 선호에 집중적으로 반응하느냐에 대한 답변을 찾는 과정이었다. 이 연구를 통해 다음과 같은 질문들에 대해 답을 찾고자 했다.

- 자치정부의 정책은 어떤 과정을 통해 형성되는가?
- 자치정부의 정책 선택에 참여하는 주된 정책 행위자는 누구이며, 그중에서 누가 지배적인 영향력을 행사하는가?
- 자치정부는 누구의 이익에 집중적으로 반응하는가? 기업의 이익인가? 이익집단의 이익인가? 아니면 위정자(단체장)의 이익인가?
- 지방권력자가 정책 과정에서 행사하는 영향력이 도구적 권력(instrumental power)에 기반하고 있는가 아니면 체계적 권력(systemic) 혹은 구조적 권력(structural)에 기반하고 있는가?

5개 지방도시(청주, 성남, 부천, 평택, 진주)를 대상으로 수행된 연구에서 내려진 공통의 결론은, 한국의 지방 권력 구조는 단체장을 정점으로 조직 상하로 계층적으로 연결된 지방 관료제가 지방정치 및 지방정책 과정의 중심에 서서 독주하는 단체장 지배 체제라는 것이다(박종민 외, 1999; 유재원, 1999a, 2003, 2014a). 그리하여 중앙정부로부터 부여받은 자율적인 정책 공간은 비록 좁지만, 단체장과 지방 관료제가 제약된 정책 공간에서 시민사회의 눈치를 보지 않고 독주하는 것이 가능하다.

그러면 단체장과 지방의회가 선거를 통해 구성됐음에도 불구하고 단체장과 지방 관료제가 시민사회로부터 자유로울 수 있게 만드는 원인과 배경은 어디에 있는가? 이러한 질문에 답하기 위해서는 지방 시민사회의 성격을 들여다보는 것이 필요했다. 따라서 필자의 지방자치 연구는 자연스럽게 지방사회의 정치문화를 규명하는 노력으로 이어졌다. 앨먼드와 버바(Almond & Verba, 1963, 1989)와 버바 외(Verba et al., 1995)의 정치문화론과 퍼트남(Putnam, 1993)의 사회자본론을 한국 지방사회의 정치문화를 규명하기 위한 이론으로 활용했다. 이와 관련해 필자가 가졌던 연구 질문들을 나열하면 다음과 같다.

- 지방 시민들은 건강하고 강한 민주주의 유지에 필요한 정치적 태도와 정치적 정향을 지니고 있는가?
- 지방 시민들은 동료 시민들을 신뢰하고, 서로 연대하며 내부 결속력이 높은가?
- 지방 시민들은 다양한 형태의 자발적 결사체의 조직과 참여를 통해 지방 관료제를 효과적으로 견제하고 지방의 정책 과정에 깊이 간여하고 있는가?

이러한 질문에 대한 답을 찾기 위해 일련의 연구들이 추가로 수행됐다(유재원, 2000b, 2004a, 2004b, 2006; 박종민 외, 2001). 연구 결과를 압축적으로 요약하면, 지방 시민들은 지방 정치사회에서 일어나는 일에 관심이 저조하고, 잘 알지도 못하며, 정치적으로 활동적이지 못하다. 더 나아가, 지방 차원에서 조직된 시민사회 단체에 가담해 동료 시민들과 연대하거나 결속해 자치정부를 견제하거나 통제하려는 유인이 강하지 못하다. 그리하여 지방 시민사회는 참여형(participant) 정치문화와는 거리가 멀고 오히려 신민형(subject) 혹은 향리형(parochial)에 가까우며(유재원, 2004a, 2004b), 문화적 공동체로 규정될 수는 있어도 정치적 자치 공동체와는 거리가 멀다.

흥미로운 것은 정치적으로 무관심하고, 무지하며, 무기력한 지방 시민들의 특성은 지방 수준에서만 발현되는 국지적 현상이며, 국가 차원으로 일반화하기는 어렵다는 것이다. 지방 차원과는 반대로 국가 차원에서 벌어지는 일들에 대해 시민들의 관심이 매우 높고, 정치 참여도 활발하며, 시민들은 참여를 통해 중앙정부나 중앙정치의 변화를 이끌어 낼 수 있다는 자신감으로 가득 차 있다(Yoo, 2018). 요컨대, 국가의 정치문화와 지방의 정치문화 사이에 뚜렷하고 깊은 간극이 있으며, 이러한 간극은 한국 사회에 뿌리 깊게 내린 지방을 얕잡아 보는 지방 경시 현상과 한국인의 주된 영토적 일체감(territorial identity)이 지방이 아니라 국가에 두고 있는 문화적 요인에 의해 설명할 수 있다(유재원, 2018; Yoo, 2018). 부연하면, 한국인들은 지방을 마이너 리그, 중앙과 국가를 메이저 리그로 생각하는 경향이 강하다. 그리고 어디에 살든 상관없이 스스로를 마이너 리그인 지방이 아니라 메이저 리그인 국가공동체에 일차적으로 소속돼 있다고 생각한다. 이러한 결과 그의 주된 정치 관심사는 그가 주로 소속돼 있다고 생각하는 국가정치를 향해 있다. 국가정치에 대비한 지방정치에 대한 지방 시민사회의 상대적 무관심과 비활동성이 지방 시민사회로부터 단체장과 지방 관료제의 자율성을 높이고, 다시 말해, 제1 유형의 자율성을 높이고 단체장 독주 체제를 가능하게 만드는 맥락이 되고 있다.

## V. 지방정치의 구조와 과정에 대한 이론화 작업과 단체장주의

❖────── 지방정책은 지방정치의 산물이다. 따라서 지방정책을 이해하기 위해서는 지방정치의 구조와 과정을 이해해야 한다. 미국을 중심으로 지방정치의 구조와 과정을 분석하는 데 도움을 주는 많은 이론이 개발됐다. 전통적인 지방권력이론인 엘리트주의(Floyd Hunter)와 다원주의(Robert Dahl)에 이어 경제적 관점에서 도시정책을 설명하고 이해하는 도시한계론(Paul E. Peterson), 정치경제적인 관점에 입각한 레짐이론(Clarence N. Stone, Heywood T. Sanders), 성장기구론(Harvey L. Molotch) 등으로 이론의 진화를 거듭했다. 이러한 이론들을 습득하는 과정에서 필자는 한국의 지방정치의 구조와 과정을 설명하기 위해 다음과 같은 질문들에 대해 답을 찾는 게 필요하다는 결론에 이르렀다.

- 자치정부의 정책 선택을 설명하는 이론적 시각으로 경제적 결정주의와 정치적 결정주의(혹은 정치적 자율주의) 중 어떤 것이 더 적합한가?
- 자치정부의 정책 선택을 규율하는 핵심 논리는 경제 논리인가 정치 논리인가?
- 자치정부는 성장 지향적이고 생산 지향적인 정책 성향을 갖고 있는가? 아니면 분배 지향적이고 소비 지향적인 정책 성향을 갖고 있는가? 아니면 특별한 정책 성향이 없는가?
- 관리주의와 기업주의 중 어떤 것이 자치정부의 정책 성향 및 정책 체질을 규정하는 데 더 적합한가?
- 도시 간의 경쟁을 심화한 세계화와 신자유주의 조류는 도시 정책 성향의 변화에 어떤 영향을 미치고 있는가?
- 자치정부는 형평을 중요한 가치로 여기는가, 아니면 효율성을 중요한 가치로 여기는가?

이상의 질문들은 지방정치 연구에서 핵심적인 질문이고, 별개의 질문이 아니라 서로 밀접하게 연관돼 있다. 한국의 지방정치와 지방정책을 대상으로 이들 질문에 대해 답변을 모색하는 연구를 통해 필자가 내린 결론은 다수의 논문(유재원 외, 1995; 유재원, 1999b, 2000a, 2003, 2008a, 2010; 이승모·유재원, 2006, 2007)을 통해 이미 자세하게 소개돼 있기 때문에 이곳에서는 중요한 일부만 제시할 것이다.

상기의 연구 질문들에 대한 답변은 한국 지방정치 및 지방정책의 성격을 이해하는 데 도움을 주고 지방자치와 관련된 경험적 연구를 설계하는 데 도움을 준다. 국내의 많은 경험적 연구는 외국에서 개발된 지방정치이론들이 그대로 한국에서도 적용될 것이라고 간주한 상태에서 국내의 경험적 연구에 활용하는 경우가 많다. 예컨대, 지방자치 실시 이후 자치단체 지출의 변화를 경험적으로 추적한 많은 연구(이승종·김홍식, 1992; 김인철, 1994; 김태일, 1998; 김창수, 2000; 강윤호, 2000)가 피터슨(Paul E. Peterson)의 『도시한계론(City Limits)』의 한국에서의 타당성 및 적합성을 검토하지 않은 채 그에 입각해 무심코 연구가설을 세우곤 한다. 문제는 도시한계론과 그것이 입각한 경제적 결정주의는 한국 자치단체의 정책 성향을 설명하는 데 근본적 한계가 있다는 것이다.

필자의 연구(유재원, 1999b, 2011)에 따르면, 자치단체의 정책을 설명하는 데 경제적 결정주의보다는 정치적 결정주의 혹은 정치적 자율주의가 더 적합하다. 따라서 도시한계론과 경제적 결정주의에 입각해서 설정된 가설을 검증해 도출된 결과는 GIGO(garbage in, garbage out)의 원리에 의해 한국 자치단체의 지출 변화나 정책 성향을 설명하거나 이해하는 데 큰 도움을 주기 어렵다. 경험적 데이터가 가설과 부합하던 부합하지 않던 상관없이 경험적 연구의 결과가 자치단체의 정책 성향을 규정하는 데 별 도움을 주지 못한다. 도시한계론은 자치단체의 지출뿐만 아니라 중앙-지방 간 기능 배분을 설명하거나 처방하는 데에도 그대로 활용되는 경우(박병현, 2006, 2008)가 있는데, 이러한 연구 또한 앞에서 지적한 GIGO의 문제를 그대로 안고 있다.

이러한 문제가 발생하는 이유는 한국의 실정에 부합하지 않는 서구에서 개발된 이론을 한국에서의 적합성을 확인하지 않은 상태에서 적합하다고 가정해 한국의 경험적 연구에 무작정 적용한 탓이다. 이상의 논의는 도시한계론을 경험적 연구에서 활용하기에 앞서 한국의 실정에 부합한 이론인지 먼저 확인해야 할 필요성을 제기한다. 이러한 문제의식을 갖고 필자는 도시한계론의 한국 적합성 여부를 두 번의 다른 연구를 통해 검증했다. 1999b의 글에서는 객관적 데이터(예산지출 자료)를 사용해, 2011년의 글에서는 단체장을 대상으로 실시된 설문조사(주관적 데이터)를 통해 한국에서 도시정책을 설명하는 데 도시한계론의 적합성을 경험적으로 검증했다. 두 번의 연구를 통해 도시한계론은 미국에 특화된 이론으로 한국의 지방정책과 지방정치를 설명하기에는 유용성이 떨어짐을 확인했다.[2]

앞서 한국의 지방권력 구조에 대한 연구를 통해 한국의 지방권력 구조는 단체장

---

2) 정책 선택을 설명하는 데 경제구조적 요인의 중요성을 강조하는 도시한계론이 한국에서 적합하지 않다는 경험적 발견은 경제구조적 제약을 행위자와 더불어 이론의 매개변수(parameters)로 내포하고 있는 레짐이론과 성장기구론 역시 적합하지 않을 가능성이 높다는 것을 시사한다.

이 지방권력 피라미드의 정점에 군림하며 지방정책을 주도해 나가는 단체장 지배체제라는 것을 확인했다. 그리하여 '단체장주의(mayoralism)'를 지방정책과 지방정치를 설명하는 데 가장 적합한 이론으로 설정했다(유재원, 1999b, 2003). 그 이후 도시한계론에 대한 경험적 검증을 통해 자본주의가 구조적으로 부가한 경제적 제약이 지방의 정책 선택에 미치는 영향이 크지 않음을 확인했다.[3] 이 두 갈래의 연구를 통해 내린 결론은 한국 지방정부의 정책 선택을 설명하는 데 외부의 경제적 제약이나 기업 엘리트의 경제적 권력 혹은 이익집단의 정책영향력보다는 단체장의 리더십, 정치 성향 및 정치 행태가 더 유용하다는 것이다.

단체장주의는 지방의 정책 선택을 설명할 때 지방정부의 권역에서 활동하는 정치행위자의 중요성을 강조한다는 점에서 엘리트주의나 다원주의와 분류 궤를 같이 한다. 단체장주의와 엘리트주의, 다원주의 간의 차이는 전자가 지방의 정책 선택을 설명할 때 단체장의 영향력을 강조하는 반면, 엘리트주의와 다원주의는 기업 및 경제 엘리트와 이익집단의 영향력을 각기 강조하는 데 있다. 하지만 세 이론 모두 지방정치에 참여하는 정치적 행위자들의 영향력 관점에서 지방의 정책 선택을 설명한다는 점에서 공통점이 있다.

지방정치이론은 정치와 경제 중 어떤 것을 정책의 설명 요인으로 중요하게 여기는지에 따라 정치이론, 경제이론, 정치경제이론으로 분류되며, 행위자와 구조 중 어떤 것을 중심으로 정책이나 정치를 설명하는지에 따라 행위자 중심(actor-centered) 이론, 구조적(structural) 이론, 구조-행위자(structure-actor) 이론으로 분류된다.

엘리트주의, 다원주의 및 단체장주의는 지방의 정책 선택을 기업 엘리트, 이익

---

3) 연방정부나 주정부의 재정 지원 수준이 미약해 지방정부가 필요한 재원을 스스로 조달하는 것을 원칙으로 여기는 미국의 지방정부와는 달리, 한국의 중앙정부는 지방정부의 재정후견자의 역할을 자임하고 있어 지방정부는 필요 재원을 자본주의 시장경제를 통해 스스로 조달할 필요성이, 도시한계론의 배경이 되고 있는 미국의 지방정부에 비해 아주 미약하다. 결과적으로 한국에서는 지방정부에 대한 중앙정부의 빅브라더 역할이 자본주의가 지방정부의 정책 선택에 부가한 경제적 제약을 경감하는 데 결정적 도움을 주고 있다.

집단, 시장의 리더십 등 지방정부의 권역에서 활동하는 정치행위자의 영향력의 관점에서 설명한다는 점에서 정치적 결정주의(정치가 정책을 결정한다는 관점)에 입각한 이론, 즉 정치이론이다. 반면 도시한계론은 자본주의와 연방제도가 구조적으로 부가한 경제적 제약을 정책 선택을 설명하는 결정적 요인으로 간주한다는 점에서 경제적 결정주의에 입각한 경제이론이다. 그리고 레짐이론과 성장기구론은 정책 선택을 설명할 때 정치행위자와 경제적 제약이 모두 중요하다고 보는 점에서, 다시 말해, 정치와 경제가 모두 중요하다고 보는 점에서 정치경제이론이다. 한편 행위자와 구조의 관점에서 지방정치이론을 분류하면, 엘리트주의, 다원주의 및 단체장주의는 정치행위자의 중요성을 강조한다는 점에서 행위자 중심이론에 해당하고, 도시한계론은 자본주의와 연방주의가 구조적으로 부가한 경제적 제약을 강조한다는 점에서 구조적 이론에 해당하며, 마지막으로 레짐이론과 성장기구론은 경제적 제약이라는 구조와 행위자를 모두 강조한다는 점에서 구조-행위자 이론에 속한다.

단체장주의가 행위자 중심의 정치이론이라는 것은 한국 지방정부의 정책 선택을 설명할 때 가장 중요한 행위자는 단체장이고 단체장의 정책 선택을 견인하는 핵심 논리는 정치 논리라는 것을 의미한다. 이러한 정치 체제에서 단체장은 자치단체가 보유한 다양한 형태의 자원을 총동원해 자신의 정치적 입지와 재선의 확률을 높여 주는 방향으로 유권자들에게 배분해 자신의 정치적 인기를 유지하는 전략을 구사한다. 경제적 전망을 흐리게 하는 재분배정책이라도 시장의 정치적 전망을 높여 주고 득표 활동에 도움이 되면 적극적으로 추진한다.

반면 도시한계론의 배경이 되고 있는 미국의 시장과 지방정부는 정책이 가져다 줄 경제적 영향력의 관점에서 정책을 평가하고 선택한다. 그리하여 생산적 자본과 노동의 역내 유치를 유발하고, 역내의 고용을 증대하는 성장정책 혹은 개발정책을 선호하며, 역내의 경제적 전망을 흐리고 실업률을 높이는 재분배정책을 기피하는 경향이 강하다(Peterson, 1981). 이에 역행하는 시장은 정치적 입지가 약화된다. 이에 반해 우리처럼 지방의 정책 선택 과정에서 정치 논리가 경제 논리를 압도하는 지방정치 체제에서는 시장의 정치적 입지에 영향을 미치는 것은 경제적 전망의 향상이나 고용 증대가 아니라 지역에서 우호적인 대접을 받는 정당의 공천 획득이나 유권자와 선거구에 분배적 이익의 배분을 통한 정치적 지지의 확보다(유재원, 2011). 다시 말해, 성장을 통한 생산 및 투자 자본의 확충이 아니라 분배를 통한 주민들의 소비 능력을 높이는 것이 시장의 재선 전략이 된다.

## VI. 지방서비스 공급의 효율성을 저해하는 구조적인 제약은 무엇인가?: 지역 간 경쟁이 약하고 재정의존도가 높은 지방정부 체제

❖─── 지방행정 및 지방재정의 효율성과 관련해 다양한 연구 주제—예컨대, 효율성 측정, 상대적 효율성 비교, 효율성 결정 요인 분석, 효율성 향상 모색—가 있으나 필자는 한국 지방행정과 지방재정의 효율성을 한국 지방자치의 구조적 특성과 연관지어 평가하는 데 관심을 뒀다. 더 나아가 미국과 같이 한국과 상반된 구조적 특성을 가진 국가의 지방 지출의 효율성을 한국의 그것과 질적으로 비교하는 데 관심을 뒀다. 한국 지방정부의 효율성을 제약하는 구조적 특성을 파악하는 데 도움을 주는 두 연구가 있다. 첫째는 티부(Tiebout, 1956)의 '지방지출 순수이론'이다. 이론의 핵심적 주장을 요약하면, 공공서비스 시장이 경쟁적일 경우 공공 부문도 민간 부문과 마찬가지로 자원의 효율적 배분과 서비스의 효율적 생산이 가능하다. 완벽한 공공서비스 시장이 조성되기 위해 다음과 같은 조건의 충족이 필요하다. 첫째, 시민들, 즉 소비자-투표자(consumer-voters)는 지방정부의 경계를 넘어 다른 지방정부로 자유롭게 이동할 수 있다. 둘째, 지방정부는 시민들에게 제공할

공공서비스의 종류, 수준, 질은 물론 지방세의 세목과 세율을 자유롭게 결정할 자율성을 보유하고 있다. 셋째, 시민들은 각 지방정부가 제공하는 서비스-세금의 조합(service-tax package)에 대한 완벽한 정보를 보유하고 있다. 넷째, 공공 영역에는 시민들의 선택권을 보장할 정도로 수많은 지방정부가 존재한다.

티부(Charles M. Tiebout)에 따르면, 이러한 조건들을 충족시키는 정도에 비례해 지방정부의 효율성이 높다. 공공서비스의 경쟁적 시장이 얼마나 완벽하게 형성돼 있느냐를 기준으로 세계 여러 나라의 지방정부를 배열하면, 미국의 지방정부는 가장 경쟁적인 시장에 속해 있지만, 한국의 자치단체는 가장 비경쟁적인 시장에 속해 있다(유재원, 2014). 공공서비스의 효율적 공급을 저해하는 자치단체가 안고 있는 제도적 제약은 자치단체의 입법을 제한하는 '법령의 범위 내'에 의한 사무(서비스) 선택에 대한 제약과 지방세의 종류와 세율을 제한하는 조세법률주의에 의한 조세재량의 제약이다. 이러한 제약으로 인해 한국의 자치단체는 공공서비스의 종류와 수준은 물론 지방세의 세목과 세율을 자유롭게 결정하지 못한다. 공공서비스 시장은 조성돼 있으나 그 속에서 서비스 공급 주체인 자치단체가 서로 경쟁하려는 유인이 약하다 보니, 배분적 및 생산적 효율성을 높이려는 자치단체의 유인이 강하지 못하다(유재원, 2018).

한국 지방정부의 낮은 효율성은 오우츠(Wallace E. Oates)의 재정연방주의(fiscal federalism)이론에 의해서도 설명이 가능하다. 재정연방주의에 따르면, 공공지출 프로그램에 들어가는 재원이 지방세를 통해 충당될 때, 책임 있는 재정 행위의 유인이 생긴다(Oates, 1972, 1999). 생산비용이 지방 납세자들에 의해 부담될 때, 공공서비스나 공공재는 비용-효율적으로 공급된다. 반면 공공서비스나 공공재의 생산비용이 중앙정부의 이전 재원에 의해 부담될 때, 공공서비스의 생산비용을 싸게 보이게 만드는 재정 착각을 지방 정치인과 지방 시민들에게 일으키게 돼 책임 있는 재정 행위의 유인을 파괴한다. 지방 정치인에게는 서비스의 공급비용을 통제할 유인이 약화되고, 지방 시민들에게는 적정 수준 이상으로 서비스를 과소비할 유인이 강화된다. 재정연방이론에 따르면, 상위정부가 제공하는 이전 재원에 대한 지방정부의 재정의존도가 높은 경우 공공서비스의 높은 생산적 효율성을 지방정부에 기대하기 힘들다(유재원, 2018, 2020). 한국의 자치단체가 바로 그 경우에 해당한다. 주지하듯이 한국의 자치단체는 세계 유례가 없을 정도로 높은 수준의 이전재원을 지방교부세나 지방재정교부금의 형태로 중앙정부로부터 제공받고 있다(유재원, 1997, 2018).

세계화와 신자유주의 조류의 강화와 중앙정부의 재정 위기로 인해 1980년대 이후 지난 수십 년간에 걸쳐 선진국의 지방정부는 정책 체질의 획기적인 변화를 경험했다. 지방정부가 경험한 정책 체질의 변화를 하비(David Harvey)는 '관리주의에서 기업주의로 전환'으로 규정한다. 하비는 서구의 많은 지방정부가 정치적 신조 및 이념, 부여된 권한의 크기와 상관없이 분배보다는 성장을, 소비보다는 생산을, 형평보다는 효율성을 중요시하는 기업주의 거버넌스 체제로 변화되고 있다고 주장한다. 어떤 이들(Pickvance & Preteceille, 1991)은 이러한 변화를 두고 '지방정치의 미국화'로 표현하기도 한다.

양 체제 간의 차이를 설명하면, 관리주의(managerialism) 지방정부는 시민(특히 중산계층 및 저소득층)의 복지 향상을 중요하게 여기며, 이를 위해 시민들에게 공공서비스를 광범위하게 제공하는 것을 지방정부의 핵심 역할로 간주하고, 서비스 공급의 형평성을 서비스 생산의 효율성보다 중요한 공공가치로 인정한다. 반면 기업주의(entrepreneurialism) 체제는 지방정부의 핵심적 역할을 지역경제의 활성화에 두고, 생산적 자본과 노동을 역내로 유치하기 위해 기업의 이윤 추구 및 자본 축적 활동에 우호적인 환경을 조성하며, 서비스 분배의 형평보다는 생산의 효율성을 중요한 공공가치로 수용한다. 관리주의 지방정부는 복지 및 분배정책의 확대를 통한 시민들의 소비 능력을 강화하는 데 주안점을 둔다는 점에서 소비 지향적인 혹은 분배 중심적인 정부 체제로 규정할 수 있다. 이에 반해, 기업주의 지방정부는 시민의 소비 능력 향상보다는 개발 및 성장정책을 통한 지역의 부가가치 창출 능력을 높이는 데 주력한다는 점에서 생산 지향적 혹은 성장 중심적인 정부 체제로 규정할 수 있다.

유럽에서 관찰되는 지방정치의 미국화 혹은 정책 체질의 기업주의화 현상이 한국에는 어느 정도 적용될까? 필자는 여러 논문(유재원, 2000a, 2008a, 2008b; 이승모·유재원, 2006, 2007)을 통해 기업주의를 향한 서구 지방사회의 변모와는 달리 한국의 지방사회는 여전히 분배, 소비 및 형평성을 지향하는 관리주의 체제를 고수하고 있음을 논증하고, 그 주된 이유를 세계화의 압력 내지 파고로부터 지방정부의 서비스와 재정을 지켜 주는 중앙정부의 큰형님(big brother) 역할에서 찾았다(유재원, 2000a).

한국 사회에서 지방행정 및 지방재정의 방만하고 비효율적인 운영을 제지하려는 개혁 시도가 끊임없이 진행됐다. 주로 (1) 중앙정부에 의한 엄격한 관리 감독 체제의 설치 및 가동, (2) 자치계층의 수나 행정구역의 크기 변경 등과 같은 지방행정 체제의 개편, (3) 민영화, 민간위탁, 성과급제, 책임운영기관, 서비스헌장 등 신공공관리에 입각해 설계된 다양한 정부개혁 프로그램의 시행을 통해 지방 지출의 효율성을 담보하려고 한다.

하지만 필자는 이러한 외형적 구조의 개편이나 계층제적 감독의 강화는 지방 지출의 효율성을 높이는 데 미봉책은 될지언정 근원적인 대책이 될 수 없다고 생각한다. 대신 지방재정 효율성을 높이기 위해 지방공공서비스 시장의 경쟁성을 강화하는 노력과 지방정부가 필요한 재정을 중앙정부로부터 조달하는 의존재정 시스템에서 벗어나 국세의 지방세 전환을 통해 스스로 조달하는 독립재정 시스템으로의 방향 전환이 필요하며, 이를 위해 소득세, 법인세의 공동세 전환을 구체적인 방안으로 제시했다(유재원, 2010, 2014b; 유재원·손화정, 2010).

우리처럼 공공서비스 시장에 참여하는 지방정부 간의 협력만 강조하고 경쟁이 약한 경우(유재원, 2014b), 공공서비스의 효율적 공급을 기대하기 어렵다. 공공서비스의 효율성을 높이기 위해서는 무엇보다 지방공공서비스 시장의 경쟁성을 강화해야 하며, 이를 위해서는 중앙정부의 이전재원에 대한 지방재정의 의존 정도가 강한 체제에서 벗어나 지방재정의 독립성을 강화하는 방향으로 정부간 체제를 변화시키기 위한 개혁 노력이 진행돼야 한다. 소득세, 법인세의 공동세 전환은 지방재정의 의존성을 줄이고 독립성을 강화하기 위해 제안된 방안이다.

# Ⅶ. 지방 거버넌스 연구와 계층제 건재론

❖――― 2000년대 들어와 한국 행정학회에 거버넌스 연구가 본격적으로 출현하기 시작했다(홍성만·유재원, 2004). 21세기로 접어들면서 국정 운영의 방식이 거버먼트(goverment)에서 거버넌스(governance)로 변하고 있다는 주장이 영국의 학자들을 중심으로 제기됐고, 이러한 주장은 국내의 학계는 물론 언론계와 공직자들 사이에도 폭넓게 공유되기 시작했다. 그런데 문제는 국내의 거버넌스 연구자들은 거버넌스를 새로이 대두되는 사회 현상으로서 이해하지 않고 우리 사회가 앞으로 나아가야 할 규범적 지향점으로 설정하는 경향이 강했다. 거버넌스를 협치(協治)로 번역한 데서 이러한 경향은 잘 나타난다. 국가와 시민사회가 협치해야 하며, 여당과 야당은 협치해야 한다는 주장에 반대할 사람이 누가 있겠는가? 거버넌스를 협치로 규정함에 따라 거버넌스는 자연스럽게 규범적 지향점이 됐다. 거버넌스를 협치로 규정하다 보니 정부 단독의 계층제에 의한 국정 운영 방식은 좋지 않은 반면, 사회 구성원들이 연대하고 협력하는 네트워크에 의한 국정 운영 방식이 좋은 것이라는 생각으로 비화됐다.

  필자는 거버넌스에 대한 국내의 용법에 적잖이 당황했다. 우선 거버넌스를 협치로 해석하고 규범적 지향점으로 설정하는 것에 찬성하기 어려웠다. 거버먼트나 거버넌스는 둘 다 어원이 govern에서 나온 것이다. 따라서 거버넌스도 거버먼트와 마찬가지로 통치 혹은 지배로 해석하는 게 합당하다. 거버넌스와 거버먼트가 통치라는 점에서는 같지만, 단지 통치의 방식이 다른 것으로 이해돼야 한다. 거버넌스 연구의 선두 주창자인 로드스(Rhodes, 1996: 652-653)는 거버넌스를 "통치의 새로운 과정, 통치의 변화된 조건, 혹은 사회가 지배되는 새로운 방식"으로 정의한다. 그리고 통치 활동에는 사회문제의 해결, 사회 수요의 충족, 자원의 효과적 할당, 사회 갈등의 조정 등의 노력을 포함한다. 로드스(R. A. W. Rhodes)에 따르면, 통치는 과거부터 지금까지 변함없이 있어 온 활동이고, 단지 과거와 달리 새로운 건 통치 방식 및 통치 과정이 변화된 것이다. 그는 거버넌스라는 용어를 통해 이러한 통치 방식의 변화를 포착하고자 했다.

거버넌스를 협치를 해석하는 것도 문제로 인식되지만 계층제에 의한 통치는 나쁜 것이고 네트워크에 의한 통치는 좋은 것이라는 생각은 더 받아들이기 힘들다. 네트워크에 의한 통치가 계층제에 의한 통치보다 우위에 있다는 식의 주장은 서구의 거버넌스 연구자들에게 수용되기 어렵다. 나아가 그러한 통치 방식의 변화 및 정부 역할의 변화에 어떠한 규범적 의미를 두지 않을 것이다. 단지 그들은 네트워크에 의한 통치가 계층제에 의한 통치를 대체하거나 보완하고 있다는 주장에 대해서는 대체로 공감할 것이다.

거버넌스는 새로이 대두되는 사회 현상을 기술하고 설명하기 위한 용어다. 새로운 사회 현상이란 유럽연합(EU)의 제도화, 기관화(agencification)와 민영화로 인한 정부 기능의 상실을 의미한다. 이로 인해 정부가 공동화되고 정부가 전통적으로 수행해 오던 통치 활동을 비국가(non-state) 행위자인 민간 영역과 자발적 영역의 행위자들이 때로는 자기들끼리만 때로는 국가 행위자들과 연대해서 구성한 정책 네트워크를 통해 수행하는 빈도가 폭발적으로 증대하고 있다. 이로 인해 국가와 사회의 경계가 더욱 불분명해지고 국가 역할 및 통치의 성격이 변화되는 사회적 변혁이 대대적으로 일어나고 있다. 거버넌스 연구 대상이자 목표는 이러한 변화를 기술, 설명 및 분석하는 데 있다.

기존의 학계, 언론계 동향에 대한 반발이 거버넌스 영역으로 필자의 연구 지평을 확대하는 계기가 됐다. 거버넌스에 대한 국내 연구자들의 오해를 불식시키기 위해 필자는 먼저 영국 사회와 마찬가지로 한국 사회에서도 국정 운영 방식이 계층제에서 네트워크로 변동하는지를 경험적으로 확인하고 싶었다. 이 과정에서 거버넌스와 관련된 4편의 논문이 발표됐다. 논문 제목을 나열하는 것만으로 필자가 거버넌스 연구를 통해 어떤 주장을 전개하려는지 이해가 될 것이다.

- 정부인가 거버넌스인가? 계층제인가 네트워크인가?(2005)

- 정부의 시대에서 꽃핀 Multi-level Governance: 대포천 수질 개선 사례를 중심으로(2005b)
- 계층제, 시장, 네트워크: 서울시 구청조직의 거버넌스 실태에 대한 실증적 분석(2008)
- Understanding the Mixture of Governance Modes in Korean Local Governments: An Empirical Analysis(2012)

일련의 거버넌스 연구를 통해 반복적으로 확인한 사실은 한국의 경우 중앙정부나 지방정부 차원에서 모두 계층제가 위력을 발휘하며 통치의 주요 메커니즘으로 활용되고 있다는 것이다. 한마디로 계층제는 여전히 살아 있다(hierarchy is still alive)는 것이다. 거버넌스 연구를 통해 필자는 거버넌스가 규범적 지향점이 아니라 사회의 변화를 포착하기 위해 학문적 용어로 편입된 사실을 널리 알리고 싶었다. 더 나아가 영국을 중심으로 한 서구 사회와는 달리 한국 사회는 여전히 계층제에 의한 거버넌스가 사회문제를 해결하는 통치의 메커니즘으로 효과적으로 기능하는 것을 보여 줌으로써[4] 계층제에 의한 통치가 네트워크에 의한 통치에 자리를 내줘야 한다는 주장에 반격을 가하고 싶었다.

지방 거버넌스는 지방국가와 지방사회 간의 관계의 성격에 관한 것인데, 지방 거버넌스가 '계층제 건재론'로 규정될 수 있다는 경험적 발견은 자치단체의 정책 과정이 지역주민의 정책 투입이 미약한 상태에서 단체장과 지방관료제가 중심이 돼 정책을 주도적으로 결정하고 이를 지역주민에게 하향식으로 집행하거나 전달하는 하향식(top-down) 정책모형으로 특징지어진다는 것이다. 계층제 건재론은 이러한 점에서 단체장과 지방관료제가 지방정책 과정을 주도한다는 단체장주의와 완벽하게 양립한다. 더 나아가 계층제에 의한 거버넌스는 거버먼트와 다를 바 없다는

---

[4] 사회문제 해결에 비효과적이거나 현실과 부정합성이 높은 제도는 오래 유지되기 어렵다(Almond & Verba, 1963). 사회적 환경의 변화에도 불구하고 계층제(관료제)가 건재하다는 사실은 계층제가 사회문제 해결에 여전히 효과적으로 작동하고 있음을 시사한다.

점에서 한국의 지방사회는 거버넌스 시대(the era of governance)로의 전환이 이뤄지지 않고 여전히 거버먼트 시대(the era of government)에 머무르고 있음을 시사한다(유재원·소순창, 2005; 유재원·홍성만, 2005). 중앙과 지방 수준에서 모두 국가 중심적인 사회(state-centered society)의 특성이 유지되고 있다(유재원, 2004b).

## VIII. 생애연구로부터 도출된 한국 지방자치의 특색: 제약돼 있지만 한계 없는 도시

❖──── 지방자치에 다양한 측면에 대한 생애연구를 통해 발견한 연구 결과물을 간략하게 정리하면 다음과 같다.

첫째, 지방정부는 중앙정부로부터는 강한 자율성의 제약을 받고 있지만, 주어진 정책 자율성의 공간에서는 지방의 경제 및 사회집단으로부터 상당한 자율성을 확보하고 있다. 허용된 정책공간에서 단체장과 지방 관료제는 지방의 주요 정책결정을 주도하며 지방사회를 지배하는 핵심 행위자로 자리매김하고 있다.

둘째, 지방자치는 주민자치라기보다는 정당자치, 정부자치의 성격이 강하다(전영평, 2003). 자치 무대의 주역은 제도정당과 정부(지방정부 포함)이고, 시민은 지방자치 무대의 막후나 방청석에서 연극을 수동적으로 관람하는 관객의 성향이 강하다.

셋째, 경제 논리보다는 정치 논리가 지방정부의 정책 선택을 지배하는 논리다. 지방정부는 정책의 우선순위를 결정할 때 정책이 지방정부의 자본 축적이나 지방의 경제 성장에 얼마나 도움을 주느냐에 의해 판단하기보다는 지방 정치인의 재선 기회를 얼마나 높이는지를 기준으로 평가한다. 그러한 결과 경제성이 높은 사업에 자원을 집중적으로 투여하기보다는 자원을 광범위한 지역, 집단에 나눠 주는 사례가 더욱 빈번하다. 지방정부는 생산보다는 소비, 성장보다는 분배, 효율성보다는 형평을 중시한다.

넷째, 건강한 정부 체제는 정부 간의 협력과 경쟁이 적절히 배합된 체제다. 협력은 없고 경쟁만 존재하는 정부 체제는 파괴적인 무정부 상태를 유발하기 쉽다. 반대로 경쟁은 없고 협력만 존재하는 정부 체제는 비효율성을 수반한다. 공공서비스 시장의 경쟁의 부재가 한국 지방자치 체제의 비효율성을 설명한다.

다섯째, 지방정부는 특별한 정책 정향이 없다. 통상 지방자치는 중앙과 지방 간의 기능의 분업 체제로 이해된다. 미국의 경우, 중앙정부는 분배나 소비의 기능을 주로 담당하고, 지방정부는 생산과 성장의 기능을 담당한다. 영국의 경우 이와는 반대로 중앙정부는 생산 기능을, 지방정부는 소비 기능을 주로 수행한다. 그리하여 미국의 지방정부는 생산적 자본과 노동의 역내 유입에 도움을 주는 개발정책 편향적이지만, 영국의 지방정부는 소득의 재분배를 촉진하는 분배정책 편향적이다. 하지만, 한국의 경우 중앙-지방 간 뚜렷한 기능 분업의 패턴이 없다. 중앙정부와 지방정부는 모두 생산과 소비의 기능을 동시에 수행하며, 개발정책과 재분배정책을 동시에 추구할 수 있다. 한국의 지방정부는 특정 유형의 정책을 수행하도록 강제화하거나 유도하는 구조적 제약으로부터 비교적 자유롭다. 지방정부의 특별한 정책편향성은 없지만 일반적으로 성장정책보다는 분배정책을 선호한다. 후자가 전자보다 단체장의 재선에 유리하게 작용하기 때문이다. 하지만, 자치단체장이 성장정책이 분배정책보다 재선에 도움을 준다고 판단한다면 그의 성장정책 선택을 막을 어떤 구조적 장벽도 없다.

여섯째, 신공공관리 개혁에 의한 시장화와 협치(協治)의 요구에도 불구하고, 한국 사회에서 사회문제의 해결의 주요 기제로서 활용되고 있는 거버넌스 양식은 중앙이나 지방 모두 여전히 계층제다.

일곱째, 지방 시민들조차 지방의 정치문제보다는 중앙의 정치문제에 관심이 높고, 중앙의 정치사회를 상대해서는 매우 적극적으로 활동하나 지방의 정치 무대에서는 매우 소극적이다. 정부와 정치 구조는 중앙-광역-기초 등으로 다단계로 조직돼 있으나, 시민사회는 다단계화돼 있기보다는 지방 시민사회는 국가 시민사회에 편입돼 오로지 하나의 거대한 시민사회만 존재하는 느낌을 준다. 한국에서 지방사회는 정치적 의미에서 자치공동체가 아니라 기껏해야 문화적 의미의 공동체에 불과하다.

여덟째, 요컨대, 한국 지방자치의 특색을 한 두 개의 단어로 압축적으로 표현하라면 '제약돼 있지만 한계 없는 도시(Constrained but Limitless Cities)'의 메타포를 사용하고 싶다. 피터슨(Peterson, 1981)은 미국 지방정부의 특성을 압축적으로 표현하기 위해 '도시한계론(City Limits)'이라는 메타포를 사용한다. 미국 지방정부가 상당한 범위의 자율성을 향유하고 있지만 연방주의와 자본주의가 부가한 구조적 및 경제적 제약으로 인해 정책 수행의 제약을 받아 '개발정책을 선호하나 재분배정책을 기피하는' 성향이 강하다고 주장한다. 이에 반해 한국의 지방자치 정부는 중앙정부가 부가하는 강한 법적, 재정적 제약으로 인해 자율성의 공간은 협소하지만 주어진 자율성의 범위 내에서는 특정 유형의 정책에 경도되거나 편향되지 않고 원하는 정책들을 비교적 자유롭게 선택할 수 있다. 중앙정부의 빅브라더 역할 수행과 지방시민사회의 정치적 조직화 수준이 낮은 결과 자치정부는 자본주의와 시민사회가 부가하는 경제적·정치적 제약에서 상당 수준 해방돼 있다.

## 참고 문헌

강윤호. (2000). "지방자치와 기초자치단체의 사회복지정책 정향: 시·군·자치구간 비교분석." 「한국행정학보」, 34(1): 213-227.
김인철. (1994). "분권화와 지역주민복지의 상관성: 보호대상 주민집단에 대한 광역정부의 복지관여 추이 분석." 「지방자치연구」, 6(1): 87-101.
김창수. (2000). "지방자치 실시와 환경정책 집행 효과성 차이에 관한 연구." 「한국행정학보」, 34(4): 257-276.
김태일. (1998). "지방자치의 실시가 기초자치단체의 사회복지지출에 미친 영향: 서울시 자치구를 대상으로." 「한국정책학회보」, 7: 317-338.
박병현. (2006). "사회복지의 지방분권화에 대한 비판적 고찰." 「한국사회복지행정학」, 8(2): 1-31.
_____. (2008). "노무현 정부의 복지재정분권정책에 따른 지방정부 사회복지재정 실태 분석 및 정책적 개선방안." 「한국사회복지학」, 60(1): 159-185.
박종민·배병룡·유재원·최승범·최흥석. (1999). "한국 지방정치의 특징." 「한국행정학보」, 33(2): 123-139.
_____. (2001). "한국의 지방민주주의와 도시정치문화." 「한국정치학회보」, 35(1): 191-209.
유재원. (1994). "지방자치의 정치: 정당의 역할을 중심으로." 「한국행정학보」, 28(2): 499-52.
_____. (1997). "보통교부세 기준세율의 정치경제적 의미." 「한국행정학보」, 31(1): 23-37.
_____. (1999a). "청주시의 권력구조와 정치과정." 「정부학연구」, 5(1): 7-46.
_____. (1999b). "단체장 민선 이후 자치단체의 정책변화: Peterson의 도시한계론 검증." 「한국정책학회보」, 8(3): 79-98.
_____. (2000a). "세계화, 신자유주의 그리고 지방정치." 「한국행정학보」, 34(4): 155-173.
_____. (2000b). "사회자본과 자발적 결사체." 「한국정책학회보」, 9(3): 23-43.
_____. (2001). "정치행위로서 지방정부 개혁: 비교적 시각." 「한국행정학보」, 35(4): 201-215.
_____. (2002). "지방관료제에 대한 외부행위자들의 영향력 분석." 「한국정책학회보」, 11(4): 23-45.
_____. (2003). 「한국지방정치론: 이론과 실제」. 서울: 박영사.
_____. (2004a). "한국 도시의 정치사회문화의 특징적 측면." 「한국행정연구」, 13(1): 89-117.
_____. (2004b). "정책과정에서 비정부기구(NGO)의 역할 변화: 역사적 시각." 「행정논총」, 42(4): 77-104.
_____. (2006). "한국 지방자치의 특색과 과제." 「자치행정」, 214호: 34-39. 지방행정연구소.
_____. (2008a). "묻지마 분권에 국가경쟁력 흔들, 강박적 균등주의로 제로섬 자초." 「신동아」, 2008(2): 206-217.
_____. (2008b). "지방정부의 선진화 전략: 기업주의로의 전향." 「지방행정」, 57(657): 25-32. 대한지방행정공제회.
_____. (2010). "시군통합의 추진동력과 정책대안." 「한국행정학보」, 44(1): 179-202.
_____. (2011). "도시한계론의 핵심 가정에 대한 경험적 검증." 「한국행정학보」, 45(1): 101-121.

_____. (2014a). "한국 지역사회를 누가 지배하는가?" 이승종(편), 「지방자치의 쟁점」, 19-28. 서울: 박영사.
_____. (2014b). "지역 간 경쟁: 논리, 현황 및 강화 방안." 「국가정책연구」, 28(4): 117-140.
_____. (2015). "자치단체 통합의 이해: 정치모형의 적용." 「한국행정학보」, 49(2): 249-272.
_____. (2018). "한국사회에서 지방분권의 이해와 분권전략의 탐색." 「한국행정학보」, 52(3): 3-28.
_____. (2020). "지방행정." 「한국연구의 동향과 쟁점(행정학)」, 2020(2): 93-114. 대한민국학술원.
유재원·김성준. (2022). "행정학에서 해석적 접근 이해하기." 미발표 원고.
유재원·소순창. (2005). "정부인가 거버넌스인가? 계층제인가 네트워크인가?." 「한국행정학보」, 39(1): 41-63.
유재원·손화정. (2009). "시군통합의 효과에 대한 경험적 분석: 단절적 시계열모형(ARIMA)의 적용." 「한국행정학보」, 43(4): 285-306.
_____. (2010). "지방행정체제 개편: 발상의 전환." 「지방행정연구」, 24(4): 59-84.
유재원·안문석·안광일·최성모·김정수. (1995). "환경규제권의 분권화 효과." 「한국행정학보」, 29(1): 3-21.
유재원·이승모. (2006). "한국의 시민 접촉: 보편성과 특수성." 「한국행정학보」, 40(2): 53-72.
_____. (2008). "계층제, 시장, 네트워크: 서울시 구청조직의 거버넌스 실태에 대한 실증적 분석." 「한국행정학보」, 42(3): 191-213.
유재원·홍성만. (2005). "정부의 시대에서 꽃핀 Multi-level Governance: 대포천 수질개선 사례를 중심으로." 「한국정치학회보」, 39(2): 171-194.
이승모·유재원. (2006). "재정보전금 제도 도입의 정책효과 분석 및 함의." 「한국행정학보」, 40(3): 199-218.
_____. (2007). "재정보전금의 수평적 재정형평화 제고 방안." 「정책분석평가학회보」, 17(1): 61-84.
이승종·김흥식. (1992). "지방자치와 지방정부의 정책정향: 복지서비스 기능을 중심으로." 「한국행정학보」, 26(2): 573-589.
전영평. (2003). "자치의 오류와 지방정부혁신." 「행정논총」, 41(3): 79-104.
홍성만·유재원. (2004). "수질개선을 위한 정부-주민 간 환경협약 사례." 「한국정책학회보」, 13(4): 95-119.

Almond, G. & Verba, S. (1963). *The Civic Culture: Political Attitudes and Democracy in Five Nations*. Princeton: Princeton University Press.
_____. (1989). *The Civic Culture Revisited*. London: Sage.
Bevir, M. (2011a). "Interpretive Theory." M. Bevir (ed.). *The SAGE Handbook of Governance*: 51-64. Sage

Publications.

_____. (2011b). "Public Administration as Storytelling." *Public Administration*, 89(1): 183–195.

Dahl, R. (1961). *Who Governs? Democracy and Power in an American City*. New Haven: Yale University Press.

Fesler, J. W. (1965). "Approaches to the Understanding of Decentralization." *The Journal of Politics*, 27(3): 536–566.

Gurr, T. & King, D. S. (1987). *The State and the City*. Chicago: University of Chicago Press.

Harvey, D. (1989). "From Managerialism to Entreprenurialism: The Transformation of Urban Governance in Late Capitalism." *Geografiska Annaler*, 1: 3–17

Hunter, F. (1953). *Community Power Structure: A Study of Decision Makers*. Chapel Hill: University of North Carolina Press.

Molotch, H. L. (1976). "The City as a Growth Machine." *American Journal of Sociology*, 82(September): 309–330.

Oates, W. E. (1972). *Fiscal Federalism*. New York: Harcourt Brace Jovanovich.

_____. (1999). "An Essay on Fiscal Federalism." *Journal of Economic Literature*, 37(3): 1120–1149.

Page, E. (1991). *Localism and Centralism in Europe: The Political and Legal Bases of Local Self-Government*. Oxford: Oxford University Press.

Page, E. & Goldsmith, M. J. (eds.). (1987). *Central and Local Government Relations*. London: Sage.

Peterson, P. E. (1981). *City Limits*. Chicago: University of Chicago Press.

Pickvance C. & Preteceille, E. (eds). (1991). *State Restructuring and Local Power: A Comparative Perspective*. London: Printer Publishers.

Putnam, R. D. (1993). *Making Democracy Work: Civic Traditions in Modern Italy*. Princeton: Princeton University Press.

Rhodes, R. A. W. (1996). "The New Governance: Governing without Government." *Political Studies*, XLIV: 652–667.

Stone, C. N. (1980). "Systemic Power in Community Decision Making: A Restatement of Stratification Theory." *American Political Science Review*, 74(4): 978–990.

Stone, C. N. & Sanders, H. T. (1987). *The Politics of Urban Development*. Lawrence: University Press of Kansas.

Tiebout, C. M. (1956). "A Pure Theory of Local Expenditures." *Journal of Political Economy*, 64(5): 416–424.

Verba, S., Schlozman K. H., & Brady, H. E. (1995). *Voice and Equality: Civic Voluntarism in American Politics*. Cambridge: Harvard University Press.

Yoo, J. W (2018). "Assessing Central-Local Government Relations in Contemporary South Korea: An Application of Page & Goldsmith's Comparative Framework." *Lex Localis: Journal of Local Self-government*, 16(3): 505–

528.
Yoo, J. W. & Kim, S. E. (2012). "Understanding the Mixture of Governance Modes in Korean Local Governments: An Empirical Analysis." *Public Administration*, 90(3): 816-828.

윤견수

# 한국 정부관료제 연구:
# '공직' 개념의 재발견

## I. 들어가는 말

❖────── 한 개인의 생애연구가 이뤄낸 성과를 스스로 말하는 것은 부끄러운 일이다. 그러나 그동안의 연구에서 어떤 질문을 던졌고, 그 질문들이 서로 어떻게 연결되고 있는지를 소개하는 것은 학문공동체를 위해 필요한 일이다. 이 글에서는 필자가 왜 관료제 연구에 주목했고, 그 과정에서 어떤 질문을 중요하게 생각했는지를 소개한다. 많은 질문이 있었지만 관료제 연구의 분석 단위를 왜 공직으로 설정했는지, 개발연대 관료제가 왜 여전히 한국 행정의 플랫폼 역할을 하고 있는지, 앞으로의 관료제 연구가 왜 고위공직자에게 주목해야 하는지를 특히 강조할 것이다. 관료제가 행정학의 한 부분을 차지하는 고리타분한 용어가 아니라, '공직' 개념을 통해 한국 행정을 이해하고 이론화할 수 있는 준거가 되리라는 기대에서 이 글을 쓴다.

## II. 왜 관료제 연구인가?

❖──── 행정 현상을 이해하는 뿌리를 어디에서 찾을 것인가? 나에게 이 질문은 행정학자로서의 정체성을 어디에서 찾을 것인가라는 질문과 같다. 이 질문에 대한 대답은 아무래도 고려대학교 행정학과 은사님들의 가르침에서 시작해야 할 것 같다. 필자의 지도교수인 이종범 교수님은 당시 한국 사회의 보상제도가 관료와 민원인의 부정적 행동에 유리하게 돼 있었기 때문에, 보상제도와 관련된 규칙이나 규범을 변동시킬 수 있다면 관료와 국민의 부정적 행동을 긍정적으로 바꿀 수 있을 것이라는 기대에서 『국민과 정부관료제』(1986)를 집필했다. 행정학 연구의 대상에 관료의 행동과 더불어 민원인의 행동이 함께 포함돼 있고, 관료의 행동을 바꾸기 위해서는 제도를 바꿔야 한다는 사실은, 갓 공부를 시작한 당시의 나에게 평생의 명제처럼 들어와 박혔다. 백완기 교수님은 『한국의 행정문화』를 집필하면서, 한국과 같은 발전도상국에서는 관료집단이 발전의 목표를 수행하는 유일한 제도적 장치이기 때문에, 미발전된 관료제가 발전된 관료제로 탈바꿈하기 위해서는 관료의 마음속에 있는 사고방식이나 가치관이 변화돼야 한다고 했다(백완기, 1975: 71-72). 사회를 발전시키기 위해서는 관료제를 바꿔야 하고, 관료제를 바꾸기 위해서는 관료의 의식을 변동시켜야 한다는 명제는, 제도 못지않게 가치관과 문화가 관료의 행동을 바꿀 수 있는 중요한 변수라는 점을 깨닫게 해 줬다. 누구보다 사회개혁 운동에 적극적이었던 이문영 교수님은 『한국행정론』(1980)을 집필하면서 서문에 다음과 같은 집필 목적을 적어 놓았다. "…관(官)의 권력 남용을 내용으로 하는 이른바 '벌거벗은 힘'과 민(民)의 무질서한 행동을 내용으로 하는 '난동을 불사하는 힘'과의 원색적 대결을 회피하는 길은, 좀 더 합리화한 통치행정기구가 관 쪽에서, 그리고 자율성 있는 사회집단이 민 쪽에서 각각 형성되며, 후자에서 전자에 이르는 여론과 요구의 공급로가 마련됨으로써 가능해진다"(이문영, 1980: 5). 이문영 교수님의 말씀은 관료의 행동을 바꾸기 위해서는 민주주의에 토대를 둔 민회문화적 가치관과 절

차가 관료제 내부에 수용돼야 한다는 것이다. 군사정권이 정치와 행정을 장악하고 권위주의 질서가 팽배해 있던 당시의 시대적 분위기에서 쉽게 할 수 있는 주장은 아니었다. 행정학의 학문적 영역 안에 국민이 당연하게 포함돼야 하고, 그때의 국민은 서비스 전달의 대상인 피동적 국민이 아니라 자신의 입장을 적극적으로 요구하는 적극적 국민이라는 생각을 이때 하게 됐다. 이분들과 결은 달랐지만 정책학자인 김영평 교수님은 "…우리나라와 같이 집권적이고 권한이 방대한 관료제에서는 정책실패에 대한 책임을 지지 않아도 되므로 정책오차 수정이 어렵다. 정책실패가 그것을 추진한 개인들에게 불이익을 주지 않고 집단적으로 기관의 불이익과도 연결되지 않는다면 정책오차를 수정할 유인이 없다"(김영평, 1985: 128)고 하면서 발전주의 관료제의 한계를 지적했다. 그분은 합리적 기획보다는 그것이 가져오는 폐해를 고쳐 나가는 점진적 개혁의 지혜를 강조하셨다.

　은사님들의 말씀에는 두 가지 공통점이 있었다. 첫째, 행정학이라는 것은 정부가 하는 일이 잘못될 수 있다는 점을 지적하며 시작해야 한다는 점이다. 설명이나 예측과 연관된 지식이 설계나 처방과 연관된다면 인간을 도구화하는 성향을 가지기 때문에, 행정학자는 공무원이 도구적으로 이용될 수 있고 동시에 능률적 수단으로서의 행정이 잘못될 수 있다는 가능성을 국민에게 알릴 필요가 있다(이종범, 1986: 1-2). 이런 생각은 행정이 사회 발전을 이끌어야 하며 행정학은 사회문제를 해결하는 학문이라는 입장과는 사뭇 다르다. 당시 주류 패러다임이던 발전적 국가관이나 목민적 행정관과는 거리를 둔 것이다. 고려대학교 행정학과가 다른 학교에 비해 학구적이며 이론에 강하다는 세간의 평가는 이런 전통에서 비롯됐을 것이다. 둘째는 행정 현상을 이해하는 키워드는 정부관료제라는 사실이다. 행정학을 전공한 학자들에게서 흔히 발견되는 학문적 열등감이 하나 있다. 다른 학문 영역에 존재하는 핵심 개념이나 이론이 행정학에는 없다는 인식에서 비롯된 열등감이다. 예컨대 정치학은 권력, 경제학은 이익, 경영학은 관리라는 핵심 개념이 있는데, 행정학을 뒷받침하는 핵심 개념은 없다는 자괴감이다. 정부관료제라는 개념은 나에게 학문적 열등의식 없이 행정학 공부를 해 나가게 하는 평생의 동력을 제공했다.

행정학과 은사님들에게 암묵적으로 배운 것을 한마디로 요약하면 "행정학자라면 정부관료제에 주목해야 하고 비판적인 관점을 견지해야 한다"는 사실이다. 너무나도 당연한 명제지만 그분들의 가르침을 실제의 연구와 연결하는 것은 쉽지 않았다. 그러다가 주목한 것이 하위직 공무원의 역량과 의지에 대한 의문이었다. 규모가 거대한 정부관료제 안에서 과연 하위직 공무원은 위에서 내리는 명령에 복종만 하는 도구적 존재인가? 계층제 조직이라고는 하지만, 최고위직의 목표가 곧 조직구성원 전체의 목표라고 가정하기에는 조직의 규모가 지나치게 방대하지 않은가라는 의문이 들었다. 아무리 복종을 강조해도 직급이 낮은 공무원들의 자발성과 역량 없이 거대한 조직이 굴러갈 수는 없다는 생각도 들었다. 행정학 연구 논문이나 보고서를 읽어 봐도 그런 궁금증을 해소시켜 주는 연구는 없었다. 서베이 조사를 활용해 현장에 있는 공무원을 설명한 연구는 꽤 있었지만 대부분 가치관이나 태도에 대한 연구였다. 실제로 하위직 공무원이 역량을 발휘했던 경험에 대한 기록은 아니었다. 더구나 관료나 공무원의 개념이 고위직부터 하위직까지 모든 직급을 망라하는 것으로 사용되고 있었다. 예컨대 현장에서 일하는 일선 공무원의 행동과 정책을 관리하는 고위 공무원의 행동을 구분하지 않고 단일하게 공무원의 행동으로 이해하고 있었다. 조직이 아무리 계층제적 성격을 띠고 있다고 해도 공직시험을 통과해 입직한 하위직 공무원들이 로봇처럼 명령에 복종만 하는 존재는 아니라는 생각이 들었다.

이런 종류의 의문들이 쌓여 가고 있을 때 우리나라에서 최초로 지방자치단체에서 천문대를 건립하고 있는데, 그 주역이 영월군의 6급 공무원이라는 언론 기사를 대하게 됐다. 기사를 보자마자 호기심이 생겨 그 공무원을 찾아가 인터뷰를 하면서 자료를 찾기 시작했다. 그래서 완성한 논문이 "약자의 설득 전략: 어느 하위직 지방공무원의 개혁 활동에 대한 현상학적 보고서"(2001)였다. 한 공무원이 자신이 몸담고 있는 지역주민과 기초자치단체 의원, 자치단체장, 광역자치단체, 그리고 중앙부처 공무원들을 찾아다니고 설득하면서 자신의 비전을 실현하는 것을 보여 주는 사례 연구였다. 계층제 안에서 약자의 위치에 있는 공무원이 대상에 따라 서로 다른 설득 전략을 구사하면서 지방의 발전을 이끌 수 있다는 것이 흥미로웠다. 행정학회 학술상과 함께 과분한 평가를 받았던 논문이지만 막연하게나마 '직책'을 연구할 필요가 있겠구나라는 생각을 하게 만든 소중한 논문이었다. 공무원이 앉아 있는 자리는 내가 책으로만 알고 있었던 것과는 달리, 직급이 높지 않아도 사회에 큰 영향을 끼칠 수 있다는 것을 깨달았다.

그렇다면 직급이 높아서 권한이 강한 공무원은 도대체 얼마나 큰 힘을 발휘할 수 있을까라는 호기심이 생겼다. 그때 눈에 띈 것이 함평 나비축제였고, 그것을 사례로 쓴 논문이 "기초단체장의 변혁적 리더십과 지역축제: 함평 나비축제에 대한 스토리텔링을 중심으로"(2006)였다. 함평군은 지역 발전의 여력이 크지 않고 재정자립도가 전국에서 꼴찌에 가까운 농업 지역이었다. 그런데 나비축제를 통해 지역을 성공적으로 발전시키고 있었으며, 단체장의 혁신적 리더십이 그것을 가능하게 했다는 평가를 받고 있었다. 논문을 쓰는 과정에서 강릉 단오제나 안동 하회탈 축제 등을 관람하러 가기도 했지만, 함평처럼 무에서 유를 창조하는 식의 상징성은 없었다. 그러나 단체장을 비롯한 지역 인사를 인터뷰하고 나비축제와 관련된 자료를 모으는 과정에서 내가 발견한 것은 국가가 모든 것을 이끄는 발전행정 패러다임이 단체장 선거와 함께 지역에서 부활하는 장면이었다. 무명에 가까웠던 지역이 전국적으로 알려지면서 관광객이 몰려오고 외형적으로 발전하고 있었지만, 급속한 발전이 초래하는 성장의 부작용이 이 지역에서도 똑같이 재현되고 있었다. 민주화와 지방화, 그리고 글로벌화가 동시에 진행될 정도로 지역에 커다란 변화가 불어닥치고 있었다. 그러나 지역을 발전시키는 패러다임은 여전히 황무지에 깃발을 꽂고 그곳까지 밀어붙이는 방식, 즉 성장 중심의 토목국가 패러다임이었다. 행정이 아직도 개발연대의 플랫폼을 벗어나지 못했다는 생각과 함께, 그동안 피상적으로만 알고 있었던 박정희 시대의 발전행정을 조금 더 자세하게 들여다볼 필요가 있다는 생각이 들었다. 그 이론적 토대는 관료제여야 했다.

## III. 관료제 연구의 분석 단위: 공직

❖──── 그러나 쉽다고 여겼던 관료제에 대한 이론이 생각만큼 잘 정리되지는 않았다. 관료제 연구를 분류해 보니 크게 세 가지 흐름이 있었다. 첫째는 관료제를 하나의 제도(bureaucratic institution)로 간주하는 연구였다. 자발성과 참여를 강조하는 민주주의와 대비해 정부의 법적이며 강제적인 성격을 표현하기 위해 관료제라는 개념을 사용한다면, 그것은 관료제를 제도로 본 것이다. 국가가 사회를 통제하고 시장을 관리해 나가는 발전주의 관료제라는 개념도 제도적 특징을 반영한 것이다. 일반적으로 국가와 사회의 관계, 정부와 시장의 관계를 조망하는 과정에서 사용하는 관료제라는 개념은, 관료제의 제도적 특징을 전제로 한다. 둘째는 관료제를 일종의 조직(bureaucratic organization)으로 이해하는 연구다. 이 경우 관료제 연구의 분석 대상은 정부조직이나 행정기관이 된다. 예컨대 정부조직이 민간조직에 비해 신축성이 없다거나, 행정기관들 간의 관계는 계층적 권위에 기반을 두고 있다는 식으로 관료제를 이해한다면, 조직의 입장에서 관료제에 접근한 것이다. 행정기관이 관료적 비효율을 줄이기 위해 조직 운영 기법이나 원칙들을 정부조직에 도입한다고 할 때도 관료제를 조직관리의 시각에서 바라본 것이다. 셋째는 관료의 행동(bureaucratic behavior)으로 관료제에 접근하는 연구다. 소위 행정 행태와 관련된 대다수의 연구는 여기에 속하며 심리학과 조직행동학에서 개발한 이론을 사용해 공무원의 행동을 분석한다. 무사안일이나 복지부동 등과 같은 부정적인 행태부터 공공봉사동기나 적극 행동 등의 긍정적 행태에 이르기까지 공무원의 행동에 관한 스펙트럼은 다양하다. 공무원의 윤리와 책임, 공무원의 가치관 등의 개념으로 관료제를 연구하는 것도, 행정 행태처럼 공무원의 행동을 기반으로 관료제에 접근하는 것이다.

세 가지 관점은 각각 관료제의 규범적, 체계적, 그리고 행태적 속성을 가리킨다. 그리고 규범적 속성은 관료제의 법제도적 차원, 체계적 속성은 구조와 기능의 차원, 행태적 속성은 가치관과 행동의 차원을 언급하고 있었다. 관료제를 전체적으로 조망하기 위해 세 가지 관점이 필수적이지만 논점을 흐트려뜨리지 않기 위해서는 세 관점을 연결하는 개념적 고리가 필요하다는 생각이 들었다. 그것을 찾기 위해 많은 이런저런 문헌을 읽어 봤지만 만족스럽지는 않았다. 그래서 관료제에 대한 논의의 출발점이라고 하는 베버(Max Weber)의 책 가운데, 관료제에 대한 부분을 다시 읽기 시작했다. 옛날에는 그냥 지나쳤던 첫 문장이 눈에 들어왔다. "Modern officialdom functions in the following specific manner⋯". officialdom이라는 말을 찾아보니 '관료의 지위나 영역(the position or domain of officials)'이라는 의미가 있었다. 베버가 관료제를 이해하기 위해 출발점으로 삼은 것은 조직도 아니고, 그 안에서 일을 하는 개인도 아니었다는 의미다. 베버는 특정 기능을 수행할 수 있는 권한과 그것을 행사하는 데 따르는 책임을 규정한 '직책'을 관료제를 구성하는 기본 분석 단위로 설정했다. 이런 논리라면 정부관료제를 이해하기 위한 분석 단위는 '공직'이어야 하지 않을까라는 생각이 들었다. "정부의 질과 관료제의 합리성: 관료제 이념형 구성의 기본 단위인 공직 개념을 중심으로"(2011)는 그때의 생각을 정리한 논문이다. 공직을 의미하는 'public office'나 'public bureau'라는 개념은 사적인 관계에서 벗어나고, 사적인 소유물을 허용하지 않는 공적 공간이다. 따라서 개인의 정념이나 이익을 넘어서 다른 직책들과의 기능적인 관계가 중요하며, 관료제는 그러한 기능들이 하나의 구조로 표현되는 과정을 설명해 주는 개념인 것이다(윤견수, 2011). 정부관료제의 분석 단위이자 키워드로 선택했던 '공직'이라는 개념은 그 이후 지금까지 필자의 연구를 이끄는 나침반 역할을 했다.

공직이 중요한 개념인데도 왜 학자들은 그 개념을 잘 사용하지 않았을까? 이런 의문과 함께 공직자라는 개념보다 공무원이라는 개념을 사용하는 사람이 실제로 더 많은지 궁금했다. 공무원이라는 개념을 선호하는 사람과 공직자라는 개념을 선호하는 사람 간에 행정을 바라보는 관점이 서로 다른지에 대한 궁금증도 생겼다. "행정학의 영역 찾기: '공직'과 '공직자' 개념의 재발견"(2011)이라는 논문은 이런 궁금증을 해결해 보려는 시도의 산물이다. 관료제를 연구한 학자들과의 인터뷰 자료를 토대로 그동안 우리가 강조해 왔던 행정학의 주요 질문이나 이론이 주로 '공무원' 개념을 중심으로 만들어지고 있다는 것을 발견했다. 행정학의 정체성을 구성하고 있는 주류는 '공무원' 패러다임이었다. 공무원 패러다임은 행정을 가치 중립적인 활동이라고 본다. 아울러 행정을 관리기술적 효율성을 추구하는 도구적 활동이라고 파악하는 경향이 있다. 또한 부처 내부의 상하 관계를 염두에 두고 행정을 묘사한다. 이에 비해 그동안 소홀히 취급됐던 공직자 패러다임은 행정을 규범과 가치가 개입된 활동이라고 본다. 도구와 수단적 의미가 아니라 리더십과 책임이라는 차원에서 행정을 설명하려고 한다. 또한 부처 내부의 조직관리가 아니라 공공성을 염두에 두고, 의회와 사법 혹은 국민과의 관계 속에서 행정을 이해하려고 한다.

지금까지의 행정이 공무원 패러다임에 기반하고 있지만, 행정을 둘러싼 환경이 변하고 행정에 대한 기대가 다양해지는 앞으로의 시대는 공직자 패러다임이 중요해질 것이다. '공직' 개념은 그동안 행정학의 정체성과 관련해 내가 갖고 있었던 여러 가지 혼란을 정리해 줬다. 예컨대 행정을 공무원의 활동이라고 해석하면 국가공무원과 지방공무원의 활동이 곧 행정이다. 형식적 조건만 따져 보자면 공공기관 임직원은 공무원이 아니기 때문에 행정학의 대상에서 제외되는 경향이 있다. 행정이 행정부의 활동이라고 정의해도 위와 같은 논리로 공기업이나 공공기관은 행정학의 대상에서 제외하기 쉽다. 이 경우에는 의회나 법원도 행정부가 아니라는 이유로 행정학의 연구 대상에서 빠진다. 행정에 대한 정의가 이런 식으로 행정부나 공무원을 중심으로 이뤄진다면 행정학의 연구 대상은 제한될 수밖에 없다. 그러나 행정을 '공직의 수행'이라고 본다면 위와 같은 어려움에서 벗어날 수 있다. 공직의 수행은 기본적으로 공적 자원과 공권력을 사용하는 활동이다. 그 활동이 행정부에 국한되는 것만은 아니며 공무원의 활동으로 제한되는 것도 아니다. 공직자 패러다임은 가치와 규범의 문제, 그리고 권력이나 정치 현상과 행정의 관계를 다룬다. 지금까지 우리나라 행정이 능률과 봉사 개념에서 발달한 관리기술을 주로 다루고 있지만, 한국 행정은 인간에 대한 지배, 즉 권력 관계에서 그 본질을 찾아야 한다(백완기, 2005: 303). 공직자 패러다임은 관리기술 중심의 미시적 행정관을 벗어나 학문으로서의 행정에 대한 본질을 탐구하는 문을 열어 줬다.

## IV. 공직 체계의 분류와 관료제의 유형

❖──── 공직의 개념과 공직자 개념이 한국의 행정과 깊은 관련이 있다면 그동안 설명하지 못했던 한국의 행정 현상을 설명할 수 있어야 한다는 생각이 들었다. 한국의 행정문화를 설명할 수 있고, 한국 행정의 역사를 설명할 수 있어야 했다. "한국 공직문화의 원형: 자리문화"(2015)는 이러한 문제의식에서 비롯됐다. 필자는 행정문화에 대한 그간의 연구가 문화 연구의 외연을 그다지 확장시킨 것도 아니고, 문화 이론의 개발에 크게 기여한 것도 아니라고 봤다. 행정부의 문화가 곧 행정문화는 아니며 공무원의 규범과 행태가 곧 행정문화라고 볼 수는 없었다. 행정을 "공

〈표 1〉 공직 체계의 분류와 관료제의 유형

| 공직과 개인의 관계 \ 공직과 사회의 관계 | 폐쇄적(closed): 높은 진입 장벽 | 개방적(open): 낮은 진입 장벽 |
|---|---|---|
| 정의적(personal); 개인적 특성에 의존 | **A형**<br>• 공직 체계<br> - 가산제(patriarchy)<br> - 족벌주의(nepotism)<br>• 공직 운영: 세습과 상속<br>• 공직: (세습)재산 | **B형**<br>• 공직 체계<br> - 엽관제(spoils system)<br> - 정실주의(patronage system)<br>• 공직 운영: (통치)권력과의 친분<br>• 공직: 선물(답례품, 전리품) |
| 비정의적(impersonal); 공식적인 규준에 의존 | **C형**<br>• 공직 체계<br> - 관료제(bureaucracy)<br> - 실적제(meritocracy): 경쟁시험<br>• 공직 운영: 계층구조와 승진<br>• 공직: 서열과 권력 | **D형**<br>• 공직 체계<br> - 전문직 체계(professional system)<br> - 실적제(meritocracy): 전문가 추천<br>• 공직 운영: 전문가 규범과 시장 원리<br>• 공직: 직업 |

적 자원과 공권력을 사용하는 활동"이라고 정의했을 때, 공직은 그런 활동을 위한 권한과 책임이 부여된 '직책'이자 '자리'였다. 그렇다면 행정문화라는 개념 대신 공직문화라는 개념을 사용하는게 더 적실성이 있고, 공직문화의 본질은 자리문화라는 생각이 들었다. 그래서 '직책' 개념을 이론화할 수 있는 분석적 틀에 관심을 갖기 시작했다. 그러한 고민을 반영한 것이 〈표 1〉이다.

표를 만들기 위해 공직과 개인의 관계, 그리고 공직과 사회의 관계를 통해 자리의 특성이 결정된다고 가정했다. 만약 자리에 앉아 있는 개인이 직책이 요구하는 공식적인 규준이나 지침을 따른다면, 그때 개인과 공직의 관계는 비정의적(impersonal) 관계다. 그러나 공직 수행이 개인의 정념이나 의지를 따라간다면 그때의 개인과 공직의 관계는 정의적(personal) 관계다. 한편 특정 사회집단이 공직을 독점하거나 조기 입직한 공직자만 상위직에 임용된다면 공직과 사회의 관계가 폐쇄적이며, 반대로 사회의 전 구성원에게 하위 직책은 물론 상위 직책에 대해서도 입직의 기회가 제공된다면 그때의 공직과 사회의 관계는 개방적이라고 가정했다.

A형은 공직이 사회에 개방되지 않은 상황에서 공직 운영이 개인의 가치나 편견에 의해 좌우되는 유형이다. 가산제나 족벌주의가 여기에 속한다. B형은 공직은 사회에 개방이 됐지만 공직의 운영은 개인의 정치적 선호나 자질에 의해 좌우될 수 있는 유형이다. 엽관제나 정실주의가 대표적인 형태다. C형은 베버가 말하는 이념형적인 관료제의 현실적 모습이다. 공직에 필요한 역량과 자격이 개인의 자질이 아니라 공식적인 규준에 의해 정해진다. 그러나 일반적으로 상위직이 조기에 입직한 사람의 계급제적 승진을 통해서만 채워지기 때문에 폐쇄적이다. 마지막으로 D유형은 공직이 사회에 개방돼 있지만, 공직과 개인의 관계는 직위분류제처럼 자리가 제시한 기준과 자격에 적합한 개인이 선택되는 방식을 따른다. C형과 D형은 둘 다 실적을 강조하지만 C형은 민간 영역의 경험이 해당 직무의 역량을 발휘하는 데 꼭 필요하다고 보지는 않는다. 공법을 강조하는 대륙법계 국가들이 취하는 방식이다. 그래서 고위직 임용 시 조직 외부에서 일했던 사람보다는 조기 입직과 사회과 과정을 거치면서 조직 안에서 역량을 인정받은 사람을 선택한다. 그러나 D형은 담당

업무가 같으면 민간이나 공공 영역 간에 차이가 없다고 본다. 영역을 뛰어넘어 주로 직무의 성격에 따라 직업을 구분하는 미국의 전통이다.

A형이 전근대적 유형이라고 하지만 이것이 현실적으로 모두 사라졌다고 보기는 힘들다. 전근대 사회에서 혈연과 신분 등의 귀속적 요소가 진입 장벽을 높인 것처럼, 근대 사회에서는 법률이나 과학기술 지식을 가진 전문가 집단이 진입 장벽을 높인다. 예컨대 원자력, 항공우주, 해양 관련 지식을 특정 대학이 독점하고 있다면 비록 그럴 의도가 없어도 공직은 그 집단의 재산처럼 세습된다. 전문기술 영역이 아니더라도 학연이나 지연 혹은 직장 내 연줄로 형성된 파벌집단에 의해 공직이 세습되는 경우도 충분히 존재한다. 군사학교와 경찰학교 출신들이 특정 공직을 독점하거나, 산하기관의 공직을 부처 출신 관료들이 독점하는 현상도 모두 A형에 속한다. B형은 정치 민주화와 더불어 오히려 우리나라에서 증가하는 유형이다. 정치 권력이 선거를 통해 교체되는 상황이 존재하는 한 B형은 쉽게 사라지지 않는다. 이익 동맹을 중심으로 움직이는 팬덤 정치가 국정을 지배하면 더 자주 나타날 것이다. 통치 권력의 정책 의지를 실현하는 데는 통치 권력과 밀월 관계를 형성하고 있는 집단의 구성원들이 공직에 진입하는 것이 더 유리하기 때문이다. 군사정권 시절 유신 사무관으로 일컫는 군부 엘리트의 공직 진입이 대표적인 예다. 이러한 현상은 1995년 지방자치가 부활하고 선출직 공직자가 등장하면서 우리나라에서도 자주 발견된다. 윤견수·한승주(2012)는 이와 같이 선출직 공직자에 의해 지방 공무원 인사가 엽관제 형태로 이뤄지는 상황을 신엽관제로 불렀다.

우리나라 공직 체계는 제도적으로는 C형을 근간으로 하고 여기에 점차 D형을 가미하면서 발전하고 있다. A형과 B형이 비록 전근대적인 속성을 띠고 있지만 사라진 것은 아니다. 네 가지 유형이 나타나는 조합이 상황의 특성에 따라 달라질 뿐이다. 네 가지 유형은 현실의 공직 체계를 해석하는 일종의 이상형이라고 봐야 할 것이다. 그렇다면 이와 같은 이상형이 실제로 현실을 판단하는 이론적 틀로서의 적실성을 갖고 있을까라는 궁금증이 생겼다. 마침 한국행정학회 60주년 기념 미래특별위원회의 구성원으로 참여하면서 글을 쓸 기회가 생겨 공무원을 대상으로 간단한 서베이를 했다. 위 표에서 제시한 것처럼 각 유형별 공직관과 연관된 자리의 개념을 상징적으로 표현하고, 각각의 상징들이 현실에서 나타나는 상대적 빈도를 조사했다. 예컨대 A형은 자리를 특정 파벌이나 연고집단에 의해 관리되는 재산, B형은 충성을 주는 대가로 받는 선물인 전리품, C형은 권력이나 서열을 특징으로 하는 지배와 복종 관계, D형에서는 다른 직업과 차이가 없는 하나의 직업으로 본다고 가정을 했다. 서베이 결과는 흥미로웠다. 임용 주체(국가직인가 지방직인가)와 업무 분야(일반행정인가 복지인가 교육인가)별로 자리에 대한 관념이 달랐다. 즉, 공직을 바라보는 이미지 혹은 공직문화가 달랐다. 예컨대 교육직렬 종사자들은 다른 직렬에 비해 공직을 단순히 하나의 직업이라고 보지 않고 선물이나 전리품 혹은 권력이나 서열로 보는 비율이 훨씬 높았다(윤견수, 2016). 비합리적이며 전근대적 공직관이라고 생각했던 것들이 여전히 현실 세계에서 작동되고 있었던 것이다.

공직의 개념에 토대를 둔 자리문화가 그동안 설명하지 못했던 한국 행정문화의 한 단면을 보여 줄 수 있는 것처럼, 과연 공직자 패러다임으로 한국 행정의 역사를 설명할 수 있을까? 공직에 대한 역사적 연구는 고맙게도 같은 과의 박종민 교수님과의 오랜 기간에 걸친 학문적 대화를 통해 이뤄졌다. "한국 국가관료제의 세 가지 전통"(박종민·윤견수, 2014)은 한국의 국가관료제를 조선시대, 일제강점기, 개발연대의 세 시기로 구분한 후, 각 시기별로 공직(자)의 특징을 포착하려고 했던 글이다. 한국의 국가관료제는 당시 한국을 둘러싼 강대국의 관료제를 차용하면서 발전해 왔으며, 공개경쟁 선발시험을 거친 실적임용 제도가 이들 전통의 토대를 형성하고 있다는 것이 전반적인 글의 방향이었다. 실적을 평가하는 기준이 실무 경험이 아니라 텍스트 지식이었다는 한계가 있지만, 텍스트의 내용은 유교 경전에 대한 소양에서, 법률에 대한 지식으로, 그리고 사회과학 지식으로 변해 왔다. 당시에 가장 필요했던 지식에 대한 소양이 실적 평가의 내용이었던 것이다. 조선시대는 자신이 알고 있는 지식을 실천을 통해 학문으로 완성하는 유교적 이념에 충실했던 시기다. 공직자는 직책에 적합한 권한을 가지고 임무를 수행하는 기능적 존재이기도 하지만, 일을 통해 자신의 학문적 이상을 실현하려는 학자이기도 했다. 일제강점기는 사회를 통제하고 국가를 관리하는 식민주의 원칙이 지배하는 시기였다. 그것을 가능하게 한 것은 법을 핑계로 한 공권력의 동원이었다. 법률 지식으로 무장된 공직자는 법의 정당성과 합리성보다는 악법도 법이라는 식으로 법의 형식적 조건을 강조했다. 개발연대는 먹고 사는 데 필요한 지식이 가장 중요한 지식이었다. 또한 그것이 시대가 요구하는 가장 절실한 사회문제의 해결책이기도 했다. 공직은 어떤 용도를 위해 존재하는 도구처럼 국가가 정한 목표를 달성하기 위한 수단으로 간주됐다. 이 논문은 시기별로 변해 가는 공직자의 특징을 조선시대는 학인관료, 일제강점기는 의법관료, 개발연대는 기술관료였다고 개념화하고, 이것이 한국 국가관료제의 중요한 전통으로 켜켜이 쌓이면서 현재의 한국 관료제의 모습이 됐다고 분석했다.

그렇다면 개발연대 이후에는 공직자에게 어떠한 역량과 자질을 요구하는가? 공직의 역사적 흐름을 정리하는 과정에서 개발연대 이후의 공직 정체성에 대한 관심이 커졌다. 1980년대 중반 민주화운동 이후의 한국 행정을 둘러싼 환경은 급변하고 있었다. 민주화와 헌법 개정의 과정, 그리고 선출직 단체장의 등장과 더불어 정치적 연계를 활용한 입직이 늘어나고 있었다. 경제협력개발기구(OECD) 가입 및 세계화의 물결을 타고 신자유주의식 경쟁과 성과 패러다임 등의 시장 원리를 내세우는 관료(혹은 전문관료)도 증가했다. 그러나 실적 기반 임용과 경력 승진 보장을 특징으로 하는 관료제의 전통적 원리를 지속하려는 흐름, 즉 직업공무원제의 전통은 여전히 강했다. "민주화 및 신자유주의-신공공관리 이후 한국의 국가관료제: 변화와 지속"(박종민·윤견수, 2014)은 그런 내용을 정리한 논문이다. 실버맨(Silberman, 1993)은 전통적 지배를 대신하는 두 개의 합리모형이 존재하는데 두 모형은 입직, 임명, 승진 등 인사제도에서 질적인 차이가 있다고 봤다. 하나는 관료제화의 산물인 조직모형이고 다른 하나는 전문직업화의 산물인 전문직 모형이다. 그러나 한국의 국가행정 변화를 이해하려면 이 두 가지에 덧붙여 민주주의의가 확산되면서 나타나는 정치적 책임에 대한 기대를 관료제와 함께 설명해야 한다고 봤다. 그것을 대변하는 것이 바로 민의를 대변한 선출직 공직자와의 개인적 연계에 의해 임명되는 정치관료 모형이다. 전통적인 직업관료의 기반 위에서 전문관료와 정치관료가 새로 등장하고, 이들이 서로 영향력을 주고받으면서 정부관료제가 변하고 있다는 것이 분석의 결론이다.

## V. 공직의 정체성 변화: 관료제와 정치

❖──── 일종의 제약 조건으로 남겨 뒀던 '정치'가 실제로 관료제의 변화를 이끄는 핵심 변수라면 정치가 공직의 정체성 형성에 미치는 영향을 설명할 수 있어야 한다. 대개 학계에서는 행정의 '정치적 중립'이나 관료제의 '자율성' 담론을 통해 행정과 정치의 관계를 설명한다. 필자는 선출직 공직자의 등장이 공직자의 정치적 중립에 미치는 영향을 통해 이 주제에 접근하고 싶었다. "정치적 중립의 경험적 범주에 대한 연구: 지방자치단체 중하위직 공무원을 중심으로"(윤견수·한승주, 2012)는 자방자치단체 공무원들이 겪었던 정치적 중립의 훼손 경험을 유형화한 연구다. 질적 분석을 토대로 발견한 정치적 중립의 훼손과 관련된 유형은 선거 개입과 동원, 고위 공무원의 재량권 행사, 노조를 통한 집단적 활동, 각종 매체를 통한 의견 표명, 인맥의 적극적인 동원과 활용, 불합리한 명령에 대한 복종 등과 같이 여섯 가지였다. 정치적 중립을 명확히 규정하는 것이 쉽지 않았지만 이 연구는 여섯 개 범주 안에 공통으로 작용하는 두 가지 담론이 있다는 것을 발견했다. 첫째는 정치적 중립의 훼손이 심각한 이유는 그것이 공직 내부의 위계적 승진 구조를 파괴하기 때문이라는 담론, 둘째는 지방자치의 제도화 과정에서 나타나는 신엽관제의 흐름 때문에 중하위직 전문성이 위협을 받고 정체성이 흔들리고 있다는 담론이다. 두 개의 담론이 말해 주는 것은 선출직 단체장에게 주어진 과도한 인사권을 견제하는 수단이 부족하기 때문에 자치단체의 인사행정이 형해화돼 가고 있다는 사실이다.

이와 같은 분석 결과가 과연 중하위직 공무원에게만 적용되는 것일까? 정치적 중립이라는 담론이 공직사회 전반에 걸쳐 어떻게 받아들여지고 있는가? 이것을 알고 싶어서 쓴 논문이 "공직의 정체성에 대한 연구: 공무원의 영혼에 대한 내러티브를 중심으로"(윤견수·김순희, 2013)다. 분석을 위해 이명박 정부 때 나타난 '영혼 없는 공무원'과 연관된 미디어 자료를 분석했다. 미디어 자료에 담긴 담론을 분석한 결과, 공무원의 영혼에 대한 네 종류의 내러티브를 발견할 수 있었다. ① 영혼을 잃어버리게 된 원인(예: 정권 교체 상황, 선출직 공직자의 욕심, 공무원의 소극적인 태도 등). ② 영혼 없는 공무원의 행태(예: 말 바꾸기, 말 안하기, 말 꾸미기, 말과 행동의 불일치 등). ③ 그런 행동을 하게 됐을 때 나타나는 결과(예: 공직에 대한 불신과 정권의 위기 등). ④ 잃어버린 영혼을 회복하기 위한 방법(예: 시스템 재설계나 공직 태도 개선 등). 영혼이 없는 공무원이라는 표현은 지금까지 한국 사회에서 만들어진 공무원에 대한 부정적 표현을 모두 포괄하는 일종의 메타 상징으로 존재하고 있었다. 이것은 통치 권력과의 관계에서 행정이 전혀 재량권을 행사하지 못하는 상황을 대변한다. 정치 권력에 의해 공무원이 공직 정체성이 없고 직업인으로서의 소명의식도 갖지 못한 존재라는 낙인이 찍히고 있었다.

공무원의 영혼에 대한 글을 쓰고 나니 공직 정체성을 무너뜨리고 있는 것을 실제의 경험 자료로 보여 줄 필요가 있다는 생각이 들었다. 과연 무엇이 공무원들을 힘들게 하는가라는 질문을 던지면서 이와 관련된 언론사 특집 기사들을 모았다. 당시에는 신자유주의가 광풍이라고 할 만큼 행정을 뒤흔들고 있었고, 경쟁과 성과평가의 논리가 공공기관과 공무원을 평가하는 유일한 잣대가 되고 있었다. 공무원을 가장 힘들게 하는 것들은 틀림없이 시장과 성과 중심적인 패러다임일 것이라고 가정했다. 그런데 기사를 모아서 분석한 결과, 뜻밖에도 시장과 정치 가운데 공무원의 정체성을 무너뜨리고 있는 직접적인 원인은 정치였다. "한국 행정의 오래된 미래: 관료제와 정치"(2018)를 학술지에 발표하면서 이제는 정치라는 변수를 고려하지 않고는 관료제를 이해하거나 제대로 된 처방을 내릴 수 없다고 결론을 내렸다. 민의를 수렴한 정권의 정치적 통제라는 정치의 순기능 못지않게 정치의 부작용, 특히 정치적 이념의 양극화가 가져오는 행정의 혼선과 정책실패가 넘쳐나고 있었다.

공직의 정체성 변화의 핵심 요인이 정치라는 확신이 들었지만 현장에서 일하는 공무원들이 정치화로 인해 실제의 업무 수행 과정에서 어떤 영향을 받고 있는지 궁금해졌다. 공직의 정체성이 공무원의 전문성을 중심으로 형성되는 것이라고 가정하고 관료제와 정치의 관계를 분석해 "지방공무원의 전문성에 대한 연구: 정치화와 계급제 기반 관료제를 중심으로"(윤견수·정민경·김영은, 2020)라는 논문을 썼다. 한국의 관료제는 계급제와 순환보직에 기반을 두고 있기 때문에 공무원의 전문성이 낮다는 비판을 받아 왔다. 선출직 공직자는 이런 한계를 극복하고 공직사회 외부의 전문성을 끌어들이기 위해 다양한 형태의 개방형 인사제도를 도입한다. 과연 이러한 노력이 공무원의 전문성 제고라는 본래의 목적을 달성하고 있는가? 그런데 인터뷰 자료를 분석한 결과, 단체장을 선출하기 시작하면서부터 승진의 기준이 정치화되고 이것이 계급제 내 공무원의 전문화 과정에 부정적 영향을 주고 있다는 것을 알 수 있었다. 계급제를 보완하고 전문성을 함양하기 위해 도입한 각종 개방형 임용제도가 오히려 단체장 선거를 거치면서 공무원 인사 및 결재 라인을 정치화하는 통로로 작용하고 있었다. 지방자치 이후 중앙과 지방, 광역과 기초 간의 인사 교류가 더 힘들어지면서 인사의 정치화에서 나타나는 단점을 보완하는 것은 더 힘들어졌다. 더구나 순환보직을 거치면서 전문성을 가진 일반관리자로서의 역량을 키워 나가는 계급제의 장점마저 형해화하고 있었다. 행정의 정치화로 인해 공직의 정체성이 빠른 속도로 와해되고 있었던 것이다.

# VI. 공직 수행의 원형: 개발연대 관료제

❖──── 공직의 개념을 이론화하려는 노력과 함께 함평 나비축제 논문을 쓸 때

부터 숙제로 남겨 뒀던 개발연대 관료제에 대한 글을 발표하기 시작했다. 그동안 모아 놓았던 박정희 시대 발전주의 관료제의 경험 자료, 주로 1960년부터 1980년까지의 일간지 자료를 분석의 기초로 삼았다. 관료제의 세 가지 차원인 규범적, 체계적, 행태적 차원으로 개발연대의 관료제를 나눠 분석해 2012년 동계행정학회에서 발표했다. 발표 논문에 대한 평가는 두 가지였다. 하나는 논문의 분량이 많으니 두세 편의 소논문으로 나눠 완결하는 것이 낫겠다는 것, 다른 하나는 논문을 이끌고 가는 이론적 쟁점이 분명하게 드러났으면 좋겠다는 것이다. 첫 번째 논평은 이미 예상하고 있었다. 책이 아니라 논문으로 출간한다면 한 편의 논문보다는 각각의 관점을 살린 세 편의 논문으로 나누는게 분석에 유리했다. 몇 년 간의 연구를 추가하고 제자들과 협업을 거쳐 "개발연대 국가관료제의 정책집행에 관한 연구: 관료적 거버넌스를 중심으로"(윤견수·박진우, 2016), "개발연대 국가관료제의 정책집행 패러다임: 계몽행정"(윤견수·김다은, 2017), "한국관료제 권위주의에 대한 성찰: 개발연대 브리핑 행정을 중심으로"(윤견수·박규성, 2018), 이렇게 세 편의 논문을 완성했다.

두 번째 논평은 논문을 바라보는 사람의 학문적 입장이 무엇이냐에 따라 그 내용이 달랐다. 행정학을 전공한 학자는 이론적 쟁점, 즉 글의 토대가 되는 이론적 틀과 개념이 지금보다 분명해질 필요가 있다고 봤다. 이것은 글의 범위를 제한하면 자연스럽게 수용할 수 있는 논평이었다. 그러나 사학을 전공한 학자는 조금 더 치밀한 사료(史料)와 그것을 바라보는 나의 역사관을 주문했다. 행정학은 응용 사회과학에 속하고 사회문제를 해결하는 패러다임에 속하기 때문에 사관(史觀)이라는 단어에 익숙하지 않다. 사관이란 단어가 가져오는 가치 함축적인 편견 때문에 오히려 그런 단어를 피하는 입장이다. 그런데 사관이라니, 평생 글을 쓰면서 "당신의 사관이란 무엇인가"라는 질문처럼 나를 괴롭혔던 질문은 없었을 것이다. 역사학을 전공하지 않은 행정학자에게 역사학에서 바라보는 엄밀한 의미의 사관을 요구하지는 않았을 것이다. 관료제에 대한 이론적 관점이 모호하기 때문에 제기되는 질문이라고 스스로를 채찍질했다.

첫 번째와 두 번째 논평을 동시에 수용하려면 논문을 세 편으로 분리할 때 각 논문에서 사용하는 이론을 엄밀하게 사용해야만 했다. 다행스럽게도 공직의 개념에 대한 논문을 써 나가는 과정에서 그나마 이론이라고 할 만한 것이 만들어지고 있었다. 관료제의 규범적 차원은 공직과 사회의 관계, 체계적 차원은 공직과 공직의 관계, 행태적 차원은 공직과 인간의 관계를 전제로 한다는 것, 그리고 인간과 사회가 공직을 통해 결합된다는 것이 그 내용이다. 어찌 보면 단순해 보이고 이론이라기보다는 현실에 대한 메타포나 휴리스틱스처럼 보이지만, 이런 생각은 그 이후 내가 쓰는 모든 글의 이론적 토대가 됐다. 관료제 연구의 분석 단위는 공직이며 관료제는 공직과 공직의 결합 구조라는 것, 공직에는 공적 자원과 공권력 사용에 대한 사회적 기대가 반영돼 있으며, 공직 수행자는 그러한 기대를 실천하는 행위자라는 사실만큼 나에게 자명한 것은 없었다. 오랫동안 행정학 공부를 하면서도 그 의미를 명확하게 규정하지 못했던 행정에 대한 개념도—사실 이것은 행정학 공부를 하는 사람들의 숙명이다—명확해졌다. 행정이란 공적 자원과 공권력을 사용하는 행위, 즉 공직을 수행하는 행위인 것이다. 그러다 보니 행정학이 그동안 잘 다루지 않았던 입법부나 사법부를 포함해 공기업이나 공공기관까지 관료제(혹은 관료제 연구)의 범위 안에 들어왔다. 공적 자원과 공권력을 사용한다는 사실을 벗어날 수 없기 때문이다. 아무런 이론적 근거도 없이 그동안 행정학자는 행정기관과 공무원에 대한 연구를 하고, 국회와 국회의원 연구는 정치학자가 하고, 법원과 법관에 대한 연구는 법학자가 주로 해 왔었다. 잘못된 역할 분담이 오랫동안 고착화돼 오히려 관료제 연구를 방해하고 있었다는 생각이 들었다. 정치와 행정과 법의 영역을 공직의 개념을 통해 연결하면서 관료제 연구의 지평(地平)을 확대할 필요가 있었다.

분명하게 밝혔던 것은 아니지만 박정희 시대의 발전주의 관료제를 세 편의 논문으로 정리할 때 위와 같은 시각이 바탕이 됐다. "개발연대 국가관료제의 정책집행에 관한 연구: 관료적 거버넌스를 중심으로"(윤견수·박진우, 2016)에서는 관료제의 체계적 성격, 즉 공직의 수직적·수평적 관계가 어떻게 작동되는지를 다뤘다. 새마을운동, 혼분식 장려운동, 산림녹화운동 등, 운동으로 불리는 정책 프로그램 시행 과정을 분석한 결과, 박정희 시대 관료제의 운영을 좌우하는 가장 대표적인 시스템은 동원과 경쟁이었다. 우선 박정희 시대 관료제는 정책집행 과정에서 신속한 목표 달성을 위해 정부와 민간 부문이 결합해 수직적이며 수평적인 동원 체제를 구축했다. 그리고 구축된 동원 체제가 효과적으로 작동될 수 있도록 상벌 체계를 구축해 운동에 참여한 행위자들(예: 지역이나 조직) 간의 경쟁을 부추겼다. 예컨대 최고 책임자가 지시를 하면 관계 부처 장관들이 모여 중앙위원회를 개최하고, 내무부의 지방행정국장이 이를 지원하는 실무위원회를 구성한다. 실무위원회를 통해 구체적인 지시나 정책 목표가 도의 내무국, 시·군·구의 내무과, 읍·면·동의 총무계로 순차적으로 전달된다. 그리고 외형적으로는 자생조직이지만 실제로는 읍면동장의 적극적인 노력에 의해 구성된 이장과 통반장들이 주민들에게 구체적인 실천 방안을 제시한다. 정부 내 각 부처의 현안들이 관계장관회의 등을 통해 조정되지만 실제 권한은 지방행조직을 관할하는 내무부에 주었기 때문에, 내무부서의 권한은 그 어떤 부서보다 막강했다. 읍장이나 면장보다는 시·군의 내무과장이, 시장과 군수보다는 도의 내무국장의 권한이 더 크기 때문에, 모든 권력은 수직적이며 하향적이었다. 농촌에서는 지방행정기관의 농림 업무 담당부서가 농림수산부의 외청인 농촌진흥청 밑에 있는 농촌진흥원(도), 농촌지도소(시·군·구) 등의 하위 부서들을 관리하면서 농업에 대한 전반적인 지식과 기술을 통해 농민(조직)을 관리했다. 도시와 공단지역에는 농림부가 아니라 상공부(현 산업통상자원부)의 외청인 공진청(현 산업통상자원부)이 그런 역할을 담당했다. 농어촌과 도시지역 모두 문교부는 교육청과 일선 학교로 이어지는 지휘명령 관계를 이용해 학부모에게 필요한 지시 사항을 전달할 수 있었다. 보건사회부는 산하기관인 보건소를 통해 지역주민 및 유관조직에 영향력을 행사했다. 인구가 밀집된 지역의 징세와 탈세 방지라는 명분으로 존재했던 세무서는 해당 지역의 주민과 조직을 관리하는 과정에서 보이지 않는 지원군 역할을 했었다. 정부의 지침에 순응하지 않을 경우, 내무부의 치안국, 경찰서, 파출소로 이어지는 경찰조직을 통해 개인을 통제하는 것처럼, 세무서는 세무조사를 통해 사업체에 영향력을 행사할 수 있었다. 이런 방식의 정책집행은 상당히 효율적이었다. 정부가 원하는 것을 전국적인 규모로 신속하게 추진할 수 있기 때문이다. 외형적으로 이런 구조는 정부 내 부처 간의 협조, 민간과 정부 부문 간의 협의를 통한 추진 체계를 강조한다. 그러나 실질적인 과정은 정부가 주도하기 때문에 협의체를 일종의 지배구조나 거버넌스라고 말한다면, 관료적 거버넌스에 가깝다. 필자는 이런 방식이 조정의 효율성을 극대화하기 위한 행정 운영 방식이며, 오늘날 한국 행정의 플랫폼을 이룬다고 봤다. 제도의 경로의존성을 감안할 때, 오늘날 국가관료제의 정책집행 과정은 박정희 시대의 행정 운영 방식에서 자유로울 수 없을 것이다.

"개발연대 국가관료제의 정책집행 패러다임: 계몽행정"(윤견수·김다은, 2017)에서는 관료제의 규범적 성격, 즉 공직 수행에 대한 공직 내외부의 기대와 당위를 분석했다. 경제 성장을 강조했던 시기였기 때문에 누가 봐도 당시 한국 관료제가 지향하는 가치는 발전이었다. 관료제 안에서 상위 직급자는 하위 직급자에게 발전의 목표와 방향을 제시했고, 하위 직급자는 상위 직급자에게 발전의 성과를 보고했다. 관료제 밖에서 국민들은 국가관료제가 사회 전반의 경제적 수준을 한 단계 높여 주기를 원했고, 반대로 행정은 국민이 국가의 발전 목표에 따라와 주기를 원했다. 그런데 미디어 자료를 분석해 보니 발전이라는 개념 안에 숨겨진 하위 개념이 있다는 것을 알 수 있었다. 그것은 목민적 관점이라고 할 수 있는 계몽과 지도의 개념이었다. 계몽과 지도는 통치권자 및 명령권자가 내리는 '지시'의 주된 내용이었다. 행정기관의 교육 목표를 구성하는 핵심 내용이기도 했다. 정부가 원하는 정책을 국민에게 설득할 때 늘 따라다니는 가치였고, 정부가 국민에게 알리는 행정 운용 방침의 대강을 이루고 있었다. 또한 공권력을 집행하기 직전에 늘 시도했던 각종 지도와 단속을 합리화하는 수단으로도 활용했다. 계몽은 보상이나 처벌 같은 직접적인 정책수단이 아니라 설득처럼 자발적 순응을 이끌어 내는 정책수단으로서의 효과가 있었다. 그래서 계몽행정은 국가관료제가 사회를 통제하는 좋은 수단이었다. 계몽 과정에서 계몽 활동의 주체가 중앙 및 지방정부에서 관변단체로까지 확대되면서 정부관료제의 영향력이 커졌다. 국민을 계몽한다는 명분과 함께 추진된 개발연대의 정책들은 집행의 효율성을 확보하는 데 유리했다. 그러나 계몽행정은 국가가 편의적으로 사회 부문에 개입할 수 있고 관료제의 행정권 확대가 사회 발전에 필요하다는 규범과 당위를 확산시켰다.

"한국관료제 권위주의에 대한 성찰: 개발연대 브리핑 행정을 중심으로"(윤견수·박규성, 2018)에서는 관료제의 행태적 차원을 분석했다. 시스템의 오류나 제도의 실패에 비해 관료의 부정적인 행태는 눈에 잘 띈다. 따라서 관료의 행동에 대한 부정적 평가는 관료제 전반에 대한 불신으로 이어지기 쉽다. 그런 행태 가운데 필자가 주목했던 것은 브리핑이었다. 5·16 군사정변 이후의 신문 기사를 분석한 결과에 따르면, 브리핑은 박정희 시대 국가관료제를 대변하는 행정 기술이자 동시에 관료의 자질을 평가하는 기준이었다. 상부에서 제시한 목표를 달성하기 위해 구체적 계획을 입안하고 단계별로 추진 상황을 점검·확인하며 평가하는 것이 그 당시 유능한 군인의 자질이었다. 이러한 군사문화가 행정부에 이식되면서 관료의 소신과 전문성보다는 상급자가 내리는 지시를 일정계획에 맞춰 실행에 옮기는 역량이 강조됐다. 브리핑은 그러한 역량을 보여 주는 기술이었다. 그래서 브리핑을 잘 하는 공무원은 승진도 빨랐다. 당시 브리핑 행정이 요구하는 이상적인 관료는 강력한 추진력을 가진 행동 지향적 관료였으며, 그래야만 출세와 성공이 보장됐다. 그러나 브리핑 행정은 그 자체가 내포하고 있는 하향적 접근 방식과, 현실을 도외시한 채 수치상의 목표 달성에 집착하는 것이 출세에 도움이 된다는 것을 관료들에게 학습시킴으로써, 결과적으로 한국 관료제의 권위주의와 형식주의를 확산시켰다. 박정희 시대 내내 근거 없는 소설 같은 보고와 엉터리 통계에 기반한 브리핑이 계속돼 그때마다 추궁과 질책이 뒤따랐다. 심지어 대통령이 직접 브리핑 막대를 들고 차트의 과장된 숫자를 일일이 짚어 나가면서 지적하기까지 했지만 그러한 행태는 사라지지 않았다. 현실을 외면하면서까지 상관의 권위에 순응하려는 과정에서 형식주의가 강화되고, 보고를 조작하고 과장하면서까지 목표를 달성하려 경쟁하는 상황에서 상관의 권위는 더욱 강화됐다. 이처럼 행정에 내재된 권위주의와 형식주의는 브리핑을 통해 반복되면서 서로를 강화시켰고, 이러한 경험은 박정희 시대 내내 지속됐다.

개발연대와 함께했던 군부정권에 이어 민주화를 거치고 문민정부가 들어서면서 행정환경이 급변하기 시작했다. 광역과 기초단체장 선거를 시작하면서 자치와 분권의 패러다임이 등장했다. 한국이 경제협력개발기구(OECD)에 가입하면서 글로벌 스탠더드인 경쟁에 기반을 둔 시장주의와 성과주의가 나타났다. 이런 흐름은 기존의 중앙정부 중심의 관료제 운영에 변혁을 초래했다는 것이 일반적인 지적이었다. 그러나 통치구조가 여전히 정당과 행정부를 모두 장악한 제왕적 대통령제를 중심으로 움직인다면, 개발연대 관료제의 플랫폼 역시 쉽게 바뀌지는 않을 것이라는 생각이 들었다. "한국 행정의 오래된 미래: 관료제와 정치"(윤견수, 2018)는 언론사 특집 기사들을 모아서 그러한 생각을 정리한 글이다. 분석 결과, 주기적 정권 교체와 함께 통치집단의 구성이 바뀌었지만, 관료제를 정권의 목적에 맞게 도구화했던 국가관리 방식이 근본적으로 바뀐 것은 아니었다. 개발연대 이후 역대 정부의 개혁 담론도 계몽적이고 발전적 사고에서 크게 벗어나지는 않았다. 정권별로 세계화와 신경제(김영삼 정권), 신자유주의와 생산적 복지(김대중 정권), 참여와 분권의 정부혁신(노무현 정권), 녹색성장(이명박 정권), 창조경제(박근혜 정권) 등 강조했던 내용은 다르지만, 전통적인 통치 방식을 버리지는 않았다. 예컨대 김대중 정부는 신자유주의와 신공공관리 정책들을 시장의 자유와는 거리가 먼 국가 개입 방식으로 집행했다. 노무현 정부는 지방분권과 공공기관 지방 이전 정책을 자치와는 그 이념이 반대인 중앙집권적인 방식으로 추진했다. 이명박 정부는 환경을 보존하고 녹색을 장려하는 방식과 거리가 먼 4대강 유역의 토목공사 개발을 통해 녹색성장 정책을 끌고 나갔다. 박근혜 정부는 지지 세력과 비판 세력을 갈라치기하는 반창조적인 방식으로 창조경제를 추진했다.

개발연대에는 앞에서 언급했던 것처럼 새마을운동, 쥐잡기운동 등과 같이 '운동'이라는 이름으로 각종 정책을 추진했다. 운동은 대개 전국적이며, 기간이 정해져 있고, 하향적이었다. 운동의 성과를 좌우하는 것은 인력과 물자를 효율적으로 동원할 수 있는 효과적인 집행 구조와 상벌 구조였다. 민주화 이후 정권이 바뀔 때마다 권력집단이 서로 다른 가치들을 내세우며 개혁을 시도했다. 그런데 위기를 고조시키며 정권 창출의 기치로 내세웠던 이념을 주장하는 방식은 여전히 계몽적이었다. 그리고 개혁의 성패 여부를 떠나 많은 개혁안이 여전히 신속하게 추진될 수 있었다. 정부조직을 작동시키는 방식이 동원과 경쟁을 강조했던 개발연대의 그것과 크게 달라지지는 않았기 때문이다. 대통령과 단체장을 비롯한 선출직 공직자는 최종 인사권자로서의 지위를 활용해 수직적이며 수평적으로 촘촘히 짜여져 있는 관료조직을 동원할 수 있었다.

이와 함께 비록 브리핑이라는 개념을 사용하지는 않았지만 민주화와 신자유주의를 거치며 시작된 각종 지표 관리는 브리핑 행정의 또 다른 모습이라고 봐야 할 것이다. OECD 가입과 함께 국가경쟁력 지표, 규제지수, 부패지수, 삶의 질 지표 등 수많은 평가지표가 등장했다. 그러나 공무원들은 이미 개발연대부터 브리핑 행정에 필요했던 각종 지표(경제지표, 물가지수 등) 관리에 익숙해 있었다. 중앙정부와 지방정부 그리고 공공기관이 감사와 평가에 대비해 각종 지표를 관리하는 것이 업무의 상당 부분을 차지할 정도로 스트레스를 줬지만 낯선 방식은 아니다. 지표를 관리하는 과정에서 나타나는 형식주의 행정과 평가기관과 피평가기관 간의 비대칭적 관계는 브리핑 행정의 연장이라고 봐야 할 것이다.

개발연대에 대한 글을 쓰면서 발전국가나 행정국가라는 용어와 함께 자주 거론되는 제왕적 통치라는 개념에 관심을 갖게 됐다. 정치와 시장의 변화가 관료제에 영향을 주고 대통령의 제왕적 영향력이 줄어들기는 했지만, 대통령 중심제 국가는 강한 대통령에 대해 애증의 감정을 보인다. 그러나 막상 무엇이 제왕적 통치인가라는 질문에 대해 만족스러운 답변을 하는 글은 드물었다. 많은 글이 입법권은 약하고 행정권이 강하다거나, 대통령 개인의 경험과 자질이 당시의 사회적 요구와 결합됐다는 식으로 제왕적 대통령을 말하고 있었다. 제왕적 대통령제가 어떻게 유지될 수 있는지, 혹은 강한 행정부가 어떻게 유지될 수 있는지를 명확하게 설명한 글은 드물었다. 오랫동안의 숙원이었던 이 문제에 대한 답을 스스로 찾은 것은 한국연구재단의 사회과학연구 지원 프로그램(Social Science Korea)인 '정부의 질과 거버넌스의 다양성 연구단'(단장: 박종민)에 참여하면서부터였다. 그 연구단은 처음부터 정치와 행정을 분리하지 않고 거버넌스라는 개념에 포함시켜 연구를 해 왔었다. 필자도 자연스럽게 행정과 정치의 상호 작용, 관료제와 민주주의의 상호 영향력을 전제로 행정을 이해하려고 했었다. 그러다가 행정과 정치의 관계에 대해 왜 주로 정치학자들만 관심을 가질까, 그리고 행정과 정치의 관계를 왜 입법부와 행정부 간의 관계로만 설명할까라는 의문이 생겼다. 행정학자라면 행정과 정치의 관계를 행정부 안에서 설명할 수 있어야 한다는 생각이 들었다. 그때 찾았던 것이 시행령 통치라는 개념이었다. 강한 행정국가를 유지하는 기반은 대통령 명령처럼 의회를 거치지 않는 행정입법이라는 생각이 들었다. 그러나 민주주의 국가이기 때문에 시행령만 갖고 제도적 기반을 설명하기에는 충분하지 않았다. 제도이론에 따르면, 제도의 효율성 못지않게 중요한 것이 제도의 정당성이었다. 그렇다면 시행령 통치를 정당화할 수 있는 것이 무엇인가가 있어야 했다. 그래서 시행령이 만들어지는 과정을 살펴보니 당정협의회가 눈에 들어왔다. 그동안 고민하고 있었던 퍼즐이 한꺼번에 풀리는 것 같았다. 연구단 모임 때 초고를 발표하고, 그것을 공저자와 다듬어서 "한국 국가관료제의 제도적 기반: 시행령과 당정협의"(윤견수·김다은, 2020)라는 논문을 완성했다. 관료들은 헌법에 규정된 행정입법권을 통해 국회의 견제와 복잡한 입법 절차를 회피하고 정책 과정을 주도할 수 있다. 그리고 행정부와 집권당 간에 당정협의회라는 협조 과정을 거치면서 정책 과정을 행정부가 독점하지는 않았다는 명분을 대외에 제시할 수 있다. 즉, 행정부 안에 행정과 정치가 협의할 수 있는 장치가 존재하는데 시행령은 제도의 효율성 확보에 기여하고 당정협의회는 제도의 정당성을 확보하는 데 기여하고 있었다. 입법 관련 자료가 구축된 시기부터 현재까지의 자료를 분석한 결과 민주화 이후 입법부의 권한이 커지고 있지만, 시행령과 당정협의회가 여전히 관료제의 제도적 기반이라는 것을 알 수 있었다. 시간이 지나면서 행정입법 비중이 일정하게 줄어드는 추세를 보였지만 그 감소 폭은 아주 미미했다. 더구나 행정입법 비중 변화는 외관상 급격한 사회 변화의 영향을 크게 받지 않았다. 예컨대 1980년대 후반 이후 현재까지 한국은 민주화, 지방자치, 진보정권의 등장, 보수 정권의 재등장 등과 같은 소용돌이 상황을 겪고 있다. 이 과정은 사회가 민주화되는 과정이었고, 중앙의 권한이 지방으로 옮겨지는 과정이었으며, 국회가 행정부를 견제하며 그 권한을 늘려 나가는 과정이었다. 외적으로는 행정에 대한 정치적 통제가 엄청나게 늘어난 것처럼 보이지만, 이러한 변화가 행정부가 주도하는 입법을 획기적으로 줄이는 힘은 되지 못했다.

## VII. 앞으로의 관료제 연구: 고위공직제

❖────── 그동안 해 왔던 연구의 흐름은 두 가지로 정리할 수 있다. 첫째는 공직의 정체성이 정치에 의해 위협받고 있다는 점, 둘째는 관료제가 여전히 개발연대 플랫폼 위에서 작동되고 있다는 점이다. 공직자의 역량이 커지고 관료제의 집행력은 여전히 막강하지만 바로 그 사실 때문에 정치가 잘못되면 국정 운영 시스템이 위태로워지는 상황이 된 것이다. 거대 담론에 익숙하지는 않지만 이런 내용을 한 편의 글로 정리하고 싶었다. 앞에서 잠깐 언급한 "한국 행정의 오래된 미래: 관료제와 정치"(2018)는 그러한 의도를 반영한 글이다. 공직사회 위기를 말하고 있는 언론사의 특집 기사를 분석한 결과 공무원들은 시장보다 정치가 바로 그 위기의 주된 원인이라고 보고 있었다. 필자는 그에 대한 배경으로 시장이 국가와 대립하지 않고 국가 안에서 관리돼 온 대륙법계의 전통, 정권을 장악한 인물이 정당과 의회까지 영향을 미치는 제왕적 통치 관행, 여전히 강하게 작동되고 있는 개발연대 행정의 유산을 제시했다. 결론적으로 우리나라 관료제는 개발연대부터 지금까지 통치집단의 이념을 충실하게 실현하는 집행관료제의 성격을 견지하고 있었다. 정치·행정 이원론과 공무원의 정치적 중립이라는 공무원 패러다임은 집행관료제를 정당화하는 강력한 이론적 무기였다. 공무원 패러다임이 계급제에 뿌리를 둔 우리나라 관료

제에 무비판적으로 도입되고, 공무원이 정치 권력에 복종하는 것이 곧 정치적 중립이라는 명제가 확산됐다.

그동안 심각하게 고민하지 않았던 정치 권력 개념이 공직을 설명하는 중요한 변수라는 사실을 인식하면서, 다른 공직에 비해 많은 재량성을 가지고 있으면서 정치적 판단까지 해야 하는 고위공직자집단에 대한 연구가 앞으로의 관료제 연구의 중심이 돼야 한다는 생각이 들었다. 지금까지 우리가 받아들이고 있었던 직업공무원제 개념의 재검토가 필요하다는 생각도 들었다. "고위공직자의 책무성: 정치적 중립에서 정치적 신중함으로"(2021)는 직업공무원과 고위공직자를 서로 분리해서 접근하는 것이 관료제의 이론화에 도움이 될 것이라는 기대에서 작성한 논문이다. 정치적 중립은 경력을 기반으로 하는 직업공무원의 신분 보장을 위해 존재하는 규범이다. 그러나 고위공직자에게는 직업공무원에게 요구되는 정치적 중립과는 다른 형태의 책무성이 필요한데 그것을 논문에서는 정치적 신중함이라고 표현했다. 선출직 공직자의 등장은 고위공직자들을 과거와는 다른 의사결정 상황, 즉 딜레마 때문에 고민해야 하는 의사결정 상황에 빠뜨렸다(윤견수, 2017). 고위공직자는 집권 세력의 요구대로 정책을 관리해야 하고, 소속 부처 직업공무원들의 전문성과 독립성을 보호해 줘야 하며, 부처와 관계를 맺고 있는 고객의 기대를 충족시켜야 한다. 자신의 경험과 동료 전문가집단의 판단도 중요한 결정 기준이다. 그러나 고위공직자가 결정을 내려야 할 사안은 이런 요구와 기대를 동시에 충족시킬 수 없는 것들이 많다. 그것들이 서로 충돌하며 그러한 충돌은 상당 부분 헌법이나 법률적 판단에 따라 적법성이 가려지는 것들이 많다. 따라서 정치적 중립이라는 원칙을 내세우며 집권 세력의 요구를 무조건적으로 수용할 수만은 없다. 고위공직자는 자신의 직책에 부여된 모순된 기대와 긴장을 충분히 수용하며 신중한 결정을 내릴 수밖에 없다. 필자가 말한 정치적 신중함은 그런 의미의 신중함이다. 그렇다면 정치적 신중함이 제대로 발휘되기 위해 어떤 식의 제도적 장치가 필요한가? 필자는 고위공직자의 구성을 정무직이나 행정직의 어느 한쪽으로 획일화하지 않고 다양화하며, 권력기관의 경우에는 여기에 덧붙여 조직의 상층부가 지니고 있던 독점적 권한을 하위 부서나 팀에 위임하는 방식의 제도 변화가 필요하다는 것을 제안했다.

고위공직자에게는 기본적으로 직책의 성격상 많은 재량이 허용된다. 고위공직자가 내리는 결정은 정무적 판단과 비슷하며 그 판단이 가져올 사회적 파급 효과는 작지 않다. 그런 의미에서 고위공직에 대한 연구를 행정부에 국한할 필요는 없다. 입법부와 사법부의 고위공직자들도 영역은 다르지만 가치판단적 요소가 개입된 정무적 결정을 내린다. 과연 결정의 신중함을 어떻게 확보할 것인가? 신중한 결정을 하게 만드는 제도적 장치를 어떻게 설계하고 어떻게 운영할 것인가? '고위공직'에 주목을 한다면 관료제 연구는 지금부터가 시작이라는 생각이 든다. 그러기 위해서는 고위공직에 대한 논의를 기존의 직업공무원제라는 틀에서 벗어나 고위공직제(seniorcracy)라는 별도의 제도적 장치로 논의할 필요가 있다. 최근 완성한 "직업공무원제의 제도적 변화와 균열: 국가공무원법 개정을 위한 의안 분석을 중심으로"(김다은·윤견수, 2022)는 직업공무원제와 고위공직제 간의 개념적 재검토를 시도한 논문이다. 직업공무원제를 하나의 제도 집합으로 봤을 때 그것의 특징은 전통적으로 정치적 중립, 신분 보장, 실적제, 중앙인사기구의 독립성 등의 하위 제도적 요소에 의해 결정된다. 그런데 한국의 국가공무원법의 변화 과정을 분석한 결과, 직업공무원제의 제도적 집합 안에 고위공무원(단)이 또 하나의 중요한 하위 제도로 나타나고 있다는 것을 발견했다. 그렇다면 고위공무원이 중하위 직급 직업공무원과 정무직 고위공무원 사이에서 독자성을 가질 정도로 독립적이며 그들만의 공직 정체성을 갖고 있는가? 앞으로의 연구는 이 질문에 대한 해답을 찾는 과정일 것이다.

# VIII. 나오는 말

❖────── 그동안 했던 관료제 연구를 모아 보니 모두 학술 논문이었고, 40대에

했던 고민이 50대에 정리가 되면서 만들어진 논문이라는 공통점이 있다. 책보다는 논문이 글 쓰는 재미도 있었고 글의 긴장도를 유지하는 데 도움이 됐기 때문에 책을 집필할 생각은 하지 않았다. 그런데 나이가 들어감에 따라 글을 쓸 때마다 그 글이 커다란 담론의 한 부분이라는 맥락적 사고를 하게 되고 자연스럽게 논문들이 하나의 스토리로 연결되고 있었다. 현재 하고 있는 연구에서 자동적으로 앞으로 할 연구의 주제가 나타났기 때문에 앞으로 무엇을 연구할 것인가라는 고민은 별로 하지 않았다. 던졌던 질문도 논문을 쓸 때는 아주 평범하고 사소해 보였지만 많은 질문이 연결되다 보니 담론이라고 할 만한 것이 만들어지는 경우도 있었다. 세류에 휩쓸리지 않고 학문적 고집을 지킨 고려대학교 은사님들의 가르침에서 무의식적으로 관료제 연구를 시작하게 된 것과 같은 이어짐이 내 연구에도 있었던 것 같다. 이렇게 보면 연구라는 것은 개인의 노력이라기보다는 연구공동체의 정신이 이어지는 과정이다. 그리고 의미 있는 연구는 한두 편의 글에 의해 좌우되는 것이 아니라 여러 개의 글이 이어지면서 만들어지는 것 같다. '생애연구성과 공유·확산' 학술회의에 참여하고 글을 발표하면서 그동안의 연구에 대해 성찰의 기회를 제공한 한국행정학회에 감사를 드린다.

## 참고 문헌

김다은·윤견수. (2022). "직업공무원제의 제도적 변화와 균열: 국가공무원법 개정을 위한 의안 분석을 중심으로." 「정부학연구」, 28(3): 67-104.
김영평. (1985). "산업화의 맥락에서 본 한국 정부관료제의 행방." 「한국정치학회보」, 19: 117-130.
박종민·윤견수. (2014). "한국 국가관료제의 세 가지 전통." 「한국행정학보」, 48(1): 1-24.
_____. (2015). "민주화 및 신자유주의-신공공관리 이후 한국의 국가관료제: 변화와 지속." 「정부학연구」, 21(3): 35-63.
백완기. (1975). "한국행정의 근대화에 대한 문화심리학적 접근법." 「한국행정학보」, 9: 71-102.
_____. (2005). 「한국행정학 50년: 문헌 검토를 중심으로」. 파주: 나남출판.
윤견수. (2001). "약자의 설득전략: 어느 하위직 지방공무원의 개혁활동에 대한 현상학적 보고서." 「한국행정학보」, 35(1): 143-160.
_____. (2006). "기초단체장의 변혁적 리더십과 지역축제: 함평 나비축제에 대한 스토리텔링을 중심으로." 「한국행정학보」, 40(4): 77-100.
_____. (2011). "한국행정학의 영역 찾기: 공직과 자리 개념의 재발견." 「한국행정학보」, 45(1): 1-22.
_____. (2011). "정부의 질과 관료제의 합리성: 관료제 이념형 구성의 기본 단위인 공직 개념을 중심으로." 「정부학연구」, 17(3): 19-48.
_____. (2015). "한국 공직문화의 원형: 자리문화." 「한국행정학보」, 49(4): 1-28.
_____. (2016). "공무원들의 공직관과 행정학 교육의 미래." 「한국행정학의 역할과 미래의 설계: 회고와 발전 방향의 모색」. 한국행정학회, 76-100.
_____. (2017). "공직 수행의 딜레마와 의사결정의 어려움." 「정부학연구」, 23(3): 1-35.
_____. (2018). "한국 행정의 오래된 미래: 관료제와 정치." 「한국행정학보」, 52(2): 3-35.
_____. (2021). "고위공직자의 책무성: 정치적 중립에서 정치적 신중함으로." 「한국행정연구」, 30(1): 1-24.
윤견수·김다은. (2017). "개발연대 국가관료제의 정책집행 패러다임: 계몽행정." 「정부학연구」, 23(1): 1-30.
_____. (2020). "한국 국가관료제의 제도적 기반: 시행령과 당정협의." 「한국행정학보」, 54(2): 59-88.
윤견수·김순희. (2013). "공직의 정체성에 대한 연구: 공무원의 영혼에 대한 내러티브를 중심으로." 「한국행정학보」, 47(1): 1-23.
윤견수·박규성. (2018). "한국관료제 권위주의에 대한 성찰: 개발연대 브리핑행정을 중심으로." 권혁주(편). 「성공하는 정부를 위한 국정운영: 민주적 공화주의 관점」. 서울: 박영사, 115-143.
윤견수·박진우. (2016). "개발연대 국가관료제의 정책집행에 관한 연구: 관료적 거버넌스를 중심으로." 「한국행정학보」, 50(4): 211-242.

윤견수 · 정민경 · 김영은. (2020). "지방공무원의 전문성에 대한 연구: 정치화와 계급제 기반 관료제를 중심으로."「정부학연구」, 26(1): 131-160.

윤견수 · 한승주. (2012). "정치적 중립의 경험적 범주에 대한 연구: 지방자치단체 중하위직 공무원을 중심으로."「행정논총」, 50(3): 237-261.

이문영. (1980).「한국행정론」. 서울: 일조각.

\_\_\_\_\_. (2011).「3·1운동에서 본 행정학」. 서울: 고려대학교출판부.

이종범. (1986).「국민과 정부관료제」. 서울: 고려대학교출판부

Silberman, B. S. (1993). *Cages of Reason: The Rise of the Rational State in France, Japan, the United States, and Great Britain.* Chicago: University of Chicago Press.

Weber, Max. (1977). "Bureaucracy." In Fred A. Kramer, *Perspectives on Public Bureaucracy.* Cambridge, MA: Winthrop Publishers, Inc. 6-20.

임의영

# 공공성:
# 행정학의 핵심이자 사회적 삶의 지표

## I. 들어가는 말

❖─── 나는 한 편의 고백록을 쓰기로 한다. 남이 읽게 될 고백록을 쓰는 것은 부끄럽고 어색한 일이다. 그래서 이 글은 그 어떤 글보다 쓰기 어렵다. 나는 과거의 기록이다. 나는 내가 어떤 사람인지 생각할 때마다 과거를 들춘다. 그런데 그 과거라는 것이 때로는 선명하기도 하고 때로는 흐릿하기도 하고 때로는 텅 비어 있기도 하다. 세월이 흐를수록 눈이 점점 흐려져서 그런지 보이지 않는 것이 더 많아진다. 그러다 보니 현재의 입맛에 맞게 빈자리를 채우고 싶은 욕심이 꿈틀대기 일쑤다. 비어 있는 것은 비어 있는 대로 놔둬도 될 텐데 말이다. 어찌 됐건 글 쓰는 일을 업으로 하는 사람에게는 이점이라면 이점이라고 할 수 있는 것이 하나 있는데, 과거가 글의 모습으로 남아 있다는 것이다. 몇 편 안 되는 변변치 않은 글이지

만 그 글들을 읽을 때마다 그것들을 쓸 때의 나와 다시 만나게 된다. 또한 그때의 나를 통해 지금의 나와 만난다. 그래서 이 글은 나의 연구를 정리하는 글이자 나를 찾아 떠나는 길이다.

일반적으로 연구는 분야(locus)와 초점(focus)에 의해 조망된다. 나의 연구 분야는 행정철학이다. 사람들이 별로 관심을 갖지 않는 분야다. 행정철학은 어려울 것 같다거나 재미없을 것이라는 인상을 풍기기에 충분하다. 게다가 이 전공으로는 대학이든 연구소든 자리를 잡기도 어렵고 각종 프로젝트에 참여할 기회도 별로 없다. 나는 운이 좋게도 일찍이 대학에 자리를 잡았다. 자의 반 타의 반으로 프로젝트에 참여할 수 있는 기회는 없었지만, 그 덕분에 시간과 노력을 분산하지 않을 수 있었고, 다른 분야의 이곳저곳을 기웃거리며 거닐 수 있는 시간을 벌 수 있었다.

나의 연구의 초점은 사회적 형평성과 공공성이다. 사회적 형평성은 사회적으로 불우한 처지에 있는 사람을 우선적으로 배려하는 원리다. 공공성은 행위 주체들이 민주적 절차를 통해서 정의의 가치를 추구하는 원리다. 개념적으로 보면 사회적 형평성은 공공성을 구성하는 하위 이념으로 볼 수 있다. 따라서 나의 연구의 초점은 공공성이라고 해도 무방하다. 공공성 연구는 다양한 학문적 노력들이 결집될 수밖에 없기 때문에 학제적이다. 공공성 연구를 위해서는 철학만이 아니라 정치학, 사회학, 경제학, 법학, 심리학 등 수많은 학문과의 소통이 불가피하다. 다행히도 나는 행정학 이외의 학문들에 대한 호기심이나 관심이 적지 않은 편이다.

이 글은 세 편의 단상으로 구성된다. 첫째는 만남에 관한 단편으로 시대와 사람들과의 만남이자 공공성과의 만남에 관한 이야기다. 둘째는 열매에 관한 단편으로 그동안 이뤄졌던 연구와 발견에 관한 이야기다. 셋째는 계획에 관한 단편으로 공공성에 대한 향후의 연구에 관한 이야기다.

## II. 만남

### 1 시대와의 만남

　인간은 시대의 아들이다. 시대가 말을 걸면 인간은 어떠한 방식으로든 답하지 않을 수 없다. 내가 철이 들 무렵 나에게 말을 건 시대는 격변의 1980년대였다. 1979년 10월, 18년 동안의 군사독재가 막을 내린다. 1980년 민주화의 봄이 오는가 싶더니 다시 군부 쿠데타로 군사정권이 들어선다. 그러다 보니 대학가는 물론이고 길거리가 하루도 조용할 날이 없었다. 김지하 시인의 말처럼 당시의 시민들은 민주주의가 승리하기를 타는 목마름으로 소망했다. 1987년 6·10 민주화운동으로 헌법이 개정되고 한국 사회는 제도적으로 민주화의 길에 들어서게 된다. 민주주의로의 이행은 자연스럽게 민주주의의 공고화와 확대·심화라는 과제를 부과한다. 민주주의의 공고화는 정치적 불확실성이 제도화돼 정치인들이 국민의 눈치를 살피지 않을 수 없는 상황이 정착되는 것을 말한다. 한마디로 선거에 의해 언제든지 여야가 바뀔 수 있는 가능성이 있는 상태를 의미한다. 우리 사회에서 민주주의의 공고화가 이뤄지는 것을 보기 위해서는 10년을 기다려야 했다. 민주주의의 확대·심화는 정치 영역뿐만 아니라 사회 전체에 민주적 사고, 신념, 관행이 정착돼 정치 민주화와 사회 민주화가 서로를 강화하는 선순환을 이루는 상태를 말한다. 이는 계속적으로 우리가 안고 가야 할 숙제다.

　나는 바로 이러한 격변의 시대에 대학과 대학원에 몸담고 있었다. 나는 격변의 시대를 살아내야 했다. 그때 나는 가진 자는 가진 자대로 더 많이 갖기 위해 물불을 가리지 않으며 망가지는 모습과 없는 자는 없는 자대로 살아남기 위해 몸부림치며 무너지는 모습을 절망적으로 바라봐야 했다. 그때부터 밟힐 때마다 삐꺽거리는 마룻바닥처럼 내 안에는 마음이 밟힐 때마다 삐꺽거리며 들려오는 물음이 있었다. "도대체 인간이란 무엇인가?" 나는 답을 찾기 위해 더 많은 사상과 이론, 생각과 의견을 만나려고 애썼다. 그런데 답을 만날 때마다 물음의 울림만 더 커지는 것이었다. 그도 그럴 것이 인간은 영원히 풀 수 없는 수수께끼가 아니던가! 그럼에도 불구하고 나는 모험을 감행했다. 나는 석·박사학위 논문에서 인간의 문제를 다뤘다. 행정학이 전제로 삼고 있는 인간관의 정체를 밝히기 위해 석사학위 논문에서는 사이먼(Herbert A. Simon)의 인간관(1988)을, 박사학위 논문에서는 스키너(Burrhus F. Skinner)의 인간관(1992)을 살펴봤다. 이견이 있을 수는 있겠지만, 나로서는 그들의 행태주의적 인간관에서 살아 있는 인간의 모습을 찾아보기 어려웠다. 이를테면 스스로 생각하고 판단하고 행동하고 자신의 선택에 대해 기꺼이 책임지려 하는 인간의 모습을 찾아보기 어려웠다. 그래서 나는 의심에 찬 눈으로 행태주의적 인간관을 바라봤다. 그러나 정작 나를 당혹스럽게 한 것은 그들이 묘사한 인간상이 바로 우리 자신의 모습을 있는 그대로 적나라하게 비추고 있다는 점이었다. 나는 그렇게 시대가 걸어오는 말에 혼란스럽게 반응하고 있었다.

## 2 사람들과의 소중한 만남

인간이 시대를 살아갈 수 있는 아니 살아낼 수 있는 힘은 함께 살아가야 하는 다른 사람들과의 교류에서 찾아야 하지 않을까? 사람들 간의 교류는 경쟁과 시기의 날카로운 칼날에 의해 상처를 받기도 한다. 사랑과 우애의 부드러운 묘약이 없다면 그 상처가 치유돼 다시 건강하게 새살이 돋아나기를 기대하기는 어려울 것이다. 그래서 인간은 경쟁이 격화되면 될수록 사랑과 우애의 세계를 더욱더 동경하게 되는 것이 아닐까? 다행스럽게도 1980년대의 대학은 경쟁보다는 사랑과 우애 그리고 정의에 대한 열망이 강물처럼 흐르는 곳이었다. 그나마 지금의 치열한 경쟁의 시대를 내가 살아낼 수 있는 힘은 그 당시 사람들과 함께했던 삶에 대한 기억에 있지 않나 싶다. 나는 그 기억 가운데 무엇보다도 학문의 길을 인도해 준 은사님들과의 만남을 추억하고자 한다.

학자가 되는 과정은 도제적인 성격이 강하다. 그래서 학자들을 보면 그들의 스승이 보인다. 스승은 제자의 정신적 아버지라고 해도 과언이 아니다. 당시 고려대학교 행정학과의 교수진은 그 스펙트럼이 매우 넓었다. 그것이 학생들에게 사고의 폭을 넓히고 학문적 다양성을 수용하는 데 얼마나 큰 자산이 되는지 경험해 보지 않은 사람은 알 수 없다. 모든 은사님이 내게 미친 영향은 이루 말할 수 없이 컸다. 특히 나는 세 분의 은사님을 나의 학자적 삶의 표본으로 삼고 있다. 기독교적 구원관을 바탕으로 시대를 가슴으로 안으며 행정을 사상적으로 이해하고자 했던 이문영 교수는 시대의 물음에 실천적으로 응답하는 지식인의 전형을 보여 줬다. 겸손과 인내 그리고 지독한 성실성으로 개인적 연계나 딜레마 개념을 이론화함으로써 한국 행정학계에서 한 획을 그은 이종범 교수는 교수로서 그리고 학자로서의 삶의 전형을 보여 줬다.

지도교수였던 정문길 교수는 정치사상과 사회사상, 세부적으로는 헤겔, 청년헤겔주의자들, 마르크스의 사상을 전공했다. 그는 제도적으로 행정학자면서 내용적으로는 행정학자로 범주화하기 어려운 모호한 영역에 있었다. 그의 소외론 연구는 한국의 정치사상 분야에서 매우 중요한 업적으로 인정받고 있다. 소외는 내가 인간의 문제를 집중적으로 고민하는 계기가 됐다. 또한 나는 소외로부터 벗어나는 길을 찾기 위해 정의와 공공성에 관심을 갖고 있다. 나는 대학원에서 그의 조교생활을 했으며, 그의 강의를 매학기 수강했다. 그의 강의는 일반적으로 원전을 꼼꼼하게 읽는 방식으로 진행됐다. 그의 지론은 이렇다. 수많은 해설서를 읽는 것은 물리적으로 불가능하다. 따라서 우선 원전을 읽고, 해설서는 독해를 보조하기 위한 수단으로 활용하는 것이 바람직하다는 것이다. 그러다 보니 자연스럽게 원전 읽기가 나의 공부 방법이 됐으며, 나는 여전히 이러한 공부 방법에 기대어 연구하고 글을 쓰고 있다.

당시 대학원에서는 다양한 강의를 개설하고 외부의 젊은 강사들을 초빙하기도 했다. 그 가운데 내가 연구 주제를 선택하는 데 영향을 미친 또 다른 학자는 이봉철 교수(한남대)다. 그는 정치사상을 전공한 학자로서 정의론을 강의했다. 그를 통해서 나는 롤스(John Rawls)와 왈저(Michael Walzer) 그리고 마르크스(Karl Marx)의 정의론을 접하게 됐다. 그의 강의는 한 학기 강의에 불과한 것이었지만 그 인상은 매우 강렬한 것이었다. 박사학위를 받은 이후에 사회적 형평성에 대한 연구에 집중하면서 다양한 정의론들을 겁 없이 공부할 수 있었던 것은 그 강의 덕분이다.

나는 종종 은사님들을 거울삼아 나를 비춘다. 나는 지식인으로서 시대의 아픔을 품고 실천적인 삶을 살고 있는가? 나는 학자로서 시대의 물음에 답하는 연구를 일관되게 수행하고 있는가? 나는 교육자로서 학생들에게 지적으로나 삶에서 좋은 영향을 미치고 있는가? 나는 무엇 하나 자신 있게 대답할 수 없다. 이들 성찰을 위한 물음들 가운데 두 번째 물음은 다른 물음들에 견줘 상대적으로 나의 의지가 크게 작용하는 것 같다. 나는 가능하다면 연구의 초점을 명확하게 맞추고 집중적으로 그리고 일관되게 연구하는 것이 미미한 내 능력을 그나마 허비하지 않고 효율적으로 발휘할 수 있는 길이라고 생각한다. 그래서 학문의 길에 들어선 이후로 나는 공공성이라는 하나의 주제에 연구력을 집중하고 있다.

## 3 공공성과의 만남

살면서 뜻이 맞는 사람을 만나는 것처럼 큰 행운은 없다. 마찬가지로 학문의 길을 걸으면서 자신의 성향에 맞는 주제를 만나는 것만큼 큰 행운은 없을 것이다. 물론 그러한 만남이 아무런 준비가 돼 있지 않은 상태에서 이뤄지기는 어려울 것이다. 1992년 박사학위를 받은 이후 사회적 형평성에 관심을 가지고 정의론 연구에 집중하던 중 나는 공공성과 운명적인 만남을 맞이하게 된다.

2002년 고려대학교의 정부학연구소에서 발간하는 『정부학연구』에서 공공성을 주제로 하는 기획물을 준비하고 있었다. 주제를 제안한 사람은 편집위원장이었던 이종범 교수였고, 소영진 교수(대구대)가 그 기획을 주관했다. 필진으로는 소영진 교수를 비롯해 신희영 교수(경주대), 이영철 교수(전남대) 그리고 내가 참여했다. 그

해에 경주에서 기획회의를 진행했고, 기획 논문들은 『정부학연구』(2003년 9권 1호)에 실렸다. 내가 알기로는 이 기획이 행정학계에서 공공성 문제를 본격적으로 다룬 최초의 시도였지 않나 싶다.

소영진 교수의 "행정학의 위기와 공공성 문제"(2003)는 행정학의 위기를 공공성의 관점에서 개괄적으로 조망한다. 그리고 신희영 교수의 "신공공관리론에 대한 비판적 고찰: 비판적 실재론적 접근"(2003)과 이영철 교수의 "신공공관리론의 이론적 비판: 원자화된 개인, 강력한 시장, 축소지향형 정부"(2003)는 신자유주의에 기초한 신공공관리적 정부 개혁의 논리가 공공성을 위협 내지는 파괴하는 문제를 비판적으로 논의한다. 나의 "공공성의 개념, 위기, 활성화의 조건"(2003a)은 공공성 개념을 윤리적으로는 사회 정의와 공익, 정치적으로는 참여를 강조하는 민주주의의 관점에서 정의한다. 그리고 신공공관리적 행정 개혁이 이러한 공공성에 미치는 부정적인 영향을 비판적으로 논의하고, 공공성의 회복을 위한 조건으로서 공론장의 활성화를 제시한다. 필진들은 신자유주의와 신공공관리가 공공성에 위협적이라는 생각과 공공성이 대항 담론으로서 가치가 있다는 인식을 공유했다.

나는 이 기획에 참여함으로써 공공성 개념과 처음으로 만났다. 그때는 공공성이 내 일생의 연구 주제가 되리라고는 전혀 생각하지 못했다. 당시에는 사회적 형평성 연구에 노력을 집중하고 있었으며, 그 연장 선상에서 공공성을 막연하게 생각하는 정도였다. 이를테면 공공성을 윤리적 관점에서 사회 정의와 공익성으로 이해하고자 한 것은 사회적 형평성 연구의 연장 선상에서 가능한 것이었다. 당시의 논문에서 나는 공공성을 윤리적 차원과 정치적 차원으로 나눠서 규정했지만 아직은 개념에 대한 관심이나 이해가 설익은 상태였다.

# III. 열매

❖─── 나의 연구는 대략 2010년을 전후로 해서 두 개의 시기로 나눌 수 있다. 전기는 사회적 형평성에 집중하는 시기이며, 후기는 공공성에 집중하는 시기다. 사회적 형평성을 집중적으로 연구하던 중에는 그것을 공공성의 하위 이념으로 의식하지 못한 상태였다. 그러나 전기에서 후기로 넘어가는 시기에 나는 사회적 형평성과 공공성을 서로 긴밀한 관계에 있는 이념들로 인식하기 시작했다. 실제로 전기와 후기는 개념적으로나 내용적으로 분리되지 않는다. 다시 말해서 공공성이라는 큰 주제에 사회적 형평성을 포함시킬 수 있다. 여기에서는 사회적 형평성 연구, 사회적 형평성에서 공공성으로의 이행, 그리고 공공성 연구로 이어지는 일련의 과정을 다룬다. 다만, 시간적 순서만을 따르지는 않는다.

## 1 사회적 형평성 연구[1)]

내가 학위논문을 쓴 이후에 처음으로 발표한 논문은 "신행정학의 규범적 가치로서 사회적 형평성: 민주주의의 기본 원리에 기초한 정치철학적 비판"(1994)이다. 이 논문은 사회적 형평성의 이론적 토대인 롤스(John Rawls)의 정의론을 민주주의를 구성하는 자율성의 원칙─자기결정과 자기책임의 원칙─에 근거해 비판적으로 논의한다. 롤스는 공정한 의사결정이 가능한 장치로서 원초적 입장을 구상하고, 거

---

1) 사회적 형평성은 1968년에 미국의 시라큐스대학에서 개최된 미노브룩 학술대회(Minnowbrook Conference)에서 프레데릭슨(H. George Frederickson, 1971)에 의해 행정학이 연구하고 행정이 추구해야 할 새로운 가치로 처음 제시된다. 1974년 『미국행정학보(Public Administration Review)』의 사회적 형성성에 관한 지상 심포지엄에서 하트(David K. Hart, 1974)는 롤스의 정의론을 사회적 형평성의 이론적 논거로 삼는다. 약 15년 후에 프레데릭슨(Frederickson, 1990)은 라에(Douglas Rae, 1981)의 평등론을 접목해 '복합적인 사회적 형평성 이론'을 제시한다. 그 이후로 사회적 형평성에 관한 진전된 연구는 찾아보기 어렵다.

기에서 도출될 수 있는 정의 원칙으로서 동등한 자유의 원칙, 공정한 기회 균등의 원칙, 차등 원칙을 제시한다. 특히 사회적 최소 수혜자에게 최대의 혜택을 부여하는 차등 원칙은 사회적 형평성의 내용을 구성한다. 논문의 롤스 비판은 그의 정의론에는 정치적 선택의 메커니즘이 누락돼 있기 때문에 민주주의의 기본 원리인 자율적 선택의 원리가 작동되지 않는다는 데 초점을 맞춘다. 이 논문은 행정에서 어떤 가치가 중요한 것인지를 모색하는 과정에서 이뤄진 것이지, 특별히 사회적 형평성에 대해 집중적으로 연구해야겠다는 생각에서 의도된 것은 아니다.

본격적으로 사회적 형평성에 연구의 초점을 맞춰야겠다고 생각한 것은 그로부터 10년이 지나서다. "사회적 형평성의 개념적 심화를 위한 정의론의 비교연구: Rawls에 대한 Nozick, Walzer, Young의 비판적 논의를 중심으로"(2003b)는 그동안 고민했던 아이디어를 타진하는 성격의 글이다. 이 논문의 문제의식은 롤스의 정의론에 기초해 사회적 형평성이 이론화됐다면, 롤스에 대한 비판에 기초해 세워진 정의론들은 형평성과 과연 어떤 관계를 가질 수 있을까 하는 것이다. 나는 이 논문을 쓰면서 관련된 학자들의 자료들을 모두 확보해 꼼꼼하게 검토한 것이 아니라 대표적인 저작을 중심으로 정리 비교하는 방식을 취했다. 나는 이 논문을 쓰면서 한국 사회의 현실적인 문제와 행정책임 문제에 대해 고민하게 됐고, 이론적으로 형평성 문제를 본격적으로 다룰 필요가 있다는 생각을 하기 시작했다.

그 이후 정의론과 관련된 자료를 모으고, 상호 비교하는 방식으로 연구를 진행하면서 학자들의 입장들이 좀 더 선명해지는 것을 느낄 수 있었다. 그 과정에서 2003년 논문에서 다루지 않았던 두 이론에 주목하게 됐다. 하나는 롤스의 정의론을 비판적으로 계승한 드워킨(Ronald M. Dworkin)의 이론이다. 그의 정의론에 대한 관심은 "사회적 형평성의 정의론적 논거 모색: R. Dworkin의 '자원평등론'을 중심으로"(2007)에서 정리된다. 일반적으로 드워킨은 권리를 중심으로 정의 문제를 논의한 것으로 알려져 있으나, 그 생각을 더욱 발전시켜 자원평등론을 본격적으로 제시한 것이 주목할 만했다. 거기에서 그는 개인이 통제할 수 없는 영역과 통제할 수 있는 영역을 분리해서 자원을 분배하는 '여건에 둔감하고 선택에 민감한 분배 원리'를 제시한다. 다른 하나는 롤스가 정의론의 기본적인 전제를 구상하는 과정에서 비판적으로 언급했던 응분이론이다. 이에 대한 관심은 "사회적 형평성의 정의론적 논거 모색: '응분의 몫(desert)' 개념을 중심으로"(2008)에서 정리된다. 응분 개념은 '자신의 몫을 갖는 것'이라는 가장 기본적이고 일반적인 정의 관념을 내포한다.

그 이후에는 2003년 논문에서 피상적으로 다뤘던 왈저(Michael Walzer)와 노직(Robert Nozick)의 정의론에 대한 좀 더 심도 있는 연구를 진행했다. 왈저의 정의론에 대한 관심은 "사회적 형평성의 정의론적 논거 모색: M. Walzer의 '다원주의적 정의론'을 중심으로"(2009)에서 정리된다. 왈저의 전제는 분배돼야 할 사회적 가치들이 공동체에 의해서 결정되며, 공동체가 그 가치에 부여하는 의미에 따라서 분배원리가 적용돼야 한다는 것이다. 따라서 어떤 가치의 분배가 다른 가치의 분배에 영향을 주거나 받아서는 안 된다는 것이 왈저의 정의론의 핵심이다. 노직에 대한 연구는 "Nozick의 정의론과 형평성: 최소국가론과 소유권리론을 중심으로"(2010a)에서 정리된다. 노직의 자유지상주의적 정의론은 롤스의 정의론과 대척점에 있다. 한마디로 그의 정의 원칙은 자유로운 선택과 그 결과에 대한 자기 책임을 전제로 하는 분배가 합당하다는 것이다.

나는 정의론 관련 자료를 모으는 과정에서 뒤늦게 자신의 정의론을 정리한 센(Amartya Sen)의 『정의의 이념(The Idea of Justice)』(2009)과 만나게 된다. 센은 윤리적 관점에서 경제학을 연구하면서 능력이론에 기초해 정의론을 구상한다. 그의 정의론의 대전제는 가치든 자원이든 사람들에게 합당하게 분배한다고 해도 그것을 활용할 능력이 없다면 아무 의미가 없다는 것이다. 따라서 인간이 자신의 능력을 계발하고 발휘할 수 있도록 능력의 발전에 기여하는 분배 원리가 적용돼야 한다는 것이다. 그에 대한 관심은 "사회적 형평성의 정의론적 기초: A. Sen의 능력이론을 중심으로"(2010b)에서 정리된다.

나는 형평성 연구와 관련해 한국연구재단으로부터 2008년부터 3년간 저술지원사업의 지원을 받았다. 이를 통해서 나는 그간의 형평성에 관한 연구를 집약해야 하는 숙제를 스스로 부과한 셈이다. 책의 서두에 들어갈 형평성의 개념에 대한 생각은 "형평성의 개념화"(2011a)를 통해 정리하고, 『형평과 정의: 조화로운 삶의 원리를 찾아서』(2011b)를 출판했다.

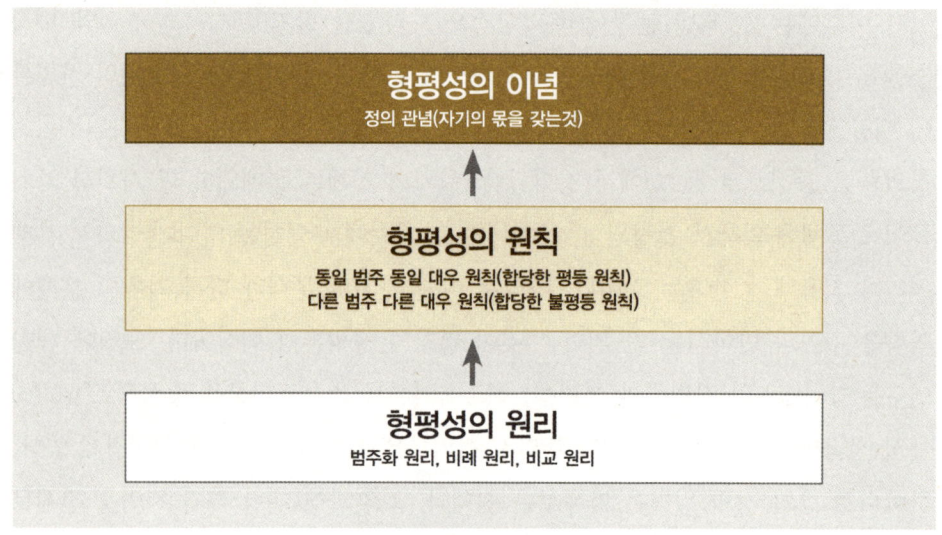

[그림 1] 형평성의 개념 구조

내가 구성한 형평성의 개념 구조는 [그림 1]과 같다. 형평성의 이념은 기본적으로 사람들이 제 몫을 갖는 정의 관념이다. 이를 실현하기 위한 원칙으로 동일 범주에 대해서는 동일한 대우를 하는 합당한 평등의 원칙과 다른 범주에 대해서는 다른 대우를 하는 합당한 불평등의 원칙을 따른다. 이러한 원칙을 적용하는 과정에는 범주화, 비례, 비교의 원리가 작동한다. 사람들을 규칙이 정한 기준에 따라 범주화하고, 각 범주에 대해 규칙이 정한 비례식에 따라 몫을 분배하며, 범주에 대한 몫의 적절성을 비교한다. 비교의 결과는 범주화나 비례 원리로 환류돼 조정이 이뤄진다.

『형평과 정의』에서는 롤스의 공정으로서 정의를 비롯해 페인버그(John S.

Feinberg) 등의 응분이론, 노직의 소유권리론, 드워킨의 자원평등론, 센의 능력이론, 왈저의 다원주의적 정의론, 영(Iris M. Young)의 차이정치 등을 형평성의 원칙—동일 범주 동일 대우 원칙과 다른 범주 다른 대우 원칙—을 기준으로 삼아 비교 분석한다. 롤스의 정의론은 모든 사람에게 동등한 자유와 기회를 부여함으로써 사람들을 동등하게 대우한다. 그러나 사회적 최소 수혜자에게 최대의 몫을 분배함으로써 사람들을 다르게 대우한다. 페인버그 등의 응분의 원리는 책임의 주체로서 모든 인간을 동등하게 대우한다. 그리고 제 몫은 응분에 비례해 다르게 분배함으로써 사람들을 다르게 대우한다. 노직의 소유권리론은 모든 인간을 자유의 절대적인 권리 주체로서 동등하게 대우한다. 각자의 자유로운 선택에 따라 분배함으로써 사람들을 다르게 대우한다. 드워킨의 자원평등론은 모든 인간을 권리의 주체로서 동등하게 대우한다. 개인의 통제가 불가능한 경우에는 그에 비례해 사회가 보상하고 개인의 선택에 대해서는 그에 비례하는 책임을 지게 함으로써 사람들을 다르게 대우한다. 센의 능력이론은 인간을 존엄한 존재로서 동등하게 대우한다. 열악한 처지에

〈표 1〉 형평과 정의

| 이론가 | 형평성의 원칙 ||
|---|---|---|
| | 동일 범주 동일 대우 원칙<br>(합당한 평등 원칙) | 다른 범주 다른 대우 원칙<br>(합당한 불평등 원칙) |
| J. Rawls | 동등한 자유 원칙<br>공정한 기회 균등 원칙 | 차등 원칙 |
| J. S. Feinberg | 책임의 주체로서 평등성 | 응분에 비례하는 분배 |
| R. Nozick | 자유의 평등성 | 자유 선택과 교환에 의한 분배 |
| R. M. Dworkin | 권리의 평등성<br>(동등한 배려와 존중) | 선택에 민감한 분배<br>여건에 둔감한 분배 |
| A. Sen | 존엄한 존재로서 평등성 | 사회적 최소한의 충족 |
| M. Walzer | 동일한 정의 영역 내의 평등성 | 상이한 정의 영역 간의 차별성 |
| I. M. Young | 참여 권리의 평등성 | 차이정치 |

있는 사람들에게 인간의 존엄성을 유지하는 데 필요한 최소한을 제공함으로써 사람들을 다르게 대우한다. 왈저의 다원주의적 정의론은 동일한 가치 영역에서는 사람들을 동등하게 대우한다. 상이한 영역에서는 사람들을 상이하게 대우한다. 영의 차이정치는 모든 인간에게 참여의 동등성을 부여한다. 사회집단은 상이한 관점을 표출하고 다른 대우를 주장한다. 이상의 설명을 요약하면 앞의 〈표 1〉과 같다.

## 2 사회적 형평성에서 공공성으로의 이행

연구를 진행하면서 주제의 폭을 넓히거나 깊이를 심화하게 되는 것이 연구자 자신의 체계적인 사고의 결과일 수도 있으나 외적인 자극이 계기가 되는 경우도 적지 않다. 나의 경우는 공공성과 관련해 특히 그런 것 같다. 처음 공공성과 만난 것도 그렇고, 사회적 형평성에 대한 관심을 공공성에 대한 관심으로 확장하게 된 계기도 그렇다.

공공성 연구의 활성화와 관련해 2008년 한국행정연구원의 주도로 이뤄진 공공성 연구는 매우 중요한 의미를 갖는다. 이 연구는 인문사회 계열의 학문 분야를 망라해 수많은 학자가 대규모로 참여했다. 그 결과물은 『새로운 시대의 공공성 연구』(2008)로 편집 출판됐다.

나는 당시 한국행정연구원 원장으로서 이 연구를 주도했던 정용덕 교수로부터 참여를 권유받았다. 내가 선택한 주제는 신행정학과 공공성의 관계를 성찰하는 것이었다. 성찰의 내용은 책에 실리기 이전에 "신행정학의 공공성: 사회적 형평성을 중심으로"(2008)에서 정리된다. 나는 본래 신행정학자들이 강조하는 사회적 형평성을 정부의 공적 권위를 회복하는 중요한 계기로 이해했다. 그러다 보니 당연히 사회적 형평성은 공공성의 향상에 기여한다고 생각했다. 이 논문은 이러한 생각을 확대해 적용하려는 시도다. 이 논문에서는 공공성은 윤리적으로 사회적 정의를, 정치적으로 민주주의를 실현하는 것이며, 특히 두 측면이 동시에 충족돼야 한다는 진전된 정의를 구성한다. 논문은 기존의 사회적 형평성 논의가 윤리적 차원의 논의에 멈출 것이 아니라 정치적 차원의 논의를 포함하는 이론적 진화를 시도함으로써 공공성 실현에 좀 더 접근할 수 있을 것이라고 제안한다. 또한 형평성의 이론적 기초를 롤스에 한정할 것이 아니라 다양한 정의론들로 확대할 필요성을 강조한다. 이 논문은 『새로운 시대의 공공성 연구』의 북챕터로 포함됐다.

## 3 공공성 연구

공공성에 대한 나의 연구들은 내가 독자적으로 개념화한 것, 즉 공공성 개념 및 유형과 공공성 실현 전략을 토대로 분류해 정리한다.

### 1) 두 개의 개념화

나는 먼저 두 편의 논문에서 독자적으로 구상한 이론적 시도를 소개하고자 한다. 이 시도들은 여전히 진행 중이다.

첫째는 공공성의 개념과 유형화에 관한 것이다. 공공성에 관한 본격적인 연구는 "공공성의 유형화"(2010c)에서 시작됐다. 이 논문에서는 공공성을 윤리적 차원의 사회적 정의와 정치적 차원의 민주주의로 정의하고 양자의 관계를 변증법적인 관계로 규정한다. 이러한 정의는 이후에 다음과 같은 정의로 발전한다. "공공성은 공동체의 행위 주체들이 민주적 절차를 통해서 내용적으로 정의의 가치를 추구하는 이념으로서 절차와 내용은 변증법적인 관계에 있다." 논문은 이러한 개념의 구성 요소인 민주주의를 사적 이익을 추구하는 시민을 중심으로 하는 민주주의(시민민주주의)와 공적 이익을 추구하는 공민을 중심으로 하는 민주주의(공민민주주의)로, 정의를 과정 지향적 정의와 결과 지향적 정의로 분류해 도구적 공공성, 윤리적 공공성, 담화적 공공성, 구조적 공공성 등 네 개의 공공성 유형을 제시한다. 그러나 이러한 유형화는 만족스럽지 않았다. 그래서 이후에 두 차례의 수정이 이뤄졌다. 한번은 민주주의를 사민(私民, private citizen)민주주의와 공민(公民, public citizen)민주주의로, 정의를 과정적 평등과 결과적 평등으로 분류해 공공성 유형의 명칭을 도구적 공공성, 분배적 공공성, 담화적 공공성, 해방적 공공성으로 변경했다(2016a). 또 한 번은 민주주의를 간접민주주의와 직접민주주의로, 정의를 절차적 정의와 실질적 정의로 분류했으나 공공성 유형의 명칭은 그대로 유지했다(2019a). 그러나 여전히 유형화의 기준과 공공성의 명칭이 불만족스럽다. 현재는 민주주의를 시민민주주의와 공민민주주의로, 정의를 절차적 정의와 실질적 정의로 분류하고, 공공성 유형의 명칭을 그대로 유지하는 것이 타당하지 않을까 생각하고 있지만 여전히 고민 중이다. 〈표 2〉는 공공성의 유형과 그 특징을 요약한 것이다(2019a: 59).

〈표 2〉 공공성의 유형

|       | 보호적 공공성 | 분배적 공공성 | 담화적 공공성 | 해방적 공공성 |
|---|---|---|---|---|
| 분류 기준 | 시민민주주의 절차적 정의 | 시민민주주의 실질적 정의 | 공민민주주의 절차적 정의 | 공민민주주의 실질적 정의 |
| 정당성 | 국가의 실패 | 시장의 실패 | 대표의 실패 | 구조의 실패 |
| 초점 | 국가의 도구적 기능 | 국가의 재분배 기능 | 시민사회의 공적 기능 | 사회(시장+시민사회)의 혁신 기능 |
| 내용 | 기본권 보호 | 사회권 보장 | 참여권 신장 | 공유권 확대 |
| 실현 기제 | (소극) 국가 | (적극) 국가 | 공론장 | 사회/공동체 |
| 사상 | 고전적 자유주의 신자유주의 | 정치적 자유주의 | 공화주의 | 사회주의 공산주의 |

둘째는 공공성의 개념 구조에 관한 것이다. "공공성의 철학적 기초"(2017a)에서는 공공성의 개념 구조를 구성한다. 공공성 담론은 신자유주의 담론에 대한 대항 담론의 성격을 띠고 있기 때문에, 〈표 3〉과 같이 양자의 비교를 통해 공공성의 개념 구조가 구성된다.

<표 3> 신자유주의 담론과 공공성 담론의 철학적 기초

| 신자유주의 담론 | 기준 | 공공성 담론 |
|---|---|---|
| 분리의 존재론 | 존재론 | 관계의 존재론 |
| 도구적 인식론 | 인식론 | 공감적 인식론 |
| 개인적 책임론 | 윤리론 | 공유적 책임론 |

존재론적으로 신자유주의 담론은 원자적 개인을 본질로 하는 분리의 존재론 위에, 공공성 담론은 개인과 개인의 필연적 상호성을 본질로 하는 관계의 존재론 위에 구축된다. 인식론적으로 신자유주의 담론은 인식 대상을 목적을 이루기 위한 수단으로 인식하는 도구적 인식론 위에, 공공성 담론은 인식 대상을 목적 자체로 인식하는 공감적 인식론 위에 구축된다. 윤리론적으로 신자유주의 담론은 행위의 결과에 대한 책임을 개인에게 지우는 개인적 책임론 위에, 공공성 담론은 서로에 대해 함께 책임을 지는 공유적 책임론 위에 구축된다. 관계적 존재론으로부터 연대와 협력을 통한 공공성의 실현을 기대할 수 있는데, 이를 공(共)-전략이라고 한다. 공감적 인식론으로부터 진정한 소통을 통한 공공성의 실현을 기대할 수 있는데, 이를 통(通)-전략이라고 한다. 공유적 책임론으로부터 사랑과 정의로운 분배를 통한 공공성의 실현을 기대할 수 있는데, 이를 인(仁)-전략이라고 한다. 공공성의 개념 구조와 공-통-인(共-通-仁) 전략의 관계는 다음 [그림 2]와 같다.

 개념을 새로이 구성하는 것은 참으로 어려운 일이다. 특히 어떤 내용에 이름을 부여할 때 많은 어려움을 느끼게 된다. 종종 동료 학자의 토론이 생각하지 못했던 통찰을 제공할 때처럼 고마운 일은 없다. 공-통-인(共-通-仁) 전략이 그 예에 해당한다. 원래는 공-통-애(共-通-愛) 전략이라 명명했는데, 애(愛)보다는 인(仁)이 포괄적인 의미를 담고 있다는 배수호 교수(성균관대)의 제안에 따라 공-통-인(共-通-仁) 전략으로 수정해 사용하고 있다.

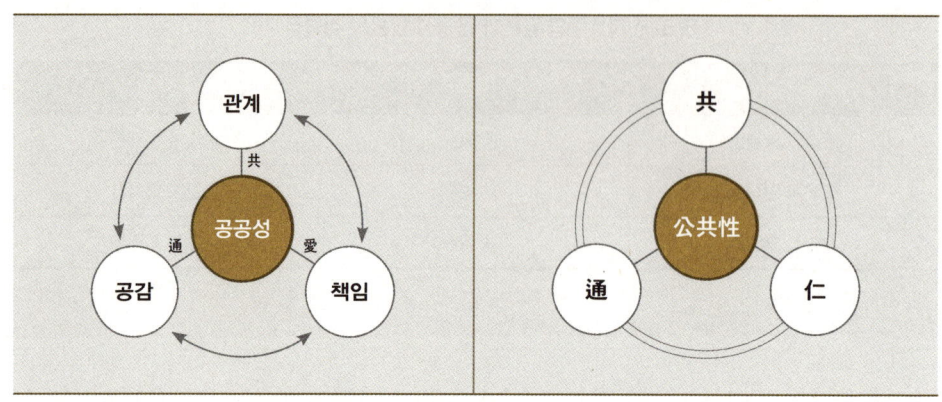

[그림 2] 공공성의 개념 구조와 공—통—인(共—通—仁) 전략

## 2) 전략 영역별 연구

첫째, 공(共)-전략의 범주에 포함되는 연구로는 공공성의 행위 주체로서 인간의 문제를 다룬 "공공성의 인간적 토대와 행정"(2015c)과 시장의 문제를 다룬 "K. Polanyi의 내포 개념과 공공성"(2014b) 등이 있다. 공공성의 인간적 토대와 관련해서는 행위 주체로서 인간이 어떠한 존재 조건에 처하고 있는지, 그리고 공공성을 지향하는 존재 방식은 어떤 것이어야 하는지에 대해 논의한다. 사익을 추구하는 시민에서 공익을 추구하는 주권적 공민으로, 소비적 대중이나 조작되는 공중에서 계몽된 공중으로, 자기 기업가적 개인에서 연대하는 다중으로의 존재 방식의 전환을 제안한다. 폴라니(Karl Polanyi)에 관한 논문은 인간의 존재를 조건화하는 조건을 시장에서 사회로 전환할 것을 제안한다. 기존의 시장사회는 시장의 논리가 사회의 모든 부문을 지배하는 사회인데, 이로부터 벗어나기 위해 사람들이 연대와 협력을 통해 삶의 조건을 구성해 나가는 사회주의적 상상력을 요청하는 것이다. 이는 경쟁을 통해 사람들을 분열시키고 고립시키는 시장사회에서 공공성을 실현하는 중요한 전략이라 할 수 있다.

둘째, 통(通)-전략의 범주에 포함되는 연구로는 "한나 아렌트의 공공 영역과 행정"(임의영 외, 2014), "경합공간으로서 공론 영역과 행정: C. Mouffe의 급진민주주의를 중심으로"(2015b), "공공성의 철학적 기초: Karl Jaspers의 실존적 소통과 책임"(2018c) 등이 있다. 아렌트(Hannah Arendt)는 근대의 가장 중요한 특징으로 시장이 주도하는 사회 영역이 등장한 것으로 본다. 그것이 갖는 위험은 함께 모여 자신들의 의견을 자유롭게 표출하고 그 안에서 자신의 정체성을 인식하는 정치적이며 실존적인 인간을 이익에 따라 인간관계를 형성하거나 단절하는 시장 인간으로 변질시키고 있다는 것이다. 아렌트는 공론 영역, 즉 공론장(公論場, public sphere)을 활성화함으로써 인간의 본래적 특성을 회복하는 길을 모색한다. 그녀가 제시하는 공론 영역은 자유롭게 자신을 표현하는 실존적 공간이자 공동체의 운명을 결정하는 정치적 공간이다. 무페(Chantal Mouffe)는 공론장을 헤게모니를 쟁취하기 위한 담론들 간의 투쟁공간으로 이해한다. 그녀가 생각하는 공론장은 아렌트나 하버마스(Jürgen Habermas)가 기대하는 것처럼 합의가 이뤄지는 공간이 아니다. 따라서 그녀는 헤게모니 담론에 대항하는 대항 담론을 개발해 경합적 공론장을 활성화할 필요성을 제시한다. 공론장에서 약자들의 목소리가 크게 울려 퍼지기를 바라는 것이다. 야스퍼스(Karl Jaspers)는 소통의 실존적 의미를 드러낸다. 그의 실존적 소통은 아렌트와 하버마스의 소통이론의 근거이기도 하다. 야스퍼스는 인간의 실존은 단독적인 것이 아니라 말로써 이뤄지는 사람들 사이의 사랑 투쟁, 즉 서로에 대한 신뢰를 바탕으로 하는 비판적인 대화를 통해 이뤄지는 것이라고 본다. 이는 공론장 이론의 실존적 의미를 이해하는 데 중요한 의미를 갖는다.

셋째, 인(仁)-전략의 범주에 포함되는 연구로는 "행정의 윤리적 과제: 악의 평범성과 책임의 문제"(2014a), "공공성의 윤리적 토대: Hans Jonas의 책임윤리를 중심으로"(2017b), "행정과 정의"(2016b), "한국적 맥락에서 공공가치론의 적용가능성에 대한 성찰"(2018a) 등이 있다. 행정의 윤리적 과제에 관한 논문은 행정의 합리주의적 책임론, 즉 조직의 논리에 충실한 책임론은 조직구성원들 자신은 선을 행하고 있다고 생각할지 모르나 결과적으로는 악을 저지르는 상황을 야기할 수도 있다. 책임은 그 자체가 역설적인 성격을 갖기 때문에 일방적으로 조직만을 강조하거나 개인만을 강조하는 것은 위험할 수 있다. 따라서 책임을 좀 더 넓은 차원에서 공유적인 것으로 볼 것을 제안한다. 요컨대 맡은 바 임무를 충실히 수행해야 할 정부조직의 구성원들의 책임뿐만이 아니라 적극적으로 정부활동을 감시하고 견제하는 파수꾼의 역할을 해야 할 국민들의 책임도 중요한 의미를 갖는다는 것이다. 요나스(Hans Jonas)의 책임론에 따르면, 과학과 테크놀로지의 비약적인 발전이 보여 주는 것처럼 인간의 능력이 현저하게 강력해졌다. 따라서 그 능력에 비례해 책임도 더욱더 커지고 넓어지고 멀어져야 한다. 이를테면 단순히 현재적 차원의 책임론을 넘어서 미래적 책임론을 생각해야 한다는 것이다. 이는 지속가능성에 대한 책임이라 할 수 있다. 그러다 보니 요나스의 책임론은 개인적인 수준을 넘어 사람들이 함께 공유해야 하는 책임론이며, 이러한 문제는 정치적으로 결정되기 때문에 윤리적 차원을 넘어 정치적 책임론이라 할 수 있다.

행정과 정의에 관한 논문은 한국 사회가 당면하고 있는 문제들을 일별하고, 그것을 극복하기 위한 방안을 찾는 데 지향해야 할 정의의 원칙들을 제안한다. 논문에서는 특히 롤스, 센, 왈저에 주목할 것을 제안한다. 공공가치론에 관한 논문에서는 기존의 공공가치론의 흐름을 정리하고 한국적 상황에서 적용될 수 있는 가능성이 있는지 여부를 검토하는 데 초점을 맞춘다.

### 3) 종합적 연구

#### 가. 공공성에 대한 일반적 연구

공공성에 대한 일반적인 연구로는 "공공성 연구의 풍경과 전망"(2018b)과 『공공성의 이론적 기초』(2019)가 있다. 전자는 리뷰 논문으로서 한국 학계에서 이뤄진 공공성 연구의 전모를 살펴보고 연구돼야 할 주제들을 제시하는 데 초점을 맞춘다. 후자는 2017년부터 3년간 한국연구재단의 저술지원사업의 지원을 받은 결과물이다. 저서는 1부의 공공성의 개념과 2부의 공공성의 실현 전략으로서 공-통-인(共-通-仁)의 이론적 구성 요소들을 정리한다.

### 나. 사상가 연구

공공성은 그 자체가 논쟁적인 개념이고, 신자유주의 담론에 견줘 사상적 논의가 약한 편이다. 따라서 공공성 담론의 내실을 다지기 위해서는 사상적 연구가 필수적이다. 사상가들이 공공성을 의식하면서 논의를 전개한 것이 아니기 때문에 나는 사상가들의 논의를 광맥(鑛脈)으로 생각하고 거기에서 공공성의 이론적 자원들을 발굴하는 자세로 접근하고 있다. 그동안 진행된 연구는 다음과 같다.

첫째, 스미스(Adam Smith)는 사익 추구의 대명사로 오인돼 공공성의 적으로 간주될 수 있는 사람이다. 그러나 그는 윤리적 토대 위에 경제적 논리를 전개한 사람이다. 따라서 "공공성의 도덕철학적 기초: A. Smith의 공감을 중심으로"(2019b)에서는 공감에 초점을 맞춰 공공성 자원을 발굴한다. 스미스는 공감을 사회 질서의 형성과 유지를 위한 토대로 삼고 있으며, 공감에 의한 이기심의 제어를 사회 번영의 조건으로 제시한다. 논문은 스미스의 사상을 통해 도덕적 자율성을 가진 시민들의 연합체를 형성하는 공(共)-전략, 이성적 소통만이 아니라 감정적 소통을 가능하게 하는 통(通)-전략, 사회적 고통과 비애에 대한 책임을 강조하는 인(仁)-전략의 가능성을 발견한다.

둘째, 루소(Jean J. Rousseau)의 일반의지는 개별의지의 단순한 총합을 초월하는 것으로 공(公)과 사(私)의 조화를 추구하는 공공성의 의미를 보완하는 데 유익하다. 따라서 "공공성의 정치철학적 기초: J. J. Rousseau의 문명관과 일반의지를 중심으로"(2020)에서는 일반의지에 초점을 맞춰 공공성의 자원을 발굴한다. 논문은 루소의 사상을 통해서 부르주아적 태도를 극복한 주체적인 유덕한 시민을 형성하는 공(共)-전략, 민주주의의 혁신을 지속적으로 도모하는 통(通)-전략, 평등에 기초한 정의를 실현하는 인(仁)-전략의 가능성을 발견한다.

셋째, 밀(John S. Mill)은 공리주의자이자 자유주의자로서 진보에 대한 강한 신념을 가지고 있으며, 진보의 조건이자 결과로서 공과 사의 조화를 상정한다. "공공성의 사상적 기초: J. S. Mill의 公과 私의 조화 논리를 중심으로"(2021a)에서는 밀의 사상에서 고결한 개체성의 도야를 장려하는 공(共)-전략, 참여와 진정한 대표성을 보장하는 민주주의를 추구하는 통(通)-전략, 안전·평등·자유를 토대로 하는 공리적 정의를 추구하는 인(仁)-전략의 가능성을 발견한다.

넷째, 공공가치론은 공공성과 밀접한 관련을 갖는다. 그럼에도 불구하고 공공가치 개념이 명확하지 않아 그 관련성을 분명하게 논증하기가 쉽지 않다. 따라서 나는 윤리론의 커다란 줄기를 구성하는 의무론과 목적론에서 공공성의 원리를 도출하고, 그것을 토대로 공공가치를 개념화하는 연구를 수행했다. "공공가치의 윤리적 기초: I. Kant의 의무론과 J.S. Mill의 목적론을 중심으로"(2021b)에서는 칸트의 의무론과 밀의 목적론(공리론)에서 공공성의 원리를 도출하고, 그것에 기초해 공공가치 개념을 구성한다. 의무론적으로 공공가치는 '공동체의 보편성 검증을 통과한 것'을 의미하며, 목적론적으로는 '공동체의 최대 행복과 그것에 기여하는 것'을 의미한다. 논문에서는 두 개의 의미를 결합해 공공가치를 "공동체의 최대 행복과 그것에 기여하는 것으로 공동체의 보편성 검증을 통과한 것"으로 개념화한다.

다섯째, 공공성의 핵심은 공과 사의 조화를 통해 궁극적으로 사람들의 인간적 생존을 보장하는 것이다. 인간의 가장 기본적인 자기 보존 욕구의 본질에 근거해서 공공성의 이론적 토대를 구축할 필요가 있다. 스피노자(Baruch Spinoza)의 사상은 자기 보존의 경향성이라는 코나투스 원리를 기반으로 한다. "공공성의 사상적 기초: B. 스피노자의 코나투스(conatus)를 중심으로"(2022a)에서는 코나투스의 원리를 중심으로 스피노자의 사상을 조망하고, 그것을 바탕으로 그의 사상에서 공공성 담론을 심화하는 데 기여할 수 있는 개념적 자원들을 발굴한다. 논문은 공공성의 행위 주체 측면에서는 욕망하는 존재, 사회적 존재, 감정적(정서적) 존재로서 인간 개념을, 절차적 측면에서는 권력 관계에 기초한 민주주의, 생각과 표현의 자유, 민주주의의 불안정성을, 내용적 측면에서는 자유의 절대적 가치, 평화와 안전 개념을 주요 개념적 자원으로 제시한다.

여섯째, 칸트(Immanuel Kant)는 근대 이성의 시대의 최고 정점에서 이성의 본질과 주체적 인간의 존재 방식을 해명하고 철학사에 새로운 패러다임을 열었다. "공공성의 철학적 기초: I. Kant의 사상을 중심으로"(2022b)에서는 공공성의 행위 주체 측면에서는 성숙한 인간, 선한 인간, 능동적 시민의 개념을, 절차적 측면에서는 이성의 공적 사용, 공개성, 총체적 오류의 불가능성 개념을, 내용적 측면에서는 공화국(법의 지배, 자유, 평등, 평화)과 윤리적 공동체(자기와성과 타인의 행복 추구) 개념에 주목한다.

# Ⅳ. 계획

❖─────   첫째, 단기적으로 진행하고 있는 연구는 2020년부터 한국연구재단 저술지원사업의 지원을 받아 진행하고 있는『공공성의 사상적 기초: 다름과 어울림』을 저술하는 것이다. 공공성은 논쟁적인 개념이다. 이를테면 개인주의자와 공동체주의자가 주장하는 공공성의 의미가 다를 수 있다. 자유주의자와 사회주의자가 주장하는 공공성의 의미가 다를 수 있다. 공론장을 합의가 가능한 공간으로 보는 사람과 불가능한 공간으로 보는 사람이 주장하는 공공성의 의미가 다를 수 있다. 문명의 번영을 진보로 보는 사람과 타락으로 보는 사람이 주장하는 공공성의 의미가 다를 수 있다. 과학적 접근 방법을 따르는 사람과 규범적 접근 방법을 따르는 사람이 주장하는 공공성의 의미가 다를 수 있다. 그런데 자세히 들여다보면 입장에 따라 공공성에 대한 생각이 다른 것 같기도 하지만 어울리는 것 같기도 하고, 어울리는 것 같지만 다르기도 하다. 비교 연구는 논쟁적 개념으로서 공공성의 의미를 깊이 있게 탐구하는 데 유익한 방법이다. 따라서 이 저술은 다름과 어울림의 관점에서 사상가들의 사상에 내재된 공공성의 의미 발굴과 비교 연구를 목적으로 한다. 저술에서는 문명은 타락인가 진보인가(루소 대 스미스), 정부는 효율적이야 하는가 민주적이어야 하는가(사이먼 대 왈도), 공론장은 화해의 공간인가 투쟁의 공간인가(아렌트 대 무페), 평등은 단순한 것인가 복합적인 것인가(롤스 대 왈저), 자유는 소극적인

것인가 적극적인 것인가?(밀 대 마르크스), 책임은 의무적인 것인가 목적적인 것인가(칸트 대 요나스) 등 여섯 개의 주제를 다룬다.

둘째, 중장기적으로 진행하고 있는 연구는 문학에서 공공성의 의미를 찾는 것이다. 문학적 상상력, 직관, 통찰을 통해서 공공성의 의미를 풍요롭게 하기 위한 것이다. 더불어 공공성의 의미를 친숙하게 대중화하기 위한 것이기도 하다. 따라서 가능하면 사람들에게 친숙한 작품들을 통해서 공공성의 의미를 살펴보고자 한다.

셋째, 장기적으로는 공공성 사상사를 저술하는 것이다. 공공성은 학제적 성격을 갖기 때문에 공공성 사상사는 다양한 학문 영역의 이론가들을 대상으로 할 수밖에 없을 것이다. 이는 상당히 많은 품을 팔아야 하는 작업이다. 따라서 어느 정도 가능할지 가늠하기 어렵다. 그러나 하고 싶다.

## V. 나오는 말

❖────── 첫째, 그동안의 연구를 회고해 보면 연구라는 것이 혼자 하는 것 같지만 결코 혼자 하는 것이 아니라는 생각이 든다. 이는 학회에서 발표한 논문에 대한 토론을 들을 때나 투고한 논문에 대한 심사 내용을 받을 때마다 느끼는 것이다. 내가 놓치거나 미처 생각하지 못했던 것을 듣거나 볼 때마다 한편으로는 부끄럽기도 하면서 다른 한편으로는 고맙기 그지없다. 나는 학문 활동에서 가장 무서운 독은 주례사 같은 토론이라고 생각한다. 그것은 달콤하고 귀에 착착 감기지만 치명적이다. 나는 학문 활동에서 가장 영양가가 높은 음식은 비판이라고 생각한다. 쓴 약이 몸에 이롭다고 하지 않는가. 그럼에도 불구하고 불편하다. 젊을 때는 덜 그랬는데 요즘은 비판을 받으면 비판의 타당성 여부를 떠나 감정적으로 불편해진다. 머리가 그러면 안 된다고 말하기 전에 가슴이 먼저 티를 내니 걱정이다. 나이가 가져다주

는 지혜의 보따리를 나는 언제나 풀어 볼 수 있을까?

둘째, 나는 글쓰기가 늘 고민이다. 글쓰기에서 내가 중요하게 생각하는 미덕은 세 가지다. 우선 주제를 명확히 하는 것이다. 이를테면 의미 있는 질문을 명확히 던지는 것이다. 그리고 주제를 논증하기 위해 동원된 자료를 충분히 이해하는 것이다. 이는 자료를 통해 얻은 지식을 나의 언어로 표현하기 위한 조건이다. 이것이 가능해야 글의 가독성을 높일 수 있다. 또한 적절한 글쓰기를 하는 것이다. 적절함이라는 말은 모호하지만 체계적·논리적 적절성을 말한다. 이것이 충족돼야 글의 설득력을 높일 수 있다. 여기에 문장까지 좋다면 금상첨화일 것이다. 문장에 대해서는 늘 두 가지 원칙-단문으로 쓸 것, 리듬이 느껴지게 쓸 것-을 따르려고 한다. 불행하게도 내가 독자들에게 가장 많이 듣는 말은 글이 어렵다는 것이다. 이는 내가 극복해야 할 가장 어려운 숙제다.

셋째, 사람들이 글을 쓰는 이유는 누군가가 읽어 주기를 바라기 때문이다. 나는 독자가 별로 없다. 독자가 많은 사람이 부럽다. 그럼에도 불구하고 나는 운이 좋다. 독자는 적지만 나의 글을 꼼꼼하게 읽어 주는 독자들이 있기 때문이다. 그러다 보니 자연스럽게 글을 쓸 때마다 그 독자들을 의식하게 된다. 그럴 때 생기는 긴장감은 부담이 되기도 하지만 나의 사고를 예민하게 해 주는 것은 분명하다. 나도 좋은 독자가 되고 싶다.

넷째, 학문의 세계는 사람들이 함께 세상의 이치를 깨우치고 미래의 희망을 찾아가는 공동의 세계이며 그래야 한다고 나는 생각한다. 그러다 보니 공공성은 두 가지 의미를 동시에 갖는 것 같다. 하나는 공공성이 학문 세계의 주민들이 살아가는 기본 원리라는 것이고, 다른 하나는 공공성이 이론적으로 미래의 희망을 찾는 이정표가 될 수 있다는 것이다. 그래서 나는 공공성을 행정학의 핵심이라고 생각한다. 또한 공공성을 내 삶의 지표로 삼는다.

# 참고 문헌

## 1. 1차 자료

임의영. (1988). "Herbert A. Simon의 인간관 고찰." 고려대학교대학원 행정학석사학위 논문.

_____. (1992). "조직사회와 인간의 문제: B. F. 스키너의 행동주의를 중심으로." 고려대학교대학원 행정학박사학위 논문.

_____. (1994). "신행정학의 규범적 가치로서 사회적 형평성: 민주주의의 기본 원리에 기초한 정치철학적 비판." 「한국행정학보」, 28(4): 1157-1174.

_____. (2003a). "공공성의 개념, 위기, 활성화의 조건." 「정부학연구」, 9(1): 23-50.

_____. (2003b). "사회적 형평성의 개념적 심화를 위한 정의론의 비교연구: Rawls에 대한 Nozick, Walzer, Young의 비판적 논의를 중심으로." 「한국사회와 행정연구」, 14(2): 47-64.

_____. (2007). "사회적 형평성의 정의론적 논거 모색: R. Dworkin의 '자원평등론'을 중심으로." 「행정논총」, 45(3): 1-21.

_____. (2008). "사회적 형평성의 정의론적 논거 모색: '응분의 몫(desert)' 개념을 중심으로." 「행정논총」, 46(3): 35-61.

_____. (2009). "사회적 형평성의 정의론적 논거 모색: M. Walzer의 '다원주의적 정의론'을 중심으로." 「한국행정학보」, 43(2): 1-18.

_____. (2010a). "Nozick의 정의론과 형평성: 최소국가론과 소유권리론을 중심으로." 「한국행정학회 춘계학술발표논문집」.

_____. (2010b). "사회적 형평성의 정의론적 기초: A. Sen의 능력이론을 중심으로." 「한국행정학회 하계학술발표논문집」.

_____. (2010c). "공공성의 유형화." 「한국행정학보」, 44(2): 1-21.

_____. (2011a). "형평성의 개념화." 「행정논총」, 49(2): 81-102.

_____. (2011b). 「형평과 정의: 조화로운 삶의 원리를 찾아서」. 파주: 한울.

_____. (2014). "K. Polanyi의 내포 개념과 공공성." 「한국행정연구」, 23(3): 1-29.

_____. (2015a). "경합공간으로서 공론 영역과 행정: C. Mouffe의 급진민주주의를 중심으로." 「행정논총」, 53(2): 1-25.

_____. (2015b). "공공성의 인간적 토대와 행정." 「사회과학연구」, 54(2): 217-248. 강원대학교.

_____. (2016a). 「행정철학」. 서울: 대영문화사.

_____. (2016b). "행정과 정의." 「한국행정학보」, 50(4): 63-89.

_____. (2017a). "공공성의 철학적 기초." 「정부학연구」, 23(2): 1-29.

_____. (2017b). "공공성의 윤리적 토대: Hans Jonas의 책임윤리를 중심으로." 「한국행정연구」, 26(4): 1-27.

_____. (2018a). "공공성의 철학적 기초: Karl Jaspers의 실존적 소통과 책임." 「행정논총」, 56(2): 1-31.

_____. (2018b). "한국적 맥락에서 공공가치론의 적용가능성에 대한 성찰." 「한국행정학회하계학술대회논문집」.

_____. (2018c). "공공성 연구의 풍경과 전망." 「정부학연구」, 24(3): 1-42.

_____. (2019a). 「공공성의 이론적 기초」. 서울: 박영사.
_____. (2019b). "공공성의 도덕철학적 기초: A. Smith의 공감을 중심으로." 「행정논총」, 57(2): 35-69.
_____. (2020). "공공성의 정치철학적 기초: J.J. Rousseau의 문명관과 일반의지를 중심으로." 「정부학연구」, 26(1): 37-73.
_____. (2021a). "공공성의 사상적 기초: J.S. Mill의 公과 私의 조화 논리를 중심으로." 「정부학연구」, 27(2): 1-34.
_____. (2021b). "공공가치의 윤리적 기초: I. Kant의 의무론과 J.S. Mill의 목적론을 중심으로." 「한국정책과학학회보」, 25(4): 89-114.
_____. (2022a). "공공성의 사상적 기초: B. 스피노자의 코나투스(conatus)를 중심으로." 「한국행정연구」, 31(2): 31-59.
_____. (2022b). "공공성의 철학적 기초: I. Kant의 사상을 중심으로." 「정부학연구」, 28(2): 1-28.
임의영·고혁근·박진효. (2014). "한나 아렌트의 공공영역과 행정." 「정부학연구」, 20(3): 71-100.

## 2. 2차 자료

소영진. (2003). "행정학의 위기와 공공성 문제." 「정부학연구」, 9(1): 5-24.
_____. (2008). "공공성의 개념적 접근." 윤수재·이민호·채종헌 편. 「새로운 시대의 공공성 연구」, 32-63. 서울: 법문사.
신희영. (2003). "신공공관리론에 대한 비판적 고찰: 비판적 실재론적 접근." 「정부학연구」, 9(1): 81-121.
이승훈. (2008). "근대와 공공성 딜레마: 개념과 사상을 중심으로." 「민주사회와 정책연구」, 13: 13-45.
이영철. (2003). "신공공관리론의 이론적 비판: 원자화된 개인, 강력한 시장, 축소지향형 정부." 「정부학연구」, 9(1): 51-82.
한국행정연구원. (2008). 「새로운 시대의 공공성 연구」. 서울: 법문사.


Frederickson, H. G. (1971). "Toward a New Public Administration," in F. Marini(ed.), *Toward a New Public Administration: The Minnowbrook Perspective*, 309-331. Scranton: Chandler Publishing Company.
_____. (1990). "Public Administration and Social Equity." *Public Administration Review*, 50(2): 228-237.
Hart, D. K. (1974). "Social Equity, Justice and Equitable Administrator." *Public Administration Review*, 34(1): 3-11.

정성호

# 그리움의 행정학:
# 공자와 한국 행정 연구

> 그림은 그리워함입니다.
> 그리움이 있어야 그릴 수 있는 것이지요.
> – 신영복, 《강의》, 511쪽 –

## I. 들어가는 말: 우연과 필연, 그리고 그리움

❖——— 나의 공자(孔子)와 한국 행정에 관한 연구는 교수 정년을 한 달 앞두고 2021년 1월 말경에 출간된 『한국 행정과 공자의 욕망』이라는 책에 담겨져 있다. 이 책은 1960년, 70년대에 활동한 프랑스의 정신분석학자인 라캉(Jacques Lacan)의 정신분석학적 틀을 가지고, 『논어(論語)』에 나타나는 공자를 읽고, 또 한국 행정을 읽어서, 지금의 한국 행정 속에서 공자가 어떻게 현시(顯示)되고 있는가를 설명하고 논의하는 연구다. 다시 말하자면 프랑스의 라캉을 가지고 약 2500년 전 중국의 공자와 지금의 우리 행정을 연결시키는 작업인 셈이다.

나와 우리 사회, 그리고 한국 행정 속에 "공자"가 있는가? 하는 질문에 나의 답은 "있다"다. 그것도 생생하게 살아서 움직이며 우리의 삶을 지배하고 있다는 것이다. 물론 21세기 서구화된 세상에서 살고 있는 우리에게 공자는 사상이나 제도로 남아 있지는 않다. 아직도 우리 일상에서 '충(忠)'이나 '효(孝)'와 같이 공자가 강조했던 가치관이 남아 있지만, 이는 과거 약 1000년간 유교국가로 살아온 우리 역사의 문화적 잔존물로 보인다. 그렇다면 공자는 지금 우리에게 어떻게 존재하는가? 사상이나 제도가 아니라, 무의식과 몸으로 존재한다는 것이 나의 주장이다.

지금 우리는 공자와 똑같은 벼슬 욕망과 상하 질서 강박 그리고 정확·호학 강박을 가지고 있으며, 몸 역시 공자와 같은 상과 하로 움직이는 양가적 몸, 즉 계급적인 몸을 가지고 있다. 공자와 같은 무의식의 구조를 가지고 있지만, 무의식을 구성하는 주인 기표가 달라져 욕망이나 강박이 나타나는 모습이 공자와는 다를 뿐이다. 우리 속에서 공자 욕망과 강박이 작동할 때는 공자와 같이 계급화를 추구하기도 하지만, 공자가 『논어』에서 비난하는 경쟁주의, 명령 복종, 갑질 현상(폭력) 등의 모습으로 나타나기도 한다. 이 공자의 무의식은 유교 시대에 살았던 우리 조상으로부터 '몸'을 통해 대물려 내려왔다고 보는 것이 나의 생각이다.

이 연구는 참 긴 세월이 걸렸다. 공자가 어느 정도 파악될 때까지 『논어』를 읽는데 18년, 그 후 글을 쓰는데 10년, 합하면 28년이 걸린 셈이다. 어떻게 대학원에서 정치학으로 공부를 시작한 내가 행정학자가 되고, 『논어』를 읽게 됐으며, 또 전혀 낯선 분야인 라캉의 정신분석학을 공부해, 공자와 한국 행정을 연결시킬 수 있었을까?

돌이켜 보면 많은 우연이 있었다. 여러 귀중한 분들과의 일련의 만남들 속에서 연구의 싹이 트이고, 열정이 생기고, 연구의 방향도 잡을 수 있었던 것 같다. 미국 유학 시절 논문 지도교수였던 허들스턴(Mark W. Huddleston) 교수와의 만남으로 나의 학문적 정체성은 정치학을 넘어 행정학으로 바뀌었고, 1992년 가을 내 연구실 문을 노크하셨던 고(故) 이문영 선생님과의 만남으로 『논어』 독서를 시작할 수 있게 됐으며, 또 1996년부터 2년간 보낸 조지워싱턴대학교(George Washington University)의 연구년에서 맥스웨인(Cynthia McSwain)을 만나 나에게는 아주 낯선 융(Carl G. Jung)과 프로이트(Sigmund Freud), 그리고 라캉(Jacques Lacan) 등의 무의식 이론들을 소개받을 수 있었다. 이런 귀한 분들과 만남이 없었다면 공자와 한국 행정이라는 나의 연구는 불가능했을 것이다. 그뿐만 아니라 1986년 경기대학교 행정학과에서 강의를 시작할 때부터 2021년 은퇴할 때까지 '한국행정론'이라는 감당하기 어려운 과목을 배정받아 35년간 강의하지 않았다면, 이 연구 또한 불가능했을 것이다.

이 귀한 분들과의 만남은 우연이다. 이 우연의 조각들이 공자와 한국 행정의 연구라는 필연으로 귀결되는 데에는 나의 '그리움'이 있었기 때문이다. 고 신영복 선생의 말처럼 화가에게 "그림이란 그리워함이고, 그리워함이 있어야 그림을 그릴 수 있다"면, 학자에게 연구는 자신의 그리움을 담은 그림과 같은 것이다. 그리고 학자의 인생은 그 그리움을 키우는 시간이다. 여기서는 『한국 행정과 공자의 욕망』을 쓰게 한 내 학문의 그리움을 이야기하고자 한다.

## II. 나의 그리움: 민주화, 공공화, 주체화 그리고 변화

❖────  『한국 행정과 공자의 욕망』은 정치의 민주화, 행정의 공공화, 학문의 주체화,[1] 그리고 나를 비롯한 한국 사회와 행정의 '변화'라는 나의 네 가지 그리움을 담은 연구다. 앞의 세 가지가 공부를 시작한 유학 시절부터 키워온 것이라면, 마지막 것은 우리 정치에서 최초로 선거를 통해 정권 교체가 이뤄진 1998년 이후에 가지게 된 그리움이다.

---

1) 주체화(subjectivization)는 라캉(Jacques Lacan)의 정신분석학의 개념이다. 분석을 통해 대타자(Other)에 의해 만들어진 무의식의 기본 구조인 본환상(fundamental fantasy)이 변화해 병증이 치료됐을 때 라캉은 주체 스스로가 관여해 본환상의 변화를 갖게 했다고 해서 주체화라 했다. 한국행정학의 독자적인 학문 수립을 두고 토착화, 한국화 등 여러 가지 용어로 표현되고 있지만, 필자는 라캉의 용어를 빌어 '주체화'라고 표현하고자 한다. 이와 관련한 자세한 논의는 정성호(2013/2005), 정성호(2004), Chung(2007)을 참조할 것.

## 1 정치의 민주화

나는 군사쿠데타로 정권을 잡은 박정희의 독재 시절 초·중·고 그리고 대학을 다녔다. 대학 때는 유신 시절이라 박정희의 독재가 더욱 심화되고 박정희 정권을 반대하거나 비판하는 정치인이나 학자, 종교지도자들은 심한 탄압을 받았던 시절이었다. 대학도 학생들의 자율적인 학생회 조직은 없어지고, 학도호국단이라는 어용단체가 학생을 대표했으며, 우리는 군복 비슷한 옷을 입고 교련 수업을 들어야 했다. 머리카락이 길어 귀를 좀 덮으면 길거리를 걷다가 파출소로 잡혀가 머리의 한가운데나 옆을 바리캉으로 밀리는 치욕을 겪어야 했고, 무릎 위로 올라오는 치마를 입은 여성은 파출소로 잡혀가는 수모를 당해야 했다. 그래서 그런지 지금도 길을 가다가 경찰을 보면 섬찟하다. 꼭 어딘가로 도망을 가야 할 것 같은 생각이 든다. 당시 경찰에게 대학생은 감시와 훈육의 대상이었지 보호해야 할 시민은 아니었다. 이렇듯 살벌한 유신 독재 시절에도 이를 비판하는 지식인들이 계속 나왔고, 대학생들의 유신정권 반대 데모는 지속적으로 있었다. 데모에 앞장서지는 않았지만, 유신 반대 데모가 있는 날이면, 항상 데모대의 가장자리에서 함께 구호를 외치는 나를 발견했다. 아마도 이때부터 나에게 사라진 민주주의에 대한 그리움이 움트기 시작했던 것 같다.

학부에서 어문학을 전공했지만, 대학원 석사과정은 현실에서는 실용성이 없다고 모두 말리는 정치외교학과를 택했다. 정치학 속에서 독재정치로부터의 답답함을 풀 실마리를 찾을 수 있지 않을까 하는 막연한 기대 때문이었다. 그러나 대학원에서의 공부는 정치사상을 제외하고는 그리 흥미롭지가 않았던 기억이 난다. 수업 시간에 배웠던 것은 주로 이스턴(David Easton), 앨먼드(Gabriel Almond), 헌팅턴(Samuel Huntington), 버바(Sydney Verba) 등의 연구로 대표되는 미국 정치학의 구조기능주의(structural-functionalism)와 논리실증주의(logical positivism) 방법론들이었다. 결국 나도 해방 이후 군사쿠데타가 일어난 1960년까지의 한국 정치사를 구조기능주의 시각에서 설명하는 석사학위 논문을 쓰고 졸업을 했다(정성호, 1980). 논문을 쓰느라

고생을 했지만, 이상하게도 다시 읽고 싶은 글이 되지 않았다. 그 이유를 후에 돌이켜 보니, 내가 논문의 기본 틀로 채택한 구조기능주의가 문제였던 것이었다. 객관적 과학주의를 지향하는 구조기능주의는 결코 나의 민주주의에 대한 그리움을 담아내지 못하는 연구 시각이었기 때문이다.

민주주의의 그리움이 다시 자라나게 되는 계기는 미국 대학에 박사과정으로 입학한 후 미국 정치(미국 민주주의)를 전공하면서였다. 미국 정치에 대한 공부는 민주정치에 대한 지적 경험을 찐하게 하는 시간이었다. 선거, 정당, 이익단체, 의회, 대통령, 대법원, 연방제, 지방정치 특히 남부의 정치 등에 관한 방대한 내용을 잘 소화하기에는 짧은 박사과정 기간이었지만 미국의 민주주의를 배우고 느끼기에는 충분한 시간이었다. 외국 유학생임에도 불구하고 어느새 나는 미국 민주주의의 문제점에 대한 토론에 참여하고 있었고, 내가 좋아하고 싫어하는 정치가들이 생겼고, 전당대회에서 후보자들의 연설을 들으면서 가슴 뛰는 감동을 느끼며 선거 결과에 실망하거나 환호하는 등 미국 정치와 호흡을 함께하고 있었다.

유학을 마치고 귀국해 경기대에서 교수직을 시작한 1986년은 전두환 독재정권의 말기였다. 학생들의 반독재 민주화 데모는 쉴 날이 없었고, 정권의 탄압도 그 강도가 심해져 급기야 1987년에는 고문에 학생이 죽는 박종철 고문치사사건도 일어났다. 6월에는 교수들도 학생들의 반독재 민주화 투쟁에 동참하는 소위 '4·13 호헌조치 철폐 시국선언'이 있었고, 여기에 나도 서명을 했다. 그 후 퇴직할 때까지 35년간을 내가 몸담은 대학의 민주화를 위해 교수협의회를 결성하고, 학장과 총장 선출제도를 도입했으며, 재단의 부패를 견제는 일에 일종의 직업적 의무감으로 참여를 했다. 물론 참여는 고통이었지만, 이 과정 속에서 성장한 민주주의에 대한 그리움은 지난 35년간 내가 쓴 모든 글의 바탕이 됐다.

## 2 행정의 공공화

'공공성' 혹은 '공익'이라는 말은 미국 유학 초기에 가장 혼란스러운 단어 중에 하나였다. 유학생활을 시작한 지 한 일 년이 지났을 때, 어느 날 갑자기 이제껏 내가 수업 시간에 말했던 공익이라는 단어가 미국 교수나 동료 학생들이 말한 공익과 그 뜻이 달랐다는 사실을 알고는 충격을 받았던 기억이 난다. 나에게 공과 사의 구별은 의심도 없이 분명하고 당연한 것이라 생각해, 공익은 사익과 별개로 존재하는 개념으로 파악하고 있었던 반면, 미국의 동료 학생들이 말하는 공익은 사익을 초월해 존재하는 개념이 아니라, 사익들의 조합으로 이뤄지는 것으로 보고 있었던 것이다. 이러한 자유주의적 공익관은 당시 미국 정치학의 지배적 이념이었다. 공익적으로 결과를 가져다줄 사익들 간의 견제와 균형의 메커니즘을 어떻게 만들고 운영할 것인가가 미국 정치이론을 대표하는 달(Robert A. Dahl, 1961)의 다원주의(pluralism)였고, 미국 헌법의 기본 지배 구도(governance)다.

미국 정치를 공부할수록 이익집단의 정치활동이 공개적으로 활발한 미국 정치에서의 이 공공성 개념의 결여는 미국 민주주의의 가장 큰 결점이라는 생각이 들었다. 특히 토크빌(Alexis de Tocqueville, 2006/1835)이나 달과 같이 자발적인 사적 집단이나 이익집단의 정치활동을 낙관적으로 보는 입장보다는 이들 사적 이익집단정치의 활성화로 결국은 하르츠(Louis Hartz, 1955)가 말하는 미국 전통의 자유주의가 비민주주적 모습인 '이익집단 자유주의(interest group liberalism)'로 전락해 버렸다는 로위(Theodore J. Lowi, 1979)의 주장이나, 미국 정치에서 공적 권력이 사적 목적을 이루는 수단으로 작동하고 있다는 맥코넬(Grant McConnell, 1966)의 지적이 더욱 옳아 보였다. 참여와 경쟁이 꼭 공공성을 확보하게 해 주는 것만은 아닌 듯했다. 자유주의적 미국의 정치제도 속에서 공공성을 높이고 공익을 확보할 방안은 무엇일까? 미국 정치를 전공으로 공부한 지 2년쯤이 지났을 때 나에게 한 가장 중요한 연구 질문이었다.

미국 역사를 들여다보면 미국 정치에서 공익이나 공공성 가치의 강화하고자 하는 노력이 없었던 것은 아니었다. 가장 대표적인 것은 1883년 공무원법(일명 Pendleton Act)으로 시작된 공무원제도의 수립이다. 선거 때 정당에 후원금을 낸 사람들에게 선거 후 공직을 배분해 줘 사실상 일종의 정치적 부패로 작용됐던 엽관제를 지양하고 능력에 따라 공직자를 임용하자는 공무원제도의 수립은 미국 정치에서 공공성을 확보하고자 하는 가장 중요한 노력 중의 하나였다. 행정공무원을 자신이 맡을 업무의 전문성을 기준으로 채용하고, 이들에게 정치적 중립성을 요구하며, 이를 위해 신분을 보장한다는 사실은 미국의 선거민주주의에서 발생되는 정치적 부패에 제동을 걸고 공익성을 확보할 수 있는 하나의 중요한 장치를 수립한 것이었기 때문이다. 선거로 선출된 보스들이 정부에서 불법적이거나 사익을 위해 공익에 크게 어긋나는 행정을 요구했을 때 이에 저항할 수 있는 공공윤리성 확보의 기반을 마련했기 때문이다.[2] 결론적으로 나는 미국 민주주의에서 '공공성'의 가치를 견지하는 역할은 직업공무원들로 만들어진 행정기관이라는 생각을 하게 됐다.

공공성에 대한 이 같은 생각은 자연스럽게 나를 미국 정치제도 속에서도 행정에 관심의 초점을 맞추게 했고, 특히 그중에서도 공무원제도를 연구하는 계기를 갖게 했다. 하지만 미국 행정을 더 본격적으로 공부하게 된 것은 후일 논문 지도교수가 된 허들턴(Mark W. Huddleston) 교수를 만난 후다. 내가 그의 연구실로 처음 찾아간 날 허들턴 교수가 나에게 건네 준 것은 막 출판된 미국 공무원제도 개혁에 관한 자신의 논문 별쇄본이었다(Huddleston, 1981-1982). 이 논문은 바로 내가 찾던 글이었다. 인사행정제도 속에는 민주주의에 관련한 정치이론적 함의가 내포돼 있다는 내용이다. 1978년도 카터(Jimmy Carter) 행정부에서 단행된 공무원제도 개혁은 그 내용이 공무원들을 공익성 신장을 위한 적극적인 행위자로 보는 행정이론(republican theory of public administration)에 입각하기보다는, 공무원은 민주주의를 위해 통제돼야 한다는 기존의 행정이론(democratic theory of public administration)에 정치이론적

---

[2] 최근 미국에서 일어난 트럼프 대통령 탄핵사건들을 보면, 부패한 정치인을 견제하는 데 내부고발을 하는 경력직 공무원들의 역할이 중요함을 볼 수 있다.

뿌리를 두고 있다는 주장이었다(Huddleston, 1981-1982).

미국 정치에서 공익성을 높이는 방안에 대해서 고민하고 있던 나에게 허들턴 교수와의 만남은 나의 공부에 큰 전환점이 됐다. 행정학을 본격적으로 공부하는 계기가 됐던 것이다. 그 후 미국 행정과 공무원제도(인사행정)에 대한 더 깊은 공부를 시작했고, 결국 미국 고급공무원제도 수립을 둘러싸고 일어나는 행정학적 논쟁과 정치적 갈등에 관한 연구로 박사학위 논문을 썼다(Chung, 1985). 나의 학문적 정체성은 이때부터 정치학에서 행정학으로 바뀌게 됐고, 행정의 정치화(politicization)와 대비되는 행정의 공공화(publicization) 및 공공성 가치의 추구는 내 행정학 연구의 중요한 그리움이 됐다.[3]

## ❸ 한국 행정학의 주체화

미국 유학 첫 학기가 미처 끝나기도 전에 두 가지 사실에 크게 당혹했던 기억이 난다. 하나는 미국에서의 정치학은 '미국' 정치에 관한 학문이라는 사실이고, 다른 하나는 미국 유학을 한 선생님들께서 이 사실을 왜 나에게 귀띔해 주지 않았을까 하는 의문이다. 미국에서의 학문이 미국에 관한 것임은 아주 당연한 것인데, 왜 나는 그 사실에 당황했을까? 국내에서 미국 학자들의 논문과 이론들을 '미국'이라는 맥락 없이 배우면서 나도 모르게 미국의 정치학은 하나의 '보편적' 정치학이라고 오인하고 있었던 것이다. 학교에서 배우고 읽는 글들이 온통 미국 학자들의 것인데, 정작 그 글의 배경이 되는 미국에 대해서는 아는 것이 아무것도 없었다. 생각하면, 내가 다닌 정외과 대학원에 '미국'정치(학)라는 과목도 없었던 듯했다. 왜 이럴까? 이는 미국의 이론을 따지지 않고 무조건적으로 받아들일 때 나타나는 모습

---

[3] 인사행정제도에는 정치이론적 함의가 있다는 허들턴 교수의 생각을 이어받아, 나는 한국의 인사행정을 논의하는 논문을 발표한 바가 있다. 여기서 나는 권위주의 시대에 '기술적 절충주의' 인사행정이 공무원의 정치화를 가져오게 했음을 논했다(정성호, 1993; Chung, 1997).

인 것이다. 라캉의 용어로 표현하면 미국의 학문이 주인 기표가 돼 우리의 정신을 형성하고 있다는 것을 의미한다. 이 종속성으로부터 벗어나기 위해서는 미국의 학문을 앞뒤로 따질 수 있어야 한다는 생각이 들었고, 결국 미국 정치와 행정이 박사과정에서 내 전공이 됐다.

귀국 후 현실은 예상했던 대로 여전히 아무도 '미국'의 정치나 행정에 대한 관심 없이 미국 학자들의 이론을 가르치고 논문을 읽고 있었다. 미국 행정론이라는 과목을 개설한 곳도 찾기 어려웠고, 심지어 나의 학과에서도 이 과목의 개설은 쉽지 않았다. 이런 와중에 나에게 '한국행정론'이 강의 과목으로 배정됐다. 유학 기간 동안 한국 행정에 대해 특별한 공부가 없었던 나는 처음에는 잠시 당황했지만, 그 기간 동안 미뤄 왔던 '한국'의 행정을 공부할 기회가 돼 오히려 잘됐다는 생각이 들었다.

한국 행정에 대한 나의 공부의 시작은 보편성보다는 특수성에 맞췄다. 한국 행정만의 '독특'하면서도 '진정한' 문제는 무엇일까? 그 문제의 뿌리는 무엇이고, 우리는 그 문제 해결을 위해 어떻게 접근해야 할 것인가? 나는 이 질문의 답이 외국 행정을 설명하는 이론부터 나오기는 거의 불가능하다고 봤다. 한국의 행정학자, 공무원, 일반 시민의 의견을 알기 위해, 학자들의 생각은 『한국행정학보』에 게재된 논문을 통해 파악하기로 하고, 학보 게재 논문 모두를 주제나 분야별로 나눠 읽기 시작했다.[4] 공무원과 일반 시민의 의견은 다행히 수업을 듣는 학생들의 반은 현직 공무원들이었고, 반은 일반 회사원들이어서 이들로부터 의견을 청취할 수가 있었다. 한국행정론은 매번 수업 첫 시간에 학생들로부터 가장 심각하다고 생각하는 한국 행정의 문제 세 가지를 순위를 정해 적어 제출해 달라는 설문으로 시작했다. 그 설문의 내용을 정리해 한 학기 동안 다룰 주제로 삼고, 각 주제에 관련해 『한국행정학보』에 게재된 논문들을 학생들과 함께 읽고 정리하면서, 우리 현실을 이야기하

---

[4] 요즘은 『한국행정학보』에 한해 게재된 논문 편수도 많고, 행정학 학술 잡지도 많아 학술 논문을 다 읽어 학자들의 생각을 파악해 보겠다는 작업은 거의 불가능한 일이지만, 내가 한국 행정에 대한 공부를 시작한 1986년 당시 『한국행정학보』에 게재된 논문 총 편수는 모두 약 500편이 안 됐던 것으로 기억된다. 논문을 통해 학자들의 우리 행정에 대한 생각을 총체적으로 파악하기 위해 모두 읽을 수 있는 분량이었다.

는 내용으로 수업을 진행했다.[5] 이렇게 시작한 한국행정론 강의는 정년까지 35년간 매해 강의계획서가 변해 갔고, 나의 한국 행정에 대한 지식과 문제의식도 함께 깊어갔다.

이 과정 초기에는 미국 행정에 대한 나의 지식이 한국 행정의 문제를 파악하는 데 선입견으로 작용하는 것을 최소화하기 위해 미국의 논문이나 책 읽는 것도 잠시 접었다. 다른 한편으로는 서구화 이전의 우리의 전통 행정인 조선시대의 관료제를 들여다봐야겠다는 생각도 들었다. 이를 위해서는 한문을 배워야 했고, 유학(儒學)의 경전들도 읽어야 했다. 유교 경전들은 혼자 읽기가 무척 힘들었고, 한문을 배우기 위해 찾아간 학원의 수업도 따라가기가 어려웠다. 이렇게 몇 년이 지난 1992년, 고(故) 이문영 선생님을 만나 선생님의 고려대 대학원 강의를 청강하면서 『논어』와 『맹자』를 처음으로 모두 읽어 보는 경험을 했다. 첫 완독 후 드는 생각은 이 책들을 한문으로 읽어야 내용을 좀 더 정확히 이해할 수 있다는 것이었다. 주변에 한문을 하는 분들의 도움을 받아 또다시 『논어』와 『맹자』를 한문으로 완독하게 됐고, 그 이후부터는 혼자서 이리저리 자전을 찾아가며 더듬더듬 읽어 갈 수가 있게 됐다. 유학의 사상에 대해서 알기 위해서 시작된 『논어』와 『맹자』의 독서는 『맹자』는 읽을수록 이해가 조금씩 나아졌지만, 『논어』는 그렇지가 않았다. 그럼에도 나의 『논어』 독서는 그 후 약 28여 년 계속됐다. 이 독서의 바탕에는 미국 학문에 의존하지 않는 '한국'의 행정학에 대한 나의 그리움이 있었다.

## 4 행정과 사회의 변화

나의 공자 연구 속에 담은 또 하나의 그리움은 '변화'다. 한국의 정치와 사회의

---

[5] 한국 행정 연구에서 문화심리적 접근에 대한 문헌 검토(literature review)를 한 글, 정성호(1991)도 이러한 한국행정론 수업의 과정에서 나온 것이다.

변화, 행정과 행정학의 변화, 그리고 내 자신의 변화에 대한 그리움이다. 내 자신을 포함한 우리 사회는 어떻게 지금의 모습을 가지게 됐으며, 변화가 필요할 때 왜 변화가 어려우며, 어떻게 하면 변화할 수 있을까? 하는 변화에 관한 질문이다.

내 연구에서 변화에 대한 그리움이 시작된 것은 헌정 사상 국민의 투표로 정권이 바뀌는 정치적 민주화의 쾌거가 이뤄진 1997년 선거 이후다. 정치적으로 민주화가 되기 이전에 나의 한국 행정에 대한 결론은 모든 행정문제의 뿌리는 독재정권에 있다고 생각했다. 행정이 시민 위에 군림하며 권위주의적인 것은 독재정권이 행정을 통해 시민을 통제하고 있기 때문이고, 행정이 부패하는 것은 정권이 부패해 있기 때문이며, 행정공무원들의 명령복종적이거나 폭력적 행태는 정권의 군사문화적 성격 때문이라 생각했다. 독재정권 아래서 행정의 문제는 모두 시민보다는 정권에 그 우선순위를 두고 있기 때문이라 봤다. 당시 행정의 상벌 체계는 정권 유지에 초점이 맞춰져 있어, 정권에 도움이 되는 행정은 상을, 부담을 주는 행정은 벌을 받았던 것은 사실이었다. 노태우 정권 시절 내부고발로 곤욕을 치렀던 이문옥 전 감사관은 이런 상황하에서 부패에 직면한 공무원들은 크게 세 부류로 나뉘었다고 말한다: 첫째는 적극적으로 부도덕의 편에 서는 것이고, 둘째는 눈을 감아 버리는 것이며, 셋째는 자신과 같이 양심을 지키려고 싸우는 길이라는 것이다. 첫 번째 부류의 사람은 승진과 부(富)를 함께 누렸던 반면, 세 번째를 택한 사람은 크게 불이익을 당하거나 감옥에 가야 했다. 이 시대 대부분의 공무원은 "세상은 으레 그런 거지 뭐"라고 자위하면서 업무로 인해 쌓인 스트레스를 술로 풀려 했다는 것이다(이문옥, 1991: 50).

군사독재 정권이 사라지고 민주정권이 들어서면, 공무원들이 군사정권 아래서 이뤄진 정치화(politicization)로부터 벗어나, 한국 행정이 명실 공히 공공화(publicization)될 수 있는 기회가 생겼다고 생각했다. 공무원들이 정권의 시녀라는 오명으로부터 벗어나 헌법에 규정돼 있듯이 '국민 전체의 봉사자'로 탈바꿈하는 행정 개혁이 추진될 것으로 기대했다(정성호, 2000). 그러나 이상하게도 1998년 김대중 정부의 출범과 동시에 '민주주의'의 구호는 갑자기 사라지고 경쟁 혹은 경쟁력이라는 '시장주의'의 구호가 등장했다. 우리 정신에 '독재'라는 기표가 빠져나간 그 자리에 '시민'이 아니라 '시장'이라는 기표가 자리를 잡은 것이다. 대학도 과거의 '독재'가 빠진 자리에 대학 구성원이 아니라 법인이 들어와 일반 회사같이 대학을 운영하기 시작했다. 대학교수들 사이에 '경쟁'을 시키면 학문이 발전할 것이라고 하면서 교수들의 연구와 교육활동을 점수화하고 봉급을 차별적으로 책정하는 등의 개혁이 있었던 것을 우리는 몸소 체험했다. 행정도 '국가경쟁력'이라는 낯설고 어색한 구호 아래, 공무원들 간에 경쟁을 유도하는 행정 개혁이 단행되고, 이러한 개혁을 지원하는 미국 행정학의 시장주의적 행정이론들이 또다시 우리 학계에 소개됐으며, 관련 논문들로 학술잡지가 가득 채워졌다. 이후 지금까지 '경쟁'은 정부 행정과 정책 운영의 기본 원리가 되고 있다.

행정의 시장주의는 내가 생각했던 행정의 민주화나 공공화와 함께 가는 것이 아니라 오히려 이에 반하는 결과를 가져다줬다. 공무원들 사이에 경쟁을 시키면 시민에게 더 봉사를 하는 것이 아니라 평가를 하는 상관이나 기관장에게 더 봉사를 해 기관장의 통제력만 강화시켰다. 정부 부처 사이에 경쟁을 시키면 시민을 위한 더 좋은 서비스가 나오는 것이 아니라 경쟁을 관리하는 곳의 말만 더 잘 듣게 된다. 교육부가 대학들을 경쟁시킬 때, 대학의 교육이 더 나아졌는가? 교육부의 대학에 대한 통제력만 더 커졌던 것이다. 결국 권위주의 시대와 그 통제 방식이 다를 뿐 시장주의는 과거 통제 중심적인 행정을 그대로 유지하게 하는 새로운 수단에 불과했다. 결론적으로 1997년 선거 이후 우리의 민주주의는 제자리걸음이다. 선거로 정권만 바꾸지, 민주주의의 가치가 시민들의 의식이나 사회제도 속에서 더 자라나지 못하고 있다. 오히려 과거 독재로 회귀하고자 하는 시도와 그 시대에 대한 향수가 우리 사회 일부에서는 일어나고도 있다. 행정도 권위주의 시대와 비교해 겉모습은 달라 보이지만, 내가 바라는 본질적 변화는 보이지 않았다.

왜 그렇게 힘들게 정치의 민주화가 이뤄졌음에도 행정을 포함한 사회의 변화는 이와 함께하지 않는 것일까? 어떻게 해서 '민주화'가 한순간 '시장화'로 바뀌었지? 공무원들의 시민에 대한 권위주의나 '정권의 시녀화'와 같이 독재정권 시대의 행정의 문제에 대한 깊은 연구도 하지 않고, 행정조직의 민주화와 공공화를 위한 개혁의 시도도 없이, 어떻게 시장주의가 개혁의 구호로 들어왔을까? 왜 민주화를 향한 우리 사회의 변화는 갑자기 중단됐지? 무엇이 우리를 변화하지 못하게 하지? 등의 '변화'에 대한 의문이 일어났다.

국민의 정부에 의해 단행되고 뒤를 이은 참여정부가 추진했던 시장주의적 행정개혁은 정치적 민주화와 행정의 공공화를 열망했던 나에게 큰 좌절을 안겨 줬다. 이 좌절은 동시에 나의 학문에 '변화'라는 새로운 그리움을 낳게 했다. 이때 내가 우연히 접한 것이 라캉(Jacques Lacan)의 정신분석학이었다. 라캉의 정신분석학을 소개해 준 사람은 1996부터 2년간 조지워싱턴대학교에서 연구년을 보낼 때 만난 맥스웨인(Cynthia McSwain)이다. 그로부터 소개는 받았지만, 연구년 기간 동안 맥스웨인의 전공인 융(Carl Jung)의 분석심리학 관련 서적을 읽느라 뒤로 미뤄 놓았던 공부였다. 또 귀국하고도 이런저런 일들로 한 2년간 들여다보지도 못했던 책들이었다.

라캉은 프로이트(Sigmund Freud)를 이은 정신분석학자 중에 하나다. 정신분석학은 의식으로는 제어가 안 되는 여러 가지 정신병증들을 무의식에서 그 원인을 찾아 치료를 시도하는 분야다. 우리 사회에서도 의식적으로는 변화를 원하지만, 실제로는 변화가 되지 않고 오히려 반복되는 현상들, 다시 말해 바로 내가 느끼고 있던 우리 사회와 행정 변화에 대한 좌절을 설명해 줄 수도 있다는 생각이 들었다. 라캉을 이해하는 것은 쉽지가 않았다. 오히려 이해가 어려워 천천히 읽어 가는 과정에서 나 자신과 한국 행정에 대한 많은 생각을 하는 시간이 됐다. 라캉의 이론의 윤곽이 대략적으로 정리됐을 때, 라캉의 이론으로 한국 행정 현상을 설명하고자 처음 시도한 것이 정성호(2004)다. 이어서 라캉의 담론이론을 가지고 한국의 행정학 연구 담론을 분석한 글이 정성호(Chung, 2007)다. 전자의 논문에서는 한국 행정의 상하 위계적 행정언어(무의식)로 지방자치제 실시 후에도 변화하지 않는 중앙과 지방정부 간의 관계를, 후자의 글에서는 한국 행정학에서 지속해서 반복적으로 제기되는 학문의 미국 의존성과 우리 행정학의 적실성 문제를 다뤘다. 그리고 정성호(Chung,

2007)의 내용을 짧게 압축한 것이 KAPA 포럼에 게재한 정성호(2005, 2013)다.

## 5 나의 그림과 그 의미

라캉을 이용해 논문 두 편을 썼을 때쯤, 그동안 읽어온 『논어』의 퍼즐이 어느 정도 맞춰진 듯했다. 『논어』를 처음 읽기 시작한 해가 1993년이었으니, 약 18년이 걸린 셈이다. 2011년 한국 행정학자의 『논어』 읽기를 검토하는 글(정성호, 2011)을 『한국조직학회보』에 막 발표하고 얼마 안 됐을 때, 고려대 박종민 교수로부터 한국행정학회의 '한국화논단' 세션에서 "한국 행정의 유교적 전통 유산"이라는 제목의 논문 발표 제안을 받았다. 이것이 계기가 돼 라캉의 시각으로 『논어』와 한국 행정을 다시 읽었다. 이때 읽혀진 것이 공자의 욕망과 강박, 그리고 그의 몸이었고, 놀라웠던 것은 공자의 욕망과 강박, 그리고 공자의 몸이 지금 우리 속에 있다는 사실의 발견이었다. 라캉을 통해 한국 행정 속에서 '공자'를 발견하게 된 것이다. 이 내용을 2013년부터 2020년까지 『정부학연구』에 4편의 논문으로 발표했고(정성호, 2013, 2015, 2018a, 2020), 『한국 행정과 공자의 욕망』은 이들을 모아 편집해 출간한 책이다. 이 저서는 앞서 기술한 네 가지 그리움이 고스란히 담긴 그림이다.

나의 '공자와 한국 행정' 연구는 행정학적으로 어떠한 의미가 있을까?

첫째로, 내가 그리던 한국 행정학의 주체화를 시도한 연구다. 나는 2005년에 한국행정학회에서 '한국행정학의 한국화'라는 학술대회 주제를 두고 정신분석학적으로 논의한 짧은 글을 하나 발표했다(정성호, 2005, 2013). 그 글에서 나는 이젠 학회가 "어떻게 하면 행정학을 '한국화'할 것인가?"라는 질문으로부터 나와 "왜 우리는 행정학의 미국화와 한국화의 질문을 지난 반세기 동안 계속해서 되풀이하고 있는가?"로 질문을 바꿔 논의해야 한다고 했다. 이어서 우리가 지금 미국 행정학에 대해 가지고 있는 선망(긍정)과 경계(부정)의 양가적 태도는 미국 행정학에 대해 깊은 콤플렉스를 가지고 있다는 것을 보여 주는 것이라고 지적했다. 그리고 이 콤플렉스를 극복하는 것을 나는 라캉의 정신분석학적 용어를 빌려 '주체화'라 표현했다. 주체화가 됐다는 것은 우리 행정학에 미국 행정학이 절대 권위로 작동되지 않는다는 것을 의미한다. 미국 행정학이 더 이상 지독한 선망의 대상도, 거부해야 할 경계의 대상도 아닌, 그냥 참고해야 할 많은 다양한 생각 중 하나가 된다는 것이다. 나의 공자와 행정 연구는 이와 같은 한국 행정학의 주체화 노력의 일환이다. 우리에게 항상 절대 권위였던 미국 행정학에 의존하지 않고, 한국의 행정문제를 찾고 이를 설명할 권위(행정이론)를 스스로 만들고자 한 연구였다.

둘째로, 나의 공자와 한국 행정 연구는 행정 연구에 정신분석학을 도입함으로써 한국 행정학의 인문학적 지평을 넓혔다고 본다. 그동안 행정학은 사회과학의 영역으로 분류돼 왔다. 그래서 연구는 과학적 방법론에 따라 계량적으로 표현돼야 한다는 것이 정설이었다. 인문학인 역사와 철학이 들어와 행정학의 연구를 새롭게도 해줬지만, 행정학을 사회과학으로 분류하는 데에는 거의 이견이 없다. 그럼에도, 나는 행정이 사람이 하는 일이고, 사람들이 모여서 사는 곳에서 이뤄지는 일이라면, 사람에 대한 깊은 이해와 인문학적 상상력이 없이, 좋은 행정이 구현될 수는 없다고 본다. 행정학의 과학성도 인문학적 상상력의 바탕 위해서 진행돼야 그 연구의 결과가 더 깊어진다고 생각한다. 정신분석학은 사회과학이 아니다. 프로이트를 비롯한 정신분석학자들은 자신들도 과학성을 추구한다고 말하지만, 나는 정신분석학은 인문학적 사색과 상상력이 없이는 이해하기 어려운 인문학의 분야라고 생각한다. 이러한 점에서 행정학은 과학과 인문학이 함께 가야 하는 학문이다.

셋째로, 내 연구의 중요한 성과는 퍼즐 맞추기식 논어 독서다. 이는 『논어』에 나오는 500여 장구(章句)들을 각각 그림 퍼즐의 조각들로 보고, 한 장구의 해석을 다른 장구와 연결 또는 연계함으로써 퍼즐의 큰 그림인 공자가 나오게 하는 논어독서법이다. 우리가 그림 퍼즐 맞추기를 할 때 조각들을 여기저기 자리를 잡기 위해 옮겨다니 듯, 『논어』의 각 장구에 대한 해석은 다른 장구들과 맞춰서 해석이 될 때까지 많은 수정의 과정을 거쳐야 한다. 따라서 기간이 오래 걸리는 작업이다. 그러나 그만큼 귀한 보상이 있다. 기존의 유학자들의 해석에 의존하지 않은 나 자신만의 특별한 『논어』 해석이 나왔기 때문이다. 이와 더불어 『논어』를 종교나 철학서보다는 공자의 '벼슬' 이야기를 담은 행정학 고전으로 읽었다는 것도 성과라 본다.

## 6 나의 그리움을 이어서

나의 그리움을 이어 향후 우리 행정학이 다뤄야 할 연구 주제는 무엇인가?
첫째는 민주주의다. 나는 행정이 인간 존엄, 존중, 평등의 가치와 민주주의를 성장시킬 정치적이고 사회적 역할이 있다고 본다. 행정학은 성숙한 인간과 민주적 사회에 학문적 그리움이 맞춰져야 한다. 이를 위해 행정 연구는 민주주의에 대한 연구와 항상 함께해야 하며, 이 안에서 행정의 새로운 패러다임을 모색하고 제안해야 한다. 행정학의 관심이 민주주의를 떠날 때, 행정학은 인간이나 시민보다는 권력과 자본에 봉사하는 통제와 지배를 위한 일종의 도구학(道具學)으로 전락하고 말 것이다. 그뿐만 아니라 한국의 공직자와 행정공무원에게 부족한 것이 민주주의에 관한 의식이다. 이들에게 국민 주권의 헌법정신과 시민이 무엇보다도 우선한다는 '공공서비스(public service)' 정신이 투철해야 한다고 본다. 이를 위해서 무엇을 어떻게 해야 할 것인가가 한국 행정학 연구에서 가장 핵심 주제가 돼야 할 것이다(정성호, 2000, 2009, 2018b).

둘째는 우리 사회와 행정의 '탈계급화'를 위한 실천적 연구다. 나는 나의 저서 『한국 행정과 공자의 욕망』에서 우리는 인간관계 질서를 무의식적으로 '계급화'하려는 공자의 무의식적 구조를 물려받아 지금도 사회와 행정에서 여러 가지 형태로 계급화를 추구한다고 주장했다. 장(長) 자리를 향해 무조건적으로 돌진하는 벼슬 욕망부터, 사람을 임의적인 기준에 따라 상하로 분리한 후 그 사이에 선을 긋고 서로 동등한 인간으로 보지 않으려는 계급화 현상에 대한 논의를 했다. 그리고 이러한 계급화의 무의식은 계급적 '몸'과 함께 대를 이어 물려져 왔다고 지적했다. 다시 말해, 모시는 군주에게는 경(敬)하고(몸을 숙이고) 다스리는 백성에게는 엄(嚴)해야 하는(몸을 세우는) 양가적인 공자의 계급적 몸을 지금 우리가 아직도 가지고 있다는 것이었다. 후속 연구에서 '탈계급화'의 일환으로 한국 행정 속에서 일어나는 이 계급화의 병리 현상을 더 구체적으로 밝혀 가야 한다고 본다. 이와 함께 나의 연구에서 변화의 단서로 제시하고 있는 우리의 행정적 '몸'에 대한 연구도 행정학에서 시작했으면 한다.

셋째는 동양 고전 독서를 통한 한국 행정 연구가 있었으면 한다. 동양의 고전들은 서양의 고전보다 우리가 읽고 이해하기가 쉬운 편이다. 그 언어가 우리에게 낯설지가 않기 때문이다. 우리가 이 고전들을 지식으로 읽지 않고 자기성찰로 읽는다면, 현재 우리 행정의 다양한 담론들을 이해하는 통찰력을 얻는 경험을 할 수 있다고 본다. 문제는 독서를 번역에만 의존하지 말아야 한다는 점이다. 좋은 번역을 찾아 도움을 받으며 한문으로 읽어야 책의 내용이 좀 더 정확하게 파악될 수 있을 뿐만 아니라, 지금의 한국 행정을 돌이켜볼 충분한 시간을 주기 때문이다. 동양 고전 중에서는 『논어』의 독서가 제일 중요하다. 다른 고전 독서의 기준이 돼 주기 때문이다. 개인적인 이야기를 하자면, 나는 『논어』를 읽은 후에 다른 고전들인 『맹자』, 『순자』, 『한비자』뿐만 아니라, 『묵자』, 『노자 도덕경』과 『장자』 등도 비교적 잘 읽혀지는 것을 느낀다. 한문 실력이 늘어서가 아니라, 『논어』가 중심이 돼 서로 간의 같음과 다름을 파악하는 고전의 이해력이 늘었기 때문이다. 이렇게 동양 고전의 독서가 한국 행정학 담론의 기초가 될 수 있다면, 한국 행정학의 주체화에 도움이 될 것으로 생각된다.

## III. 나오는 말: 학문적 그리움 키우기/죽이기

❖────── 학자의 삶은 학문적 그리움을 키우는 시간이다. 그리고 그 그리움이

넘쳐나 그림으로 그려진 것이 연구여야 한다. 나의 공자와 한국 행정 연구는 앞서 언급한 네 개의 그리움들—석사와 박사 공부 기간에 키워 왔던 민주주의의 그리움, 나의 학문적 정체성을 정치학에서 행정학으로 전환시킨 행정의 공공화에 대한 그리움, 귀국 후 한국 행정을 공부하며 자라난 한국 행정학의 주체화에 대한 그리움, 그리고 정치적 민주화 이후 변화에 대한 좌절 속에서 자라난 사회와 행정의 변화에 대한 그리움들—이 모두 담겨져 있다.

『논어』를 보면 공자도 평생 학문적 그리움을 간직하고 있었고, 그의 학문도 그의 그리움으로 그려진 그림이었다. 공자의 그리움은 주(周)나라 초기 조카인 어린 성왕(成王)을 대신해 천자로 섭정하면서 천명에 따라 주나라의 문물을 세웠다는 주공(周公)이었다. 그래서 공자의 학문은 항상 옛것(주공 시대의 것)을 탐구하고(溫故), 옛것을 좋아하고(好古), 옛것을 회복시키는 것(復禮)이었다. 고대 하(夏)나라나 상(商)나라의 문물보다 주공이 세운 주나라의 문물에 대한 자부심이 무엇보다도 컸다. 그래서 말년에 기력이 쇠퇴해져 더 이상 공부하기가 어렵게 되자 그 안타까움을 공자는 요즘 자신의 꿈속에서 주공이 보이지 않는다고 표현했다:

공자가 말했다. "심하구나. 내의 노쇠함이여! 꿈속에서 다시 주공을 뵙지 못한 지도 오래되는구나! (子曰 甚矣 吾衰也 久矣 吾不復夢見周公 〈술이 5〉)

어떻게 나는 나의 학문적 그리움을 키울 수 있었나? 공자가 또 떠오른다. 공자에 따르면 학문을 하기 위해서는 자신에게 본을 보여 주는 스승(師)과 끊임없는 질책과 격려를 해 줄 벗(朋)이 있어야 한다. 나 역시 적시(適時)에 나를 이끌어 준 스승과 평생 학문적 대화를 나눌 벗들을 만나는 행운이 있어 나의 그리움이 키워졌다고 생각한다. 그리움을 키워 준 스승에 대해서는 앞서 언급한 바가 있지만, 특별히 한번 더 언급하고 싶은 한 분이 있다. 고(故) 이문영 선생님이시다. 학생과 제자로 대학에서 만난 것도 아닌데, 만나자마자 담고 싶었던 분이었다. 『논어』를 함께 읽어 공자 공부를 시작할 계기를 마련해 준 분이기도 하다. 또 『논어』는 행정학자가 읽어야 할 가장 오래된 행정학 교과서라는 말씀을 해 주신 분이다(이문영, 1996). 한번은 어느 세미나에서 논문 발표를 마치자 당시 나와 이문영 선생님과의 사이를 알고 계셨던 김영평 교수께서 내가 말투까지 이문영 선생을 꼭 닮아 간다고 농을 하셨다. 이때 나는 그 말씀이 듣기 좋았다. 스승을 만나면 자기도 모르게 자신이 변하는 것이기 때문이다.

나의 학문적 그리움을 키우게 한 귀한 벗들과의 모임은 둘이 있었다. 하나는 독서모임이다. 교수직을 시작한 1986부터 첫 연구년을 떠난 1996년 사이 나는 사실상 혼자 공부를 했다. 그러나 연구년에서 만난 하몬(Michael Harmon), 맥스웨인(Cynthia McSwain), 파머(David John Farmer) 등의 학자가 서로 간에 긴밀하게 소통하면서 연구를 하고 있다는 사실에 자극을 받아 1999년쯤부터 김기언, 원구환, 윤견수 교수님들과 함께 철학 고전을 읽는 모임을 갖기 시작했다. 그 후 김기언, 원구환 교수님이 나가고 임의영, 이병량, 김동환 교수님이 합류해서 지금까지 20여 년간 모임이 지속됐다. 그동안 읽은 책들도 많지만, 더 중요한 것은 이 만남으로 서로 간에 학문적 사색과 그리움을 키울 수 있었다는 사실이다. 또 다른 모임은 '그리움의 행정학'이라는 주제로 김동환, 윤견수 교수님들과 함께하는 만남이다. 이 모임은 좀 더 특별하다. 행정(학)의 그리움에 대해 나는 '만남,' 윤견수 교수님은 '비움,' 김동환 교수님은 '기다림'이라는 화두를 가지고 우리들의 삶과 사회, 그리고 한국 행정에 대해 아주 일상적이고 구체적인 이야기를 나눴기 때문이다. 2008년에 불암산에서의 모임이 계기가 돼 시작했으니, 이 또한 꽤 오래된 만남이다. 오늘 이 글의 제목도 이 모임에서 나온 것이다.

마지막으로, 나의 공자와 행정 연구는 아무런 연구비의 수혜가 없이 이뤄졌다. 요구 사항이 많은 연구비 수혜는 그 요구하는 조건들로 인해 그리움을 키우는 데 방해가 된다(정성호, 2001; Chung, 1998). 학문적 그리움은 절대적으로 자유로운 환경 속에서 자라난다. 어느 누구의 간섭도 없는 자기만의 공간과 시간이 있어야 한다. 변화무상(變化無常)하게 자라나는 사고의 흐름에 방해를 받지 말아야 한다. 이 속에서 기존의 것을 '비우고,' 새로운 것을 '만나고,' 그리움이 키워지기까지의 긴 '기다림'이 있어야 한다. 하지만 경쟁과 평가, 그리고 실적을 가지고 소위 '실적게임'을 하는 요즘의 학문 풍토 속에서는 학문적 그리움이 자랄 수가 없다. 논문의 편수를 가지고 학자의 능력에 등급을 매기고, 이에 따라 보상을 주는 세상에서 학문적 그리움을 키우기 위해서는 거꾸로 논문은 상을 받게 많이 쓰는 것이 아니라, 생존만 할 수 있게 적게 써야 하고, 여러 가지로 복잡하고 까다로운 절차로 감독을 받는 연구비는 아예 포기하는 '한계적'인 학자(marginal scholar)로 살아야 하기 때문이다.

문제는 젊은 학자들이다. 학문적 그리움은 대학원 때부터 키워야 한다. 그 그리움으로 학위 논문이 작성되는 경험을 해야 한다. 이 경험이 없다면, 자칫 평생 그리움을 담은 글을 쓸 수 없을 수도 있다. 이를 위해서 대학원 시절 과도하게 교수의 연구를 돕는 일이 없어야 한다. 대학원생들도 학자로서 자신만의 연구 공간과 시간이 보장돼야 한다고 본다. 또 대학의 교수 채용에서도 박사학위 논문만을 심사해 불필요하게 논문을 쓰는 수고를 하지 않게 해 줘야 한다. 학문은 그리움을 키우는 작업이고, 그들의 연구는 그 그리움으로 그려지는 그림이 돼야 하기 때문이다.

## 참고 문헌

이문영. (1996). 「논어·맹자와 행정학」. 서울: 나남출판사.
_____. (1991). 「그래도 다 못한 이야기」. 서울: 동광출판사.
정성호. (1980). "한국의 정치적 불안정과 그 변화과정, 1948-1960." 한국외국어대학 정치학석사학위 논문.
_____. (1991). "한국 행정연구에 있어 문화심리적 접근 평가." 「한국행정학보」, 25(3): 707-726.
_____. (2000). "21세기 한국행정의 업무수행가치 모색: 명령복종성에서 공공봉사성으로." 「한국정책학회보」, 9(3): 69-89.
_____. (2001). "한국행정학의 근대성: 담론분석." 「정부학연구」, 7(2): 41-66.
_____. (2004). "한국 행정언어와 정부 간 인사 교류의 딜레마: Jacques Lacan의 정신분석학을 통한 인사교류담론 분석." 「한국행정학보」, 38(4): 21-42.
_____. (2005, 2013). "행정학의 '한국화'에 대한 정신분석적 사색." 「KAPA@포럼」, 111: 23-15. 김현구. 「한국 행정학의 한국화론: 보편성과 특수성의 조화」. 서울: 법문사.
_____. (2009). "공무원의 정치적 중립과 참여." 이민호 등 편저.(2009). 「한국의 행정이념과 실용행정」. 한국행정연구원. 서울: 법문사.
_____. (2011). "한국 행정학자의 ≪논어≫ 읽기: 한국의 유교적 행정연구 검토." 「한국조직학회보」, 8(3): 1-23.
_____. (2013). "한국행정의 유교적 전통유산 I: 공자의 벼슬 욕망." 「정부학연구」, 19(3): 5-40.
_____. (2015). "한국행정의 유교적 전통유산 II: 공자의 상하질서 강박." 「정부학연구」, 21(2): 131-170.
_____. (2018a). "한국행정의 유교적 전통유산 III: 공자의 정확·호학 강박." 「정부학연구」, 24(1): 59-95.
_____. (2018b). "민주주의와 관료주의: 내 행정학의 오래된 미래." 「한국행정학보」, 52(2): 37-48.
_____. (2020). "한국행정의 유교적 전통유산 IV: 공자의 몸." 「정부학연구」, 26(3): 17-68.
_____. (2021). 「한국 행정과 공자의 욕망」. 서울: 커뮤니케이션북스.

Chung, Sung Ho. (1985). "Politics of Civil Service Reform: The First Attempt to Establish a Higher Civil Service in the Eisenhower Administration, 1953-1961." Ph.D. Dissertation, University of Delaware.
_____. (1997). "Technical Eclecticism and Korean Public Personnel Administration." *Proceedings of the 58th National Conference of American Society for Public Administration*. Philadelphia.
_____. (1998). "From Imitation to Creation: Public Organization Research in Korea, 1967-1996." *International Journal of Organization Theory & Behavior*, 1(3): 321-361.
_____. (2007). "Reading Korean Public Administration: An Application of Lacanian Four Discourses." *International*

*Journal of Public Administration*, 30: 1347-1369.

Dahl, Robert A. (1961). *Who Governs?: Democracy and Power in an American City*. New Haven: Yale Univesity Press.

Hartz, Louis. (1955). *The Liberal Tradition in America: An Interpretation of American Political Thought since the Revolution*. New York: Harcourt, Brace.

Huddleston, Mark W. (1981-1982). "The Carter Civil Service Reforms: Some Implications for Political Theory and Public Administration." *Political Science Quarterly*, 96: 607-622.

Lowi, Theodore J. (1979). *The End of Liberalism: The Second Republic of the United States*. 2nd ed. New York: W. W. Norton.

McConnell, Grant. (1966). *Private Power & American Democracy*. New York: Knopf.

Tocqueville, Alexis de. (2006, 1835). *Democracy in America*. New York: Harper.

## 저자 소개

### 고길곤
서울대학교 행정대학원 교수(현)
National University of Singapore 조교수
미국 University of Pittsburgh 정책학 박사
서울대학교 행정대학원 석사
연세대학교 행정학사

### 김근세
성균관대학교 국정전문대학원/행정학과
　교수(현)
미국 Syracuse University 행정학 박사
성균관대학교 대학원 행정학 석사
성균관대학교 행정학사

### 김상묵
서울과학기술대학교 행정학과 교수(현)
미국 Michigan State University 대학원
　정치학 박사
한양대학교 대학원 행정학 석사
한양대학교 행정학사

### 김윤상
경북대학교 행정학부 교수 및 석좌교수(전)
미국 University of Pennsylvania
　도시계획학 박사
서울대학교 환경대학원 석사
서울대학교 법과대학 법학사

### 박흥식
중앙대학교 공공인재학부 교수(현)
미국 Florida International University
　행정학 박사
서울대학교 행정대학원 행정학 석사
중앙대학교 법과대학 행정학사

### 양재진
연세대학교 행정학과 교수(현)
미국 Rutgers University 정치학 박사
연세대학교 대학원 행정학 석사
연세대학교 행정학사

### 유재원
한양대학교 행정학과 교수(현)
University of North Carolina at Chapel
　Hill 정치학 박사
고려대학교 행정학사

### 윤견수
고려대학교 행정학과 교수(현)
고려대학교 대학원 행정학 박사
고려대학교 대학원 행정학 석사
고려대학교 행정학사

### 임의영
강원대학교 행정·심리학부 교수(현)
고려대학교 대학원 행정학 박사
고려대학교 대학원 행정학 석사
고려대학교 행정학사

### 정성호
경기대학교 행정학과 교수(전)
미국 University of Delaware 정치학 박사
한국외국어대학교 정치외교학과 정치학 석사
한국외국어대학교 영어과 문학사